初めての建築CAD

Windows版JW_CADで学ぶ

〈建築のテキスト〉編集委員会▶編

学芸出版社

まえがき

　西日本工高建築連盟では，工業高校建築科の生徒が自主的に学習を行い，建築に関する基礎知識の修得のための手引き書となるよう，1996年に「建築のテキスト」シリーズ第一弾として「建築環境」，「建築一般構造」，「建築構造設計」，「建築積算」，「建築製図」を発刊した．その後，残る分野についても早期に発刊をという要請が強くあり，ここに新たな編集委員会のもとに本シリーズ第二弾として「建築計画」，「建築構造力学」，「建築材料」，「建築施工」，「建築法規」，「建築設備」および「建築CAD」の7巻を刊行することとなった．

　内容は，前シリーズと同様，工業高校建築科の生徒はもとより，専門学校，短期大学，大学の建築関係の学生および若い実務家に至るまでの幅広い読者層を考慮するものとなっている．

　「建築計画」は，建築物を計画するための基本的な考え方や，住宅をはじめ集合住宅，事務所，幼稚園，図書館を取り上げ，各種建築物の計画手法をわかりやすく解説している．

　「建築構造力学」は，建築物の安全性を考えるうえで重要な部材に生ずる力を解析する能力を養うため，各種の解法や断面性能について例題を多く取り入れて，わかりやすく解説している．

　「建築材料」は，建築物に用いられる様々な建築材料を構造材料と仕上材料などに大別し，各種材料の特性や使用方法などについて図版を数多く用いて，詳しくていねいに解説している．

　「建築施工」は，木構造軸組在来工法および枠組壁構法による住宅，鉄筋コンクリート構造の共同住宅ならびに鉄骨構造の事務所の工事例をとおして，建築物がつくり出される過程や施工上のポイントについて，具体的にやさしく解説している．

　「建築法規」は，建築基準法をはじめ，難解な建築関係法規が容易に理解できるよう各条文の考え方や規定の内容について数多くの図版を用いて，詳しく解説している．

　「建築設備」は，快適で便利な建築空間をつくり出すうえで重要な要素の1つである空気調和設備，給排水衛生設備，電気設備などの計画に関する基本事項について，具体的にわかりやすく解説している．

　「建築CAD」は，前シリーズの「建築製図」で取り上げた木構造住宅と鉄筋コンクリート構造事務所建築の設計図を例題として，CADの活用方法や入力方法などについて，わかりやすく解説している．

　なお，本シリーズは，日頃建築教育にたずさわる本連盟の会員が知恵を出し合い，多くの図版を用いて初学者の皆さんが楽しく学べるように工夫し，編集したものである．皆さんが多少の努力をおしまず，根気よく学べば，建築に関する基礎的知識が，必ず修得できるものと確信している．

　発刊にあたり，貴重な資料の提供と適切な助言を賜った関係各位に，深い感謝の意を表するとともに，出版を引き受け積極的な助言をいただいた㈱学芸出版社社長をはじめ，編集部の諸氏に厚くお礼申し上げます．

建築のテキスト（増補版）編集委員会

謝　辞

　「初めての建築CAD」発刊にあたりましては，Jw_cad for Windows の著作者である清水治郎さん，田中善文さんに，同ソフトの使用および動作画面の掲載に関する許諾をいただきましたことを，深く感謝申し上げます．

「初めての建築CAD」執筆者一同

著作権について

　Jw_cad for Windows の著作権は，清水治郎さん，田中善文さんにあります．

　使用上の制限については，必ずアプリケーション本体に添付された JW_WIN.txt とヘルプファイルの内容をご確認ください．

　なお，同ソフトのサポートは Jw_cad for Windows の著作権者も本書著者も学芸出版社もまったく行っておりません．したがって，ご利用は各人の責任の範囲内で行ってください．

　MS-DOS, Windows は米国マイクロソフト社の登録商標です．

目　次

まえがき　2

第1章　建築ＣＡＤの概要　5

- 1・1　建築ＣＡＤとは　6
- 1・2　建築生産とコンピュータの利用　6
- 1・3　ソフトウェアについて　8
- 1・4　JWWについて　8
- 1・5　本書を使うにあたって　9
- 1・6　JWWのインストールとショートカットの作成　10
- 1・7　JWWの起動と終了　11
- 1・8　製図のルール　12

第2章　JWW（Jw_cad for Windows）の基本操作　15

- 2・1　画面各部の名称と役割　16
- 2・2　マウス，キーボードの基本操作　17
- 2・3　JWWのマウスの基本操作　18
- 2・4　レイヤの操作　19
- 2・5　コマンドの操作　20

コマンド	ページ
線・矩形	21
円弧	22
複線	23
2線	24
連続線	25
多角形	26
曲線	27
接線，接円，接楕円	28
中心線	29
ハッチ	30
点	31
文字	32
寸法	33
消去	34
伸縮	35
コーナー処理	36
面取	37
図形移動	38
図形複写	39
包絡処理	40

コマンド	ページ
分割	41
AUTOモード	42
建具平面・断面・立面	43
軸角・目盛・オフセット，目盛基準点	44
属性取得，レイヤ非表示化，角度取得，長さ取得	45
線属性，レイヤ	46
画面倍率・文字表示，縮尺・読取，用紙サイズ	47
寸法設定，環境設定ファイル，基本設定	48
図形，線記号変形，登録選択図形	49
測定	50
パラメトリック	51
2.5D	52
図形登録	54
日影図	55
ファイル	56

- 2・6　練習問題　57
- 　　　印刷の方法　61
- 2・7　図枠作成課題　62

第3章　木構造住宅の描き方　63

　　3・1　配置図　64
　　3・2　1階平面図　69
　　3・3　かなばかり図　84

第4章　鉄筋コンクリート構造事務所の描き方　107

　　4・1　1階平面図　108
　　4・2　A－A断面図　124
　　4・3　南立面図　136

第5章　デザインツールとしてＣＡＤを活用しよう　149

　　5・1　デザインツールとしての活用　150
　　　　　〈ブックカバーをつくろう〉　150
　　　　　〈封筒・便せんをつくろう〉　152
　　5・2　平面計画　153
　　5・3　立体図（2.5D）の作成　154
　　5・4　4種類の屋根を作図しよう　156
　　5・5　立体図の作成例　158
　　5・6　日影図の作成　160

〈「初めての建築CAD」実習課題図面集〉
　木構造専用住宅　かなばかり図（1/30）　161
　　　　　　　　　配置図（1/200）・1階および2階平面図・建築概要（1/100）　162
　鉄筋コンクリート構造事務所
　　　　　　　　　1階および2階平面図（1/100）・A―AおよびB―B断面図　164
　　　　　　　　　配置図（1/200）・南および西立面図（1/100）・建築概要　166

覚えておくと便利

- レイヤと縮尺……19
- 重なった線の上下が逆転！……31
- 消した線を戻したい……37
- 机は書類の山，電卓はどこ？そんなとき……51
- コンマの入力……54
- 線や文字のデータの扱いに注意……61
- レイヤ管理について……79
- 勾配の描き方……86
- 実践で役に立つテクニック集1……106
  基本設定の［一般］タブについて／文字入力について
  これは便利！　クロックメニュー
- ミスしたとき／画面を移動したいとき……113
- 伸縮をマスターしよう……133
- 思い通りに伸縮をする方法……135
- 部分消去と伸縮の一括処理……140
- 特定のレイヤだけを選択し，別レイヤに複製する場合……144
- 実践で役に立つテクニック集2……148
  TABキー（属性取得）の利用／基本設定の［KEY］タブについて
  ショートカットキーによるコマンドの実行
- 視覚的に複写する方法……152

本書使用上の注意

　本書「初めての建築CAD」は，Jw_cad for Windows の Ver.2.30 を使用して解説しており，Ver.3.10 までのバージョンアップ（改訂）を確認しています．

　なお，Jw_cad などのフリーソフトウェア（p.8参照）は，バージョンアップが短期間に多く行われるという性質上，次の点にご注意下さい．

- お手持ちの Jw_cad のバージョンが本書のものと異なる場合に，実際の画面と解説図に差が生じることがあります．
- 旧バージョンの Jw_cad でそれより新しいバージョンで作成したデータを読み込むと画面に表示されません．新しいバージョンを新たにインストールした上で，データを読み込んで下さい．

第1章　建築CADの概要

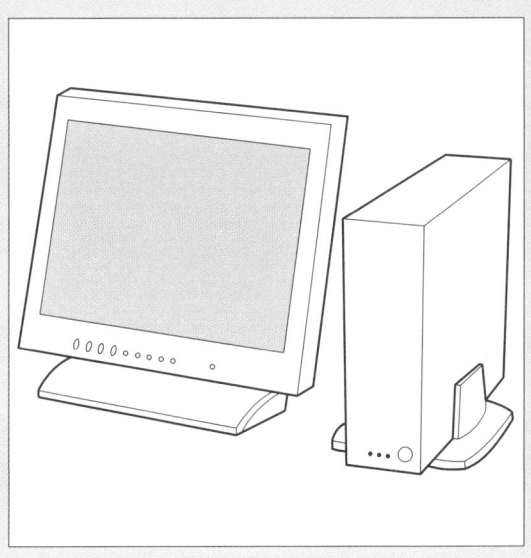
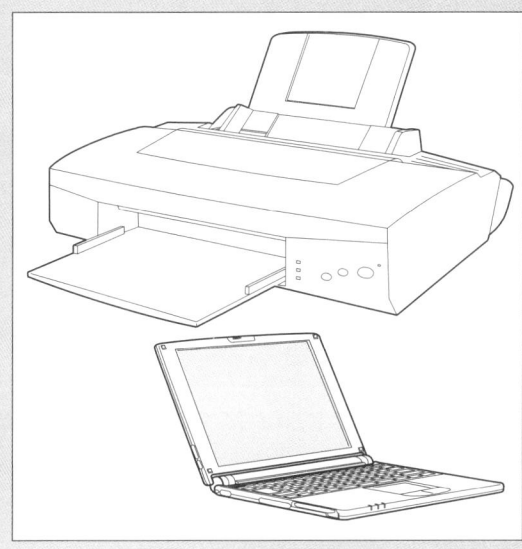
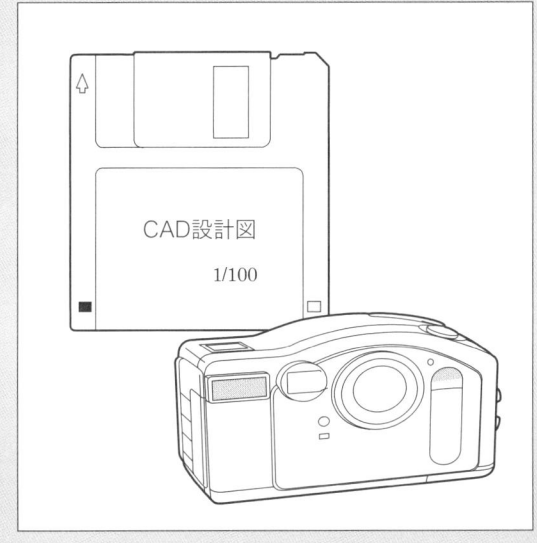
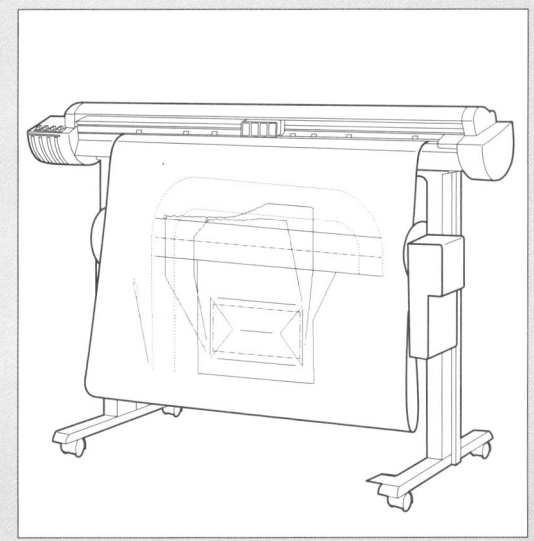

1・1　建築CADとは

CADとは，Computer Aided Design，またはComputer Aided Drawingの略である．前者はコンピュータによる設計作業の支援をいい，後者はコンピュータによる作図作業の支援をいう．いずれも，人間のすぐれた発想力とコンピュータの正確さなど，両者の長所をいかした作業といえ，図面の効率化や精度の向上などが期待できる．また，建築CADは，従来の手書きのものを，単にコンピュータで描くといった単純な意味ではなく，エスキスから実施設計までの各段階での出力が行え，さらに，図面データの部品をデータベース化したり，CADデータに基づき構造計算，日影計算，冷暖房負荷計算，積算などを行うほか，3次元データの入力により透視図を作成するなど，幅広い処理ができるものをいう．

従来の手書き作業の作図では，計画案に設計変更などの手を加える際，新たに図面を作成するほどの労力や時間が必要であったり，再度の設計変更により変更した図面も無駄になる可能性があった．しかし，CADを利用すれば，図面の上下左右を変えたり，部分の訂正で繰り返し設計変更ができるなど，以前に作成した図面を利用して新たな図面が作成できるなど，さまざまな効用がある．それを整理すると，次のような利点があげられる．

① 精度の高い図面が作成でき，品質が向上する
② 作図途中の修正，変更など，作業の柔軟性が高い
③ 図面の保管，検索など，効率的管理が可能である
④ 作図速度が向上し，作業時間の短縮化が図れる
⑤ 部品のデータベース化により，図面の標準化が図れる

1・2　建築生産とコンピュータの利用

（1）建築生産の流れ

建築物の生産は，一般に企画・計画・設計・施工の順に行われる．建築物の生産過程では，さまざまな設計図書が作成される．これらの業務を効率的に行うため，コンピュータが活用される（図1・1）．

（2）基本計画でのコンピュータ利用

1. 条件の把握　条件の把握とは，建築主（クライアント）から示された要求を整理し，基本計画にあたっての内的・外的条件を整理・把握する段階である．この段階では，コンピュータの利用により，過去の事例，関係法規，資料の検索や敷地測量図などから逆日影図や北側，道路など高さ制限図を作成し，建築可能空間の割り出しも容易に行える．

2. 基本計画　基本計画とは，構想段階において整理された条件をもとに，必要な室やつながり，規模などを検討し，建築物の基本方針を決定する段階である．この段階でのコンピュータの利用は，平面計画，外観や室内のデザイン，照明，防災，避難などの検討・評価のためのシミュレーションが主なものである．

従来，これらの検索・検討・評価は，模型やスケッチおよび計算結果の数値データを用いて行われてきたが，変更・修正に時間や費用がかかり，計算結果の把握も難しいという欠点があった．コンピュータを利用すると，ラフスケッチに長さや高さなどを与えてモデリング[*1]し，

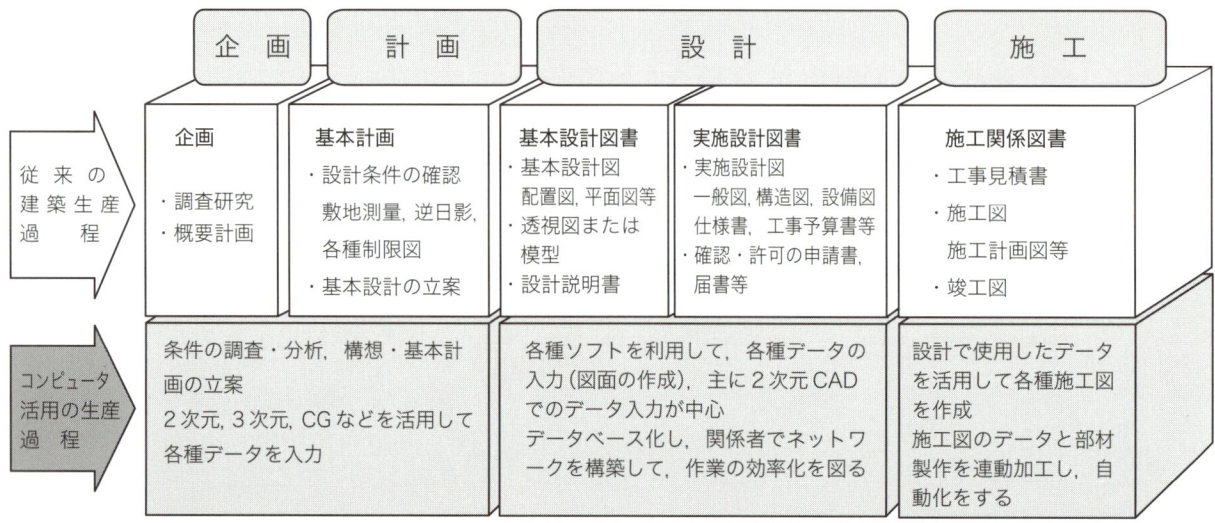

図1・1　建築物の生産過程とコンピュータの活用例

シェーディング*2や図1・2のようにテクスチュア・マッピング*3により質感を与えることができる．また，アニメーション*4，ウォークスルー*5などコンピュータ・グラフィックス（CG）の活用により，さまざまな角度からの検討・評価が正確でかつ容易となる．さらに，そのデータは図1・3のように建築主へのプレゼンテーションにも活用され，作業の効率化が図れる．

3．基本設計・実施設計　基本計画に基づいて基本設計図，実施設計図および技術計算書などの設計図書が作成される段階である．この段階では，最も重要なコンピュータの利用分野がCAD（Computer Aided Drawing），つまりコンピュータによる作図支援であり，その活用が作図作業の効率化に大きく役立つ．実際には，基本計画で入力されたデータをもとに，基本設計図や実施設計図の作成が行われ，設計図書の作成作業の効率を向上させることができる．

なお，基本設計図や実施設計図などの図面作成にあたっては，各部ディテールなどの図形ライブラリ（図1・5）が，仕様書や積算書の作成にあたっては，標準化されたシートなどが活用される．一方，技術計算においては，構造計算や冷暖房負荷計算，日影計算（図1・4）や積算などに幅広く利用されている．

（3）　施工段階でのデータの活用

施工段階では，工事実施に向けて各種の施工計画図が作成される．これらの作成にあたっては，実施設計のデータに必要な加工を行うなど，データを共有化して活用することにより，正確で合理的な業務を行うことができる．

（4）　建設CALS／ECの導入

わが国の国土交通省をはじめとする公共発注機関では，高度情報化，国際化，品質の確保・向上，建設コストの

図1・2　テクスチュア・マッピングの例（提供：松下電工株式会社）

図1・3　プレゼンテーションの例（提供：松下電工株式会社）

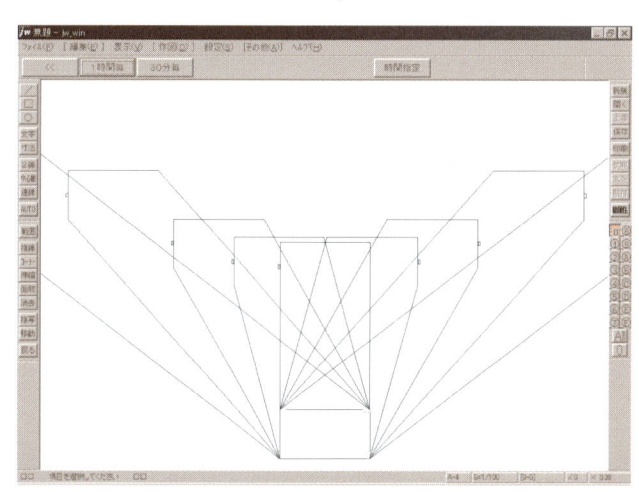

図1・4　日影図の例

＊1　立体モデルの作成
＊2　陰影付け
＊3　立体画像データの表面に，木目などの素材データを貼り付けること
＊4　コンピュータ・グラフィックスの画像を基に作られた動画
＊5　人の行動，見え方を想定した，視覚的な疑似体験をいう

図1・5 図形ライブラリの例

縮減などに対応するため，公共建設事業に建設CALS／ECが導入されている．CALS（commerce at light speed）とは生産・調達・運用支援統合情報システムのことで，EC（electronic commerce）とは商取引の電子化を図ることを目的としていることを意味する．このシステムの導入によって建築情報の電子化が不可欠となり，コンピュータは建築技術者にとってより重要度の高い道具の1つとなった．

1・3　ソフトウェアについて

　CADを活用するためには，ハードウェア（本体），OS（Operating System）に加えてCADのソフトウェアが必要となる（以下，ソフトと略記する）．このソフトには，次のような種類がある．

（1）　市販ソフト

　市販のソフトは，各メーカーが，膨大な費用と時間をかけて機能性，利便性を追求した結果として商品化されたもので，高価なものが多い．ソフトは，著作権法において保護され，複写や複製の売買などが禁止されている．通常メーカーでは，販売したソフトに対してプログラム上の欠陥や供給するメディアの物理的なトラブルについての責任がある．購入したソフトが作動しなかった場合は，常に正常に作動するまでサポートがあり，購入したソフトが原因でコンピュータシステムが破壊された場合もソフトメーカーがその損害を補償してくれるなど，契約上の保障がある．

（2）　シェアソフト

　シェアソフトとは，個人や団体が制作したソフトをインターネット上などで配布するもので，ソフトによっては機能を限定したり試用期間が終了すると使用できなくなるものなどがある．ただし，継続的に使う場合は，代金を支払えば使用できる．

（3）　フリーソフト

　フリーソフトとは，インターネット上で作者の好意により無料で公開されているソフトをいい，市販のソフトと同等程度の能力を有するものが多くある．しかし，多くのフリーソフトは個人により製作され，開発途上のものもあり，バグ[*1]をもったものも少なくない．そのバグによって，コンピュータシステムに支障が生じても作者に対しての責任は及ばないものとしている．

1・4　JWWについて

（1）　JWWとは

　Jw_cad for Windows（以下，JWW）は，パソコン通信を通じて育てられた，MS-DOS版のJW_CADの後継にあたるフリーソフトである．現在も，使用者からの意見・要望などに応えて，バージョンアップ（改訂）が繰り返されている．このソフトは，操作性が特によく，立体図や日影図が描けるなど，多機能で優れたフリーウェアである．したがって，建築のみならず電気，土木，機械などの技術者，ならびに教育機関においても広く普及し，国内で多くの人達に使われているCADソフトの一つといえる．

（2）　JWWの主な特徴

　JWWは，次に掲げるような特徴をもっている．

① 動作環境として Windows OS 搭載機種上で動作する．
② メニュー選択は，マウス，キーボードのいずれからでも可能である（p.16 ～ 17，p.20 参照）．
③ 画面のズーム操作に独自の方式を採用し，1 ストロークで画面の拡大・縮小などが可能である（p.18 参照）．
④ 16 レイヤを 1 グループとし，16 グループで構成され，合計 256 レイヤごとに異なった縮尺が設定可能である．
⑤ レイヤの使用状況がわかるレイヤ一覧表示がある．
⑥ 電卓機能，簡単な表計算機能を内蔵している．
⑦ 立体図・日影図（図 1・4 参照）・天空図が作図可能である．
⑧ DXF 入出力により，他の CAD とのデータの変換（データコンバート）が可能である．

（3） JWW の入手方法

JWW を入手するには，以下の方法がある．
① 作者のホームページ（http://www.jwcad.net/）などよりダウンロードをする．
② 雑誌等に収録されているものを購入し，インストールする．
（本書では，Ｖｅｒ.2.30（バージョン）を使用して解説し，Ver.3.10 までのバージョンアップを確認している）

1・5 本書を使うにあたって

すぐに CAD の操作を覚えたい人は！

Part 1 ＪWW のインストールと起動・終了
ＪWW をインターネットのホームページからダウンロード後，次ページにあるインストールを実行して，ソフトの起動・終了を確認しよう．

Part 2 ＣＡＤとＪWWの概要をつかむ
第 2 章の JWW の画面構成やマウス・キーボードの操作などを理解しよう（p.16 ～ p.20）．
※「2・4 レイヤの操作」（p.19）と「2・5 コマンドの操作（3）クロックメニューからのコマンドの選択」（p.20）は，少し慣れてから覚えるようにしよう．

Part 3 練習問題にトライ

第 2 章の「2・6 練習問題」（p.57 ～ p.61）にトライしよう．実際に指定された図形を描くことで，基本的な操作と作図方法に慣れよう．
※各コマンドの操作は，p.20 ～ p.56 に説明してあるので，必要に応じて確認するようにしよう．

Part 4 オリジナルデザインに挑戦
第 5 章の「5・1 デザインツールとしての活用」（p.150 ～ p.152）のところで自由にデザインをしてみよう．ここで自分の思うように作図できれば，次は，建築の図面作成にトライ！

Part 5 建築図面をマスターする
第 3 章の木構造住宅の描き方（p.63 ～ p.106）と第 4 章の鉄筋コンクリート構造事務所の描き方（p.107 ～ p.148）は，4 つの図面を A3 判用紙 1 枚に描くように解説してある．必要に応じて部分的に作図していこう．第 4 章の事務所は小規模な建築物なので，第 3 章の住宅より作図時間は短いと思われる．第 4 章を先にしても OK ！

そのほか，基礎からじっくり CAD を覚えたい人は，ページの順を追って読んでいこう．また，パソコンの操作に慣れている人や CAD を使った経験のある人は，第 3 ～ 4 章から始め，ページ右側の説明画面をみて視覚的に内容をとらえ，左側の説明文はポイントとなるキーワードをみるようにして実践的な操作を習得していこう．

分類	記号例	説明
かぎかっこ「　」	「○○を保存しますか？」	画面内のメッセージ
	「wood」	wood というデータファイル名などを入力
かくかっこ［　］	［複線間隔］	コントロールバー内などのボタンや数値入力ボックスなど
	［ＯＫ］	ダイアログボックス内のタブやボタンなど
すみつきかっこ【　】	【0】，【0】	レイヤとグループ
もじこみ○○○○	ファイル(F)	メニューバーやサブメニューのコマンドなど
アイコン	／ 比	画面を切り取ったアイコンやボタン
	L R LR	L→左をクリック，R→右をクリック LL→左をダブルクリック RR→右をダブルクリック Lドラッグ→左ドラッグ Rドラッグ→右ドラッグ LR→左右を同時クリック

※マウスの使い方は，p.17 参照

---

*1 バグ（Bug）プログラム上の誤り．虫

1・6 JWWのインストールとショートカットの作成

JWWは，インターネットなどからダウンロードして以下の操作でインストールする

（1）JWWのインストール方法

1. 圧縮ファイル（jww310.exe）を左ダブルクリックする
2. インストール先を指定した後，OK(O) を左クリックする

※ JWWのプログラム及び付属ファイルは，1つのファイルに圧縮されている（圧縮ファイルという）
圧縮ファイルは自己解凍形式になっているので，そのファイルをダブルクリックして開けば，自動的にインストールが始まる

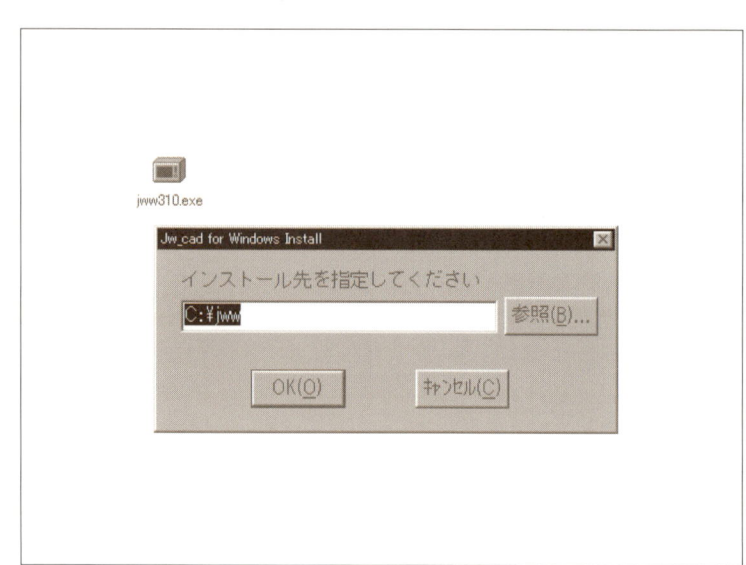

（2）スタートメニューへの登録（インストールの続き）

1. 自動解凍中に「スタートメニューに登録しますか？」で，はい(Y) を選択する
2. OK を左クリックするとインストールが完了する
3. スタートメニューにアイコン Jww が自動的に作成される

（3）デスクトップにショートカットを作成

JWWを頻繁に利用する場合は，アイコン Jww をデスクトップに作成すると短時間に起動でき便利です

1. スタート ⇒ を右クリックの後，エクスプローラ(X) を左クリックしエクスプローラを起動する
2. jwwフォルダ内のjw_win.exeを右クリック
3. ［送る(N)］⇒［デスクトップ（ショートカット作成）］へとマウスを移動させ，左クリックする

※デスクトップ上のショートカットアイコン Jww を削除しても，jwwフォルダ内のプログラムファイルは消えないので，デスクトップ上が煩雑になったらいつでも消してもよい

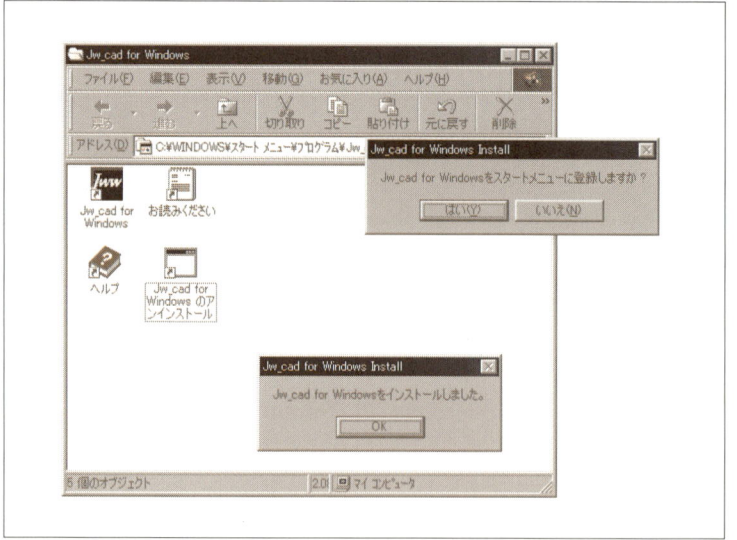

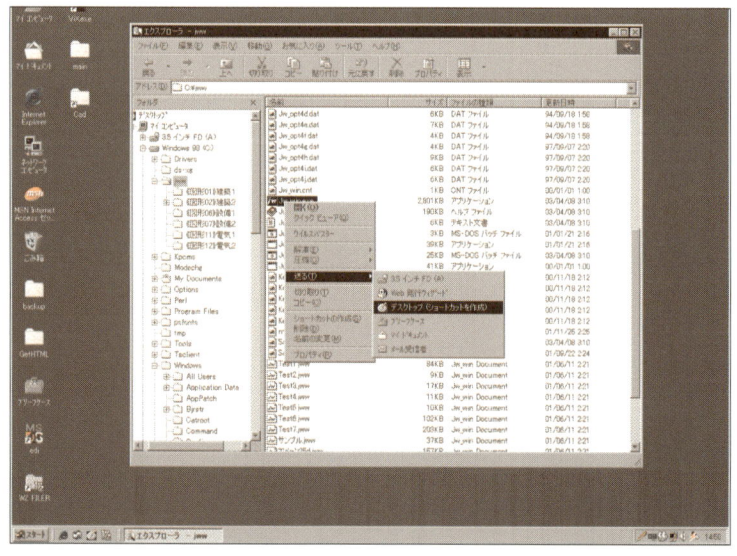

1・7 JWWの起動と終了
JWWをはじめる

（1） JWWの起動

1. コンピュータの電源を入れる
2. Windowsが起動したら，次のいずれかの方法によりJWWを起動させる

　方法1）スタート ⇒ プログラム（P）→［Jw_cad for Windows］→［Jw_cad for Windows］とマウス移動させ，左クリックすると実行（右図）する

　方法2）デスクトップの「JW_WIN」のアイコンを左ダブルクリックする

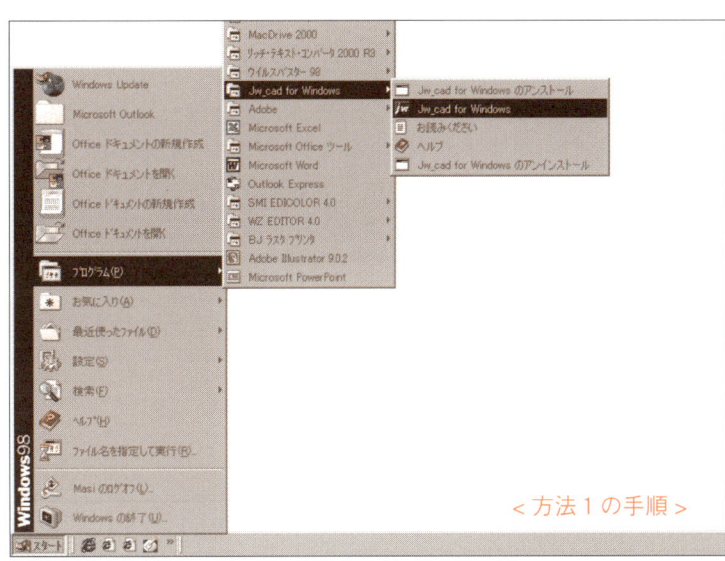
<方法1の手順>

（2） JWWの終了

方法1）保存しない場合
1. ファイル（F）から アプリケーションの終了（X）にマウスポインタを合わせて左クリック
2. ［いいえ（N）］を左クリック

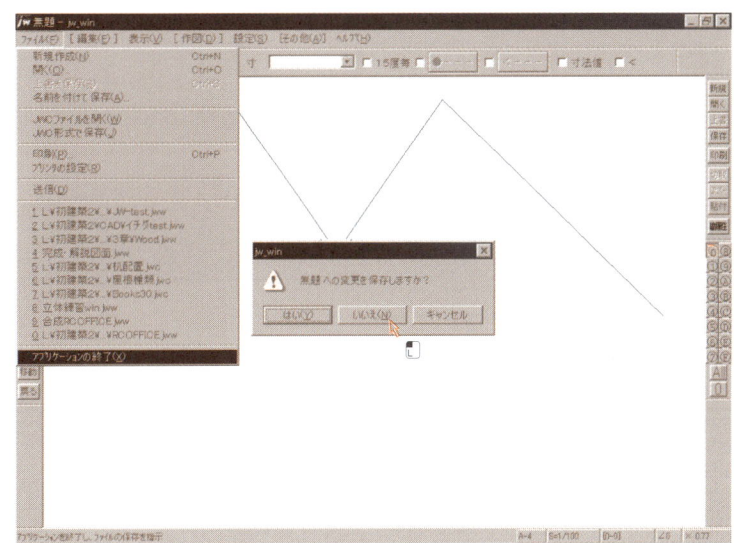

方法2）保存する場合
1. ファイル（F）から アプリケーションの終了（X）にマウスポインタを合わせて左クリック
2. ［無題への変更を保存しますか？］と聞いてくるので，はい（Y）を左クリック
3. ［名前をつけて保存］の中の［ファイル名（N）］⇒「無題.JWW」を消して，適当なファイル名をキーボードから入力する
4. ［保存（S）］を左クリック

※データファイルを新規に保存する方法は，p.56やp.65，p.109を参照

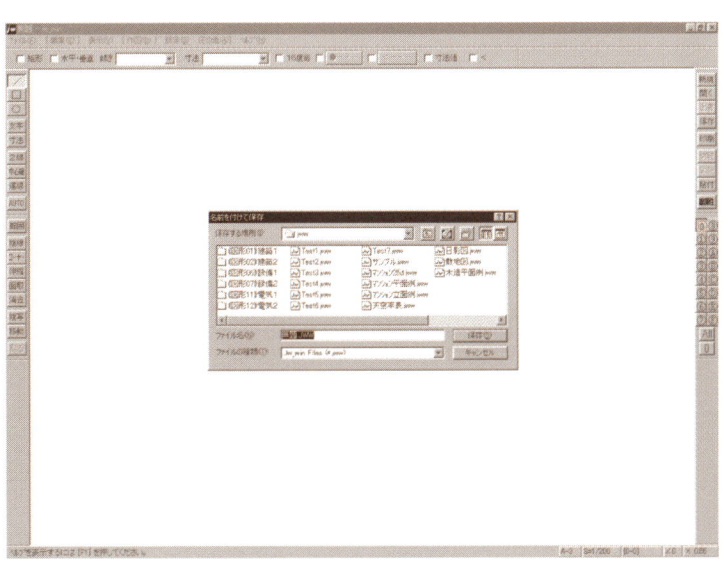

1・8 製図のルール

図面を利用して物を作る場合，描く人により異なった表現をしていては，作る側に混乱が生じることになる．そこで，誰が描いてもその物がつくれる，表現上の一定ルールを定めた日本工業規格（JIS）製図通則がある．初めて建築CADを学ぶ上で必要な，建築製図の基本事項を次にあげる．

①図面　図面は，表1・1に示すA0〜A4判を用い，それぞれの用紙の大きさによって，必要な輪かくをとる．

図面の下隅には，表題欄を設け図面名称・番号・縮尺などを記入する（図枠の作成については，p.62参照）．

②線　線の種類には，実線・破線・一点鎖線などがあり，その太さには極太線・太線・細線がある．これらは表1・2のように組み合わされ，用途に応じて使い分けられる．

③文字　文字には，図1・6のような漢字・かな・数字・英字が用いられる．文字の大きさは，図面名称のようなタイトルには5mm程度が，室名や寸法その他の記入事項には3.5mm程度が一般に用いられる．

④尺度　尺度には，倍尺・現寸・縮尺があり，建築図面では一般に縮尺および現寸が用いられる．縮尺は1:100や1/100のように表わされ，表1・3のように描かれる図面に適した縮尺が用いられる．なお，平面図・立面図・断面図は，同一の縮尺とするのが原則である．

表1・1　図面の大きさと輪かく

用紙の大きさ		c（最小） [とじない場合d＝c]	とじる場合のd（最小）
A0	841×1189	20	25
A1	594×841	20	25
A2	420×594		25
A3	297×420	10	25
A4	210×297	10	25

（単位　mm）

表1・2　線の用法

線の種類		用途による名称
極太の実線	———	（輪かく線）・断面線*1
太い実線	———	外形線
細い実線	———	寸法線・寸法補助線・引き出し線・回転断面線・水準面積・中心線（簡略な図示）
細い破線または太い破線	------	かくれ線
細い一点鎖線	—・—・—	中心線・基準線・ピッチ線・切断線
太い一点鎖線	—・—・—	特殊指定線・基準線（強調する場合）・境界線*2
細い二点鎖線	—・・—・・—	想像線・重心線
不規則な波形の細い実線またはジグザグ線	～～	破断線
細い一点鎖線で，端部および方向の変わる部分を太くしたもの		切断線
細い実線で，規則的に並べたもの	//////	ハッチング

*1　建築製図で用いられる線
*2　特殊な加工を施す部分の範囲を表すのに用いる

図1・6　文字の種類

- 5mm　2階建専用住宅
- 5mm　123456789
- 3.5mm　階段胴差根太大引受張間隔
- 3.5mm　あいうえおかきくけこさし
- 3.5mm　1234567890ab

表1・3　尺度の種類と図面の種類

尺度	図面の種類
1/1, 1/2	部分詳細図・原寸図など
1/5, 1/10, 1/20,（1/30）	かなばかり図，各部詳細図など
1/50, 1/100, 1/200,（1/300）	配置図・平面図など
1/500, 1/1000, 1/2000	大規模な敷地の配置図など

⑤**寸法**　寸法は，次のように記入する．
1. 寸法の単位は原則としてミリメートルとし，単位記号はつけない．ミリメートル以外の単位を用いる場合には，末尾に cm や m などの単位記号をつける．
2. 寸法線端部の表し方には，図1・7に示すようなものがあり，記入の仕方には，図1・8のように寸法補助線を引き出して寸法線を入れ，それに沿って寸法を記入する．また，間隔の狭い場合には寸法引出線を用いて記入する．

⑥**角度・勾配の表示**　角度および勾配の表示には図1・9（a）のようなものがあり，屋根勾配を表す場合は，図1・9（b）のような表示とすることが多い．

⑦**表示記号**　平面図やかなばかり図などで開口部や各材料などを描く場合には，原則として表1・4の平面表示記号や材料構造表示記号を用いる．

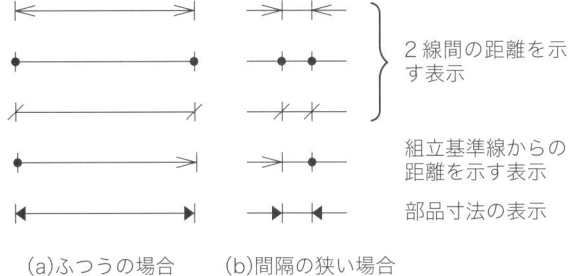

図1・7　寸法線端部の表し方

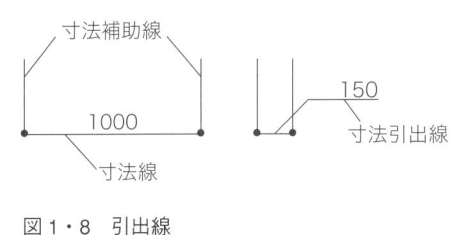

図1・8　引出線

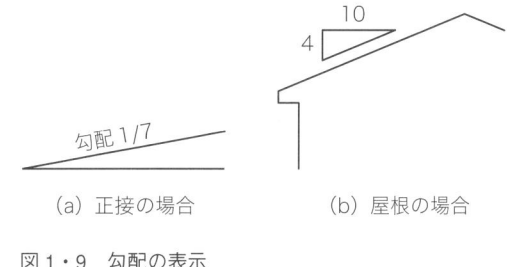

図1・9　勾配の表示

表1・4　表示記号(a)　平面表示記号

出入口一般	回転とびら	片引戸	シャッター	上げ下げ窓	格子付き窓
両開きとびら	折りたたみ戸	引込戸	両開き防火戸および防火壁	両開き窓	網　窓
片開きとびら	伸縮間仕切（材質・様式を記入）	雨　戸	窓一般	片開き窓	シャッター付き窓
自由とびら	引違い戸	網　戸	はめ殺し窓 すべり出し窓 回転窓 突出し窓（開口寸法記入）	引違い窓	階段上り表示

表1・4　表示記号(b)　　材料構造表示記号

表示事項 \ 縮尺程度別による区分	縮尺 1/100 または 1/200 程度の場合	縮尺 1/20 または 1/50 程度の場合（縮尺 1/100 または 1/200 程度の場合でも用いてよい）	現寸および縮尺 1/2 または 1/5 程度の場合（縮尺 1/20, 1/50, 1/100 または 1/200 程度の場合でも用いてよい）
壁一般	= ▬	= ▬	
コンクリートおよび鉄筋コンクリート			
軽量壁一般			
普通ブロック壁			実形を描いて材料名を記入する
軽量ブロック壁			
鉄骨	I		
木材および木構造壁	真壁造 管柱・片ふた柱・通し柱／大壁 管柱・片ふた柱・通し柱／真壁造 管柱・間柱・通し柱／（柱を区別しない場合）	化粧材／構造材／補助構造材	化粧材（年輪または木目を記入する）／構造材／補助構造材／合板
地盤	―――		
割りぐり			
砂利・砂		材料名を記入する	材料名を記入する
石材または擬石		石材名または擬石名を記入する	石材名または擬石名を記入する
左官仕上		材料名および仕上の種類を記入する	材料名および仕上の種類を記入する
畳			
保温・吸音材		材料名を記入する	材料名を記入する
網		材料名を記入する	メタルラスの場合／ワイヤラスの場合／リブラスの場合
板ガラス			
タイルまたはテラコッタ		材料名を記入する　材料名を記入する	
その他の材料		輪かくを描いて材料名を記入する	輪かくまたは実形を描いて材料名を記入する

第2章　JWW（Jw_cad for Windows）の基本操作

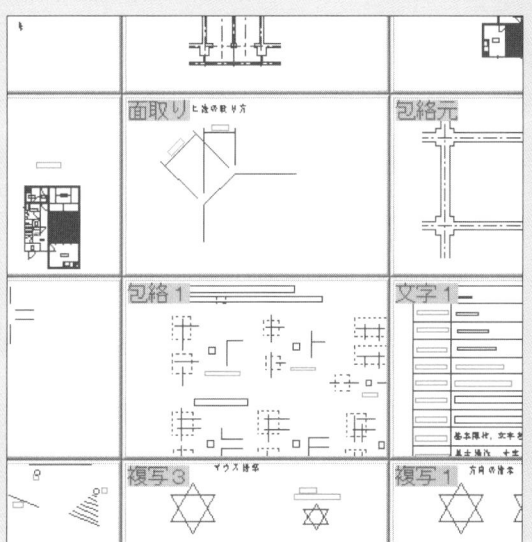

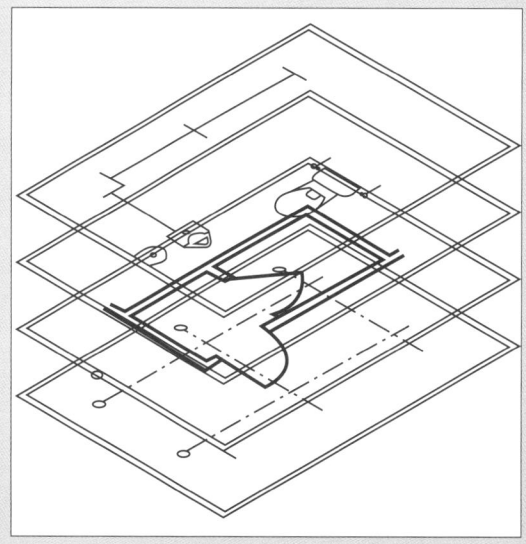

2・1 画面各部の名称と役割

JWW のアイコンをダブルクリックで開くと起動する．下記画面は，JWW の初期画面

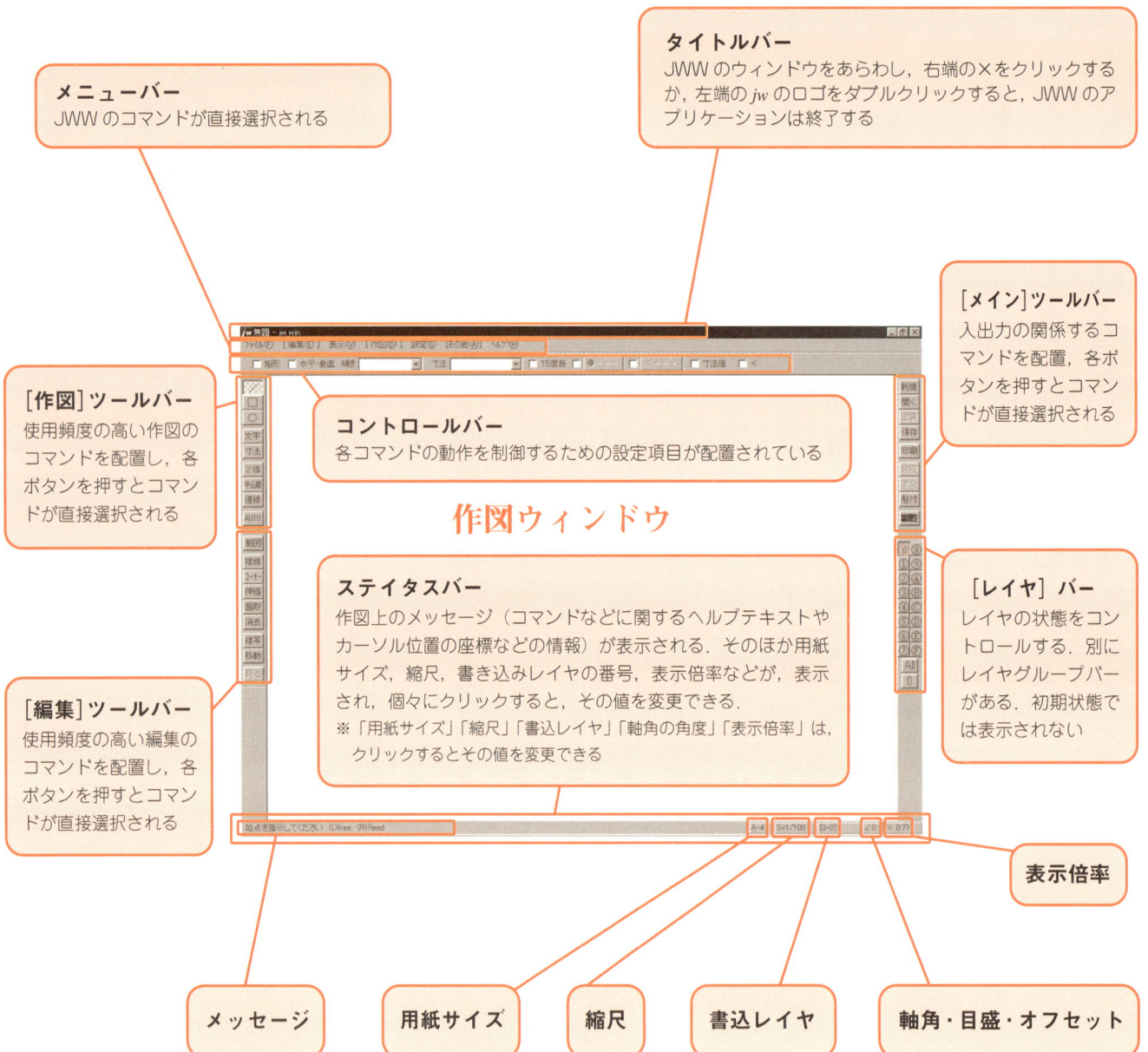

メニューバー
JWW のコマンドが直接選択される

タイトルバー
JWW のウィンドウをあらわし，右端の×をクリックするか，左端の jw のロゴをダブルクリックすると，JWW のアプリケーションは終了する

[メイン]ツールバー
入出力の関係するコマンドを配置，各ボタンを押すとコマンドが直接選択される

[作図]ツールバー
使用頻度の高い作図のコマンドを配置し，各ボタンを押すとコマンドが直接選択される

コントロールバー
各コマンドの動作を制御するための設定項目が配置されている

作図ウィンドウ

ステイタスバー
作図上のメッセージ（コマンドなどに関するヘルプテキストやカーソル位置の座標などの情報）が表示される．そのほか用紙サイズ，縮尺，書き込みレイヤの番号，表示倍率などが，表示され，個々にクリックすると，その値を変更できる．
※「用紙サイズ」「縮尺」「書込レイヤ」「軸角の角度」「表示倍率」は，クリックするとその値を変更できる

[レイヤ]バー
レイヤの状態をコントロールする．別にレイヤグループバーがある．初期状態では表示されない

[編集]ツールバー
使用頻度の高い編集のコマンドを配置し，各ボタンを押すとコマンドが直接選択される

メッセージ

用紙サイズ

縮尺

書込レイヤ

軸角・目盛・オフセット

表示倍率

その他の注意事項
ツールバー，およびレイヤグループバーは任意の位置に移動可能．また，初期設定の状態に戻すには，**表示（V）**メニューから，**ツールバー（T）**を選択し，**初期状態に戻す**にチェックを入れ，**[OK]**ボタンをクリックする

2・2 マウス，キーボードの基本操作

（1）マウスの持ち方

マウスは図2・1のようにマウスの左右ボタンの上に人差し指，中指を軽く乗せ，親指，薬指，小指でマウスを支え，手で包み込むように持つ

図2・1　マウスの持ち方

（2）マウスの基本的な操作

マウスは，コンピュータの画面上でコマンドを選択したり線や図形などを入力するための装置で，マウスポインタ（矢印）で入力位置を指示する．また，マウスの左右のボタンを用いることによりいろいろな操作を行うことができる．表2・1，図2・2にJWWのマウス操作を示す．なお赤アミ部分はJWW独自の操作を表す

表2・1　マウスの基本的なボタン操作

クリック	マウスのボタンを押して放す
左クリック	マウスの左ボタンを1回押して放す
右クリック	マウスの右ボタンを1回押して放す
左ダブルクリック	マウスの左ボタンを連続して2回押して放す
右ダブルクリック	マウスの右ボタンを連続して2回押して放す
両ボタンクリック	マウスの左右ボタンを同時に1回押して放す
プレス	マウスのボタンを押したままにする
ドラッグ	マウスのボタンを押したまま，マウスを動かし，ボタンを放す
左ドラッグ	マウスの左ボタンを押したまま，マウスを動かし，ボタンを放す
右ドラッグ	マウスの右ボタンを押したまま，マウスを動かし，ボタンを放す
両ボタンドラッグ	マウスの左右のボタンを押したまま，マウスを動かし，ボタンを放す

（3）キーボードの基本操作

JWWでは，作図作業の大半はマウスで行うことができるが，コントロールバーに［寸法］や［傾き］などと表示されている場合は，必要に応じて数値をキーボードで入力する（図2・3）

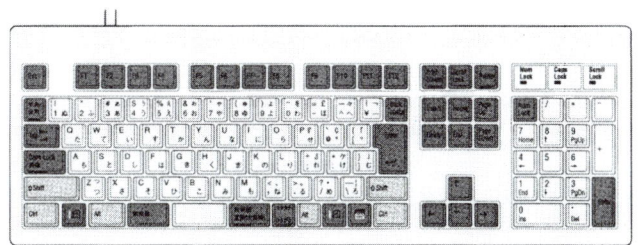

図2・3　キーボードの例

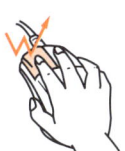

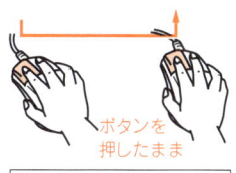

図2・2　マウスの操作

2・3 JWWのマウスの基本操作

(1) 左クリックと右クリック

左クリック(本書では🆕と記す)は,コマンド等の選択や,作図ウィンドウ上の任意の点を指示し,線などを描くことができる

右クリック(本書では🆁と記す)は,既存の線分や円弧の端点,既存の線や円の交点や接点を指示する

メッセージで「始点を指示してください (L) free (R) Read」とあれば,(L) freeは,左クリックで任意の点を,(R) Readは右クリックで読み取り点という意味である

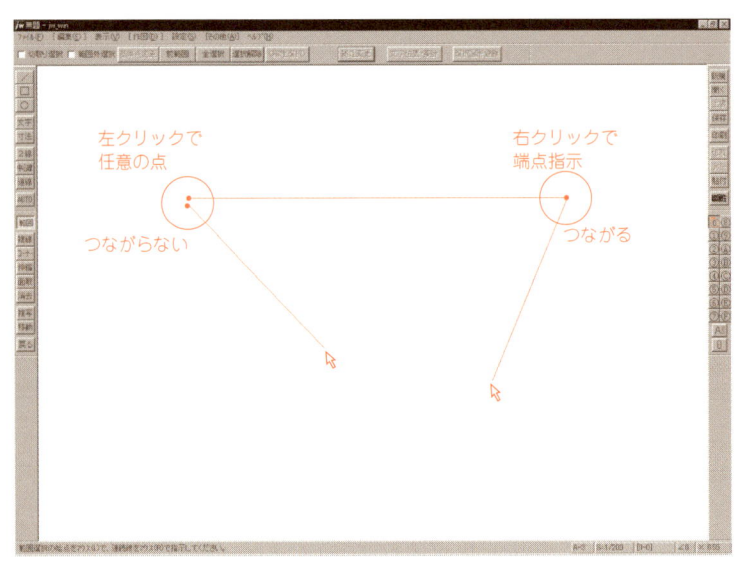

(2) 移動・拡大・縮小などの方法

・マウスの左右ボタンを同時に押して,マウスを動かさずに両ボタンをはなすと,その位置が画面の中央に移動①する
・両ドラッグ左上から右下への移動で,指定した範囲の拡大②ができる
・両ドラッグ右下から左上への移動で,範囲の縮小③ができる
・両ドラッグ右上から左下への移動で,前倍率画面表示④ができる
・両ドラッグ左下から右上への移動で,画面全体を再表示⑤ができる

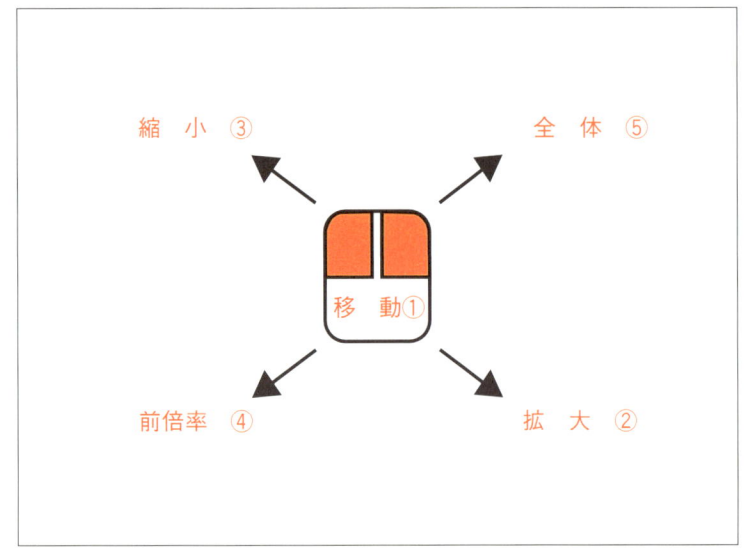

(3) 表示範囲の記憶と解除

画面の表示範囲を記憶させておくことによって拡大や縮小を行っても,記憶させた範囲をすぐに表示できるようにする
・記憶させたい画面表示になるよう拡大または縮小する
・画面右下の表示倍率ボタンを🆕
・[画面倍率・文字表示 設定]メニューの 表示範囲記憶 を🆕で設定. 記憶解除 で設定解除
拡大や縮小を行っても,両ドラッグ左下から右上への移動で,記憶した画面範囲が表示される

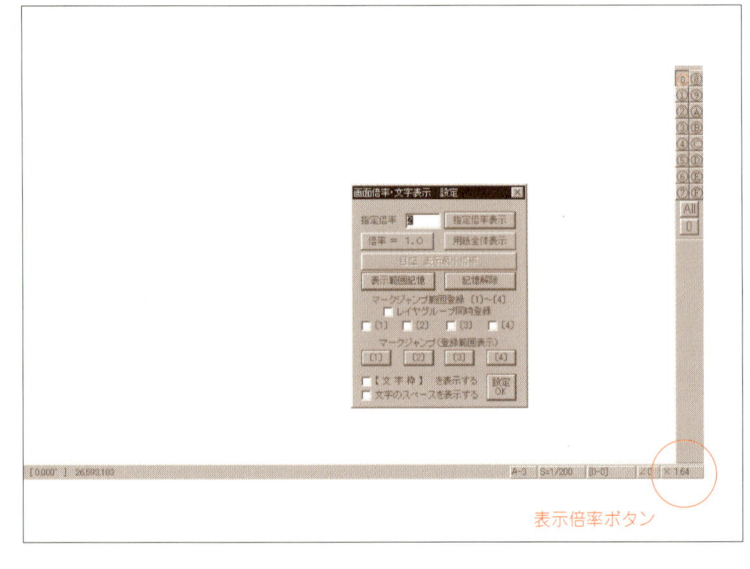

2・4 レイヤの操作
最大256枚の透明な図面（用紙）の操作

（1）レイヤとは

透明な用紙のようなものを何枚も重ねて，1つの図面を表現する．例えば，1枚目に通り心を，2枚目に躯体を，3枚目に設備器具，4枚目に寸法線などを描いておいて，1枚目2枚目3枚目……と重ねて見ると建築図面ができあがる．この透明な各用紙にあたるものをレイヤといい，図面を管理する上で重要な要素となる

JWWでは16枚のレイヤを1つのグループとし，16個のグループで最大256枚のレイヤ表示が可能となる

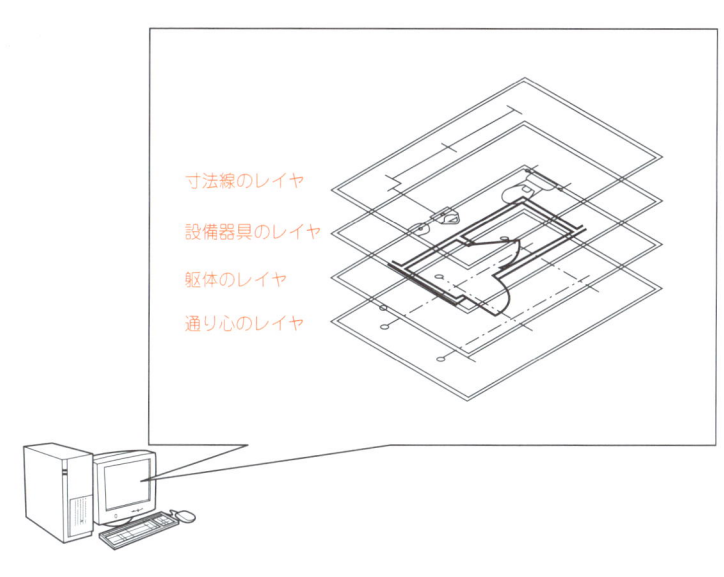

（2）レイヤとグループの基本操作

レイヤの状態を変更するには，レイヤに対応したボタンを[L]する

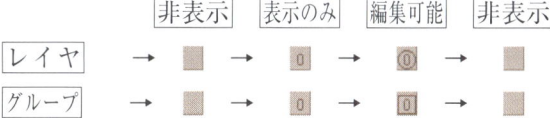

このように順次変更される

ボタンを[R]すると，その選択されたレイヤが書込レイヤ[0]として設定される

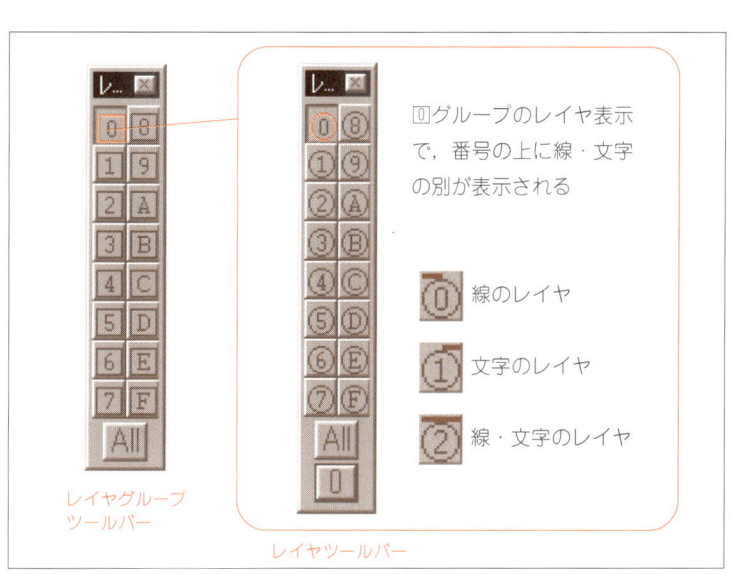

（3）レイヤの状態

① ［設定（S）］→ ［レイヤ（L）］
② グループやレイヤの名前が記入できる
③ レイヤのアイコンを[L]すると状態が変更できる

覚えておくと便利　レイヤと縮尺

JWWは，グループごとに縮尺が設定できることが特徴である

本書では，図枠を[F]グループとし，第3・4章で描く図面は，[0]グループから描く

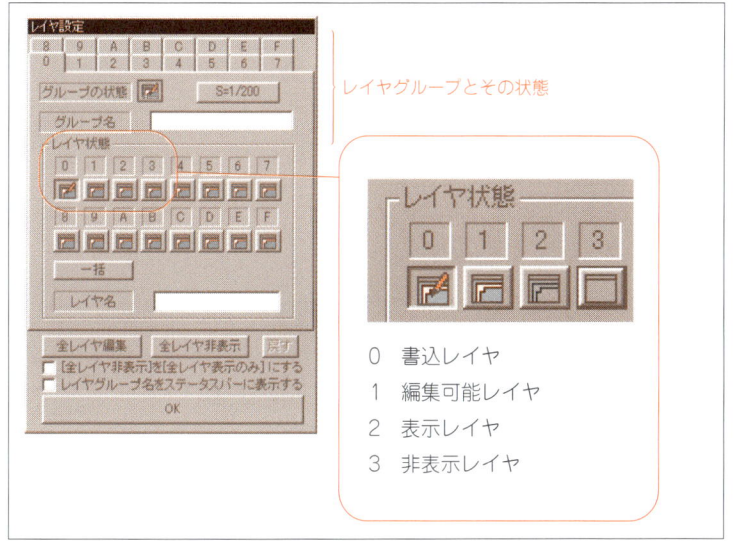

2・5 コマンドの操作

JWWの各コマンドの操作方法を，コマンド別に解説する

(1) メニューバーからのコマンドの選択

メニューバーの各コマンドをクリックすると，プルダウンメニューが表示され，必要なコマンドが選択できる

コマンドのうしろにある( )内のアルファベットは，キーボードからコマンドの入力をするときのものである

(2) ツールバーからのコマンドの選択

ツールバーには，使用頻度の比較的高いものが割り当てられている

ツールバーの変更の方法
・［表示（V）］⇒［ツールバー（T）］を🖱
・［ツールバー表示］ウィンドウで，必要なツールバーをチェックし OK を🖱

［初期状態に戻す］をチェックし OK を🖱で初期状態に戻る

(3) クロックメニューからのコマンドの選択

作図ウィンドウ内で，左右のいずれかのマウスのボタンを押し続けながらドラッグすると時計の文字盤のような図形の表示と同時にコマンドが表示され，選択したいコマンドの位置でボタンを離すと決定される．AM・PMの切り替えは，一度時計に戻るか，もう一方のボタンを押せばよい（右表は，線コマンドでの例）

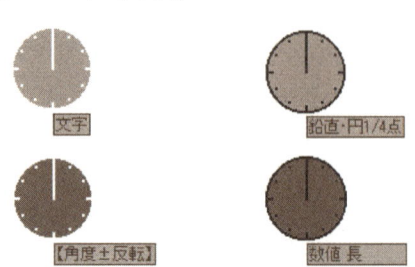

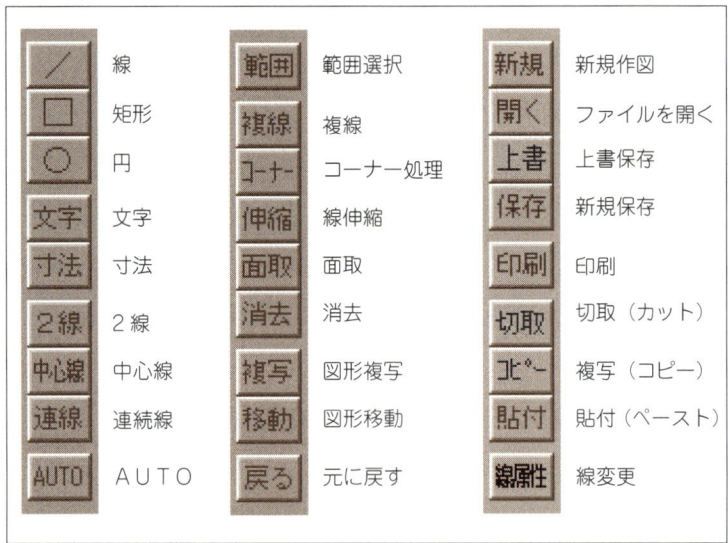

	左AM	左PM	右AM	右PM
1時	線・矩形	■矩形	線・矩形	鉛直角
2時	円・円弧	15度毎	円・円弧	2点間角
3時	包絡	■水平・垂直	中心点・A点	X軸角度
4時	範囲選択	建具断面	戻る	線角度
5時	線種変更	建具平面	進む	軸角取得
6時	属性取得	【全】属性取得	オフセット	数値角度
7時	複写・移動	ハッチ	複写・移動	(-)軸角
8時	伸縮	連続線	伸縮	(-)角度
9時	AUTO	中心線	線上点・交点	X軸(-)角度
10時	消去	2線	消去	2点間長
11時	複線	寸法	複線	線長取得
0時	文字	【角度±反転】	鉛直・円周点	数値長

線（S）・矩形（B）　始点→終点の順にクリックして，直線や矩形を描く

□矩形　□水平・垂直　傾き［　　　］　寸法［　　　］　□15度毎　●----　<----　□寸法値　□<

（1）線を引く場合

・始点を🖱（任意の点を指示する）
・終点を🖱（任意の点を指示する）
　　　　🖱（既存の端点に接続される）

> ※1　□矩形　ここをチェックすると矩形，
> 　　　チェックしない場合は直線を描く
> ※2　□水平・垂直　ここをチェックすると水平・
> 　　　垂直線を，チェックしない場合は自由な角
> 　　　度の線を描く

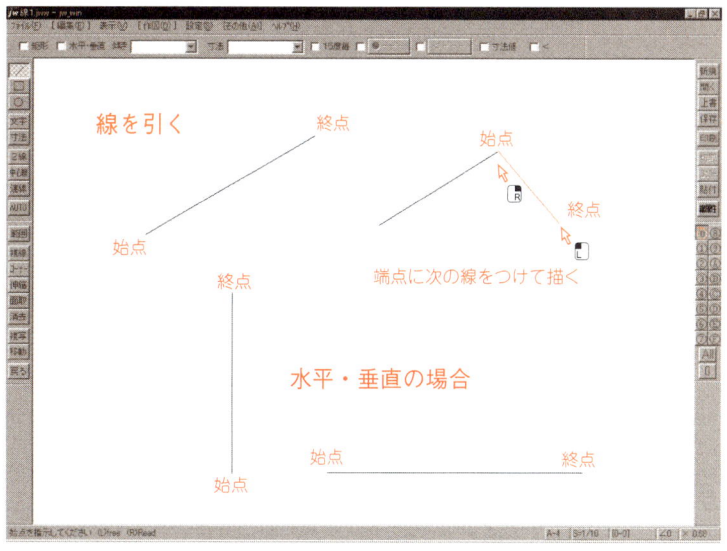

（2）線分・矩形に傾き（角度）をつける場合

① 傾き［　　　］　線・矩形の傾き角を入力
　（□15度毎　にチェックすると，線や矩形が15度
　ごとに傾く）
② ☑水平・垂直　のようにチェックされている場合は，
　入力角度以外に，水平方向，垂直方向および入
　力角となる

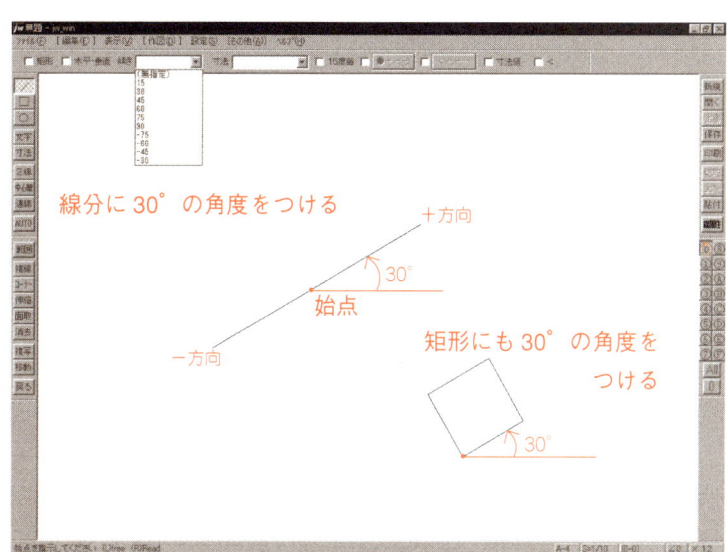

（3）線分に追加

・●----　ここをチェックすると線の始点，終
　点に点を描く．ボタンを押すごとに点の位置が
　変わる
・<----　ここをチェックすると線の始点，終
　点に矢線を描く．ボタンを押すごとに矢線の位
　置が変わる
・□寸法値　ここをチェックすると線の上に寸法値
　が表示される
・□<　ここをチェックすると指示した線の端点
　に矢印を追加できる

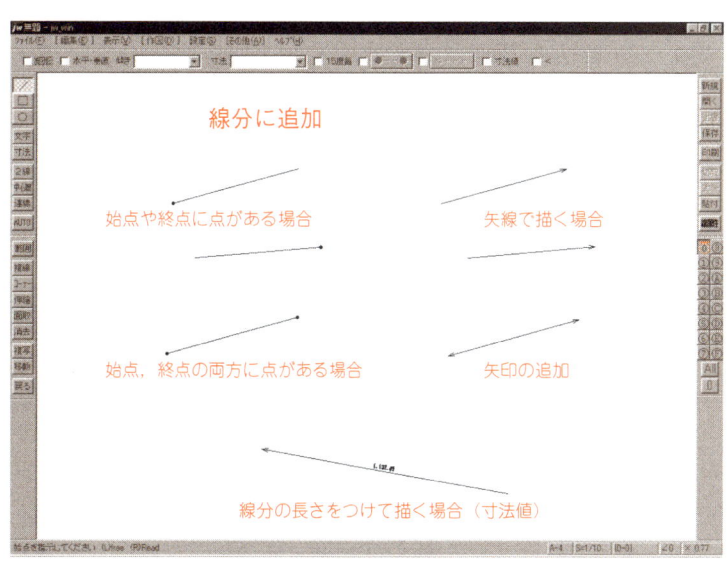

円 弧（C）

□円弧 ここをチェックすると円弧を，チェックしない場合は円を描く

（1）円

- 中心を L または R
- 円周点を L または R （R は読取点を利用する場合）

（2）円弧

- 中心を L または R
- 円弧の始点を L または R
- 円弧の終点を L または R で円弧を描く
- □終点半径　通常，円弧の半径は円弧の始点の位置で決まるが，ここをチェックすると，円弧の終点位置で半径が決まる

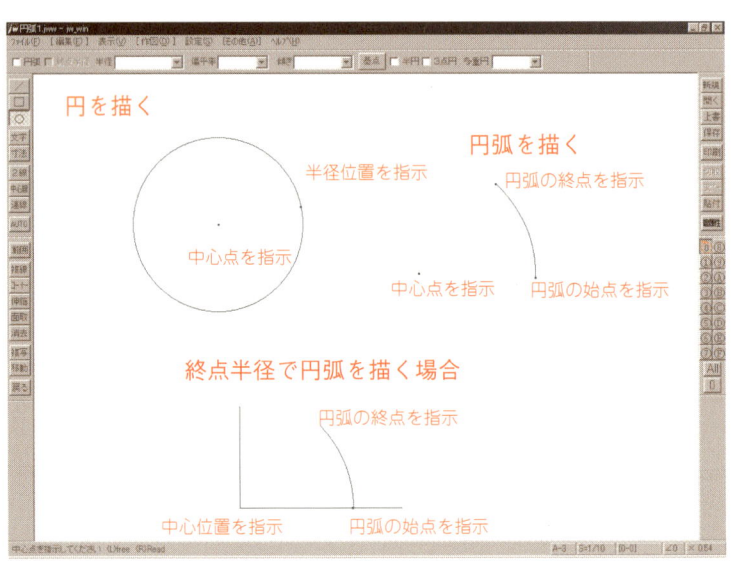

（3）半径の設定

- 半径　円や円弧の半径を入力または選択

（4）扁平率の設定

- 扁平率　円の扁平率を百分率で入力または選択

（5）傾きをつける

- 傾き　円の傾きを入力または選択

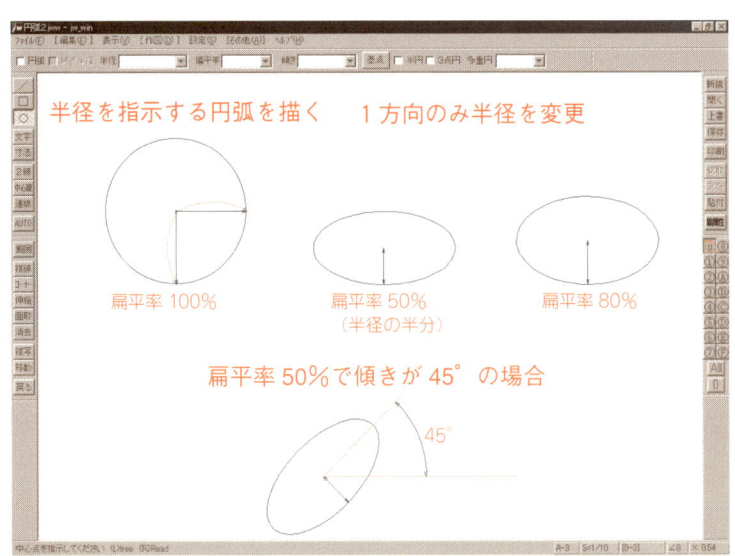

（6）その他の円と円弧を描く

- 基点　円の基準点を変更する
- □半円　ここをチェックすると半円を描く
- □3点円　ここをチェックすると，始点，終点，通過点の3点指定で円を描く
- 多重円　2以上の数値を入れると，多重円を描く

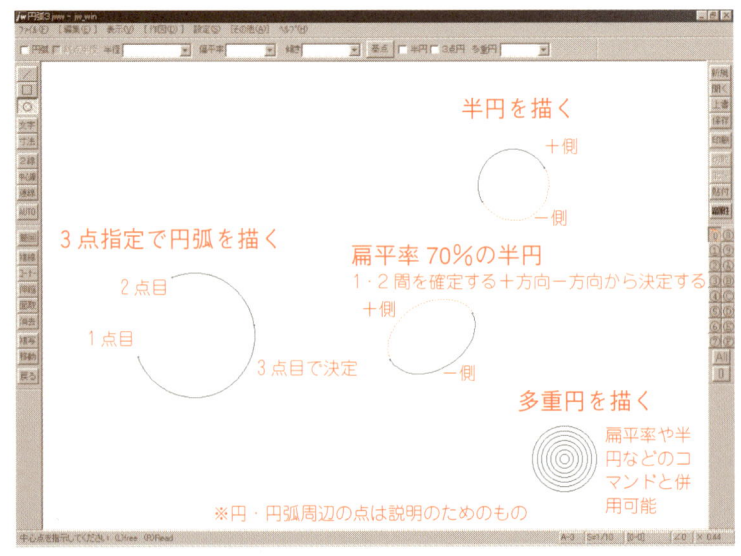

複　線　(F)　選択した線や図形を平行な位置に複写する

（1）複線を引く

- 基準線を①🖱　(🖱Rで，前の複線間隔となる)
- 複線間隔を入力
  例 複線間隔 1500
- 基準線の左右にポインタを動かすと，それに応じて複線が現れ，引きたい側で②🖱

> ※1　複線を1本引いたあと，連続 を🖱すると，さらに複線が引ける
> ※2　基準線，複線間隔の入力後，両側複線 を🖱で，両側に複線が引ける
> ※3　基準線，複線間隔の入力後，連続線選択 を🖱で，連続線の複線が引ける

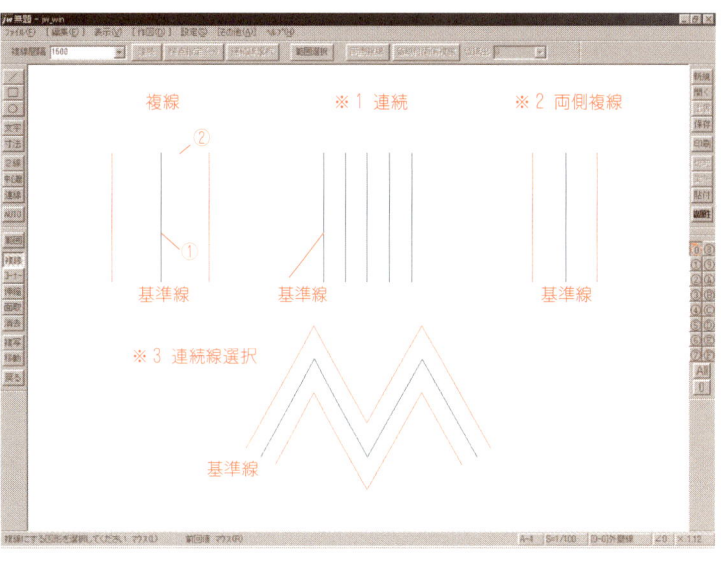

（2）複線の両端を指定したいとき

- 基準線を①🖱
- 複線間隔を入力②
- 端点指定(→) を③🖱
- 始点と終点を④🖱，⑤🖱
- 複線を引きたい側で⑥🖱

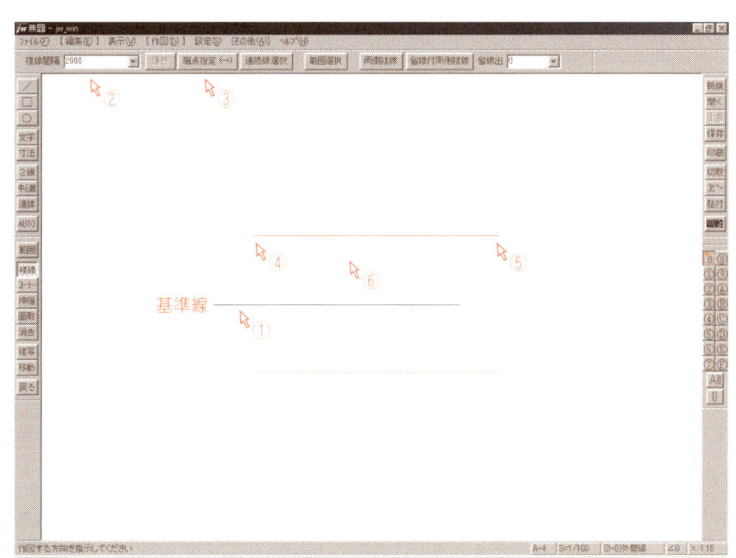

（3）留線付両側複線

- 基準線を①🖱
- 複線間隔を入力②
- 留線出を入力③
  例 留線出 500
- 留線付両側複線 を④🖱

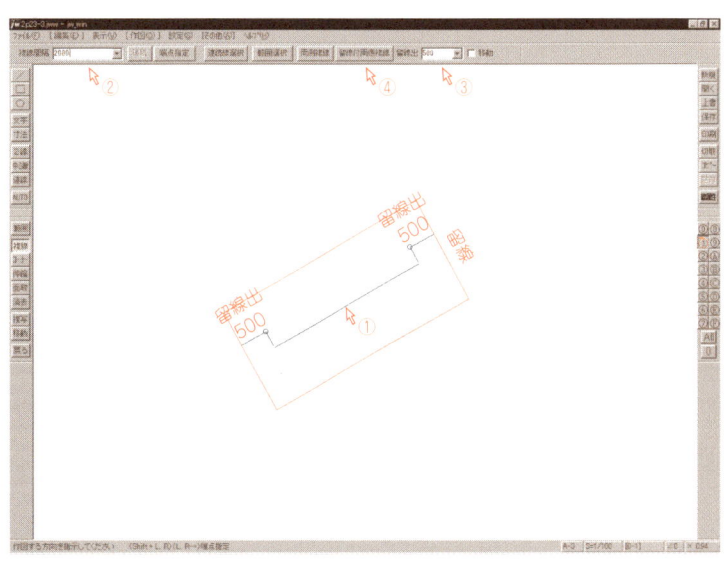

2 線（W）　基準線に沿って２本の平行線を引く

2線の間隔 `75 , 50` ▼　間隔反転　1/2間隔　2倍間隔

（１）基本的な書き方

- `37.5 , 25` ▼ の中に，線を引く方向に向かって左，右（上下）の順に数値を入力または，選択する
- ２線の基準となる線を🅛で指定する
- 任意点なら🅛指定点なら🅡で２線の始点を指示
- マウスカーソルを動かすと２線のラバーバンドが動きに合わせて表示され終点で🅛または🅡
- 間隔反転 を🅛で，間隔の上下左右が反転する

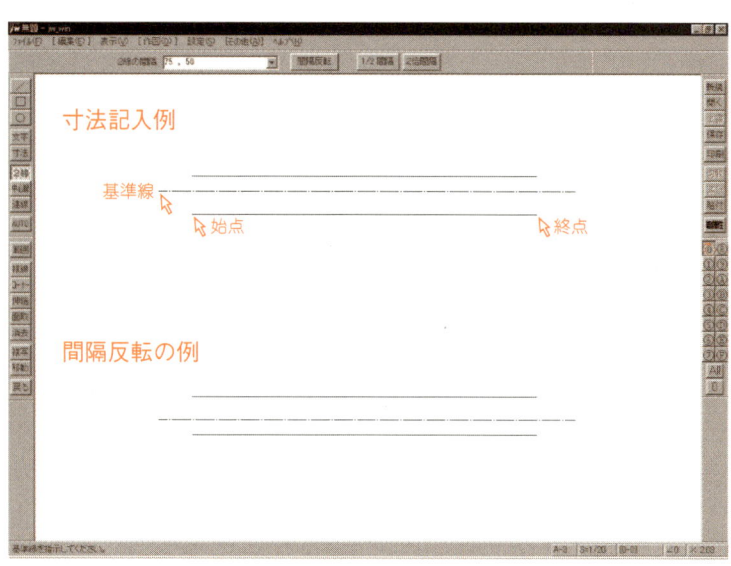

（２）基準線変更

- 途中で基準線を変更する場合は，次の基準線🅛🅛で指定する
- 終点③，④……を🅛🅛し，その時に間隔を変更する場合は，🅛🅛の後に 間隔反転 を🅛
  1/2間隔 や 2倍間隔 で，1/2の間隔や，２倍の間隔も可能

> ※１　1/2間隔 を２回押すと，1/4となる
> ※２　上記以外の間隔は， `150 , 100` ▼ で寸法を変える

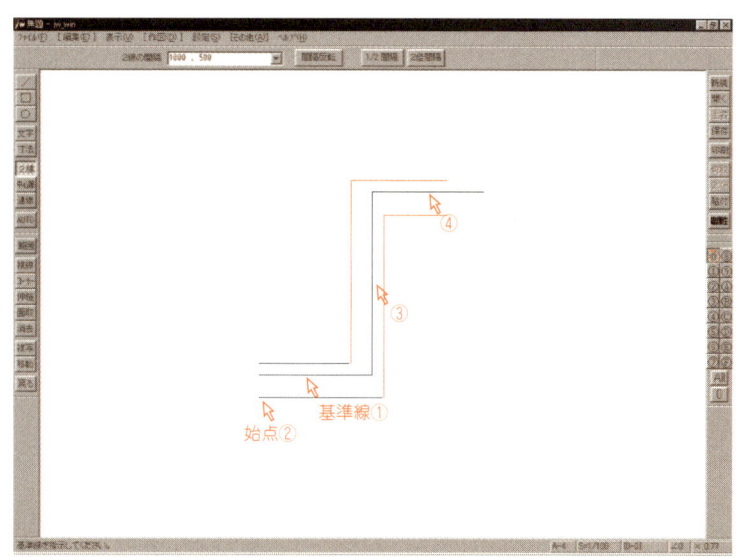

（３）包絡処理

- 基準線🅛
- 始点🅛
- 別の線を🅡🅡すると，その線との間で包絡処理が行われる

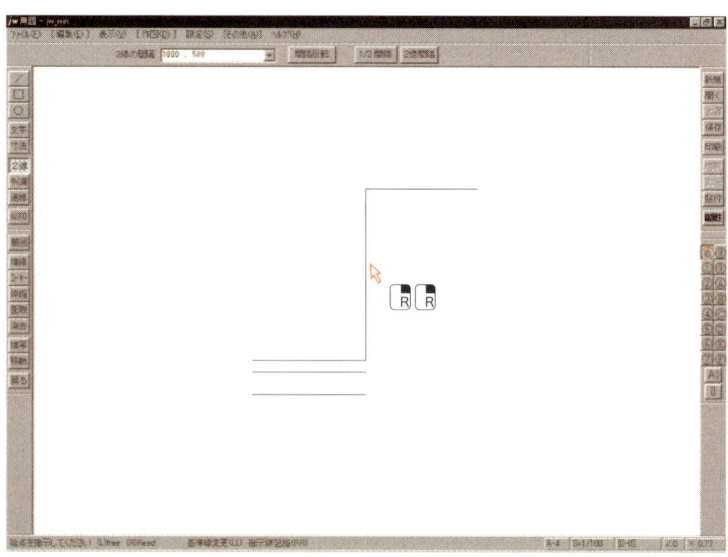

連続線（R）　折れ線，連続した弧や手書きの線を描く

(1) 連続線

- 手書線 と 連続弧 のチェックを外す
- 始点①を[L]
- 中間点②③を[L]
- 最後の中間点と同じ点を指示するか，終了ボタンを押すと，作図終了

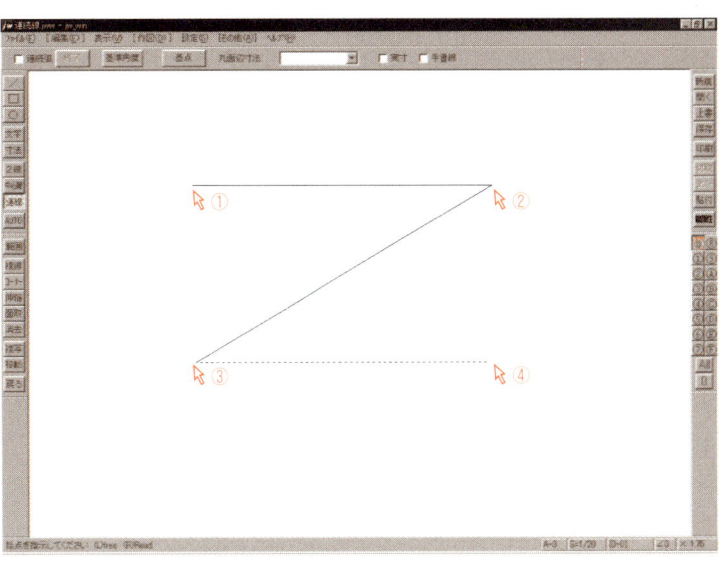

(2) 連続弧

- 連続弧 にチェックを入れる
- 始点①を[L]
- 中間点②を[L]…と順に指示する
  始点の代わりに線または円弧を[L][L]で指示すると，その線につながった連続した弧が描ける
- 最後の中間点と同じ点を指示するか，終了ボタンを押すと，作図終了

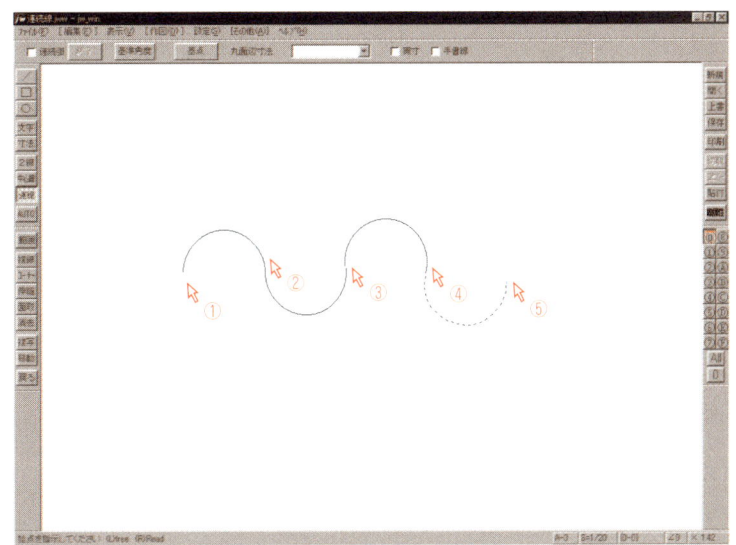

(3) 手書線

- 手書線 にチェックを入れる
- 始点を[L]
- マウスを動かすとその軌跡が描かれる
- マウスをもう一度[L]すると，一連の図が終了する

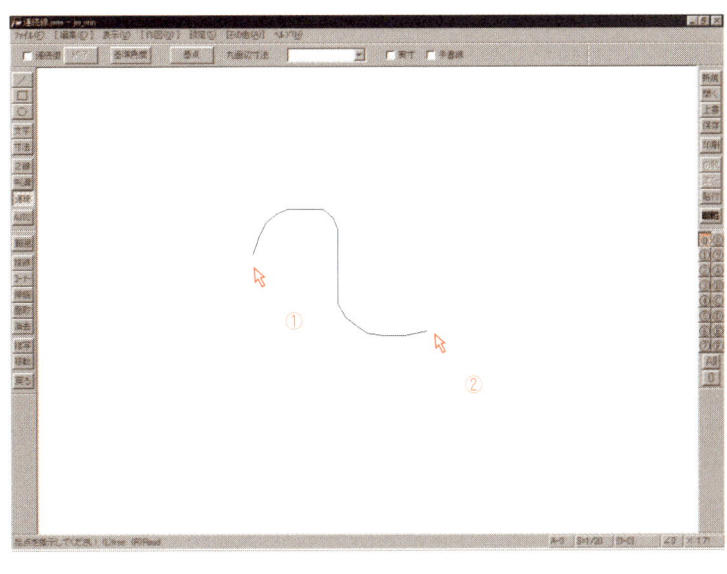

多角形（T）　多角形や2点からの長さを指定した2辺を描く

（1）2辺

2点から長さを指定した2辺を描く

寸法指定の場合
・2辺の寸法を（A，B）形式で入力
・2点を指示
・描きたい側にポインタを移動し🅛

寸法無指定の場合
・寸法を（無指定）にする
・2点を指示し，頂点を指示

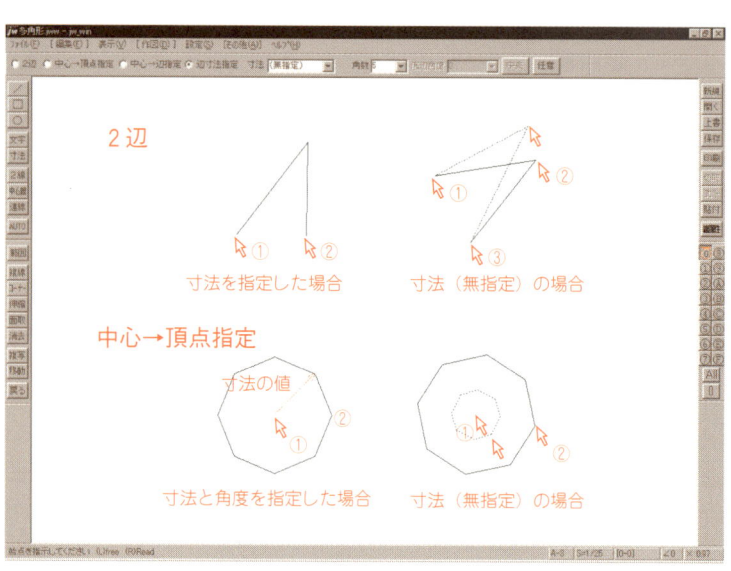

（2）中心→頂点指定

寸法指定の場合
・寸法，角数，底辺角度を入力
・基準点ボタン🅛で基準点が選べる
（ 中央 → 頂点 → 辺 ）
・描く場所を指示

（3）寸法無指定の場合

・角数を入力
・中心と頂点を🅛または🅡

（4）中心→辺指定

寸法指定の場合は，中心→辺までの垂直距離

寸法無指定の場合
・角数を入力
・中心と辺を🅛または🅡

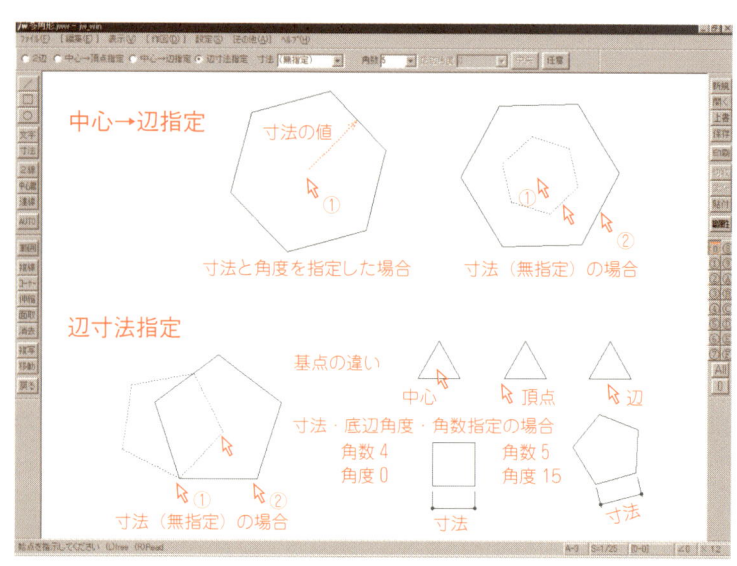

（5）辺寸法指定

寸法無指定の場合
・角数を入力
・頂点の1つを指示
・マウスを動かし，描きたい位置で🅛または🅡

寸法指定の場合
・寸法・角数・底辺角度を入力し，基点を🅛または🅡
・描きたい位置で🅛または🅡

（6）任意

・始点から順次中間点を指示
・ 作図 ボタン指示で完成

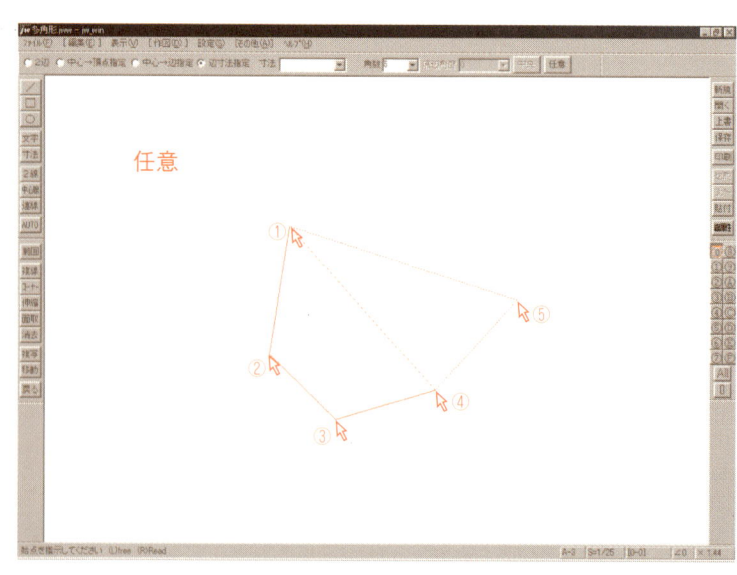

曲　線（J）　サイン曲線，2次曲線，スプライン曲線，ベジェ曲線を描く

○ サイン曲線　○ 2次曲線　○ スプライン曲線　○ ベジェ曲線　分割数 10　作図実行

まず曲線を選ぶ

（1）サイン曲線

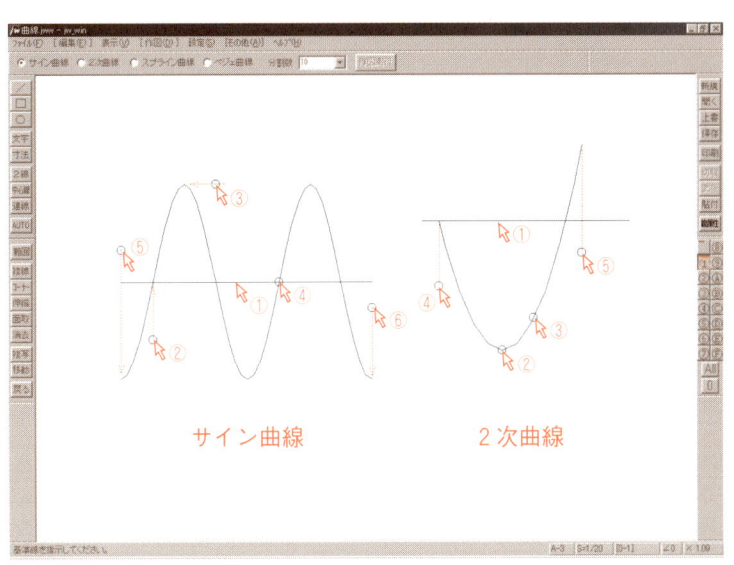

- 基準の直線①を🖰
- 原点②を🖰または🖰
- 振幅③を🖰または🖰
- 原点から1サイクルの点④を🖰または🖰
- 作図の始点⑤を🖰または🖰
- 作図の終点⑥を🖰または🖰
- 曲線は連続線で表現されており，その線の数を分割数という．サイン曲線では，1/2周期が，分割数の連続線で表わされる

（2）2次曲線

- 基準の直線①を🖰
- 2次曲線の原点②を🖰または🖰
- 2次曲線の通過する中間点を③を🖰または🖰
- 作図の始点④を🖰または🖰
- 作図の終点⑤を🖰または🖰
  分割数は，始点と終点間の分割数となる

（3）スプライン曲線

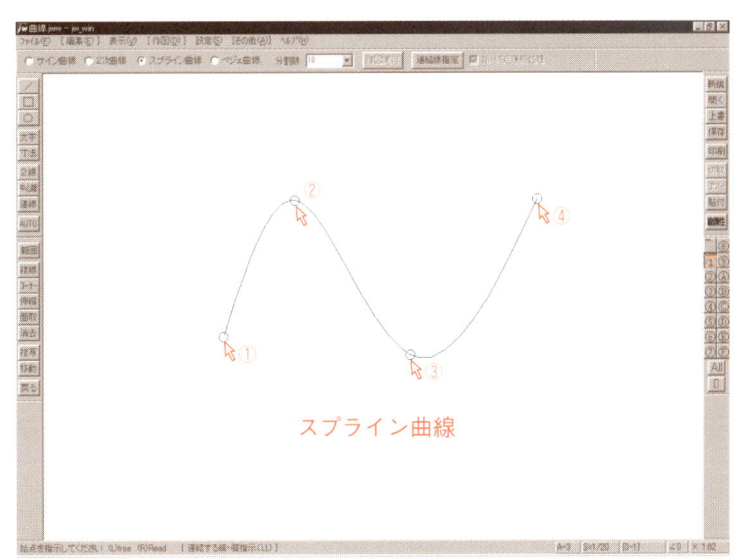

（各点を通る滑らかな曲線）

- 始点①を🖰または🖰
- 中間点②を🖰または🖰
- 終点③を🖰または🖰
  3点以上ある場合は，続けて🖰または🖰
- 作図実行 を🖰
  このとき，始点と終点とが同一点の場合は始・終点連続処理が表示される
  分割数は，各点間を分割する数となる

（4）ベジェ曲線

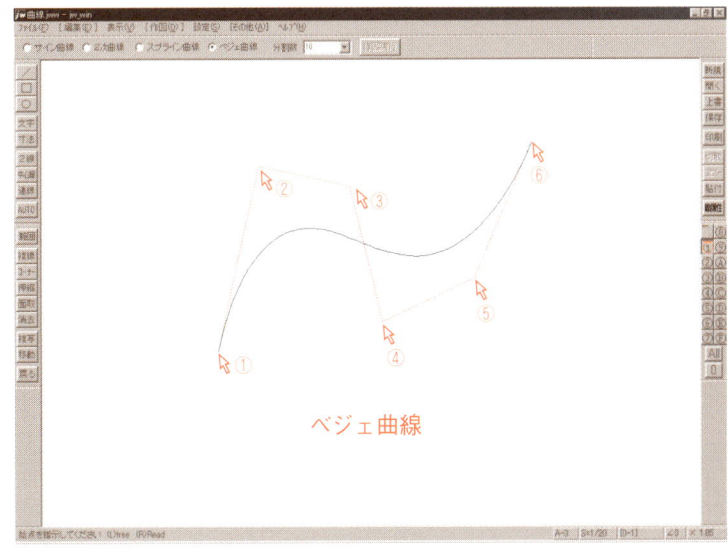

（始点と終点は通るが，中間点は通らない曲線）

- 始点①を🖰または🖰
- 中間点②③……を🖰または🖰
- 終点⑥を🖰
  3点以上ある場合は，続けて🖰または🖰
- 作図実行 を🖰
  分割数は，各点間を分割する数となる

接線（L），接円（E），接楕円（D）　接線や接円・接楕円を引く

○ 円→円　　○ 点→円　　○ 角度指定　　○ 円上点指定　　長さ [　　　　]

（1）接線を引く

[作図]（D）⇒ 接線（L）

・ ○円→円　○点→円　などから，いずれかを選択すれば，○ ⇒ ● になる

1. ○円→円　円と円の接線
   ・円周①を[L]，他方の円周②を[L]，同様に③④
2. ○点→円　点から円に引く
   ・点①を[R]
   ・円周の接点近くで②を[L]
3. ●角度指定　角度指定した接線
   ・角度を入力
   ・円周の接点に近い位置で①を[L]
4. ●円上点指定　円周上の点を通る接線
   ・円①を[L]
   ・接点②を[L]
   ・接線の始点③を[L]，終点④を[L]

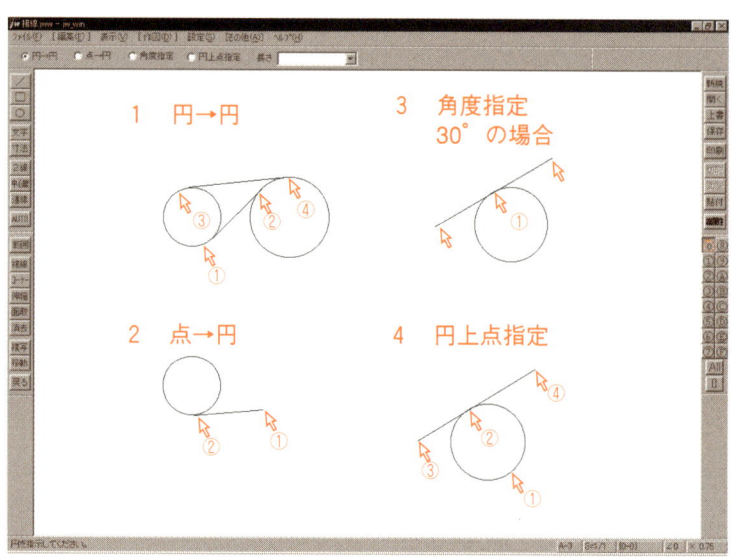

（2）線や円に接する円を描く

[作図]（D）⇒ 接円（E）

・始めの線①を[L]
・次の線②，③を[L]
・線を[L]，または読取点を[R]で指示
　線だけでなく円を指示することも可能
　交点などの読み取り点は[R]で指示

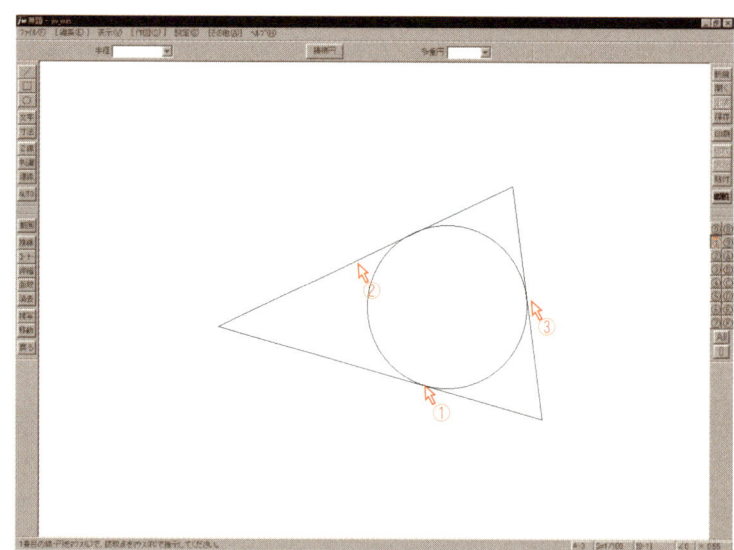

（3）接楕円を描く

[作図]（D）⇒ 接円（E）⇒ [接楕円]

・ [3点指示] [菱形内接] [平行四辺内接]
　及び [3点半楕円] のいずれかを[L]
・ステータスバーのメッセージに従って線や点を選んでいく

※コマンドを選択すると，画面の左下メッセージが表示されるので，次の操作のヒントになる

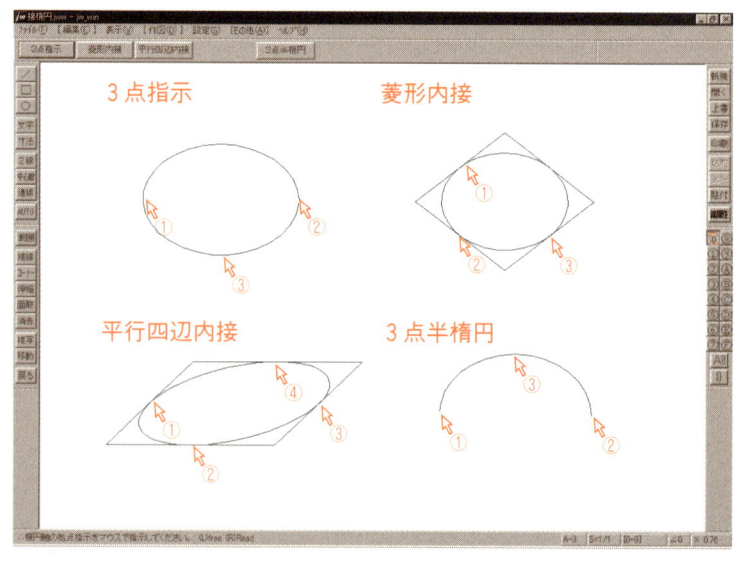

中心線（1） 2つの線，円，点の間の中心線を引く

中心線寸法　[　　　　▼]

（1）線と線（平行でなくてもよい）の場合

・対象直線①を[L]
・対象直線②を[L]
・中心線の始点③を[L]
・終点④を[L]

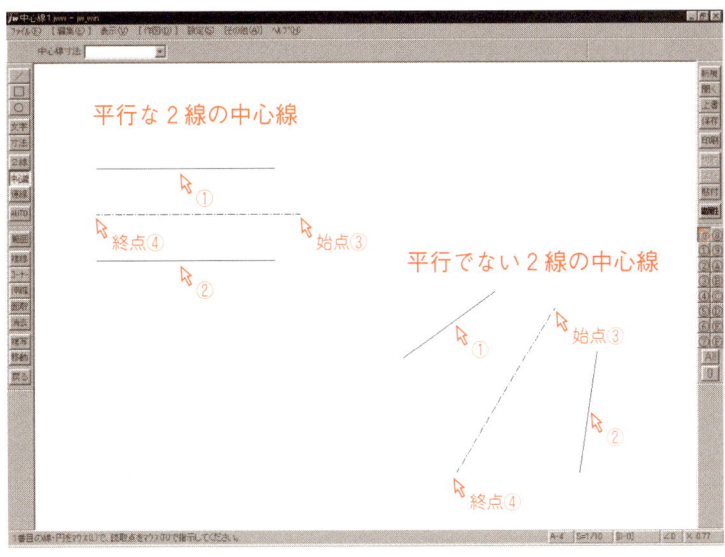

（2）線と点の場合

・対象直線①を[L]
・点②を[R]
・中心線の始点③を[L]
・終点④を[L]

（3）点と点の場合

・点①を[R]
・点②を[R]
・中心線の始点③を[L]
・終点④を[L]

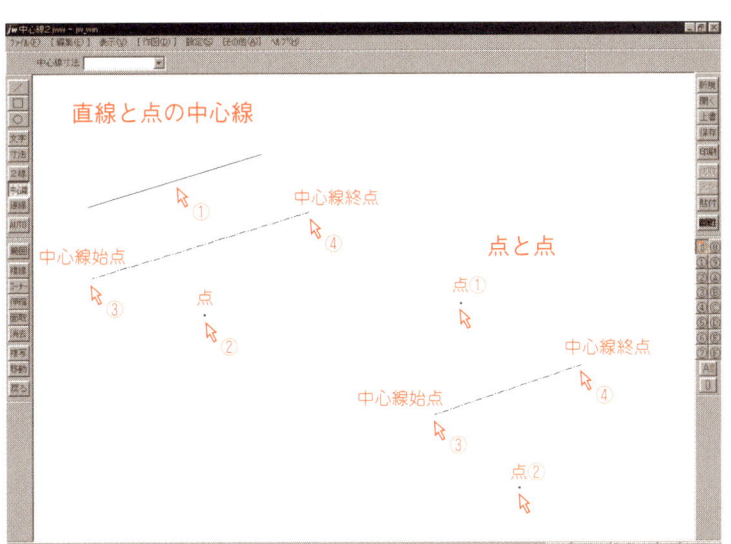

（4）円と円弧の場合（円と円弧の中心）

・対象円①を[L]
・対象円弧②を[L]
・始点③を[L]
・終点④を[L]

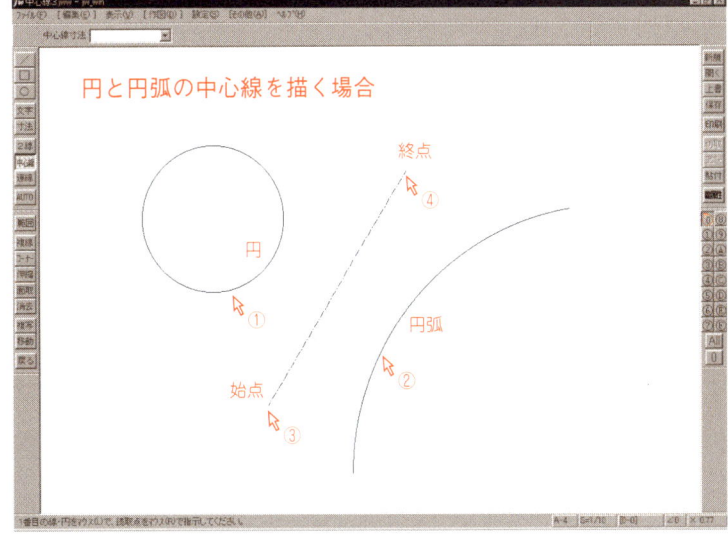

ハッチ (H) 線で囲まれた図形の枠内を線やパターンで埋める

`実行` `基点変` ○1線 ◉2線 ○3線 ○┬ ○図形 角度`45` ピッチ`10` 間隔`2` □実寸 `クリアー` `範囲選択`

(1) 線や円弧で囲まれた箇所のハッチング

- [作図(D)] ⇒ ハッチ(H) を🖱
- ハッチングする領域を囲む線や弧を順に🖱し,囲めたら始めの線を再度🖱 (①🖱から⑤🖱)
- ハッチングの種類や角度,ピッチ,間隔等をコントロールバーで設定
- コントロールバーの `実行` を🖱

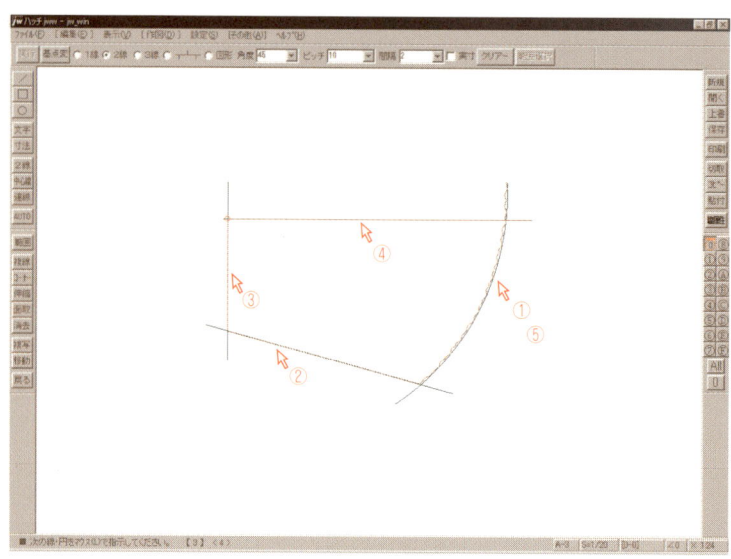

(2) 四角形や円など閉鎖連続線のハッチング

- 閉鎖連続線①を🖱R
- 上と同様に各種の設定をし, `実行` を🖱

(3) クロスハッチは1線を応用 (右図例)

- 領域①を🖱R
- 適当なピッチを設定
- 角度`45` にして, `実行` を🖱
- 角度`-45` に変えて再度 `実行` を🖱

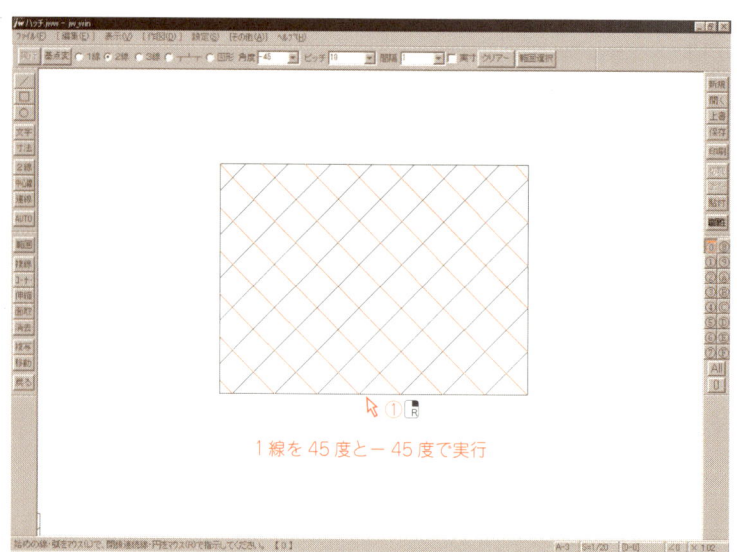

1線を45度と−45度で実行

〈参考〉 角度,ピッチ,間隔のとり方の例

ピッチ`10` 間隔`2` で,2線などを描くときに,□実寸とすると,用紙上の10mm,2mmで表現されるが,☑実寸とするとピッチ間隔も縮小され,塗りつぶされたようになるので,注意する

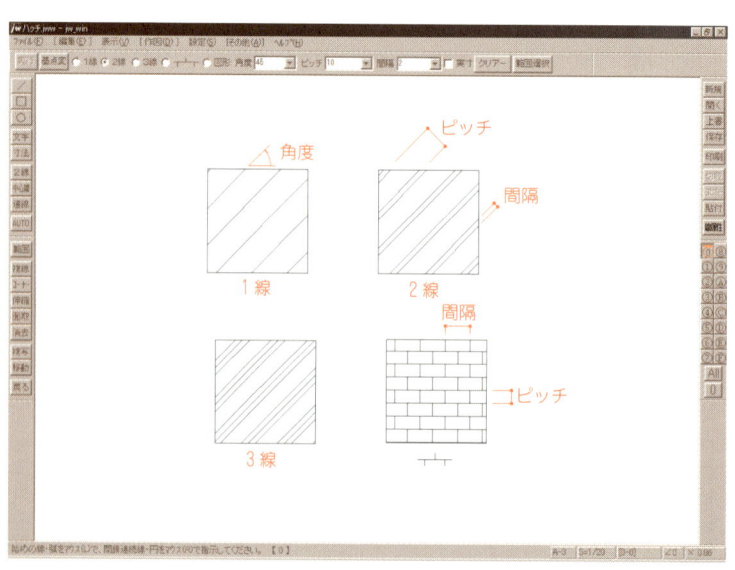

点 (P)　実点または仮点を作図する

☑仮点　　　　　　　　　　　　　　　　　　　仮点消去　全仮点消去

実点は印刷されるが，仮点は印刷されない
仮点は，作図の際，読取り可能である

(1) 仮点と実点の作図

・[作図(D)] ⇒ 点(P) を🖱

　☐仮点　チェックなしは実点，チェックありの場合は仮点の作図になる

・任意点は，🖱，読取点は，🖱で指示

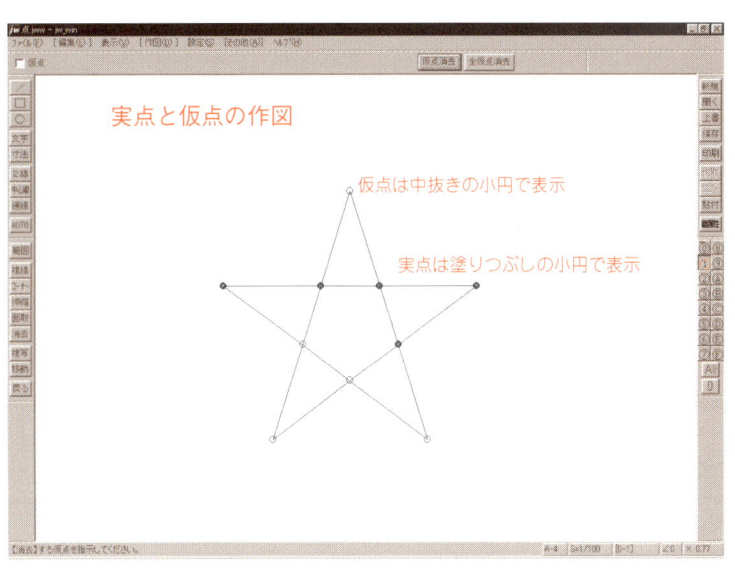

(2) 実点と仮点の消去

実点の消去

　線や円と同様に 消去 ボタンで消す

・消去 を🖱

・仮点を🖱

仮点の単一消去

・仮点消去 を🖱

・仮点を🖱または🖱

仮点をまとめて消去

・全仮点消去 で，書込レイヤおよび読取レイヤに描かれた仮点がすべて消去される

※ 2.5Dの作図（p.52）では，基準点として実点が用いられる

覚えておくと便利　　JWW関連のホームページ

① JWWの作者が運営するホームページ
　http://www.jwcad.net/
② 建築資料館
　http://www.ath-j.com/jw_win/index.htm
③ ニフティ会員の場合は，ニフティサーブ・建築フォーラム・
　CAD館 https://enter.nifty.com/iw/nifty/farcc/lib/
※ 第3章の車や樹木等の点景は，インターネットのホームページなどからダウンロードするとよい

　**覚えておくと便利**　　重なった線の上下が逆転！

・A—A'線（黄）を先に引き，次にB—B'線（黒）の一部を重ねて引く
・A—A'線を 消去 した後，戻る を🖱すると，A—A'線（黄）がB—B'線（黒）の上となり，線の上下関係が逆となる
※ CADでは，重なった線を編集するのに手こずることが多いので，レイヤや線色などで区別（整理）しておくことがポイント

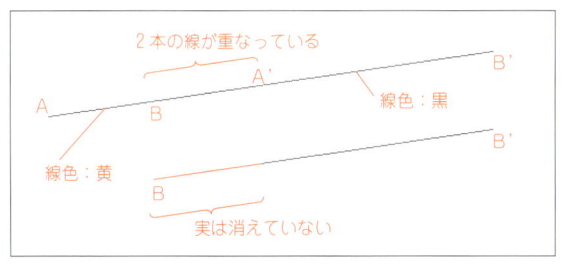

文　字（A）　文字の記入，変更，移動・複写を行う

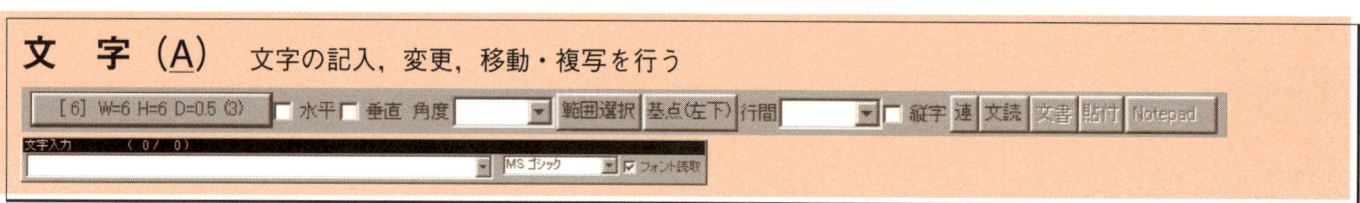

（1）文字の入力

・文字を入力するには，文字入力のウィンドウに文字を打ち込んでから，文字列を記入したい位置を□する

本文列の移動と複写

　本文列の移動は，既に記入した文字列にポインタを合わせ□（赤い枠が現れる），移動先で□
複写は，複写したい文字列を®，複写先で□

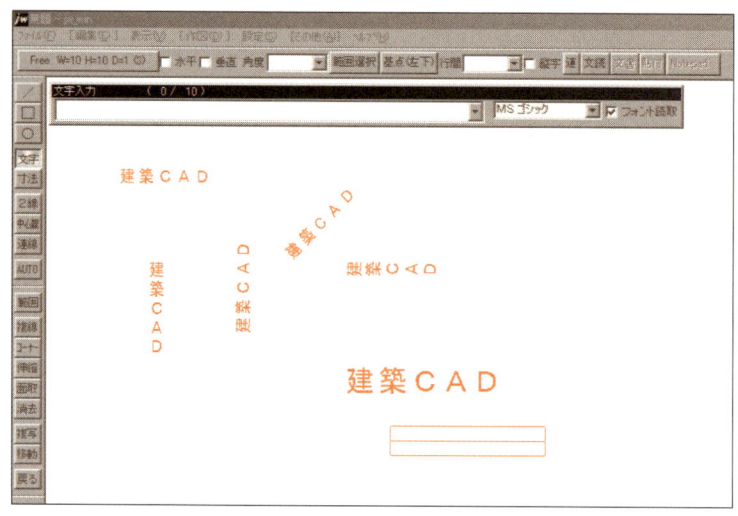

（2）文字サイズや色の設定

サイズなどの設定をするには，
［6］W=6 H=6 D=0.5 (3) を□でメニューが表示され，各種の設定ができる

（3）角度を変えて書く

□水平□垂直 角度 □ にチェックを付けたり，角度を入力すれば，文字列の角度が変更可能

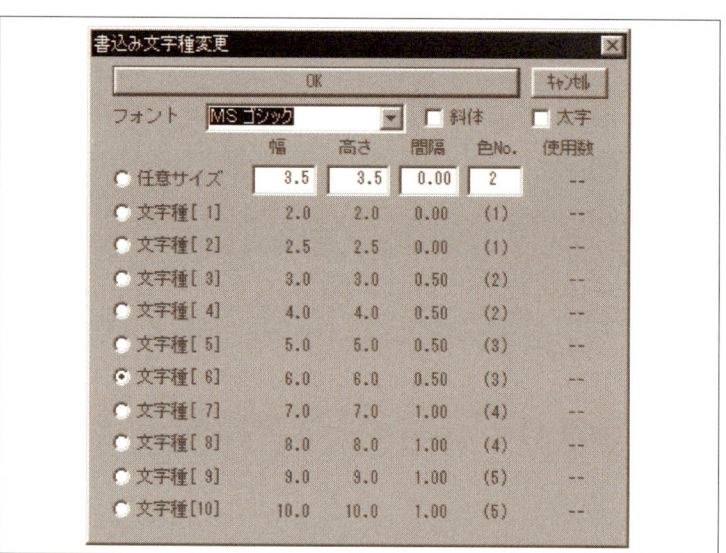

（4）縦書きができる

□縦字 をチェックすると縦書きになる
水平，垂直，角度も併用可能

（5）文字列の基点が変更できる

基点(左下) を□で［文字基点設定］メニューが表示され，文字列の基点を変更できる

右図参照

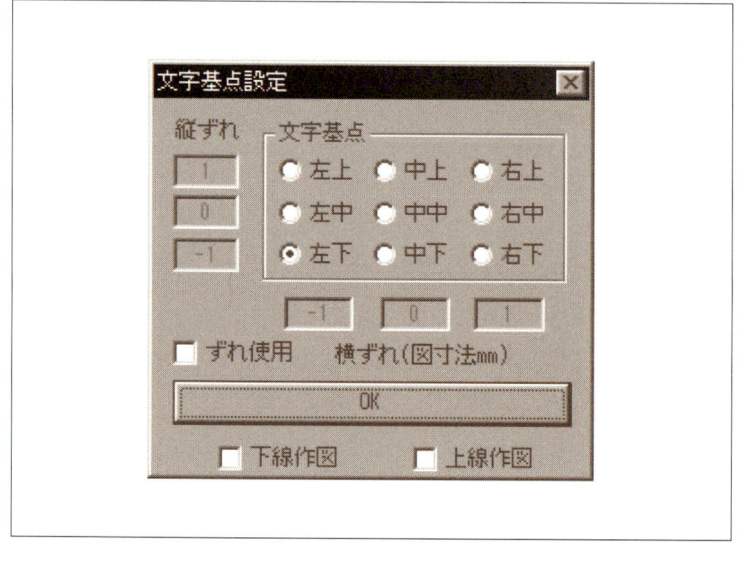

寸 法 (M)　寸法線と寸法値を記入する

(1) 寸法の記入

寸法の単一記入
・引出線開始位置①を[L]，寸法線位置②を[L]
・寸法の始点③を[L]，終点④を[L]

寸法の連続記入
・引出線開始位置①を[L]，寸法線位置②を[L]
・寸法の始点③を[L]
・④を[R]，⑤を[R]で，中間の寸法を連続記入
・終点⑥を[L]

傾き0　寸法線の傾きを角度入力
0°/90°　寸法線の角度の切り替えボタン
＝　を[L]するごとに，寸法線などの種類が変わるが，建築図面では ＝ が一般的である
設定(S) ⇒ 寸法設定(M) で，寸法設定が変更可能

(2) 直径・半径の寸法記入

・引出線開始位置①を[L]，寸法線位置②を[L]
・半径 か 直径 ボタンを[L]
・円弧③を[L]または[R]
　[L]で寸法線内，[R]で寸法線外に値が表示される

・端部● ここを[L]するごとに，寸法線端部が
　端部→ ⇒ 端部＜ ⇒ 端部● の順に変更
・その他の寸法記入方法を図中に示す

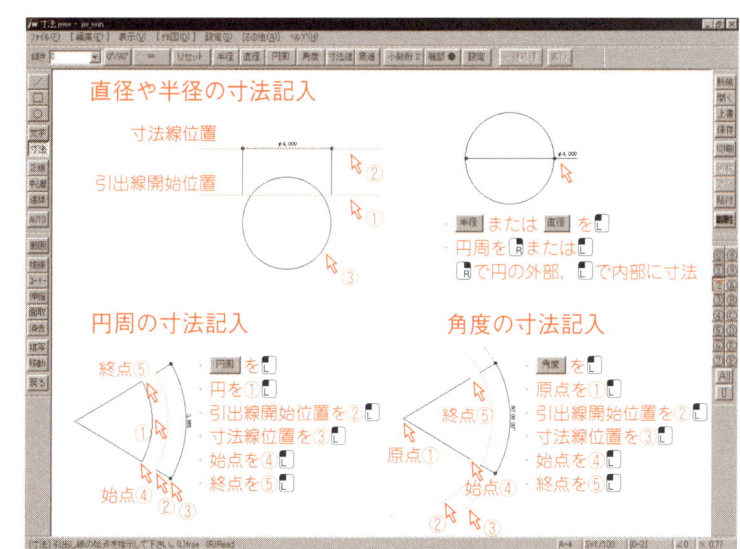

(3) 寸法の一括処理

　寸法の一括処理では，選択した線の両端点のうち，寸法線位置に近い端点が寸法の対象となる．
・引出線開始位置①を[L]，寸法線位置②を[L]
　累進寸法の場合は 累進 ボタンを[L]
・一括処理 ボタン③を[L]
・始線④を[L]
・終線⑤を[L]（一括処理の対象線は赤くなる）
・追加または除外する線⑥を[L]（追加・除外）
・実行 ⑦を[L]

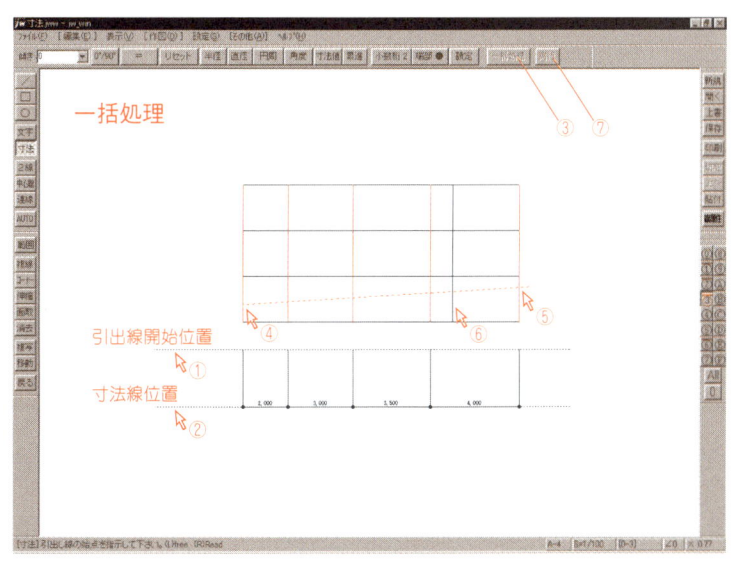

消去（D） 指定した範囲内または範囲外の図形を消去する

[一括処理] [選択順切替] [範囲選択消去] [連続範囲選択消去]　切断間隔 0　□実寸

（1）単一消去と部分消去

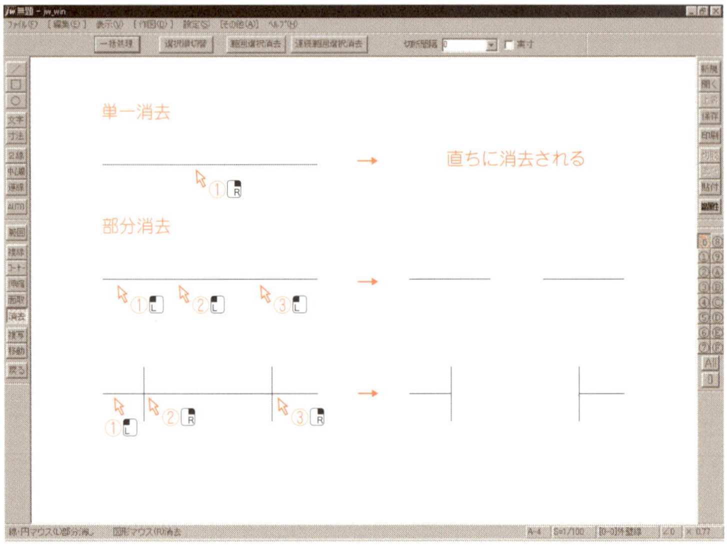

単一消去（円や線分を1つずつ消去）
・消したい線や円を[R]（または，[L]の後，[Delete]キー）

部分消去（円や線分の一部を消去）
・対象となる線①を[L]
・部分消去の始点②を[L]（交点は[R]）
・部分消去の終点③を[L]（交点は[R]）

（2）選択範囲消去

・[範囲選択消去]を[L]
・消去範囲の始点①を[L]
・マウスの動きにあわせて赤い長方形が表示され，消したい部分を囲んで②を[L]
・対象線が赤くなり，このとき追加したい線や消したくない線があれば，それぞれ[L]
（またこのとき，[属性選択]により，消去対象の属性を指定することができる）
・[選択確定]③を[L]
　このとき次のボタンが有効である
・[前範囲]（前回と同じ範囲を指定する）
・[全選択]（全範囲を消去するとき）
・[選択解除]（消去範囲を解除するとき）

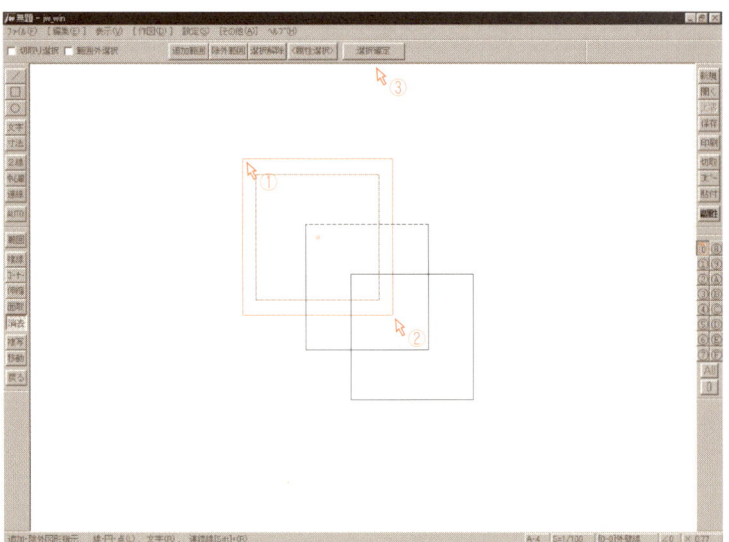

（3）一括処理

・一括部分処理というべきもので，複数以上の直線のそれぞれの部分のうち，2本の基準線にはさまれた部分を一括して消去する
・[一括処理]を[L]
・2本の基準線をそれぞれ①を[L]，②を[L]
・部分消去したい対象の直線のうち，両端の線をそれぞれ③を[L]，④を[L]
・[処理実行]⑤を[L]

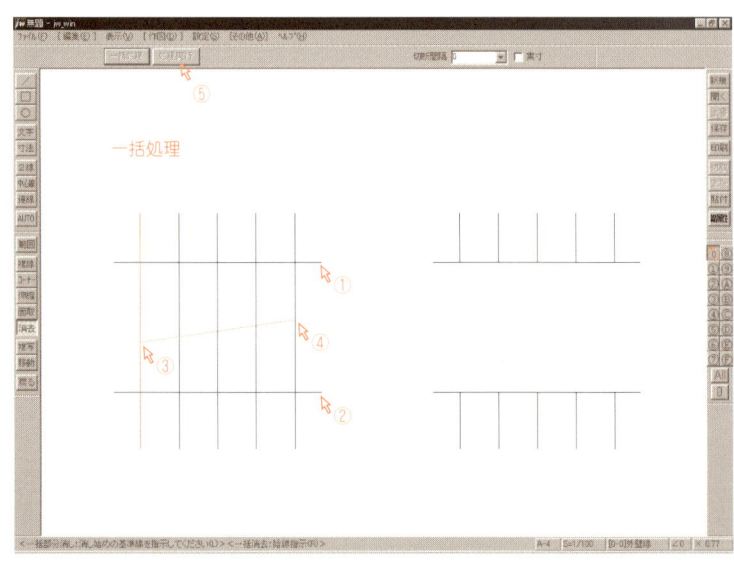

伸　縮（T）　2線や円弧を指定した基準線まで伸縮したり，線や円弧を切断する

一括処理　突出寸法 [0]　切断間隔 [0]　☑実寸

（1）単一の線または円弧の伸縮

・伸縮したい線または円弧を🅛
・伸縮したい位置の線または円弧を🅛または🅡
（任意の長さは🅛，他の端点にあわせる場合は🅡）

2本以上の線を基準線まで伸縮する場合
・基準線を🅡🅡（基準線は赤くなる）
・伸縮したい線の残したい側を順次🅛

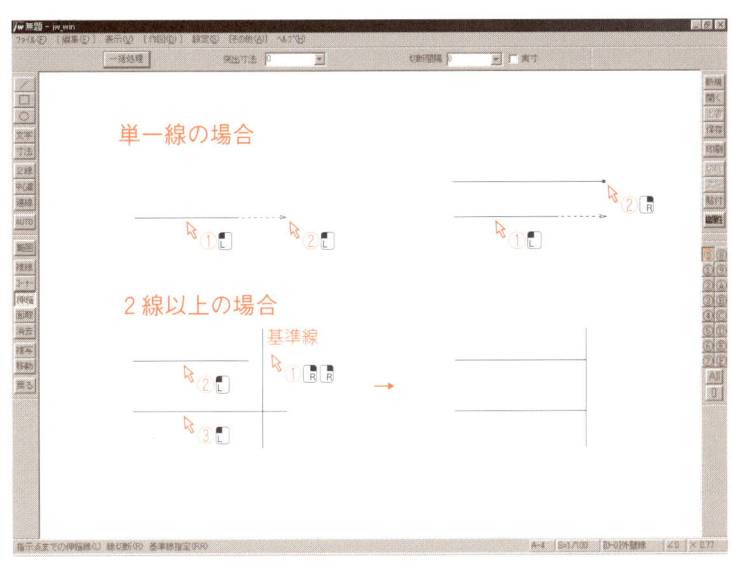

（2）一括処理の利用

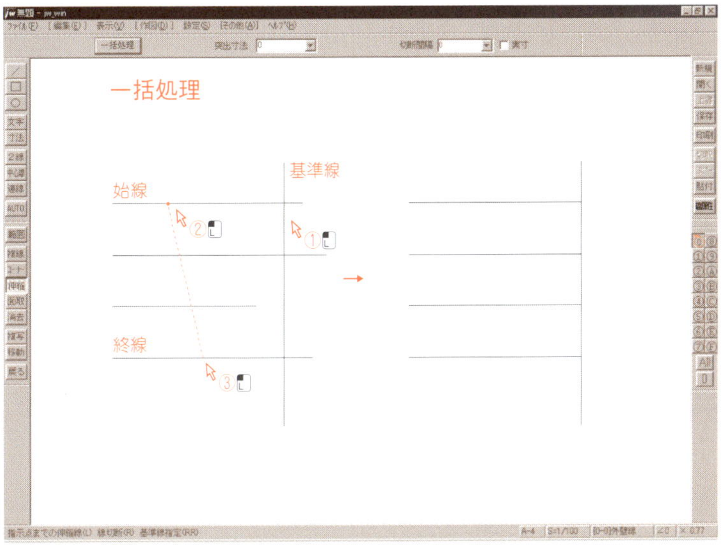

・ 一括処理 を🅛
・一括処理の基準線①を🅛
・一括処理する始線②を🅛
・一括処理する終線③を🅛
・🅡または， 処理実行 を🅛

［突出寸法］に数値を入力すると，その分だけ基準線より突出して伸縮される

（3）線切断の利用

・切断したい線または円弧を🅡
　切断位置に小さな赤丸印がつく
・線切断と線伸縮を組み合わせた例を右に示す

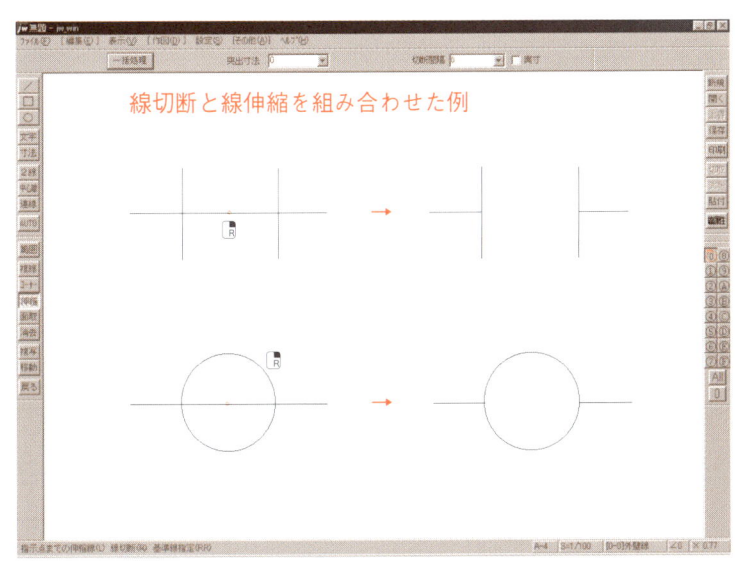

コーナー処理（A） 線と線，円弧と円弧のコーナー処理により連結する

切断間隔 0　□実寸

(1) 基本的なコーナー処理

・ コーナー を🖱

・コーナー処理したい一方①を🖱すると，指定された線が赤くなる

・もう一方②を🖱指定した直後，コーナーが連結される

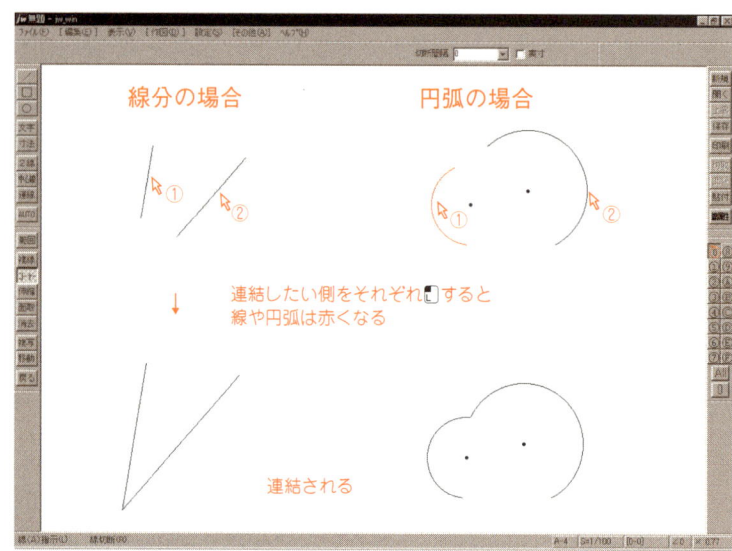

(例) コーナー処理の例

・線を指示する位置により，処理の結果が異なる

・コーナー処理する場合は，残したい側の線を2ヶ所指示する

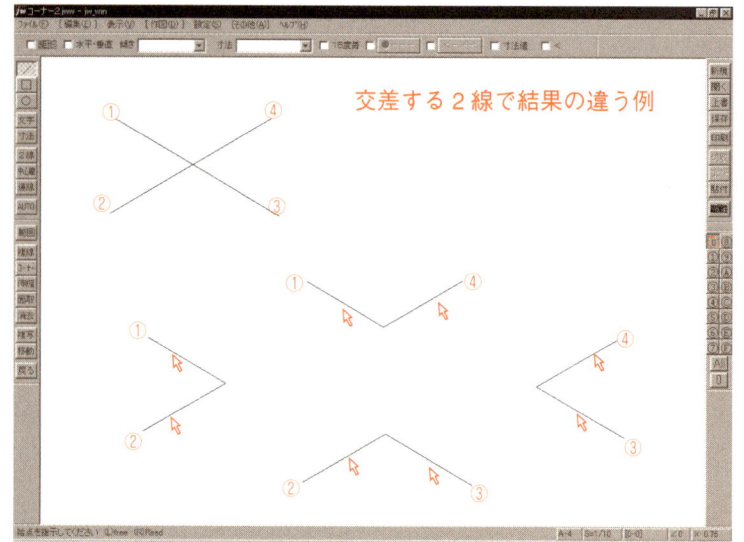

(2) 線切断の利用

・線（円弧）上の切断したい位置を🖱
切断箇所に小さな赤丸印がつく

・線切断とコーナー処理を組み合わせて利用した例を示す

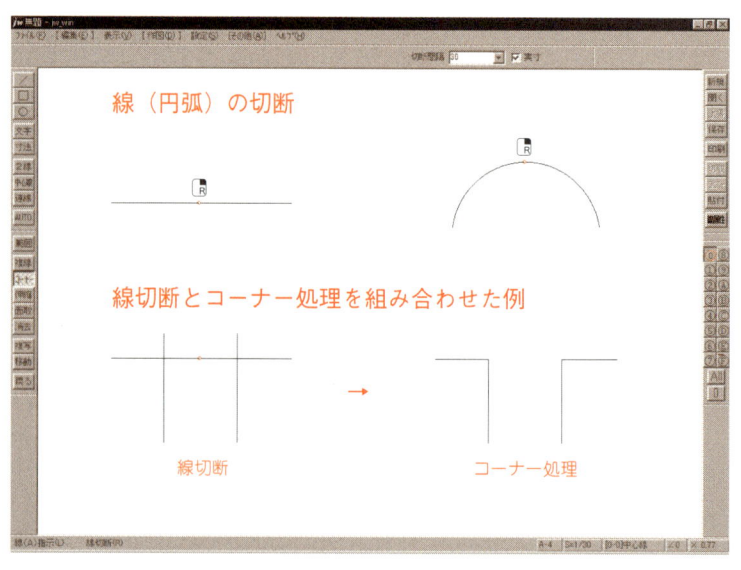

面取（M）　指定した2本の線による隅部を面取りする

○角面(辺寸法)　●角面(面寸法)　○丸面　○L面　○楕円面　寸法 300　切断間隔 0　□実寸

メニューバーの中から面取の種類を選択する
（○部を[]で●）

（1）角面取

・○角面(辺寸法) か ○角面(面寸法) を選択
・寸法を入力
　例　寸法 2000
　▼を[]して選んでもよい
・2辺をそれぞれ①を[]，②を[]

（2）丸面

・○丸面 を選択
・半径を入力
　例　寸法 2000
・2辺をそれぞれ①を[]，②を[]

（3）L面

・○L面 を選択
・寸法を入力
　例　寸法 1000, 2000
・2辺をそれぞれ①を[]，②を[]

※L面の長さは，寸法を入力した順と辺を指示した順が一致する

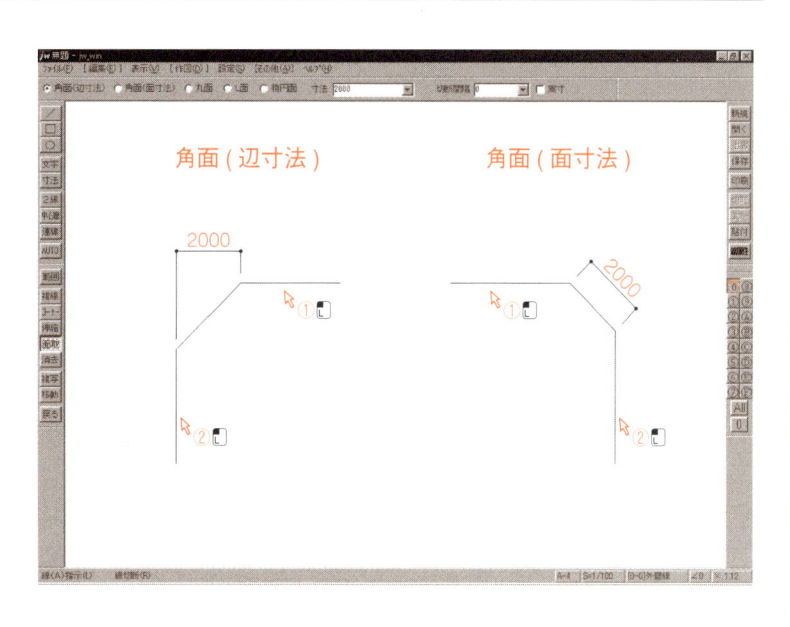

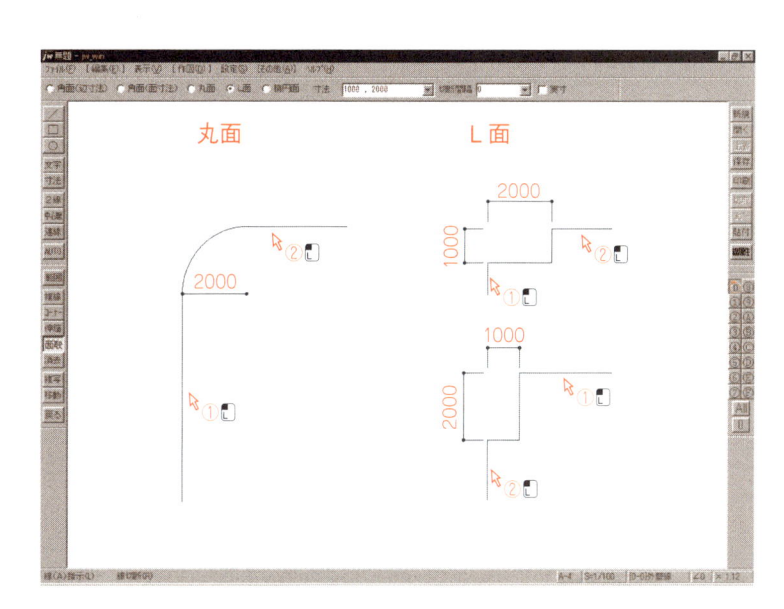

覚えておくと便利　消した線を戻したい

「あっ，しまった！」消してはいけない線を消してしまった
　こんなとき，あわてないでキーボードの Esc キーを押してみよう．戻ったでしょう．
　Esc （または，Ctrl + Z）は，1つ前の状態に戻すためのキー操作です．
　Shift + Esc （または，Ctrl + Y）は，戻り過ぎた操作を進ませるキー操作です．
　アンドゥ（Undo）とリドゥ（Redo）にあたります．
　CADでは，消去や複写といった編集に関するメニューだけでなく，線や図形の作図についても利用できます．
　画面上では，［編集］ツールバーの 戻る ボタンが Esc キーと同じ動作をします．

図形移動（I） 指定した図形を移動する

[基準点変更] [前範囲] [全選択] [選択解除] [〈属性選択〉] [選択確定]

（1）範囲選択

・始点🅛
・終点🅛（文字を含む場合は🅡）
・[選択確定]で範囲を確定
　対象図形も空白文字もすべて囲むこと．

移動対象の追加と除外
・囲まれた図形が赤色の状態で，移動対象を追加
　または除外したい場合，図形なら🅛，文字列な
　らその下側を🅡する

移動対象範囲の確定
・[選択確定]を🅛
・移動させたい位置で🅛または🅡
　次々に位置を変更できる

（2）移動の方向指定

・[選択確定]のあと，[任意方向]⇒[Y方向]⇒
　[XY方向]⇒[X方向]の順に変化し，図のように
　複写する方向を選択できる

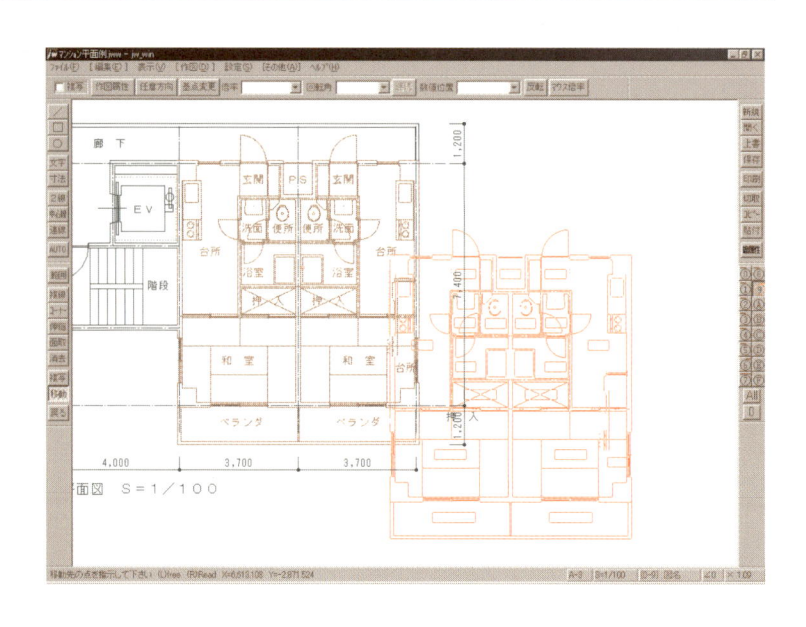

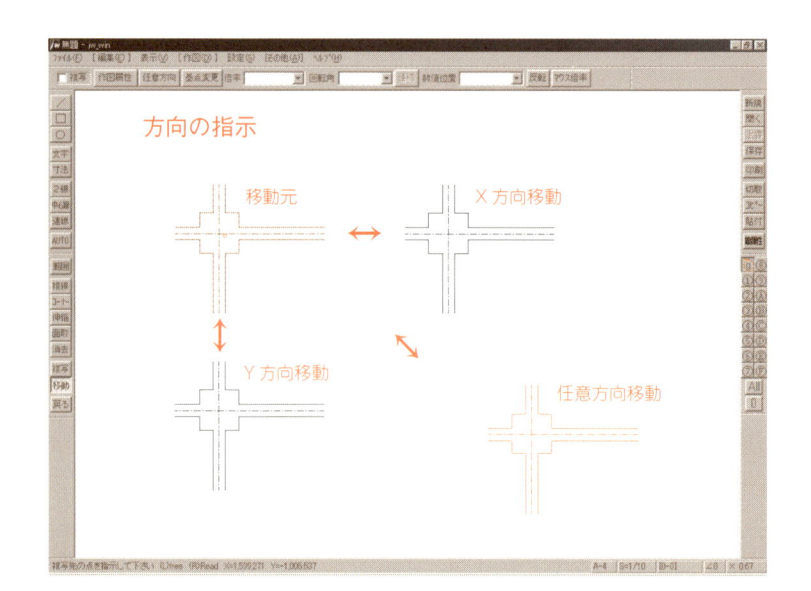

（3）マウス倍率

・図形の選択確定をする
・[マウス倍率]を🅛
・元図形の対角位置を指定（🅛または🅡）
・移動先の点を指示（🅛または🅡）
・図形対角位置を指示（🅛または🅡）
・マウス位置を変更することにより，変形や反転
　変形ができる
　（文字位置は，移動しても変形はない．）

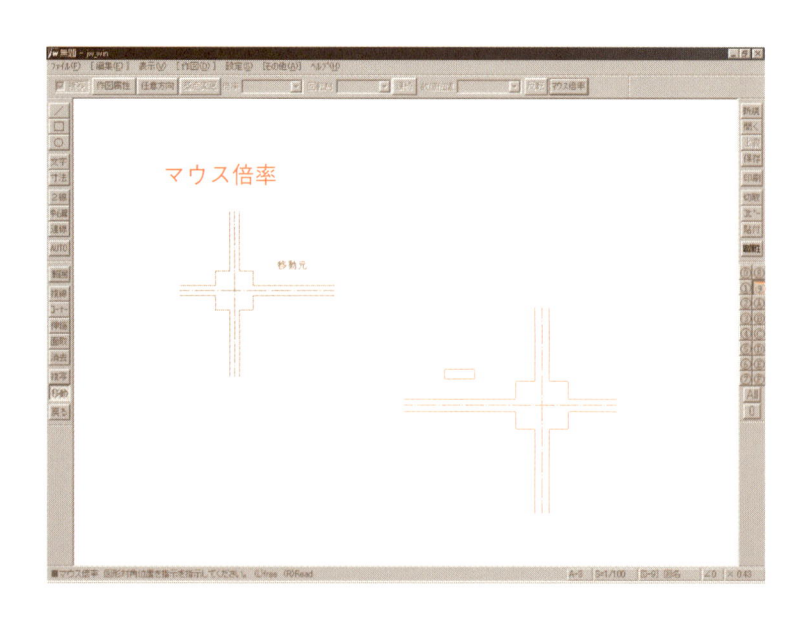

図形複写 (Z) 図形の複写をする

(1) 図形や文字の複写

- 始点①を🅛
- 終点②を🅛 (文字を含む場合は🅡)
  追加や除外をする場合，図形は🅛で，文字は🅡で指示
- 選択確定 すると複写する対象が赤くなる
- 複写したい位置で🅛または🅡で複写
  基点変更 で基準点が変更できる

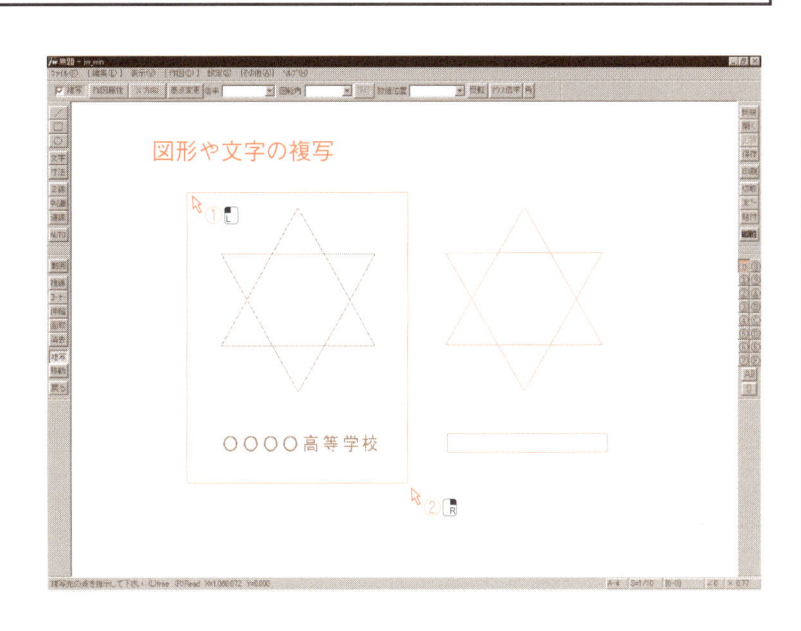

(2) 複写の方向を指定

- 範囲選択した後，選択確定 を🅛
- X方向 で🅛を数回クリックすると，Y方向 ⇒ XY方向 ⇒ 任意方向 ⇒ X方向 の順に変化し，図のように複写される方向を選択できる

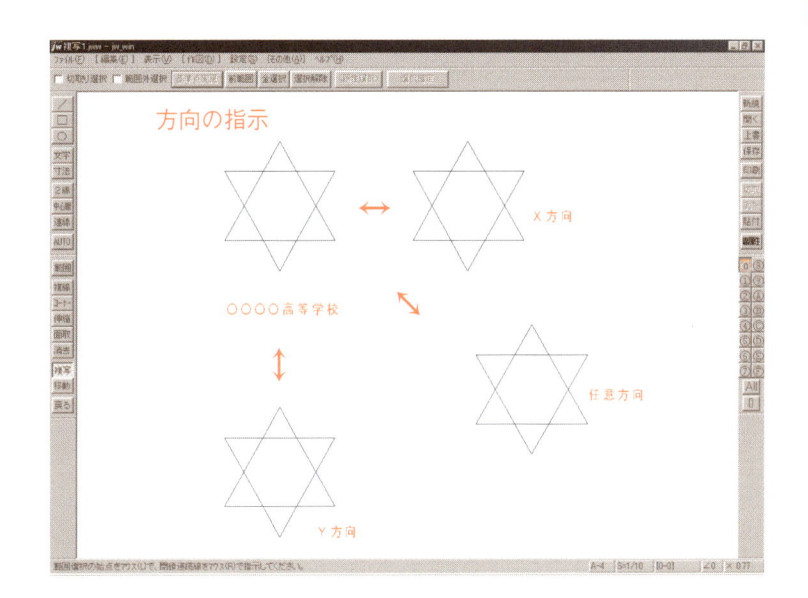

(3) マウス倍率

- 図形の選択確定をする
- マウス倍率 を🅛
- 元図形の対角位置を指定 (🅛または🅡)
- 複写先の点を指示 (🅛または🅡)
- 図形対角位置を指示 (🅛または🅡)
- マウス位置を変更することにより，変形や反転変形ができる
  (文字位置は，移動しても変形はない)

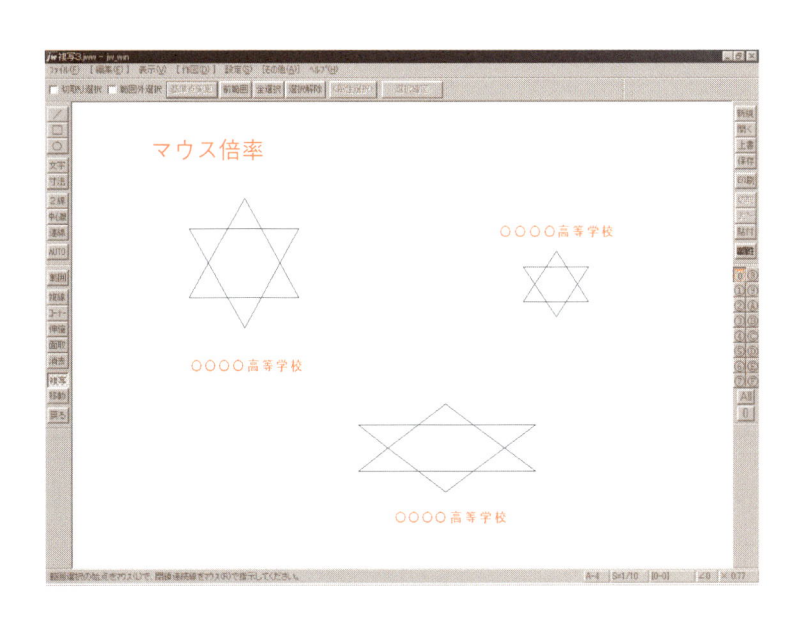

包絡処理（H）　指定した範囲の図形の外郭線をたどる

☑実線 ☐点線 ☐鎖線 ☐補助線

（1）範囲選択した線の包絡処理

・包絡範囲の始点①を🖱
・包絡範囲の終点②を🖱

範囲指定の違いによる包絡処理の例

いずれも ⸺ で囲んだ部分が右のように処理される

2辺のコーナー処理　線の伸縮処理　壁端部の整形

線の結合

壁のコーナーの例

T字型の壁の部分の処理　交差する壁の部分の処理　外部線の処理

柱と壁の処理の例

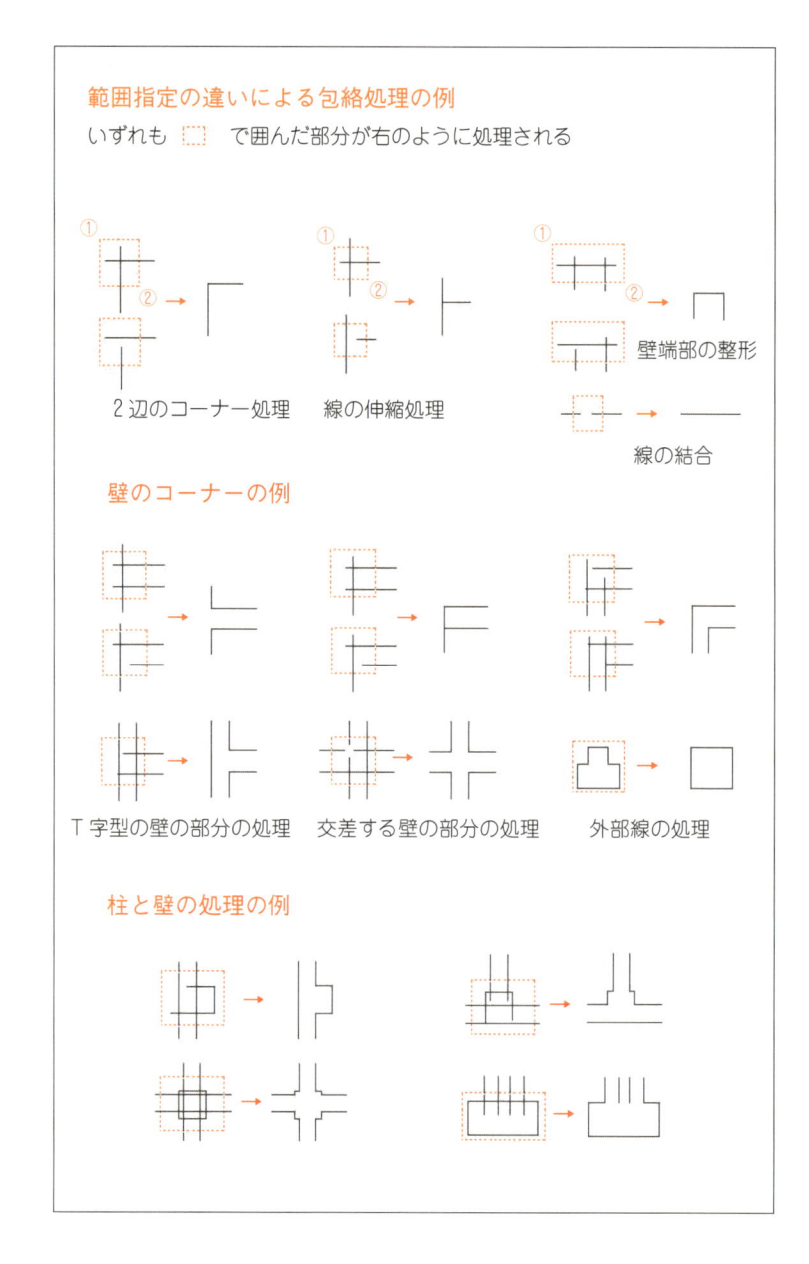

（2）切取消去を行います

・包絡範囲の始点①を🖱
・包絡範囲の終点②を🖱(R)

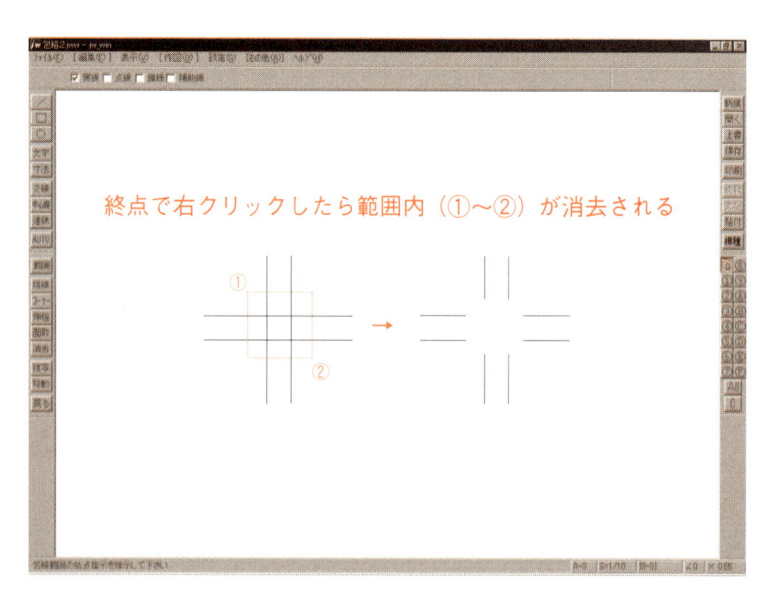

終点で右クリックしたら範囲内（①〜②）が消去される

分　割（K）
線分などを等分割する仮点や実点を描いたり，2線間を等分割する線などを描く

□仮点　◉等距離分割　○等角度分割　□割付　分割 [2]

（1）線分または2点間の分割

・分割数を入力または選択する
　分割 [7]
・始点①を[R]
・終点②を[R]
・分割する線③を[L]
　2点間の場合は③を[R]

※ □仮点 の場合は実点で，☑仮点 の場合は仮点で作図される

（2）円弧または弦の分割

・分割数を入力または選択する
　分割 [7]
・始点①を[R]
・終点②を[R]
・分割する円弧③を[L]
　弦の場合は③を[R]

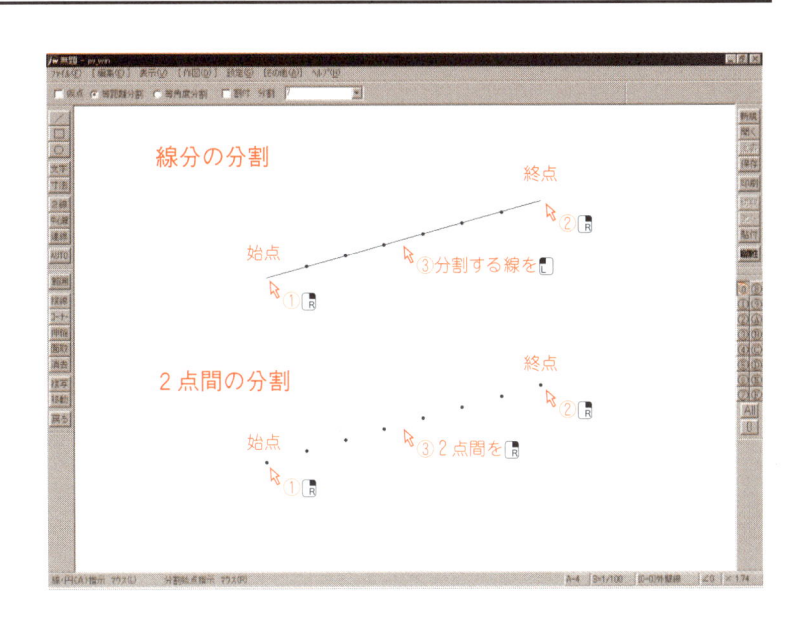

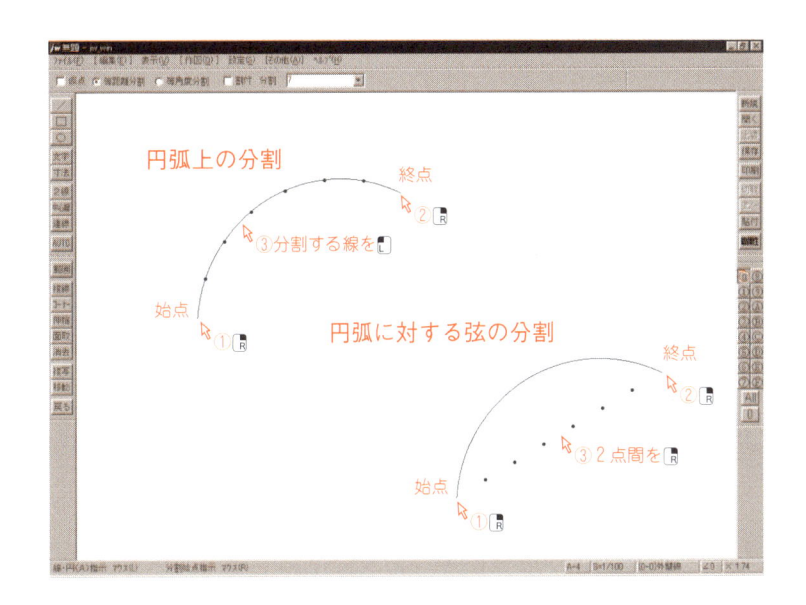

（3）その他の分割

2線間の分割
・線Aを[L]
・線Bを[L]

線と点の間の分割
・線Aを[L]
・点を[R]

2円間の分割
・2円を[L]

円（楕円）周の分割
・分割したい区間の2点を[R]
・1円を[L]

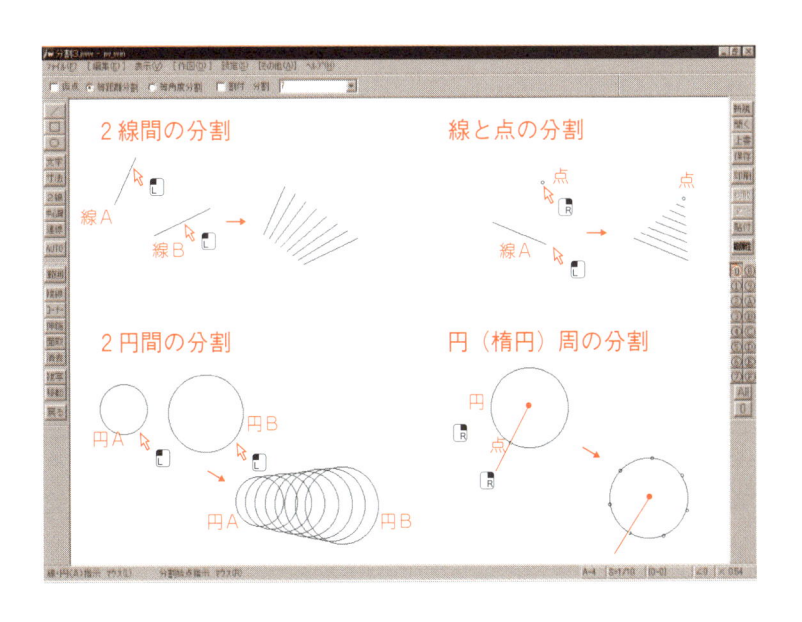

AUTO モード(X)　AUTO モードで作図する（各ツールバーからコマンドを選択する手間が省略できる）

クロックメニュー(1)　【 AUTOモード 】

ツールバーからコマンドを選択することなく，マウスだけで作図するための設定

（1）水平・垂直線または斜線を引く

・始点①を🄻（読取点は🅁）
・終点②を🄻（読取点は🅁）

（2）線の消去

　全消去
・消したい線①または円①を🄻で選択
・読取点以外の線上②を🅁
　部分消去
・消したい線①または円①を🄻で選択
・線上の点②を🄻, ③を🄻

（3）コーナー処理

・線①を🄻し，線②を🄻

（4）線伸縮

・線①を🄻し，線②を🅁

（5）複線

・線または円①を🅁
・幅を数値入力し②を🄻（任意の場合は🄻）
　線または円を🅁🅁で前回値

（6）矩形

・何も描かれていないところで①を🅁
・コントロールバーで大きさなどを設定②
・③を🄻（読取点🅁）で位置決め
・マウスを動かし④を🄻で確定

（7）円または円弧

・空白のところで，中心①を🄻🄻（読取点🅁🅁）
　以下の操作は［円弧］に同じ

（8）線切断

・線または円を🄻🄻🄻（左ボタン3回クリック＝左トリプルクリック）

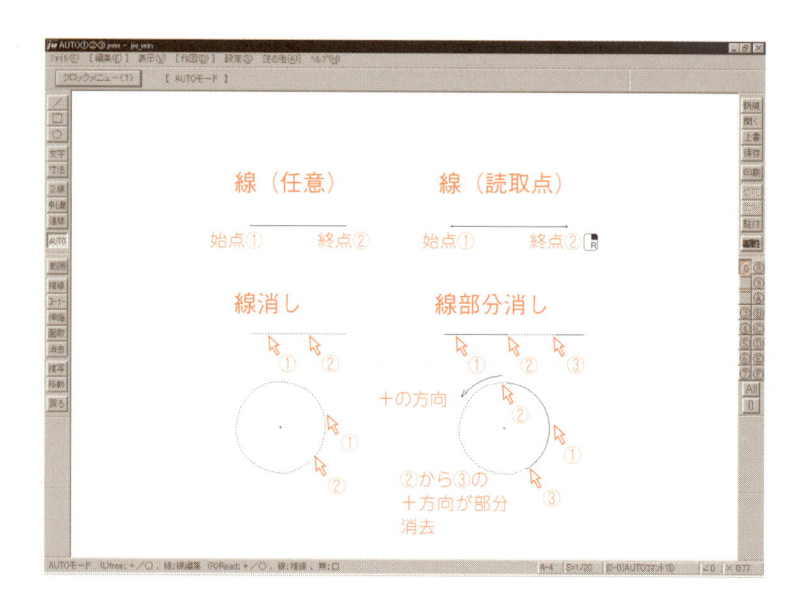

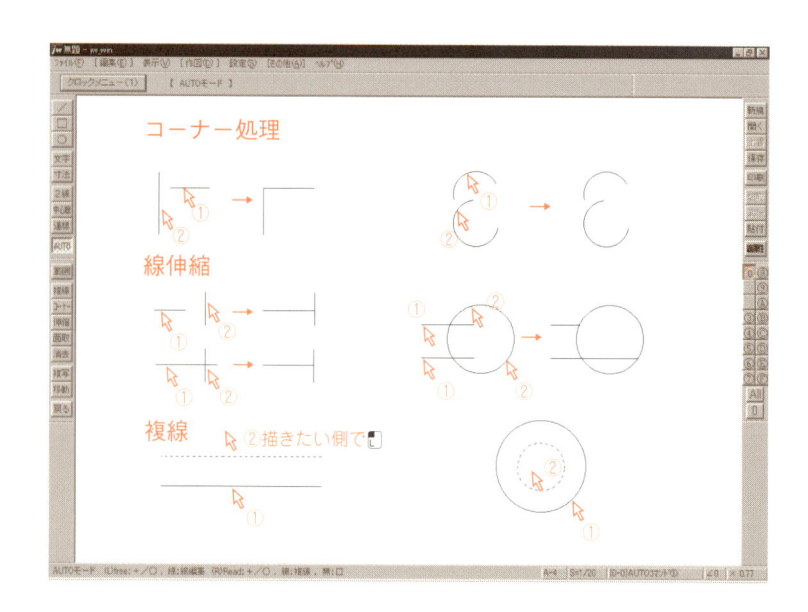

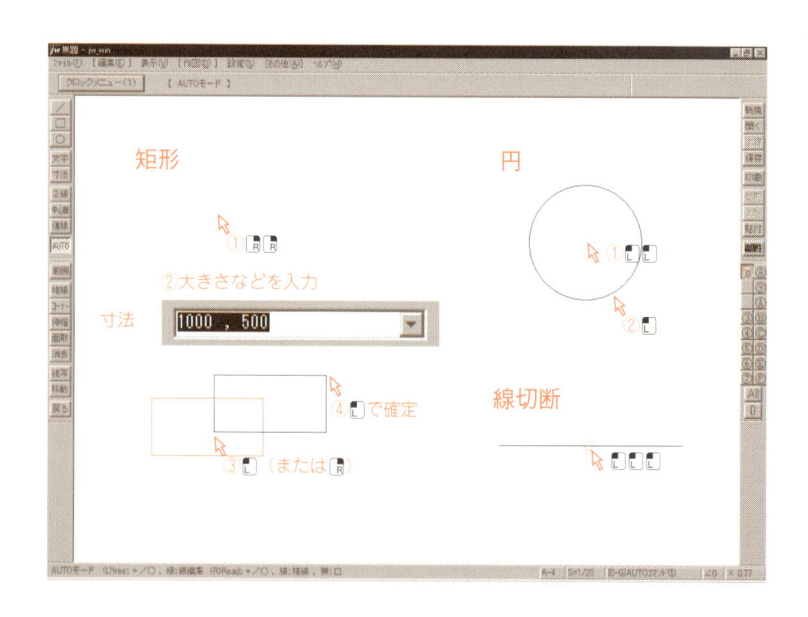

建具平面（G）・断面（K）・立面（F） 平面や断面や立面図に建具を描く

（1）建具平面・建具立面を描く

- [作図（D）] ⇒
  建具平面（G） か 建具断面（K） を🖱
- ファイル選択画面より建具を🖱🖱で選択
- 見込 □ ・ 枠幅 □ ・ 内法 □ ・ 芯ずれ □
  の寸法を入力
- ＞のボタン🖱で，その他の設定ができるが基準線指示の後でもできる
- 基準線を🖱
  作図画面上に選んだ建具が赤線で表示
- 基準点変更 □芯反転 □内外反転 □左右反転
  など必要に応じて設定
- 図中で，基準点と一致する点を🖱で完了

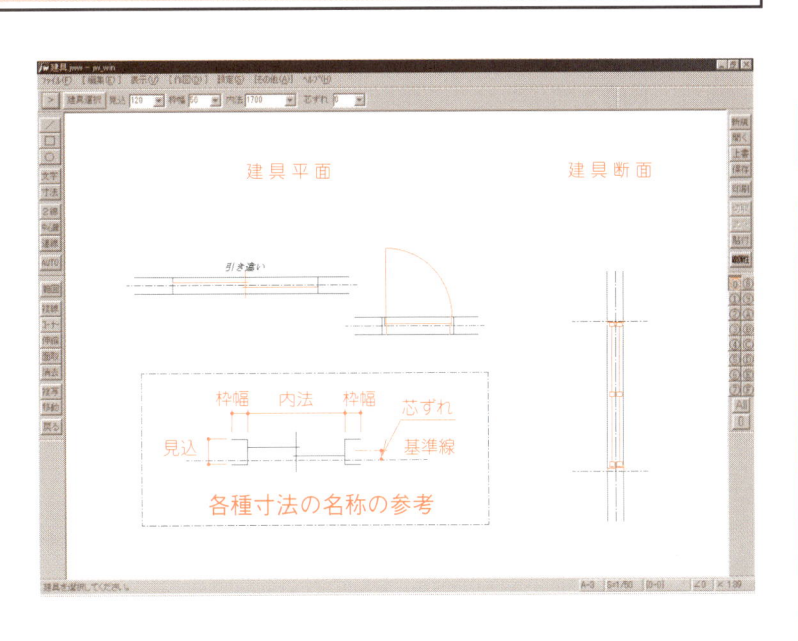

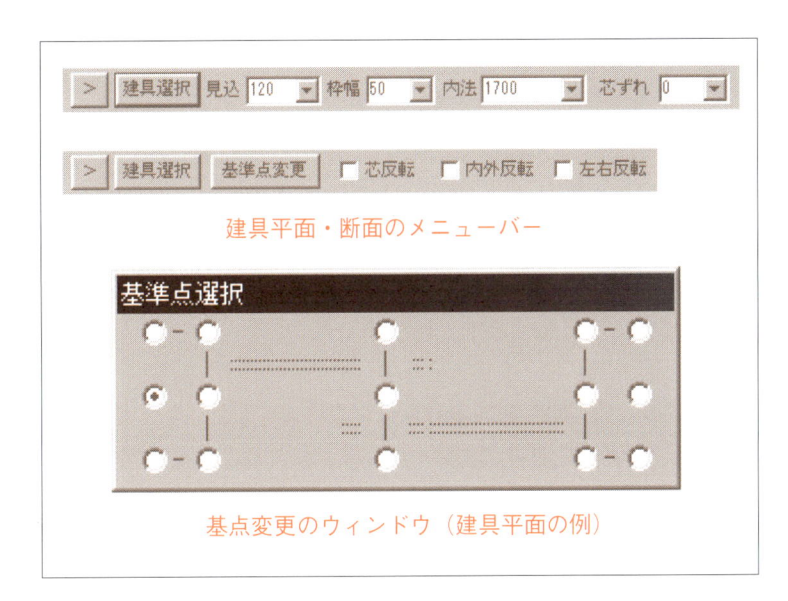

（2）建具立面を描く

- 建具立面（F） を🖱
- ファイル選択画面より建具を🖱🖱で選択
- 内法 1800, 1800 を入力
- 左内法 下内法 を🖱で基準点の位置を設定
- □横反転 □縦反転 角度 □ など必要に応じて設定
- 図中で，基準点と一致する点を🖱し完了

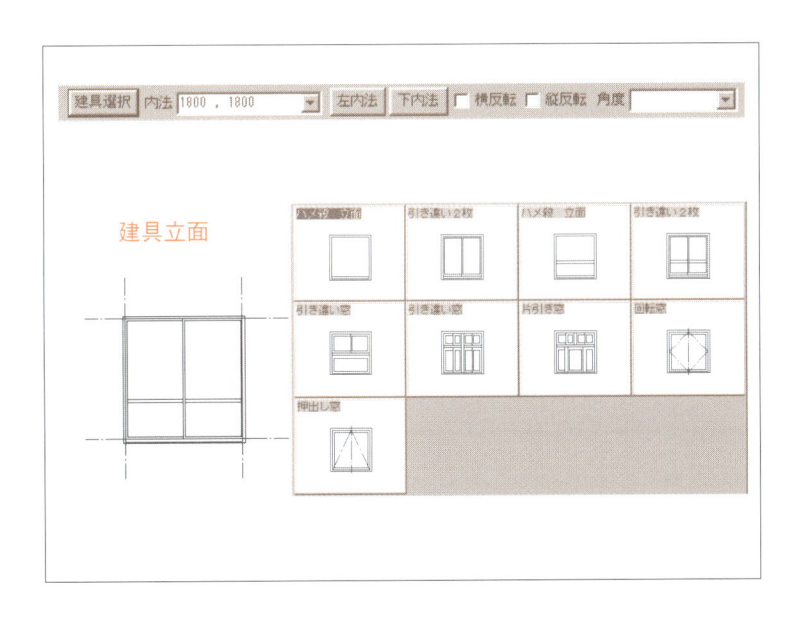

軸角・目盛・オフセット(J), 目盛基準点(K)

XY軸の傾きの変更, 作図画面の目盛設定, オフセットの設定を行う [初期設定でも作図可能]

軸角・目盛・オフセットの設定

・設定(S) ⇒ 軸角・目盛・オフセット(J) を🅛

（1）軸角の設定（作図のための軸角の設定）

・軸角入力ボックスに, 設定角度を入力
・ Ok を🅛

　設定を止める場合は, ☑軸角設定 のチェックをはずす

（2）目盛の設定 （指定した間隔の目盛の表示）

・目盛入力ボックスに座標を入力
　数値は, 図面に設定する長さをそのまま入力するか, 実寸法で入力し, そのすぐ下の
　実寸法 → 図寸法 を🅛すれば変換される. たとえば, 縮尺1/20の図面で, 実寸法100mmの目盛を設定する場合100, 100を入力し,
　実寸法 → 図寸法 を🅛で, 図寸法5,5となる.
　また, ☑読取【無】とした場合は, 設定した目盛を読取点としないので, 通常は, チェックをはずしておく
・☐1/1 ～ ☐1/4 のいずれかをチェックする
　たとえば, 1目盛の3等分点を設定したいときは,
　☐1/3 をチェックする

（3）オフセット

（読取点からの位置座標を設定するコマンド）
・☐オフセット1回指定 か ☐オフセット常駐 の何れかをチェックする
・基準となる読取点を🅡
・その点からの座標を入力し Ok を🅛
　常駐とした場合は, その都度オフセットウィンドウが開く

目盛基準点の設定

（目盛の基準点を変更）
・目盛基準点(K) を🅛
・図面上の基準点を🅛か🅡
　その点を基準に, 目盛が設定される

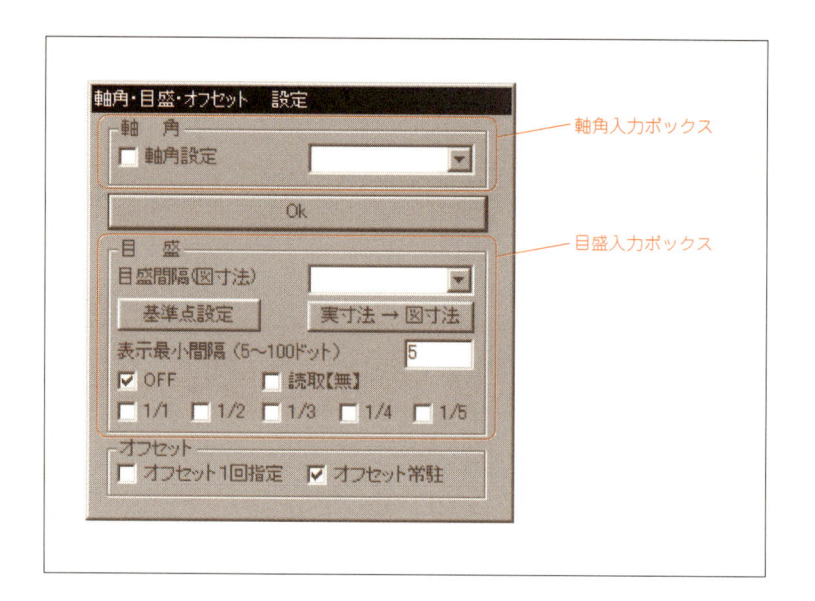

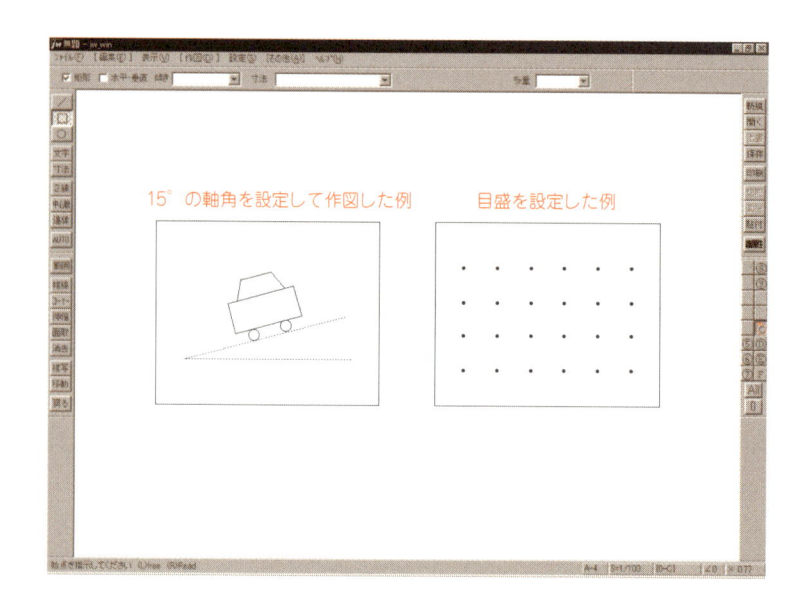

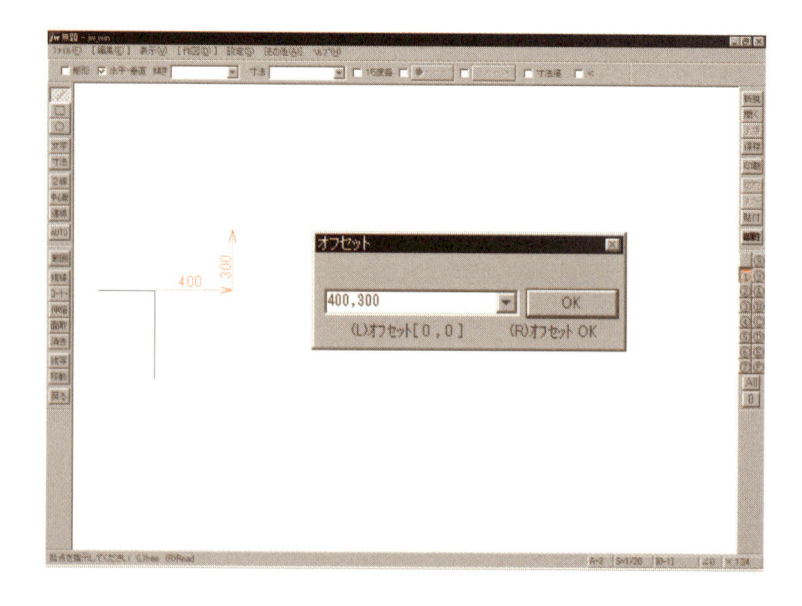

属性取得(Z)，レイヤ非表示化(H)，角度取得(A)，長さ取得(G)

属性取得（線の属性（レイヤ，線種等）を取得するコマンド）
・設定 (S) ⇒ 属性取得 (Z) を🖱
・属性を取得したい線や文字などを🖱

レイヤ非表示化（指定したレイヤを非表示にするコマンド（書込レイヤは不可））
・設定 (S) ⇒ レイヤ非表示化 (H) を🖱
・非表示にしたいレイヤに描かれている線を🖱

角度取得（既存線の角度を取得するコマンド）
・角度を必要とする作図コマンドの1つを指示しておく．たとえば，／を🖱
・角度取得の種類を指示．たとえば，
　設定 (S) ⇒ 角度取得 (A) ⇒ 線角度取得 (L)
・メッセージに従って線や点を選ぶと，傾き欄に，角度が表示され，その角度で作図が可能となる

長さ取得（既存の図形の長さを取得して，別図形を描くコマンド）
・長さを必要とする作図コマンドのひとつを指示しておく．たとえば，／を🖱
・長さの取得を指示
　たとえば，設定(S) ⇒ 長さ取得(G) ⇒ 線長(L)
・メッセージに従って線や点を指示すると，その長さで作図が可能となる

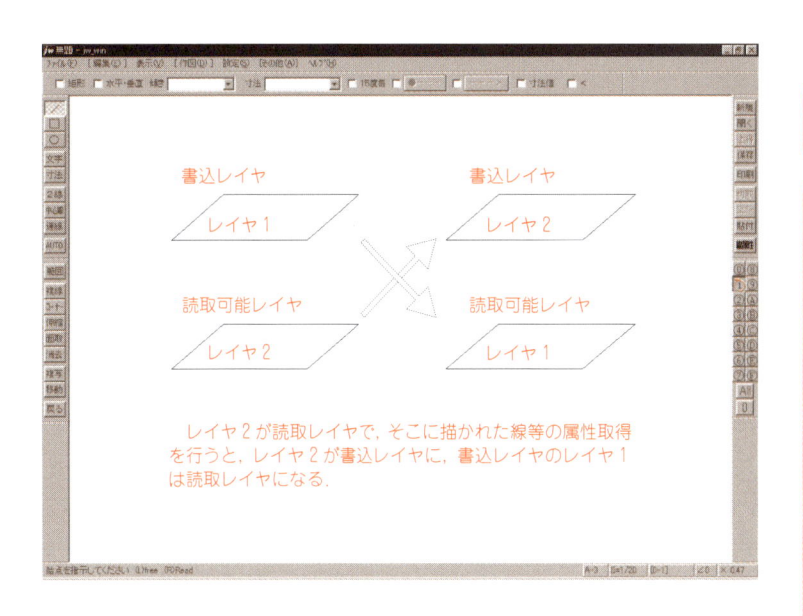

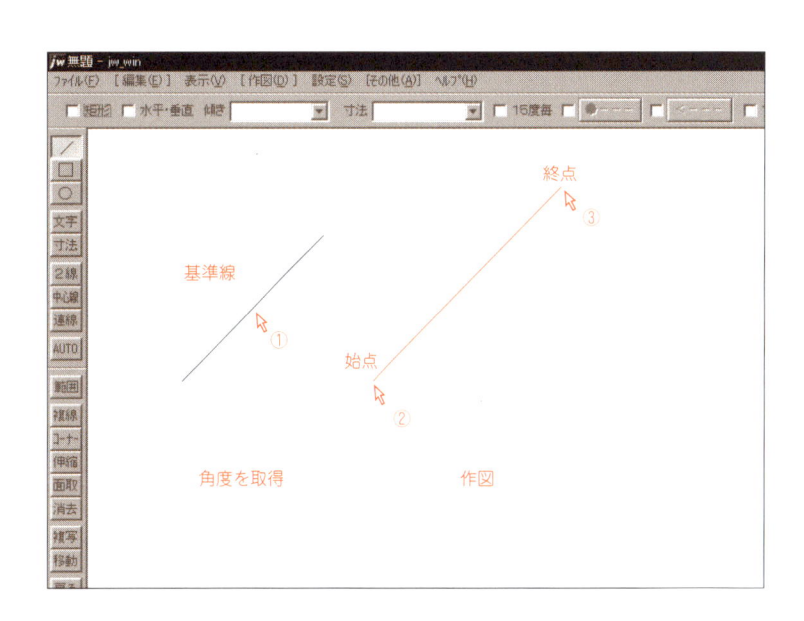

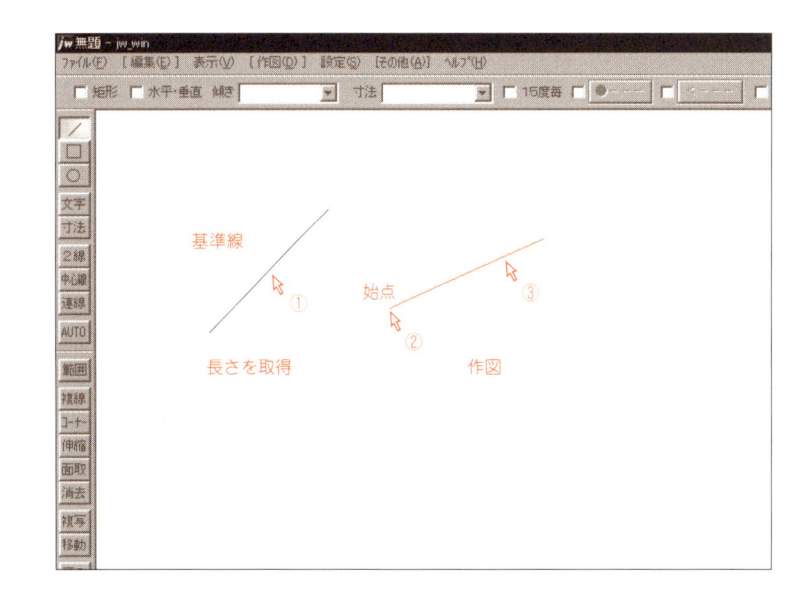

線属性（C），レイヤ（L）　線種や線色の選択，レイヤの設定

線属性（線の属性を設定する）
・指定したい線色や線種を選んで🖱
・数字キーを押すと特殊な線種が選択できる
・OKボタンを🖱

1～5を押すと，ランダム線種，
6～9を押すと倍長線種が選択可能

レイヤ（レイヤを設定する）

（1）レイヤグループの設定
編集可能レイヤグループの設定
・グループ番号ボタンを🖱で，書込グループになる
状態の設定
・グループ番号ボタンを🖱すると，その下に状態がボタンで表示される．また，そのボタンを🖱するごとに，設定が変わる
・縮尺のボタンを🖱すると，各レイヤグループの縮尺の確認や設定ができる

グループ番号ボタン
🖱で書込に設定
🖱で状態を表示

状態表示ボタン
🖱する毎に変わる

レイヤボタン
🖱で書込に設定
🖱する毎に変わる

一括ボタン
状態の一括変換
🖱する毎に変わる
Allに同じ

表示→ツールバー
→レイヤグループ
をチェックで表示

レイヤグループ
ツールバー

レイヤツールバー

上記の設定では，レイヤグループは，4が書込，5が非表示，6が表示，他は読取，また，レイヤは，1が書込，2が非表示，3が表示，他は読取の状態である．

（2）レイヤの設定
書込レイヤの設定
・レイヤボタンを🖱で，書込レイヤになる
状態の設定
・レイヤのボタンを🖱する毎に，非表示→表示→読取り→非表示の順にレイヤの設定ができる

（3）グループ名・レイヤ名の入力と訂正
・グループ名またはレイヤ名のウィンドウを🖱
・名前を入力または訂正し⏎

各設定が終わればOKボタン🖱で設定完了

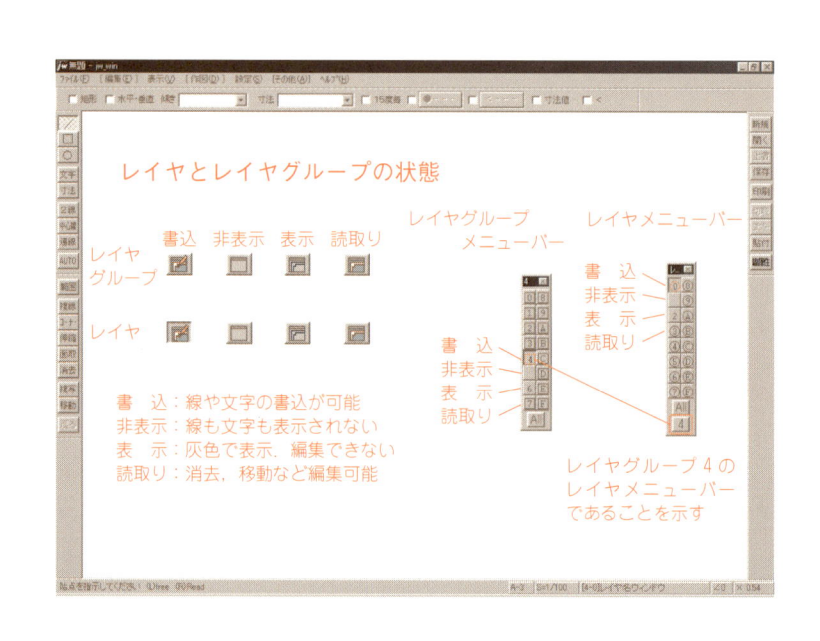

レイヤとレイヤグループの状態

レイヤグループメニューバー
レイヤメニューバー

書込：線や文字の書込が可能
非表示：線も文字も表示されない
表　示：灰色で表示，編集できない
読取り：消去，移動など編集可能

レイヤグループ4の
レイヤメニューバー
であることを示す

画面倍率・文字表示（D），縮尺・読取（V），用紙サイズ（Y）

画面倍率・文字表示（画面倍率の設定や，文字枠や文字のスペースを表示する・しないを設定する）
- 設定（S）⇒ 画面倍率・文字表示（D）を🖱
- 各設定をする
- OK を🖱

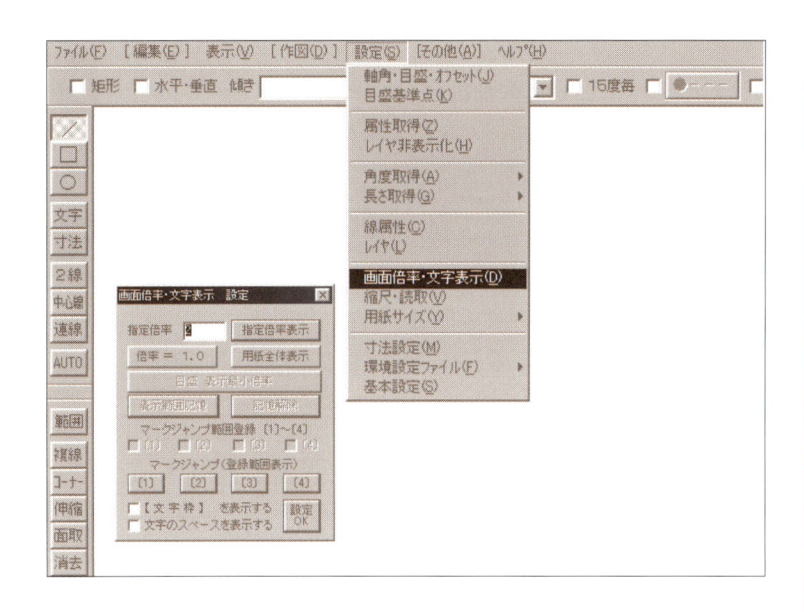

縮尺・読取（縮尺や表示のみレイヤの状態の設定をする）
- 設定（S）の 縮尺・読取（V）か，ステータスバーの縮尺ボタンを🖱
- 適当な縮尺を入力
  「表示レイヤの読取点を読み取る」かどうかの設定もここで行う
- OK を🖱

※グループ内では異なる縮尺は使用できない．グループが異なれば使用できる

用紙サイズ（用紙のサイズの設定をする）
- 設定（S）⇒ 用紙サイズ（Y）を🖱か，ステータスバーの用紙サイズボタンを🖱
- 適当な用紙サイズをマウスで選び🖱

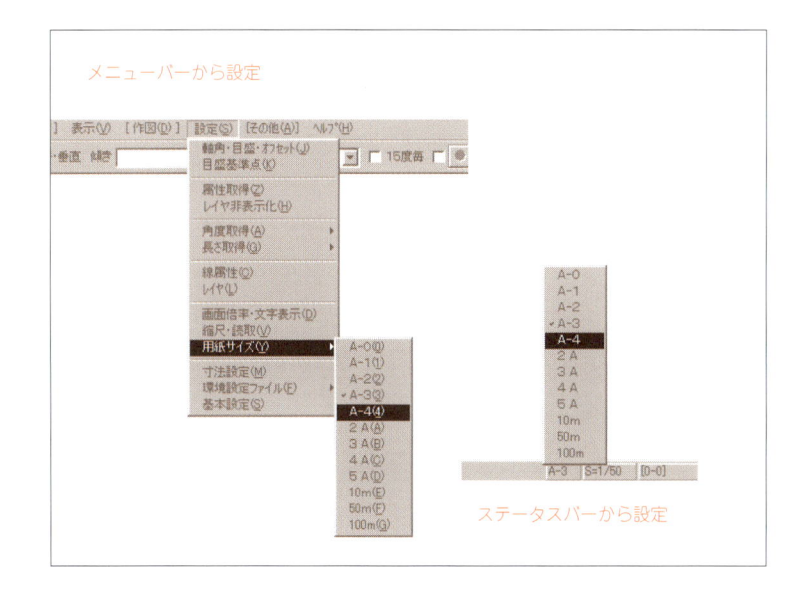

寸法設定（M），環境設定ファイル（F），基本設定（S）

寸法設定（寸法線の状態の設定をする）
- 設定(S) ⇒ 寸法設定(M) を🖱
- 寸法線や文字，角度寸法などの設定の変更をする
- OK を🖱

設定が終われば　OK

寸法記入に用いる，文字のフォントや文字種類・寸法線色などを設定する

環境設定ファイル（自分で設定した作業の環境を活用する）
- 設定の概要は，必要に応じて，基本設定(S) などを変更し，環境設定ファイル(F) を，書出し(W)（作成）後，保存(S) する
次回からは，それを 読込み(R) することで，任意に設定した環境で作業を行うことができる
初期設定は Sample.jwf の名で保存されている
- 基本設定の変更等を保存するには，設定(S) ⇒ 環境設定ファイル(F) ⇒ 書出し(W) を🖱
環境設定ファイル名（例 ABC，拡張子は jwf）を入力し，保存(S) を🖱
- 別の環境設定ファイルを読込むには，設定(S) ⇒ 環境設定ファイル(F) ⇒ 読込み(R) を🖱
- ファイル一覧（例 ABC，拡張子は jwf）の中から選んで 開く(O)... を🖱
- 環境設定ファイルの内容変更は，編集・作成(E) により行うこともできる
- 作図データとともに環境設定ファイルを，フロッピーディスクに保存して，別のパソコンで環境設定ファイルを読込めば，同じ環境で作図や印刷の作業ができる

書出し保存の例

ABC.JWF という名で保存

基本設定（作図に必要な細かな設定をする）
- 設定(S) ⇒ 基本設定(S) を🖱
- JWW に関する様々な設定ができるが，よく理解の上，変更したい
たとえば，□クロスラインカーソルを使う にチェックをいれると，ポインタからクロスカーソルに変更される

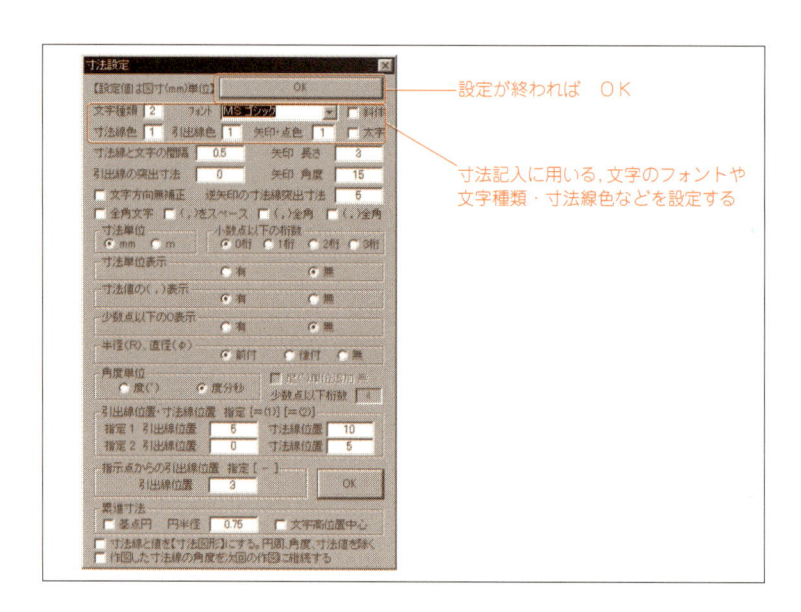

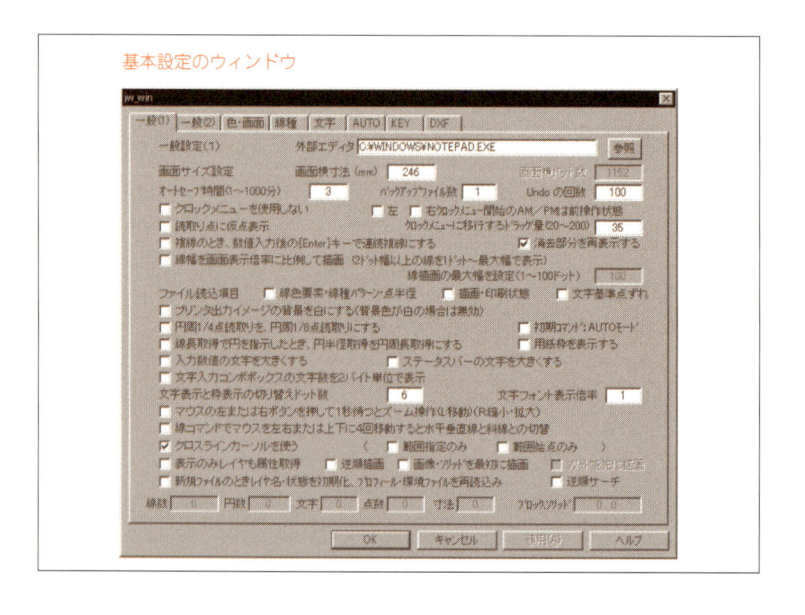

基本設定のウィンドウ

図形（Z），線記号変形（S），登録選択図形（T）

図形（ファイルに登録された図形を使う）
- その他（A）⇒ 図形（Z）を[L]
- 使いたい図形を[L][L]
  登録図形は赤色で表示される
- 倍率や角度を設定
- 貼り付けたい位置で，[L]または[R]

線記号変形（ファイルの記号データを使って記号の作図変形をする）
- その他（A）⇒ 線記号変形（S）
- 選択画面に記号の一覧が表示されるので，使用する線記号を[L][L]
- 操作方法が記号によって異なるので，ステータスバーに表示される指示に従って，線または点を指示する

登録選択図形（一時的に登録された図形を呼び出す）
- 新たに図形登録するまでは，前回の登録選択図形が有効

図形の登録
- 範囲 （[編集（E）] → 範囲選択（S） と同じ）を[L]
- 図形を範囲選択，①を[L]，②を[L]
- 基準点変更 など必要な設定を行う
- 選択図形登録 [L]で登録

登録選択図形の呼び出し
- その他（A）⇒ 登録選択図形（T） [L]で，図形を呼び出し
- 描きたい位置で[L]または[R]

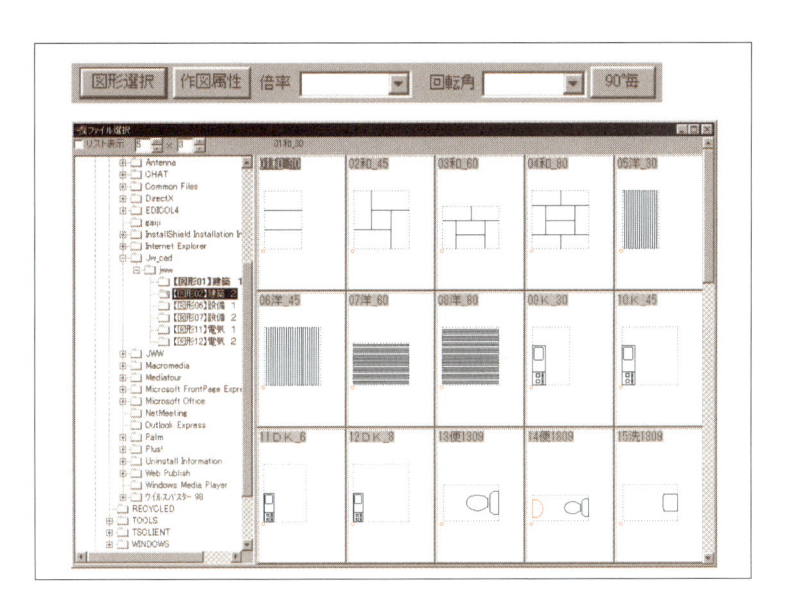

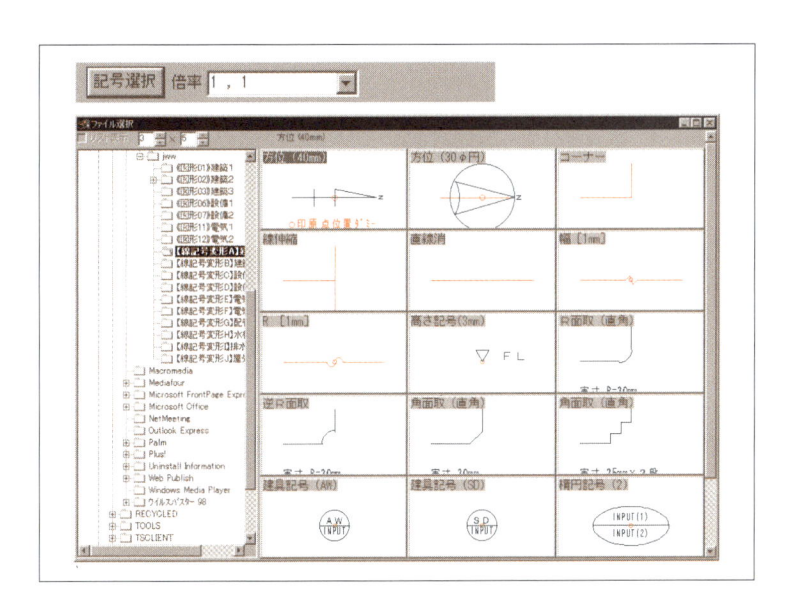

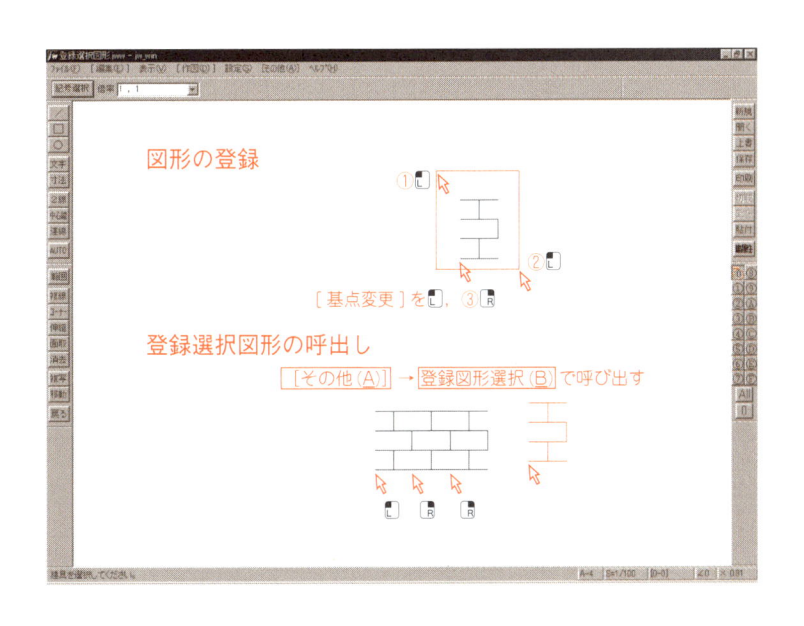

測 定（C） 距離や面積，座標，角度を測定する

| 距離測定 | 面積測定 | 座標測定 | 角度測定 | ○単独円指定 | mm／【m】 | 小数桁3 | 測定結果書込 | 書込設定 |

その他（A）⇒ 測定（C）を[L]

- 距離測定 面積測定 など測定の種類を[L]
- 距離や面積測定では，始めに， ○単独円指定 を[L]
  すると円周または円の面積が測定できる
- 始点指示後は 〈 弧 指定 〉に変わり，弧の長さや面積が測定できる

距離の測定
- 始点①を[R]
- 終点②を[R]
- 測定結果書込 ③を[L]
- 適当な位置で[L]で書込まれる

面積の測定
- 面積測定 を[L]
- 測定したい図形の頂点を順に①〜⑤を[R]
- メッセージバーに累積距離を表示
- 測定結果書込 ⑥を[L]
- 適当な位置で⑦[L]で書込まれる

座標の測定
- 原点①を[R]
- 調べたい点②を[R]
- 測定結果書込 は前記に同じ

角度の測定
- 原点（中心）①を[R]
- 基準点②を[R]
- 角度点③を[R]

- 【°】／′″ mm／【m】 は単位の切替
- 小数桁3 小数点以下の桁数を指定
- 書込設定 文字種などの設定ができる

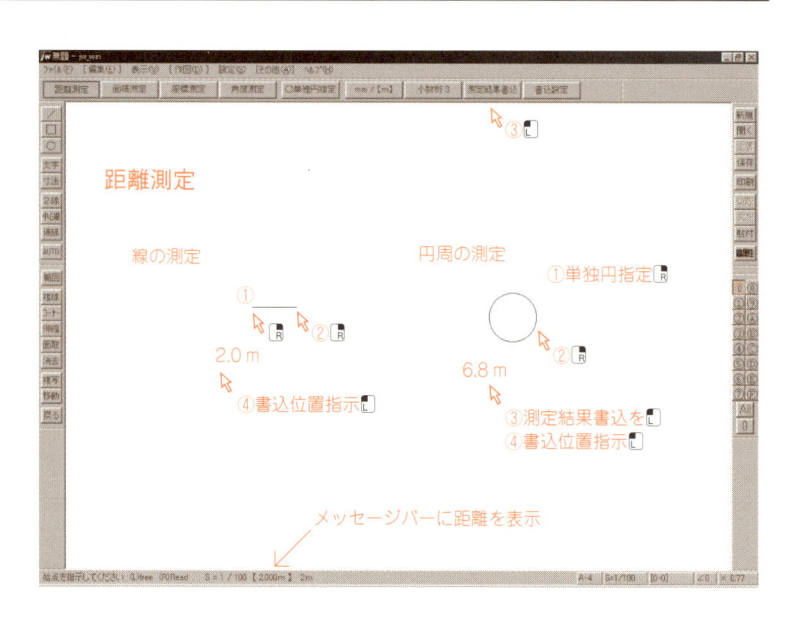

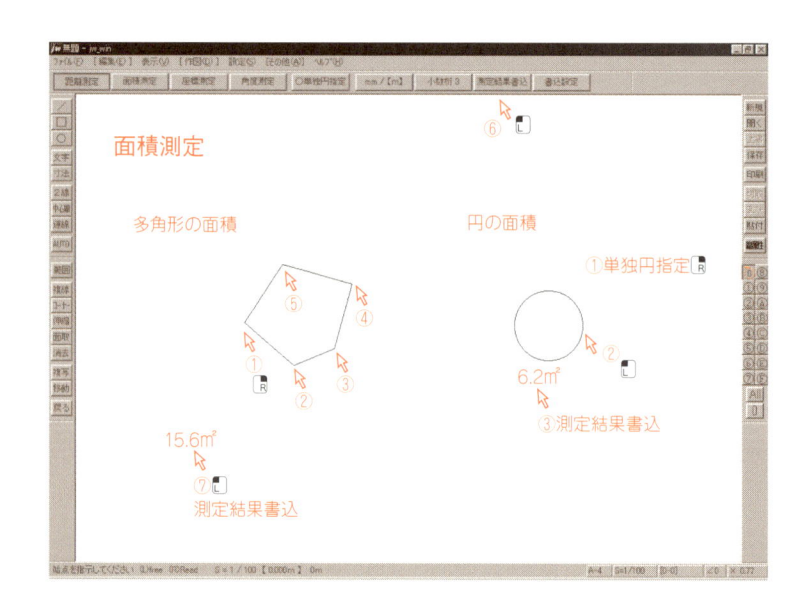

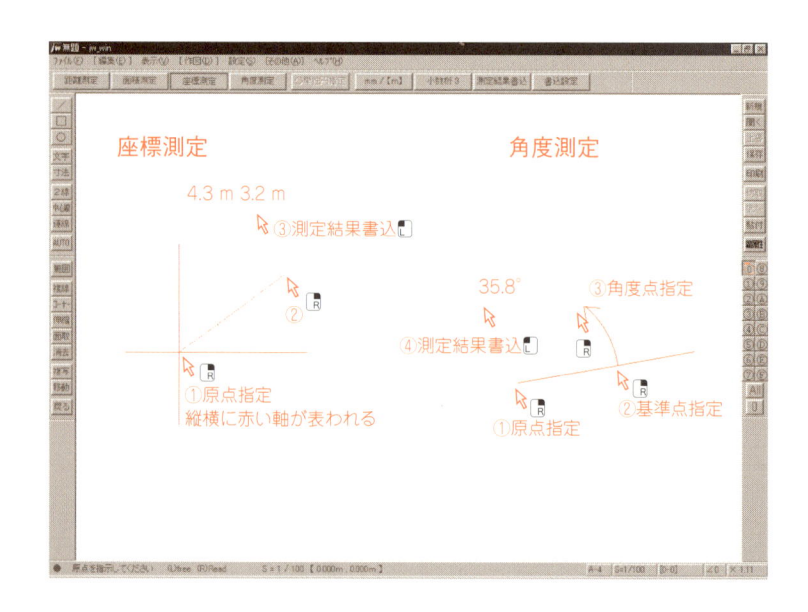

パラメトリック（P）　図形の選択した部分の部材を変化させずに変形する

`基準点変更` `追加範囲` `除外範囲` `<属性選択>` `選択確定`

（1）パラメトリック変形

`その他（A）` ⇒ `パラメトリック変形（P）`

- 変形をしようとする図形を①🖱-②🖱で範囲選択
- `選択確定` を🖱
- `数値位置　　` に数値を座標入力
- `再選択` で再選択可能

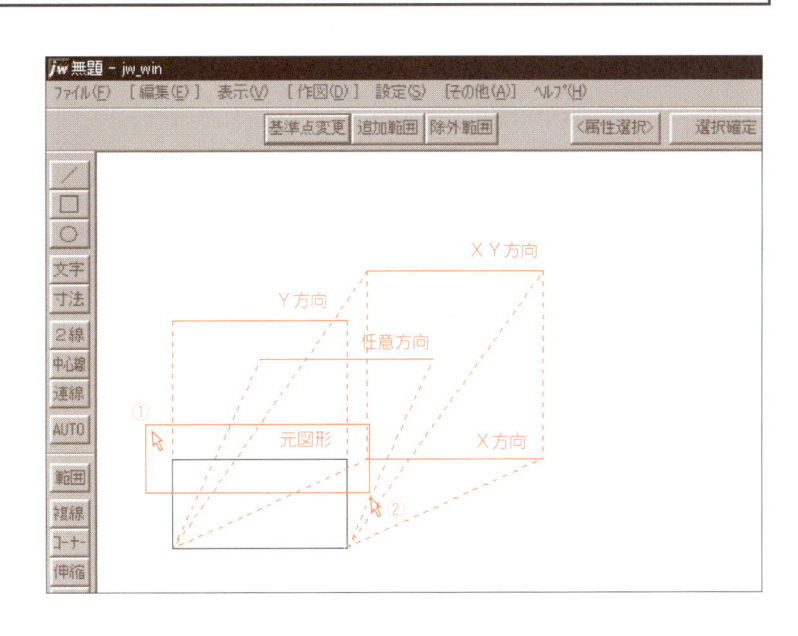

`任意方向` ⇒ `X方向` ⇒ `Y方向` ⇒ `XY方向`
と順に変化する

（2）パラメトリック変形の応用

図形の呼び出し

- `その他（A）` ⇒ `図形（Z）` ⇒ 【図形01】建築1
- 図形の [B-kit] を🖱🖱で呼び出し
- 任意の図面に貼り付ける
- `その他（A）` ⇒ `パラメトリック変形（P）`
- 変形しようとする図形を①🖱-②🖱で範囲選択
- `選択確定` を🖱
- `数値位置　　` に数値位置を入力

　例　数値位置＝－450, 0

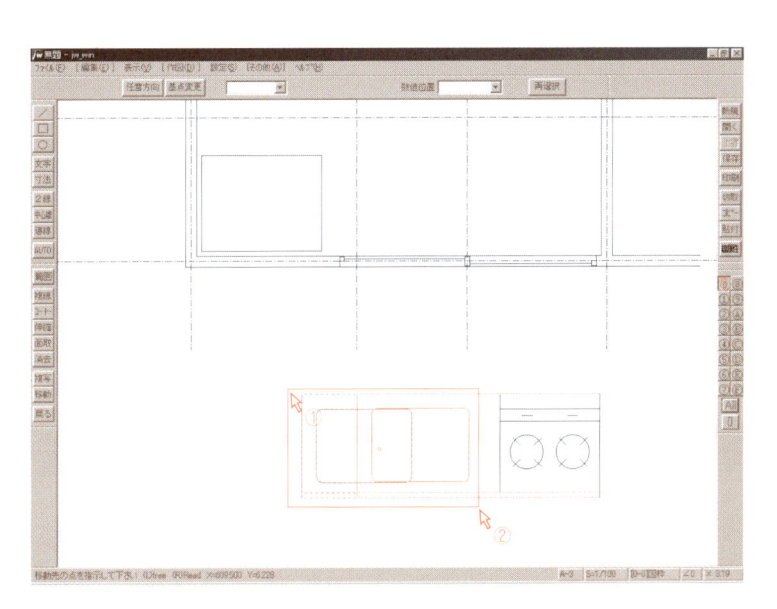

覚えておくと便利

寸法 [　　　▼]

机は書類の山，電卓はどこ？そんなとき

①電卓画面で直接入力！

　入力マドの▼を🖱すると画面に電卓が出る（右図）
　そのままマウスで電卓と同じように計算できる

②計算式を直接入力！

　例　寸法 910/4 　と計算式のまま入力し，エンターキーを押すと，227.5 と計算してくれる

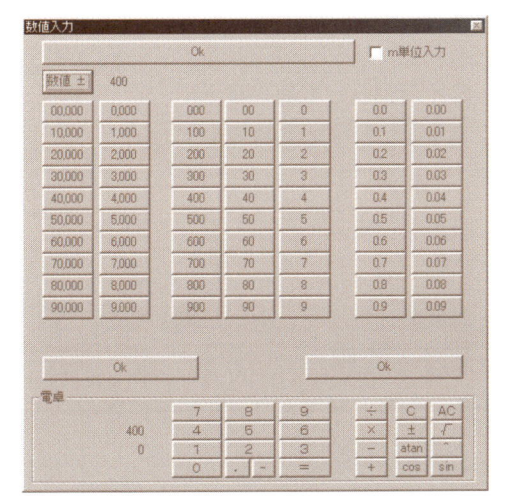

図は［線（S）］の［寸法］の▼を🖱の場合

2.5 D (D)　透視図・鳥瞰図・アイソメ図を描く

- 立体図作成には次の方法が用いられている
  - 方法1：平面図に高さを与える
  - 方法2：立面図を指定した位置に垂直に立てる
  - 方法3：方法1と方法2を組み合わせたもので庇やベランダなどに突起物を描くのに適する

作図手順
1. データ図面を作成
   途中，[アイソメ] で出来具合を確認，[≪] で戻る
2. データレイヤを読取，書込レイヤ指示
3. [透視図] [鳥瞰図] [アイソメ] のいずれかを🖱
4. [左][右][上][下][前][後] でアングル調整し [作図]

（1）方法1による作図

- 平面図を描く
- 平面図に高さ入力　[その他（A）] ⇒ [2.5D（D）]
  ⇒ [高さ・奥行 6, 0]
  右例では，[高さ・奥行 6, 0] で①②を🖱，
  [高さ・奥行 6, 2] で③④を🖱
- 立体図を作図するレイヤを書込レイヤに設定
- [透視図] [鳥瞰図] [アイソメ] のいずれかを🖱
- [左][右][上][下][前][後] でアングル調整し [作図]

（第5章の p.154 を参照）

（2）方法2による作図

- 立面図を描く（窓なども適宜描く）
- 線色6に変更し，実点で基準点を入力
  [作図（D）] ⇒ [点（P）] ⇒ ①を🖱R
- 線色5に変更し，実点で作図点を入力
  [作図（D）] ⇒ [点（P）] ⇒ ②を🖱Rまたは🖱L
- 線色5と補助線に変更し，作図の線を描く
  作図点③を🖱R ⇒ ④🖱L
- 立体図を作図するレイヤを書込レイヤに設定
- [透視図] [鳥瞰図] [アイソメ] のいずれかを🖱
- [左][右][上][下][前][後] でアングル調整し [作図]

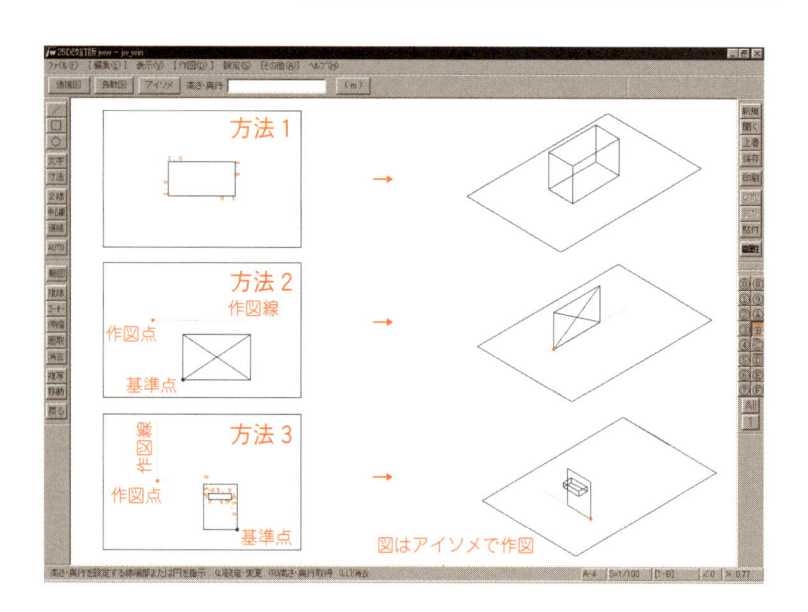

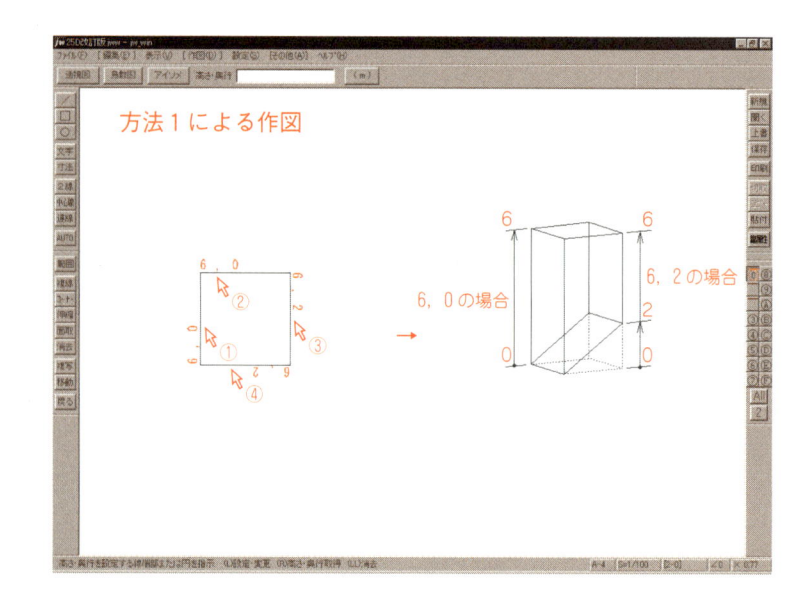

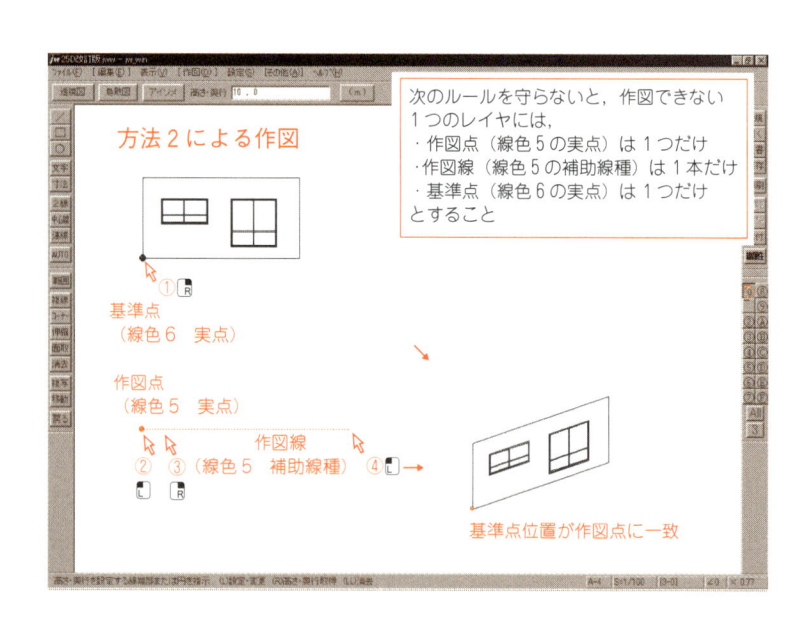

（3）方法3による作図

- 立面図に庇を描く
- **方法1**の要領で，庇に高さ・奥行を与える
  高さ・奥行 |1, 0|
- 以下，（2）と同様に，線色・線種に注意しながら，基準点・作図点・作図線を描く
- 立体図を作図するレイヤを書込レイヤに設定
- |透視図| |鳥瞰図| |アイソメ| のいずれかを🖱
- |左| |右| |上| |下| |前| |後| でアングル調整し |作図|

- 実際に立体図を作図する場合は，（1）から（3）の方法を組み合わせて，右のように必要なすべてのデータレイヤを作成し，作図するので，レイヤを整理しておく必要がある
  作図例では，

  | レイヤ【⓪】……基準線 |
  | レイヤ【①】……屋根のデータ |
  | レイヤ【②】……西立面のデータ |
  | レイヤ【③】……南立面のデータ |

- 立体図は他のレイヤを書込にして作図する

（4）陰線処理について

- 作図された立体図はワイヤフレームで表現されているので，消去や伸縮などの編集コマンドを用いて，見えない部分を手作業で処理する
- 間違って消した場合など，あわてないで|Esc|や，|Shift| + |Esc| を使用する

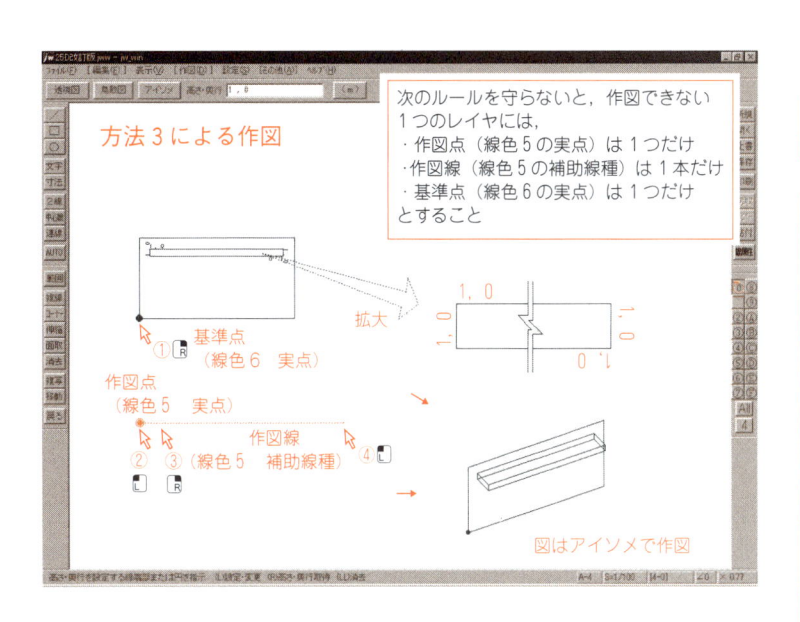

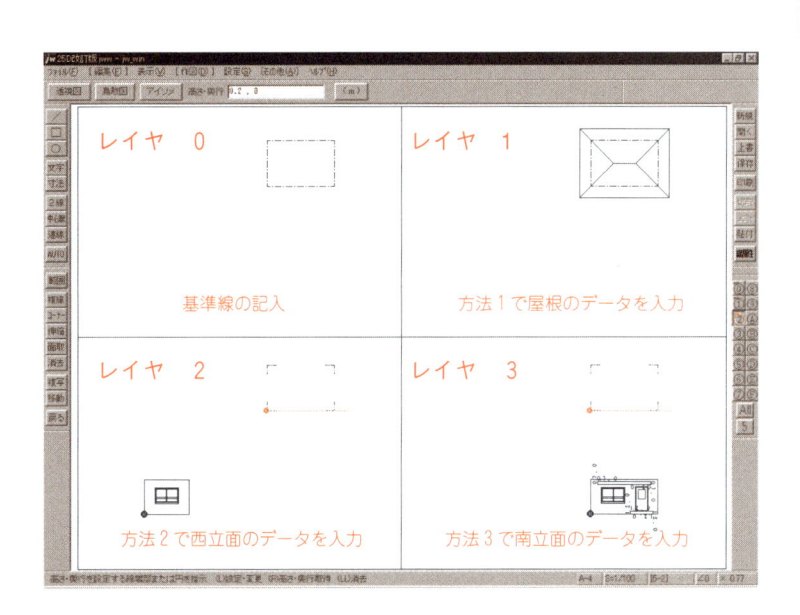

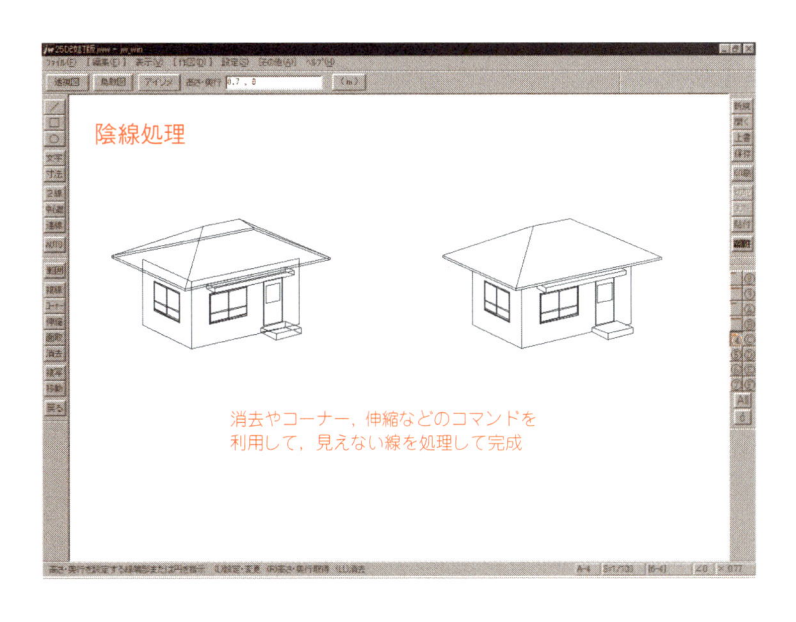

図形登録（W）　描いた図形を登録する

・[その他（A）] ⇒ 図形登録（W）で↵

図形の登録

[その他（A）] ⇒ 図形登録（W）

・長方形を描く要領で対象図形を囲むか，または，全選択 で範囲を選択する
（対象図形が赤色表示される）
登録しない線や追加したい線があれば↵

・ 選択確定 を↵
・《図形登録》を↵
・ファイル選択のウィンドウが開くので，保存場所のフォルダを指定
・ 新規 を↵
・登録図形の名前を入力し OK

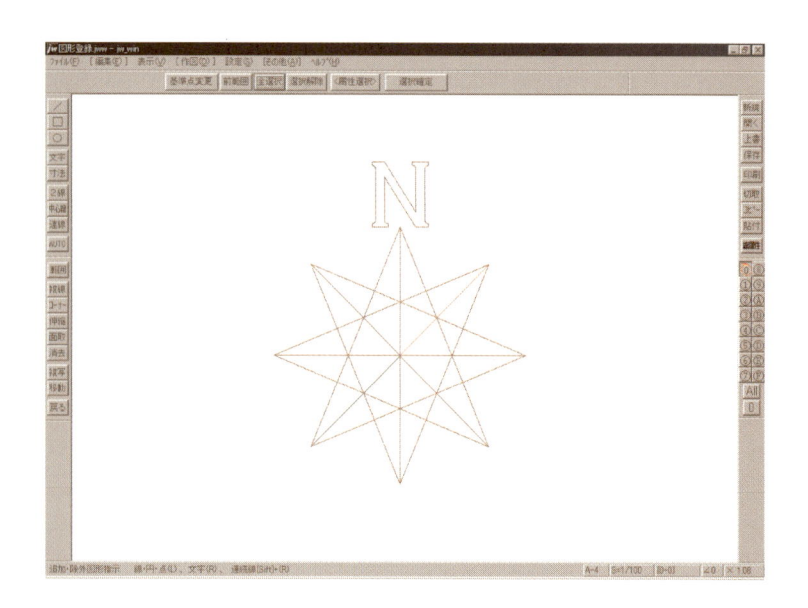

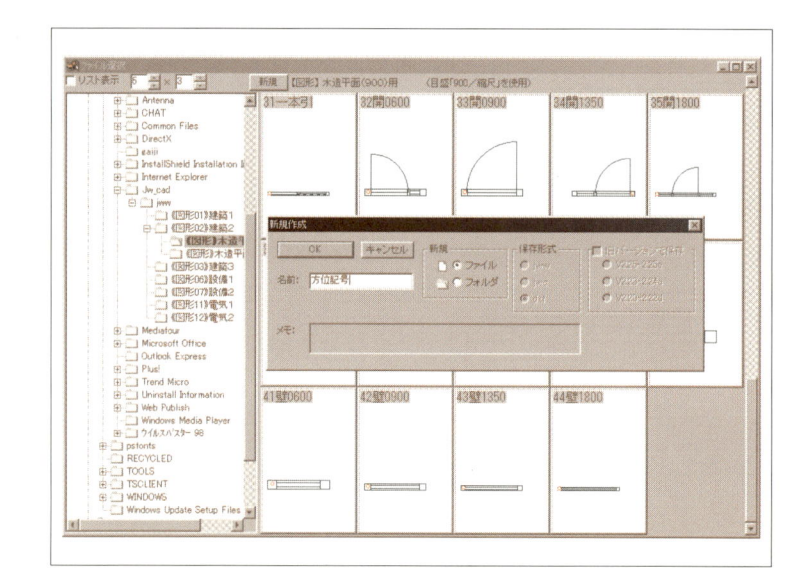

覚えておくと便利　コンマの入力

　数値入力のとき，「,」のキーがどこかなと探すことがある．何かよい方法は？

　数値入力のときにキーボードで操作する場合，「x, y = 10, 20」を入力するとき「,」を打つためにキーボードの「ね」のところまで行かなくてはならない．

　「10..20」とピリオド 2 回の入力でも「,」と同じ役割をする．

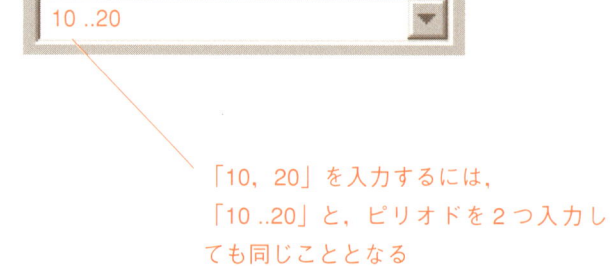

「10, 20」を入力するには，「10..20」と，ピリオドを 2 つ入力しても同じこととなる

日影図（H）　日影図や時間日影図の作図

| 日影図 | 等時間 | 指定点 | 確認 | 真北 | 高さ(m) 2.5 | 壁面 | 測定高 0 | 緯度 36 | 季節 冬至 | ☑ 9～15時 | 書 |

屋根伏図と真北を示す線の作図

縮尺 1/100，書込レイヤ⓪，線色 2，実線

- □ で寸法 1500，3000 の長方形を図のように接して描く．線①の重複線を 1 本だけ消去
- 真北を示す線分を引く

高さの設定（単位は m）

- 高さ 2m に設定し，線の端部 4 ヶ所を🖱
- 高さ 2.5m に設定し，棟の両端を🖱

真北の指示

- 真北 を🖱
- 真北を示す線の端部を🖱

図の確認

- 確認 を🖱，立体図で確認

日影図の作図

書込レイヤ①，読取レイヤ⓪

- [その他（A）]⇒日影図（H）を順に🖱
- 緯度や季節などを設定する
- 日影図 を🖱を🖱
- 1時間毎 か 30分毎 か，時間指定 の場合は時間を入力し Ok を🖱

日影時間図の作図

書込レイヤ②，読取レイヤ⓪，非表示レイヤ①

- [その他（A）]⇒日影図（H）を順に🖱
- 緯度や季節などを設定する
- 等時間 を🖱
- 時間を🖱する毎に日影時間図を作図
  時間指定 の場合は時間を入力し Ok を🖱

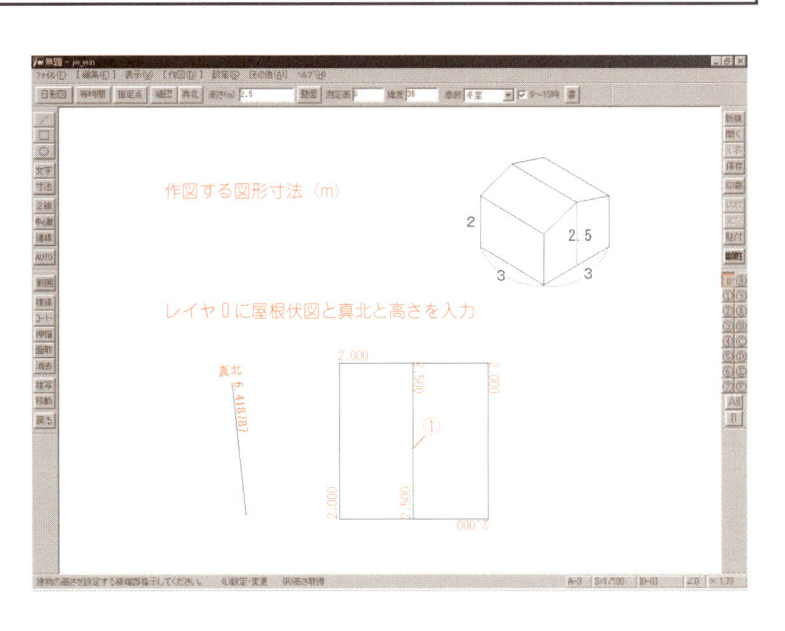

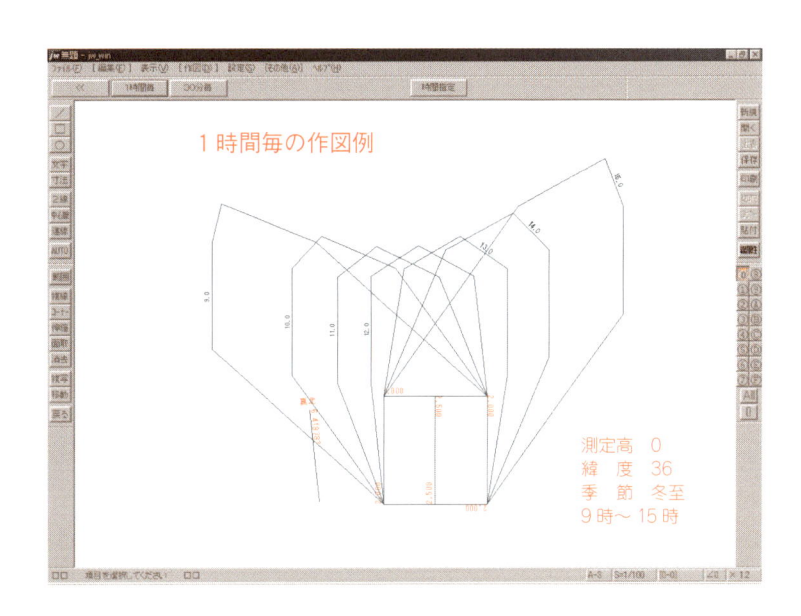

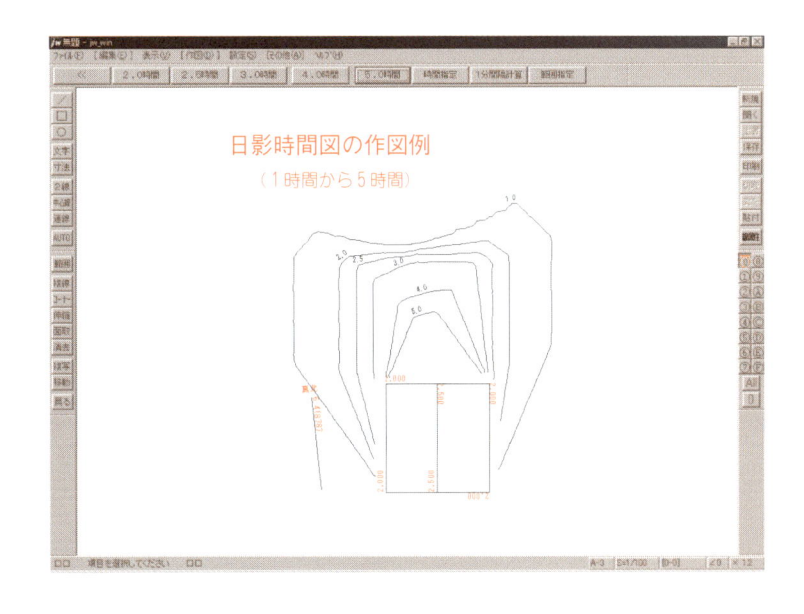

ファイル（F）　図面データの保存・読込，プロッタ・プリンタへの出力，終了などを行う

（1）ファイルを開く

・メニューバーの，ファイル(F) ⇒ 開く(O)... または，ツールバーの 開く ボタンを🖱で，ファイル選択のウィンドウが表れる
これの左側は，フォルダを選択するウィンドウである
・ファイル選択は，ファイルを🖱🖱

> ※リスト表示にチェック ☑リスト表示 を入れると，ファイル名，更新日時，メモなどからなるリスト表示になる

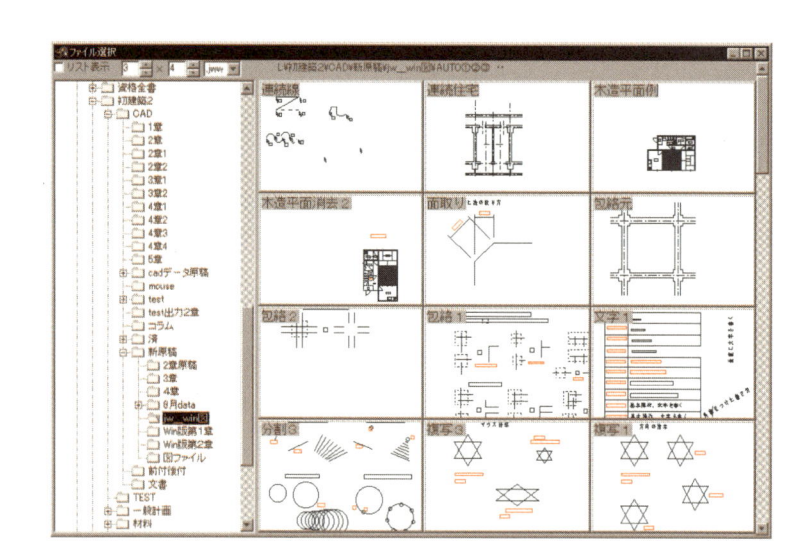

（2）同じファイルに上書き保存をする場合

・メニューバーの ファイル(F) ⇒ 上書き保存(S) または，ツールバーの 上書 ボタンを🖱

> ※作図の途中で時々上書き保存をしておこう
> トラブルが起こった場合，保存したデータから続けられる（トラブル対策）

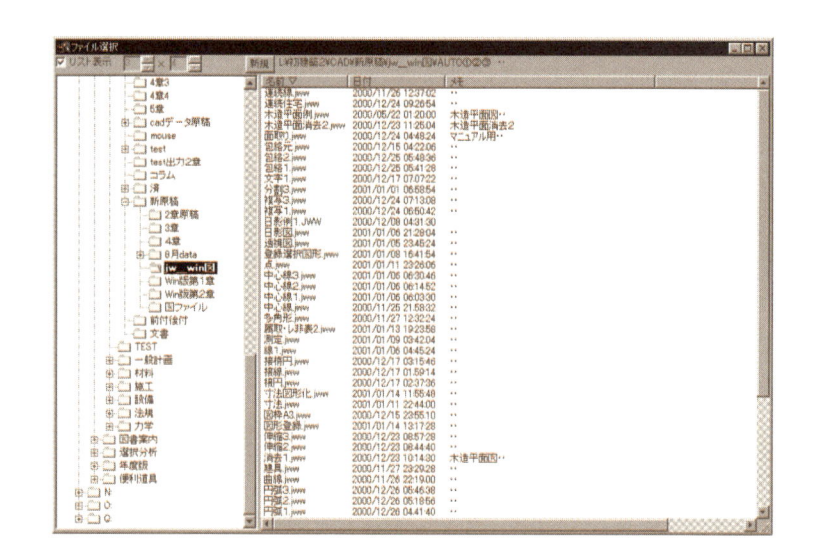

（3）新たに別の名前を付けて保存をする場合

・メニューバーの ファイル(F) ⇒ 名前を付けて保存(A)... または，ツールバーの 保存 ボタンを🖱
・保存するフォルダを選択し， 新規 を🖱
・名前やメモなどを必要に応じて入力
・ OK を🖱

> ※保存形式について
>   　ｊｗｗ：Windows 版の形式
>   　ｊｗｃ：DOS 版の形式
>   　ｄｘｆ：他の CAD と互換性のある形式

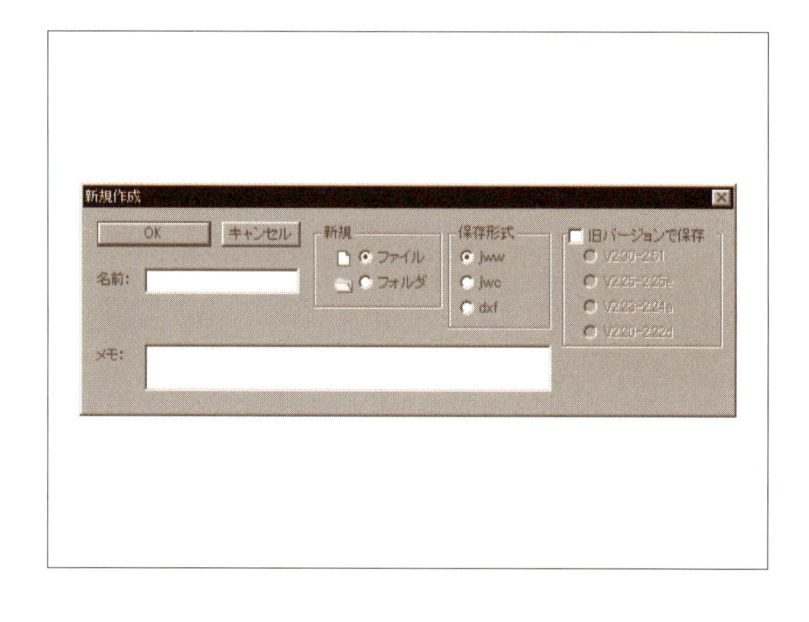

2・6 練習問題

用紙・縮尺の設定
　用紙サイズ：A3　　縮尺：1/1
※設定の方法は，第2章 p.47 参照

〈例題1〉　線・複線

次の線色・線種の線を引き，複写（複線）しよう

ヒント

　／ や 複線 を使う．線の長さは，［寸法］= 200をキーボードから数値を入力．次に［複線間隔］= 25をキーボードから数値入力して，線の上で🅡，線を複写したい側で🅛
※失敗したら，戻る を🅛（p.113「覚えておくと便利」参照），または，消去 で消す

実線	水色
点線1	黒色
点線2	黄緑色
点線3	黄色
一点鎖1	紫色
一点鎖2	青色
二点鎖1	緑色
二点鎖2	赤色
補助線種	桃色

※補助線色や補助線種にすると画面上では見えるが印刷はされない

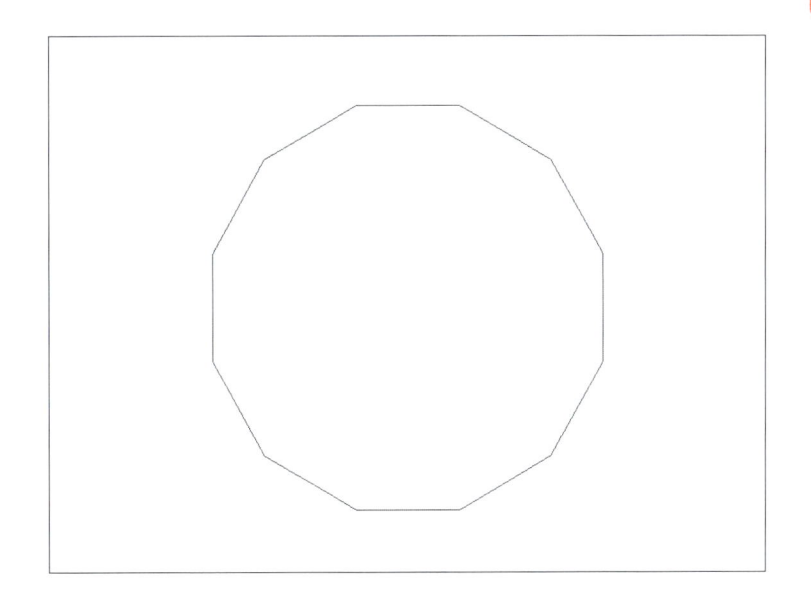

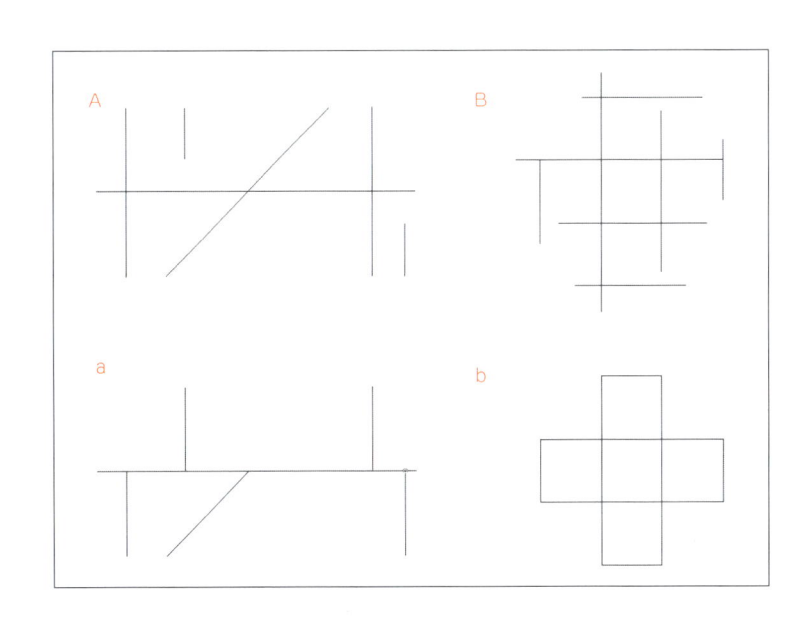

〈例題2〉　斜線（12角形）

次の12角形の各コーナーに，対角線を引こう

ヒント

　12角形の作図は，［作図（D）］⇒ 多角形（T） を🅛．［角数］= 12，［寸法］= 100をキーボードから入力し，作図画面の中央で多角形の中心点を🅛．対角線には ／ を使う．交点で🅡．各コーナーをクリック

〈例題3〉　伸縮・コーナー処理

図Aと図Bを適当な大きさで描き，図a・図bのように，それぞれを処理しよう

ヒント
a. 伸縮 を使う
b. コーナー を使う

〈例題4〉 ボックス

次の図を作図しよう

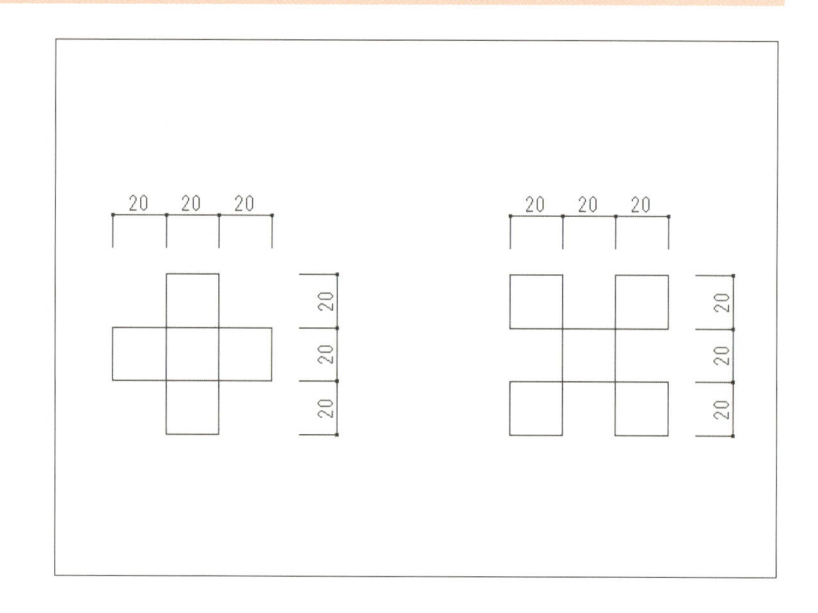

ヒント

□ を使う．正方形の角を合わせるときに必ず®で交点を指定する

〈例題5〉 多角形・包絡処理

図Aのような星形図形を，a点を中心に作図しよう

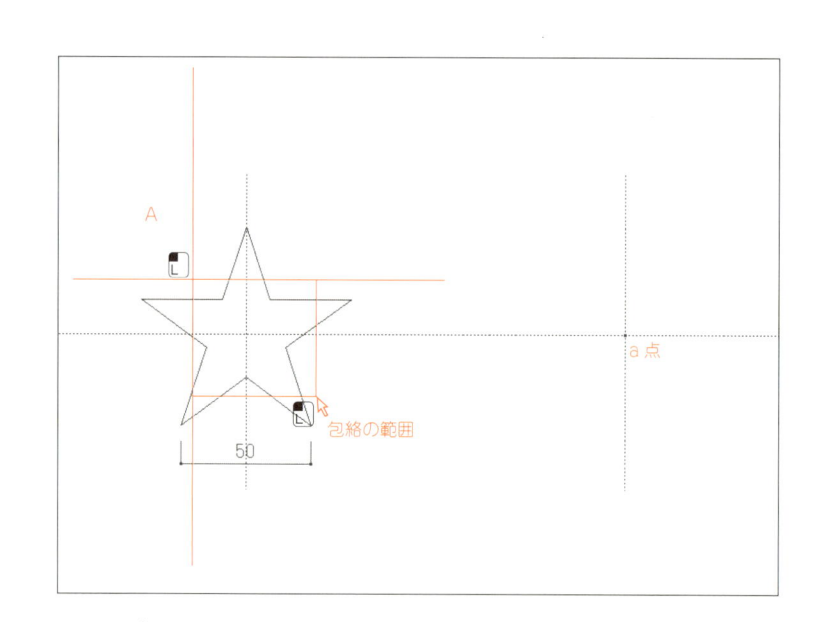

ヒント

[作図（D）] ⇒ [多角形（T）] ⇒ 5角形を作図．5角形に対角線を引き，5角形の各辺を消す
[編集（E）] ⇒ [包絡処理（H）] を□，星形の頂点の少し内側で□⇒□

〈例題6〉 複線・消去（部分消し）

上図のようなグリッドを作図し，下図のように処理しよう

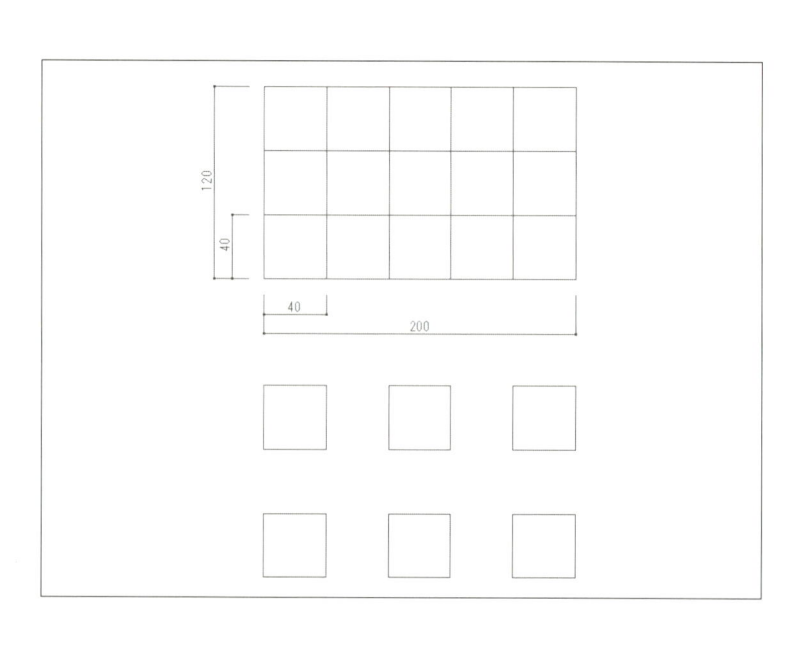

ヒント

□ ⇒ ［寸法］ = 200, 120 を入力し長方形を作図．複線 ⇒ ［複線間隔］ = 40 を入力．長方形の1辺を®して長方形の内側で□．［連続］を□して必要な線を複写する

消去を□．対象となる線を□し，消したい区間をそれぞれ®

〈例題7〉 包絡処理

図Aを，図Bのように処理しよう

ヒント

[編集（E）]⇒[包絡処理（H）]を使って十字形の交点を図のように🖱⇒🖱で囲む

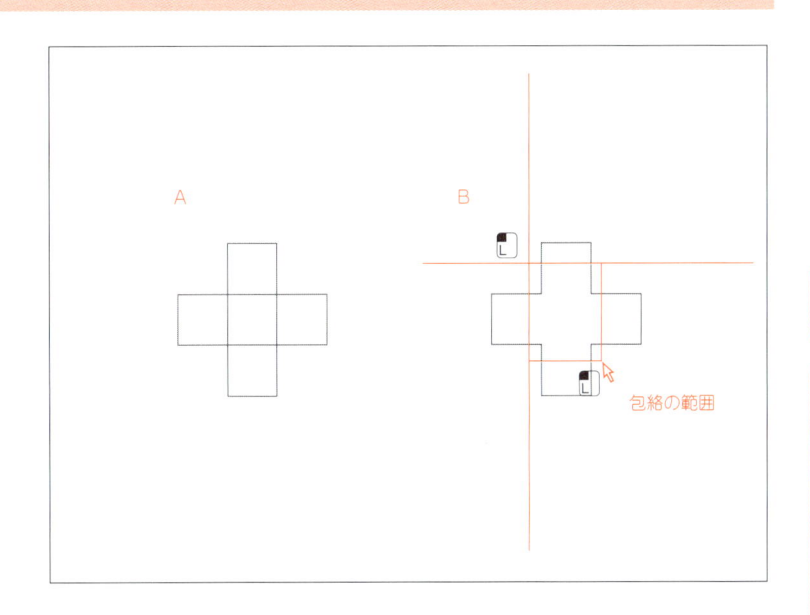

〈例題8〉 面取り（角・丸）

図Aを，図Bのように処理しよう

ヒント

[面取]を使う．コントロールバーの[角面（辺寸法）]と[丸面]で処理する．[寸法]＝5

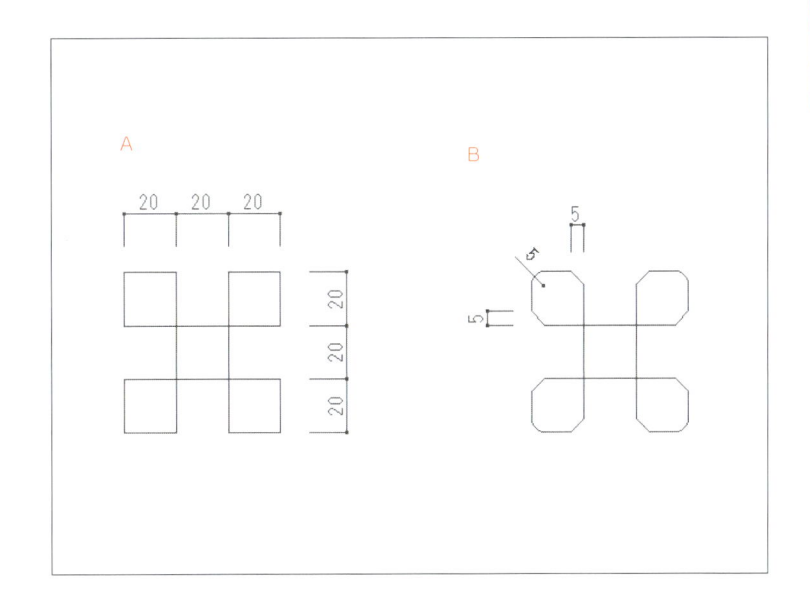

〈例題9〉 複写

次の星形Aを，b点に複写しよう

ヒント

星形図形の作図は，[作図（D）]⇒[多角形（T）]で，[寸法]＝50，[角数]＝5と入力，5角形の対角線を引き，[消去]で不要な線を消す

[複写]を使って，始点🖱，終点🖱で星形を範囲指定し，[選択確定]を🖱．b点に図形を移動して🖱で完成

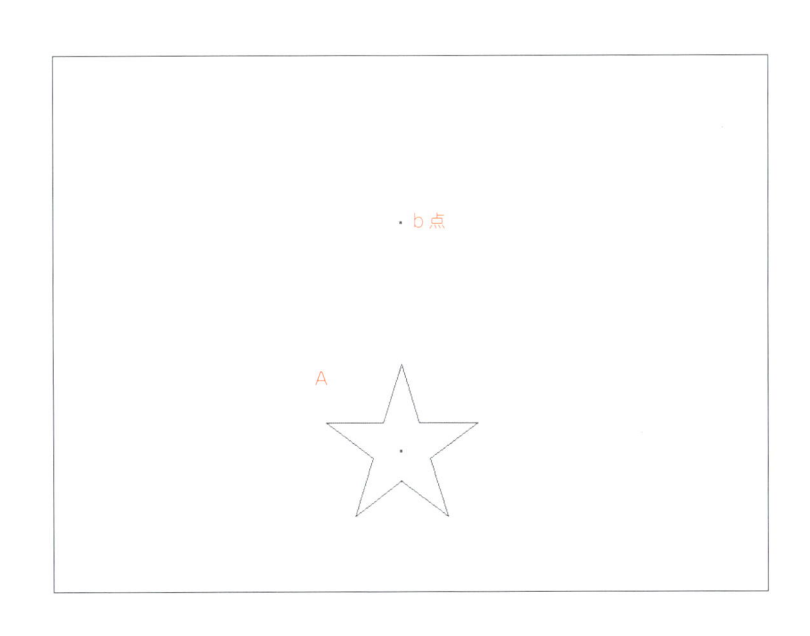

〈例題10〉 多角形

図のような三角形を作図しよう

ヒント

多角形（T）⇒［角数］＝3を入力．中央ボタンを🖱．中央 ⇒ 頂点 ⇒ 辺 ⇒ 中央 の順に変わり，頂点 で，先に描いた三角形の頂点を🖱して完成させる

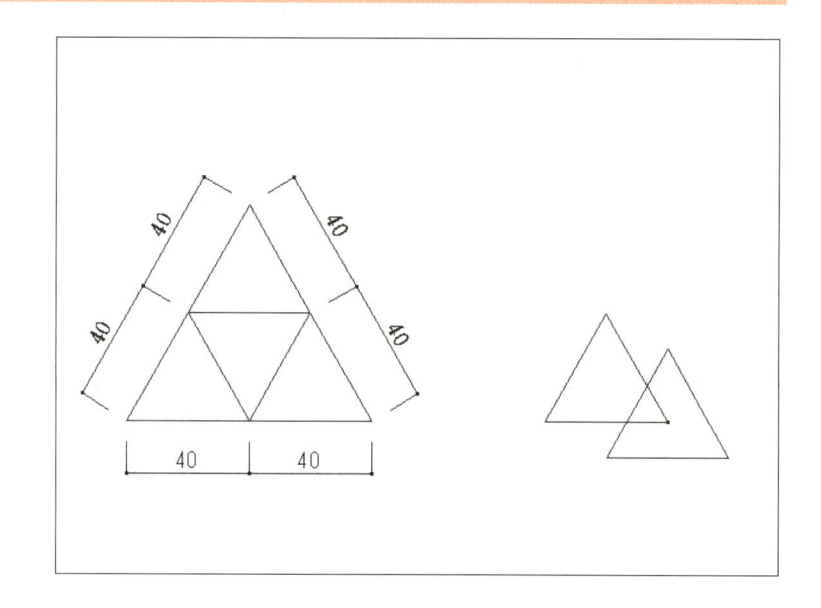

〈例題11〉 斜線・角度，複写

図Aのような立方体を作図しよう

ヒント

／ を使う．［寸法］＝40を入力し，a点で🖱，上向きで🖱．［15度毎］にチェックを入れ，a点で🖱．同様にb点ほかも🖱して，図Bを作図する

複写 ⇒図Bを範囲選択して 選択確定 を🖱⇒［反転］を🖱し，反転の基準線を🖱すると立体図が完成する

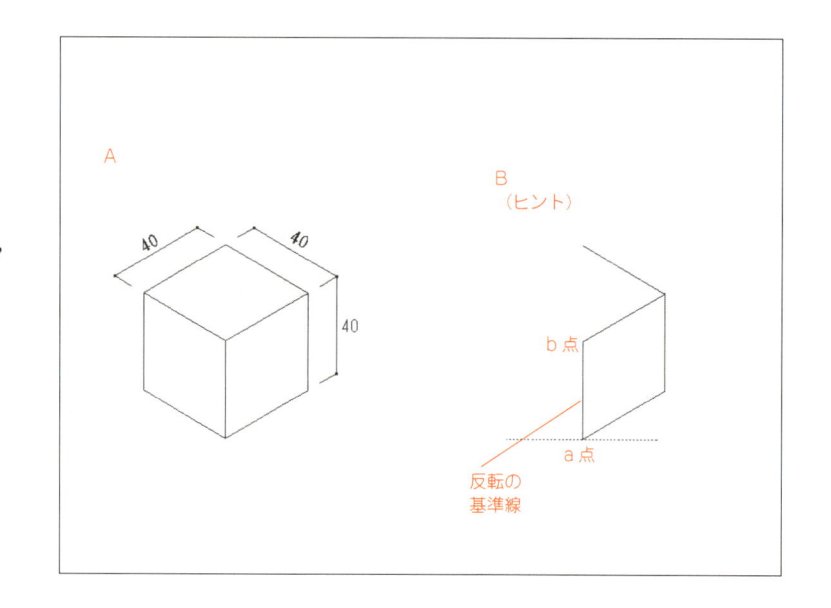

〈例題12〉 柱・包絡処理

左図の寸法を参考に作図し，右図のように包絡処理しよう

ヒント

□ ⇒［寸法］＝25，25などと入力し，中心線を基準に作図する．中心線と作図する線は，線種または線色を別にすること

［編集（E）］⇒ 包絡処理（H）から柱周囲を範囲指定する

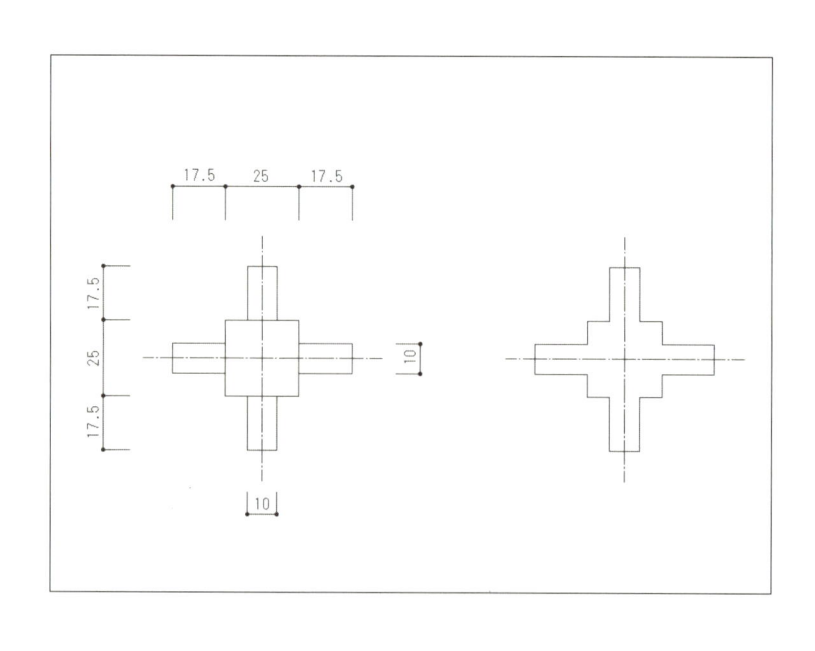

印刷の方法

・メニューバーの ファイル(F) ⇒ 印刷(P)... または，ツールバーの 印刷 を🖱
・印刷メニュー（右図）の プロパティ(P)... を🖱．プロパティメニューが表われる（右図の右下）
・用紙等を設定し， OK を🖱
・印刷メニューの， OK を🖱
・右中図のように印刷範囲が赤枠で示されるので 90°回転 や 範囲変更(R) 等の設定ボタンで用紙の向きや範囲などを設定．作図エリア内を🖱Rしても範囲変更できる．カラー印刷対応プリンタでは ☑カラー印刷 のようにチェックを入れると，カラー印刷が可能
・作図エリア内を🖱または 印刷 を🖱で印刷開始

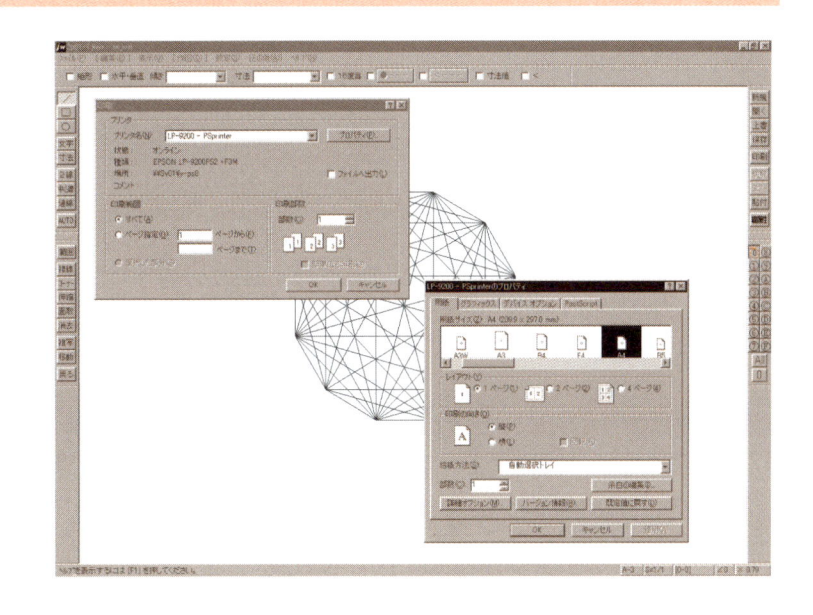

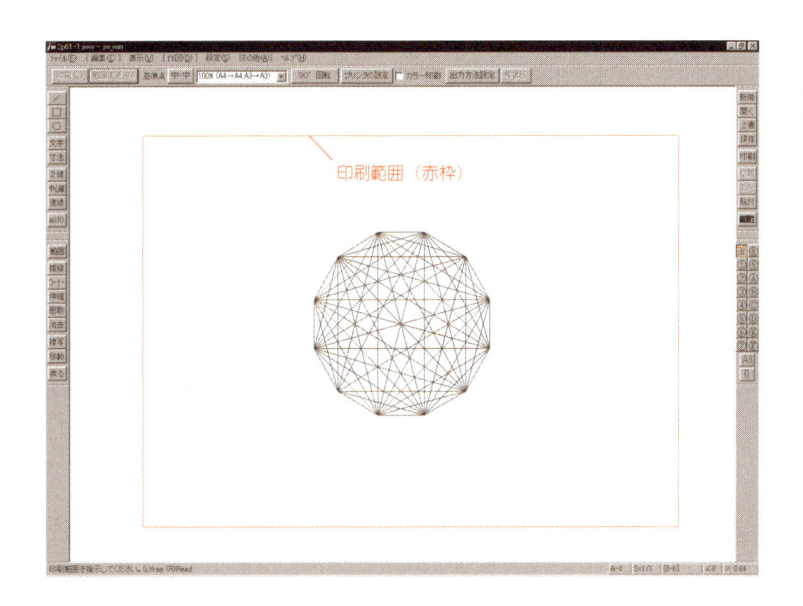

2 JWWの基本操作

覚えておくと便利　線や文字のデータの扱いに注意

あれっ！どうして，こんなことが！　私の操作って，間違っているの？

メッチャ大きなデータに（重複線）
　画面上では，繰り返し線を重ねて引いても見た目には1本線．しかし，データ量はどんどん大きくなる

あっ！線が途中切れている
　線を描いてみれば隙間があり，1本のつもりが実は2本でした．えーい別の線で間を埋めてやれ
　しかし，これもデータ量はどんどん大きくなる．気をつけよう！

範囲を決定して線を消去したら，文字も消えた
　線と文字はレイヤを分けて整理する
　レイヤは整理のベストアイテム．うまく利用しよう

2・7 図枠作成課題
A3（420×297）の製図用紙に図枠（380×256）を作成しよう
A4（297×210）の製図用紙の場合には，図枠（256×170）をとり，タイトル欄の寸法を適当に変更しよう

（1） 作図準備　以下のように設定しよう

・用紙サイズ	A3
・書込レイヤグループ	F
・書込レイヤ	0
・線色	黄色
・スケール（縮尺）	1/1
・ファイル名（保存用）	zuwaku.jww

（p.19「覚えておくと便利」参照）

（2） 枠の作図

- ▢ を🖱，［寸法］= 380, 256
- 画面のほぼ中央で🖱⇒同じ位置で🖱

（3） 下部のタイトル欄の作成

- 複線 を🖱⇒線指示で図枠下線①を🖱
  ［複線間隔］= 10
  書きたい側（上側）②で🖱
  次の線指示で図枠左側の線③を🖱
  ［複線間隔］= 50
  書きたい側（右側）④で🖱
    1. 今書いた線を線指示⑤で🖱
    2. ［複線間隔］= 100 を入力
    3. 書きたい側（右側）⑥で🖱
  以下，1．〜 3．を繰り返す．
  間隔は，20, 50, 20, 50, 40

（4） 線の縮小

- 伸縮 を🖱⇒線伸縮の基準となる線分①を🖱🖱
  線を残す側を順に，②🖱，③🖱，④🖱……

（5） タイトル等の記入

- 文字 を🖱し，文字ウィンドウに文字を入力し，適当なところに，文字を記入する（文字種は［5］）．図の例では，建築CAD実習課題，図名，作成者を記入した
- 図枠の縮尺は 1/1 としているが，これから描く図面は 1/100 など縮尺は異なる．しかし，書込グループごとに縮尺を変更することができる（p.46 参照）

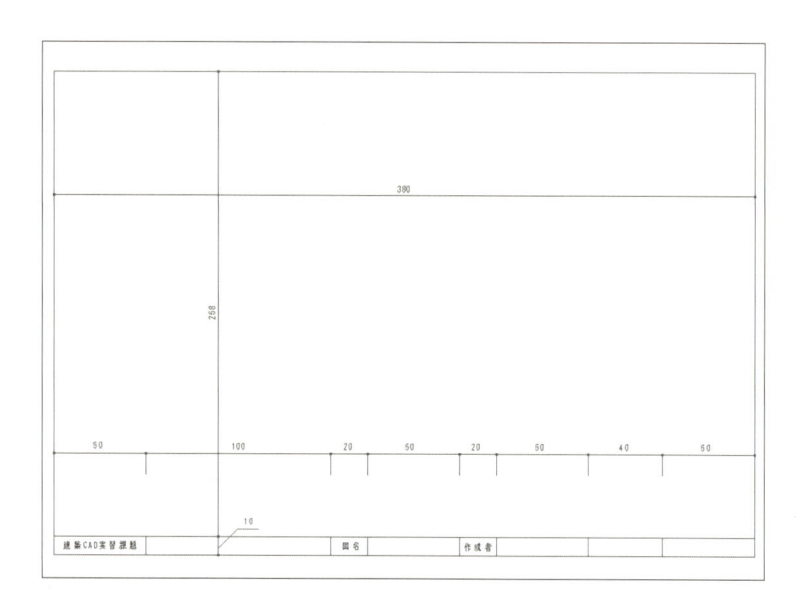

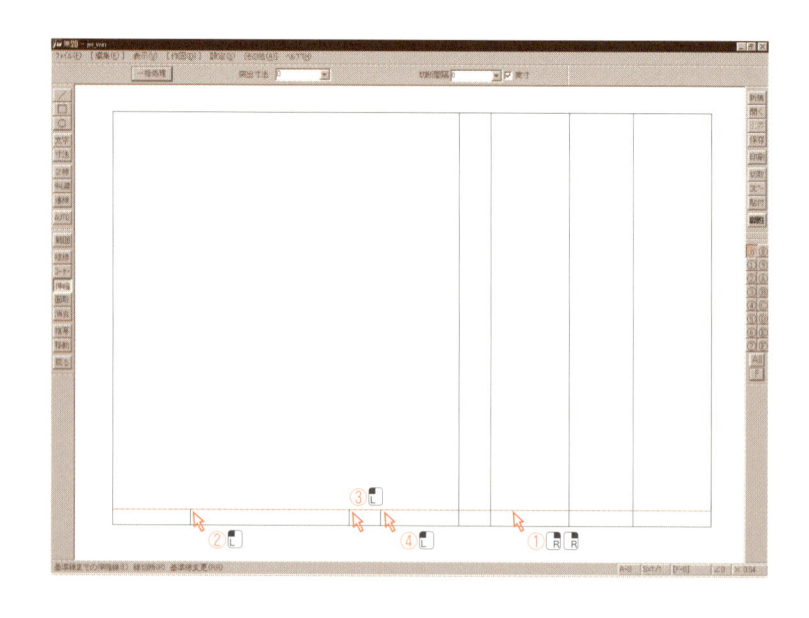

第3章　木構造住宅の描き方

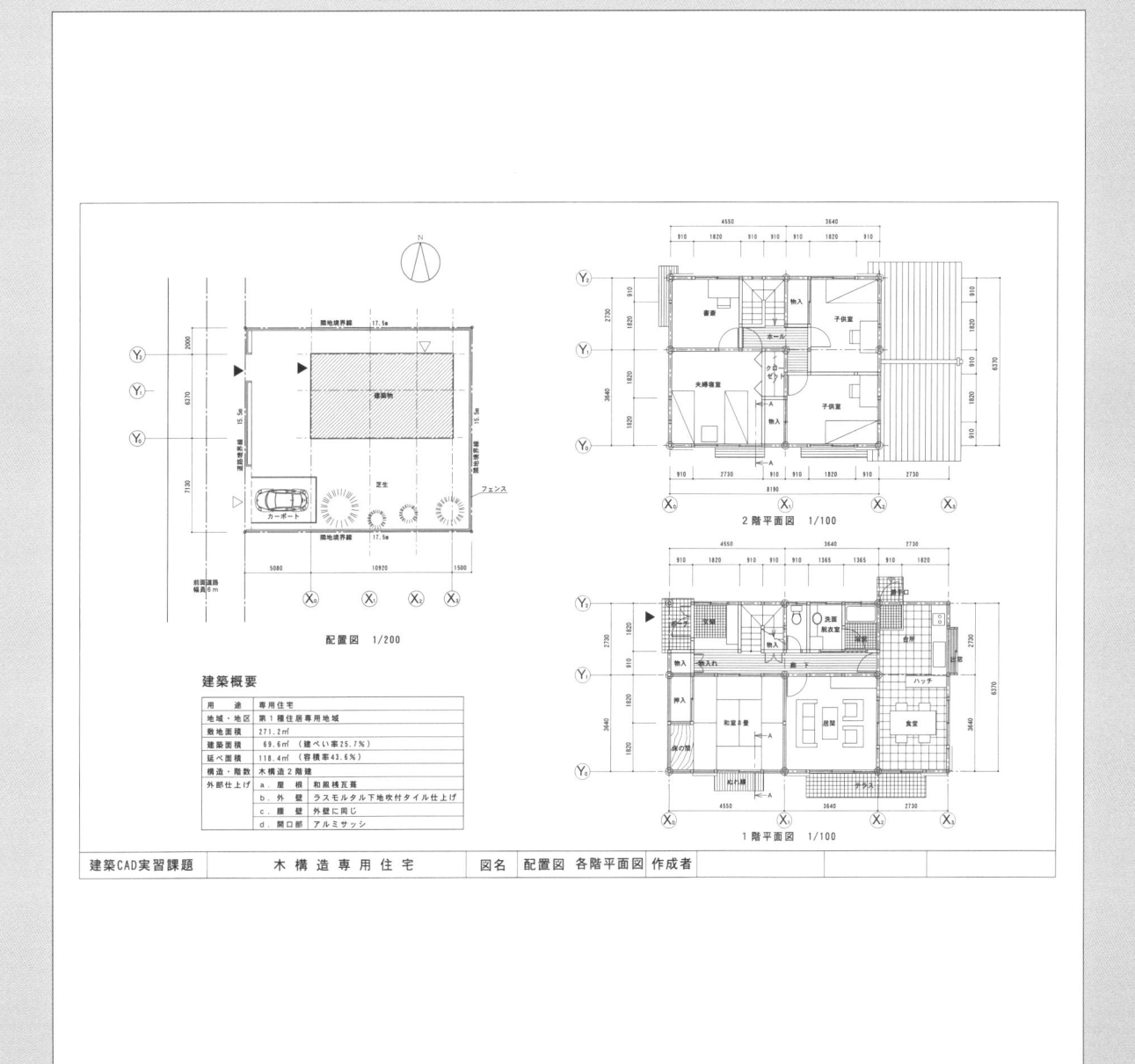

3・1 配置図

● Are You Ready ？● 描き始める前に

これから作図するのは，木構造2階建住宅です．まず，配置図から始めますが，配置図の表記方法には，建築物の外壁を一点鎖線で示し，その上に屋根伏せ図を描くものと，外壁線を示し，その内側をハッチングで示すものがあります．ここではハッチングで表す配置図の入力手順を示します．

配置図は，原則として上側が北となるように描きます．尺度は，一般に1/200，1/300から1/500としますが，敷地や建築物の規模が小さい場合は1/100とし，配置図兼1階平面図として表す場合もあります．

下の完成図を目指して作図を始めよう！
（完成図面は，p.162に掲載しています）

◎完成図◎

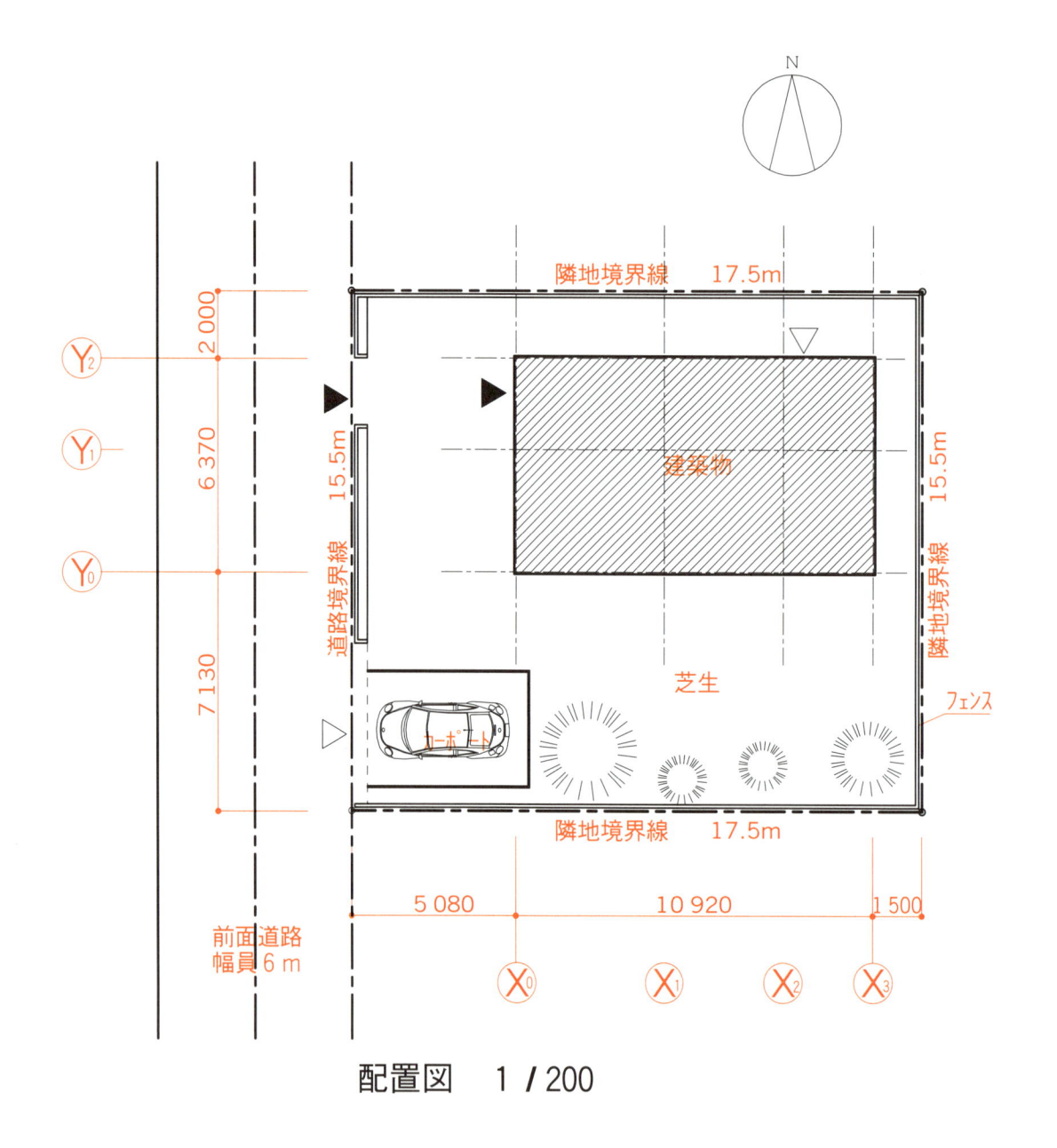

配置図　1 / 200

（1）作図準備

1. 図枠ファイルの読み込みと書込グループの変更

- ①を🖱して，図枠ファイル（zuwaku.jww）を開く（グループ Ｆ の⓪レイヤにある）
- 書込グループは，【⓪】に変更する

> ※読み込んだ図枠が作図ウィンドウの中央になるように，図枠全体を 範囲 後， 移動 で調整しよう

2. 用紙・縮尺の設定

- 用紙サイズ：A3，縮尺：1/200

（2）レイヤ名の記入と線種・線色

- 設定 (S) ⇒ レイヤ (L) を🖱して，①にレイヤ名を記入（他は下表を参照），確認後，[OK]を🖱（p.46 参照）
- 書込レイヤ②を🖱して，レイヤ一覧で確認

各レイヤ名と線種・線色

レイヤ番号	レイヤ名	線　種	線　色
1	敷地	一点鎖線	黒色
2	基準線	一点鎖線	水色
3	外壁ハッチ	実線	紫・水色
4	外構	実線	緑色
5	寸法	実線	水色
6	文字	実線	水色
7	点景	実線	黒色

※1　グループ名は，「配置図」を入力
※2　線種・線色は，ここでは設定せず，各レイヤで主に使用するものを参考にあげている

（3）データファイルの新規保存

- ファイル (F) を🖱⇒ 名前を付けて保存 (A) を🖱
- 保存するドライブやフォルダを指定
- [新規] を🖱
- [新規作成]ウィンドウの [名前] に⇒「wood」とキーボードから入力
- [メモ]の1行目⇒「木構造住宅配置図各階平面図」と入力，[メモ]の2行目⇒作成日を入力
- 確認後，[OK] を🖱

> ※以上のように，あらかじめレイヤ名の入力とファイルの保存をしておくことにより，後のデータ整理や上書き保存などがやりやすくなる

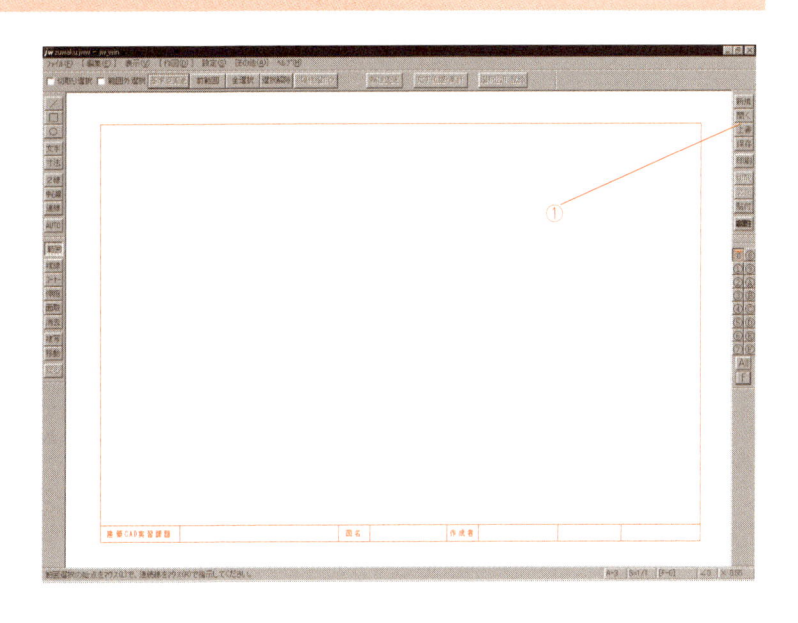

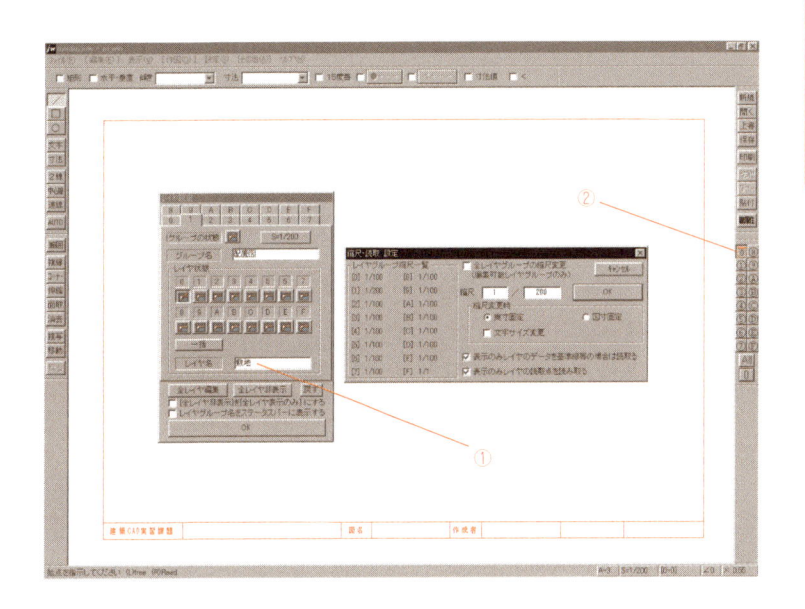

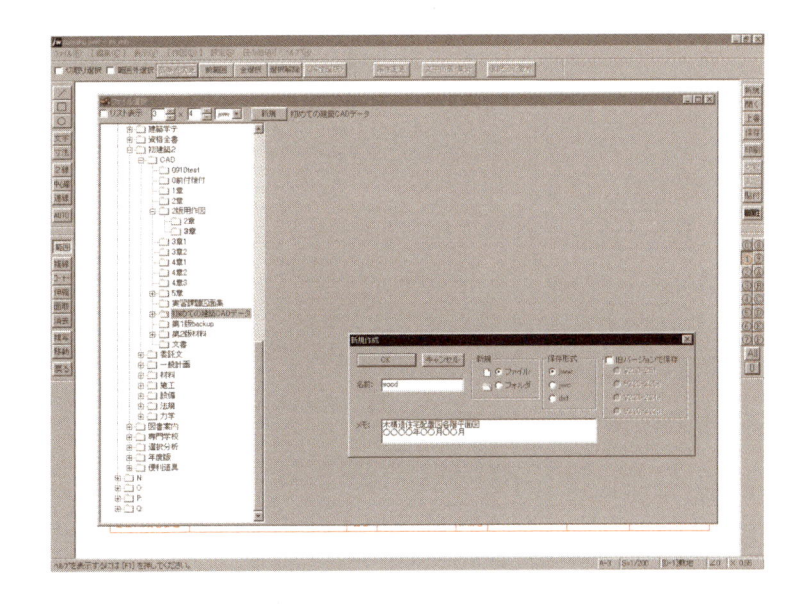

3　木構造住宅の描き方

（4）道路，敷地の入力

- 描く前に図枠左中央付近をズームアップ（範囲記憶については p.18, p.110 参照）
- レイヤ【①】（敷地）に変更
- 線属性 ⇒ 線種（一点鎖 2），線色（黒色）を確認
- □ ⇒ ［寸法］= 17500, 15500 ↵
- 適当な位置で🖱⇒さらに同じ場所で🖱して確定
- 複線 で道路線①を🖱⇒ ［複線間隔］= 6000 ↵
- 道路中心線も同様に入力①を🖱⇒ ［複線間隔］= 3000 ↵
- 伸縮 で道路線を右図のように伸ばす（道路線の線種⇒実線に変更し，／で②に上から重ねる）
- ○ ⇒ 半径 100，敷地の四角に🖱

（5）組立基準線の入力

● 外壁の中心線の位置を決める

- レイヤ【②】（基準線）に変更
- 線属性 ⇒ 線種（一点鎖 1），線色（水色）
- 複線 で①を🖱
  7130, 3640, 2730 の順に間隔をとる（Y方向）
- 複線 で②を🖱
  5080, 4550, 3640, 2730 の順に寸法をとる（X方向）

（6）外壁線及びハッチングの入力

- レイヤ【③】（外壁ハッチ）に変更

● 外壁線入力

- 線属性 ⇒ 線種（実線），線色（紫）
  外壁線を描くために建築物の位置あたりをズームアップ
- 複線 ⇒ 中心線①を🖱⇒前回と違う寸法⇒柱の半分 60 を入力⇒外側で🖱, 他の 3 本②～④も同様
- コーナー ⇒ 四隅を結ぶ（このとき，中心線と外壁線をコーナー処理しないように注意）

● ハッチング入力（線色水色）

- ［作図（D）］⇒ ［ハッチ（H）］を🖱
  外壁の 4 辺を左回りの順に🖱して回り，最後にもう一度，最初の辺を🖱
  ［角度］⇒ 45°，［ピッチ］⇒ 2 に変更し，［実行］を🖱

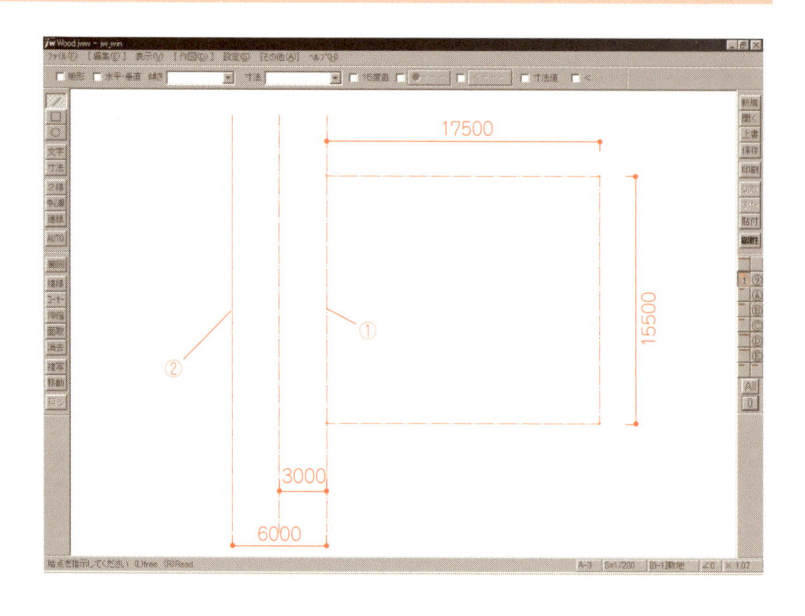

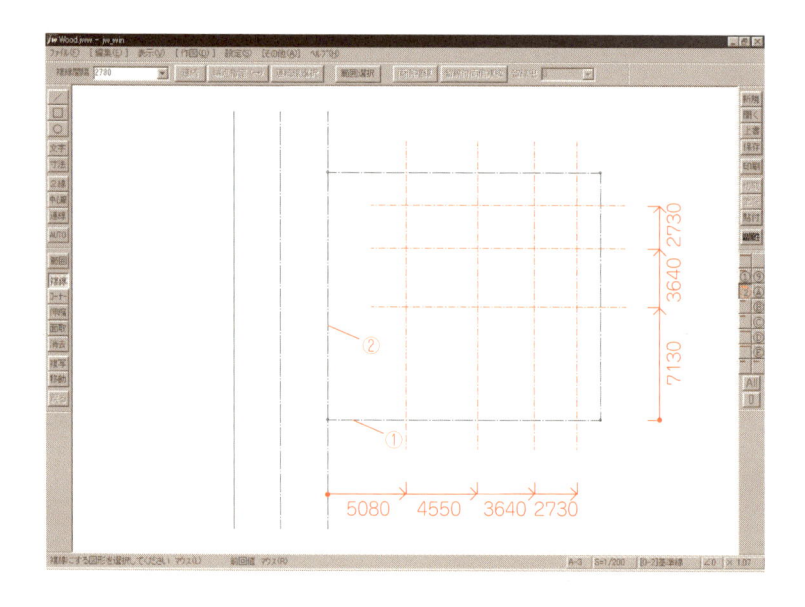

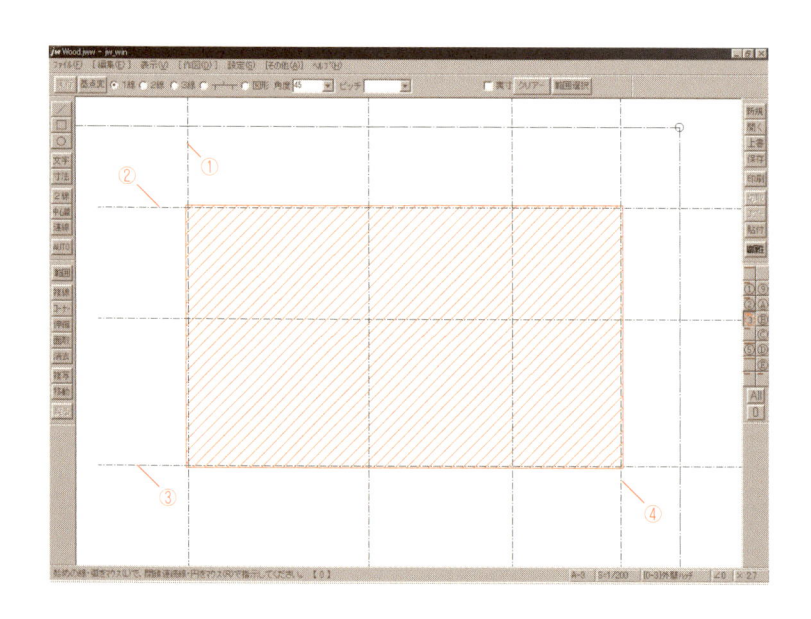

（7）外構の入力

- 隣地境界線に沿ってフェンス，前面道路に沿って植栽，カーポートを描く
- レイヤ【④】（外構）に変更
- 線属性 ⇒線種（実線），線色（黄緑色）
- 複線 ⇒隣地境界線より内側に100，厚さ100のフェンスを描く
- 複線 で同様に隣地境界線より植栽やカーポートを描く
- 伸縮 と コーナー ⇒線を仕上げる（線切断は R ）

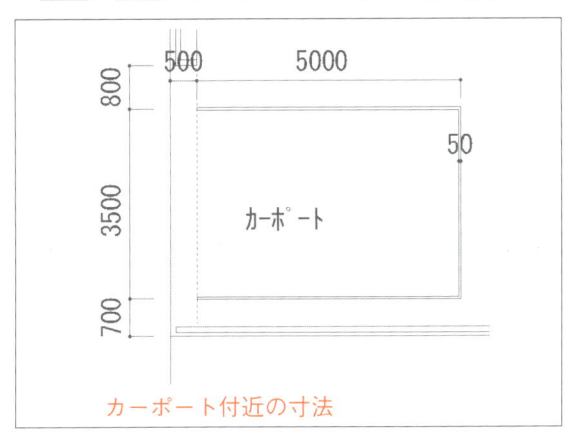

カーポート付近の寸法

（8）点景の入力①（JWW付属のデータ利用）

- レイヤ【⑦】（点景）に変更
- 線属性 ⇒線種（実線），線色（黒色）
- 樹木の入力
- その他（A） ⇒ ［図形（Z）］ ⇒読込み「Ki-kou」を選択⇒□
- ［倍率］⇒X，Yで大きさ指定し（1，1で原寸），描きたい場所で□

（9）点景の入力②（ダウンロードデータ利用）

- 車，樹木，方位などを入力
- JWWを同時に2枚開き，一方をwood.jwwとし，もう一方をダウンロード等によって取得した点景データとする（p.31「覚えておくと便利」参照）
- 点景データのJWWをアクティブな状態にする（左側JWW画面上で□する）
- 範囲 ⇒貼付けたい図形範囲を選択し，コピー
- woodデータのJWWをアクティブな状態にする（右側JWW画面上で□する）
- 貼付 ⇒貼付けようとする位置で□

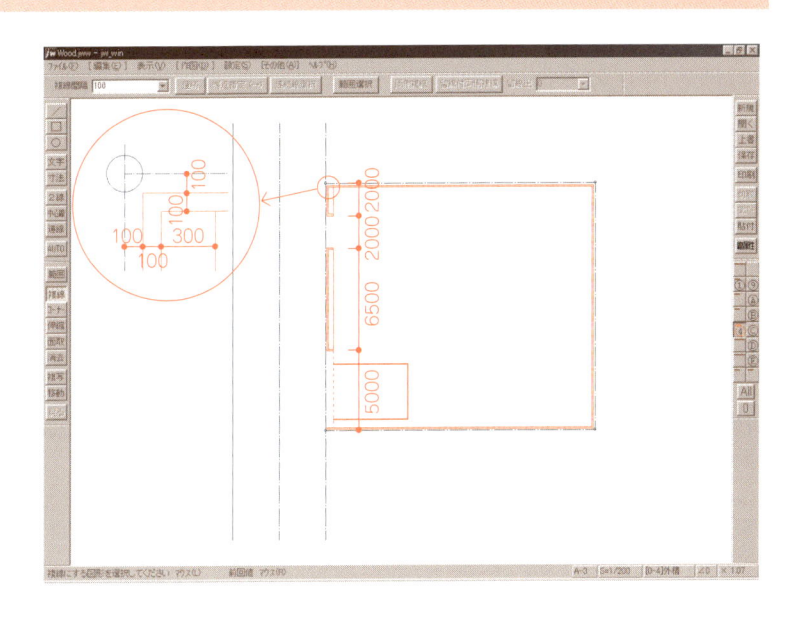

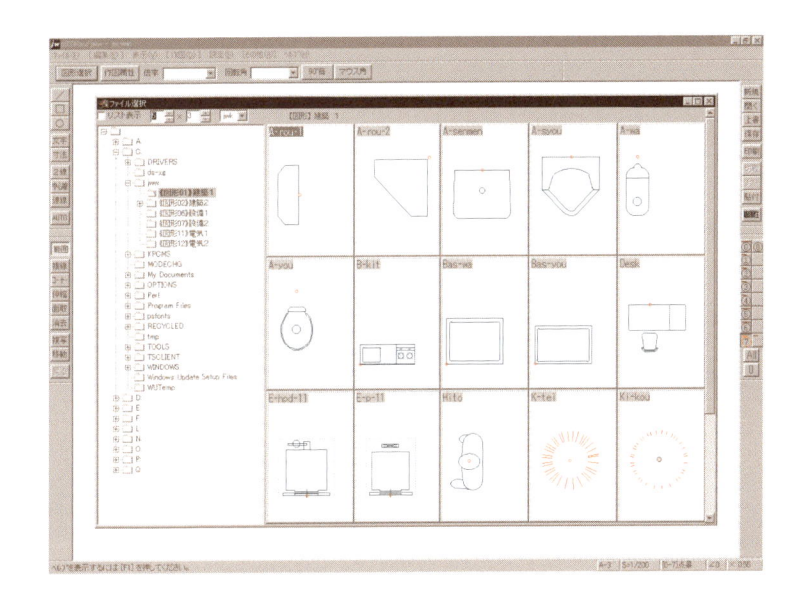

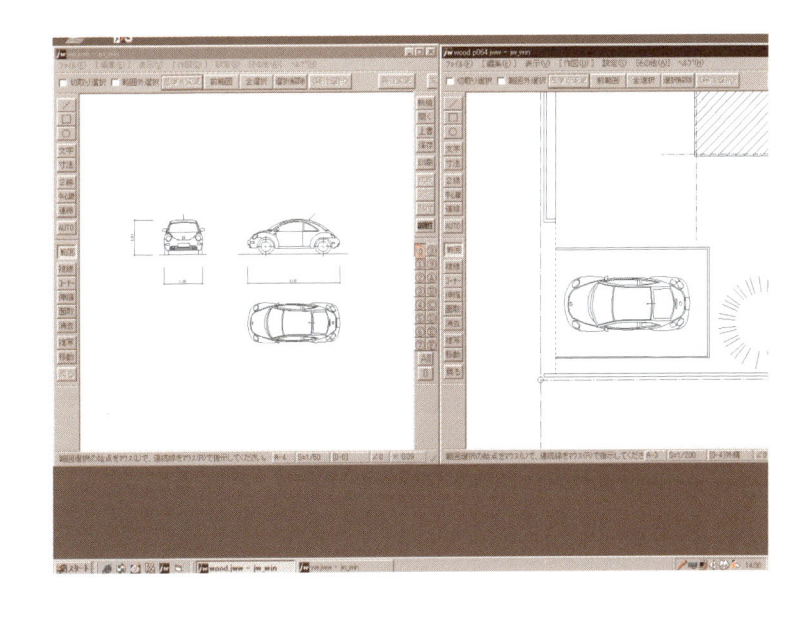

（10）寸法の入力

- レイヤ【⑤】（寸法）に変更
- 線属性⇒線色（水色）

敷地南側の水平寸法入力

- 寸法⇒寸法引出線の位置を①付近で□⇒寸法線の位置を②付近で□⇒寸法値の始点指示③を[R]寸法値終点指示④⑤⑥を順に[R]⇒リセット を□

敷地西側の垂直寸法入力

- 寸法⇒0°/90° で90°を選択し，同様に入力する

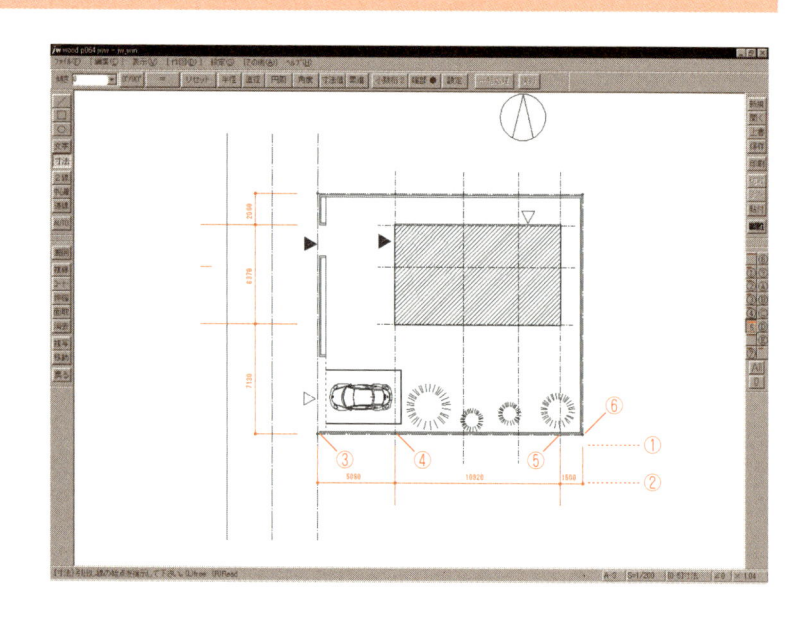

（11）文字の入力

- レイヤ【⑥】（文字）に変更
- 文字⇒文字種変更ウィンドウで設定⇒［文字種5］を選択
- 南側寸法線の下に図名・縮尺を入力
  ⇒配置図 1/200
- 文字⇒［文字種3］を選択
  前面道路，芝生，隣地境界線，建築物，フェンス，などを入力
- 文字⇒垂直をチェック⇒［文字種3］を選択
  隣地境界線，道路境界線などを縦方向に入力
- 組立基準線を図のように入力

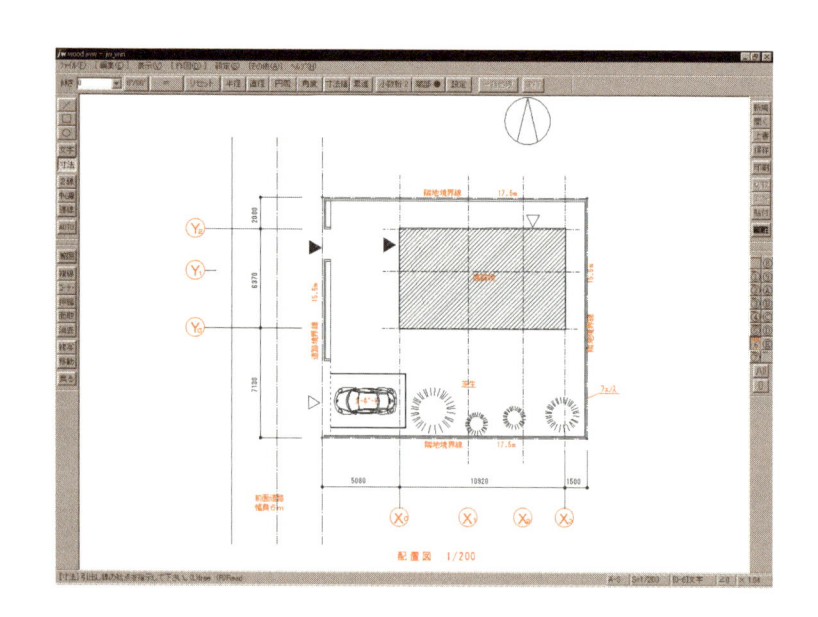

（12）上書き保存

- 枠内の正しい位置にない場合は 移動 コマンドで移動
- ファイル（F）⇒ 上書き保存（S）

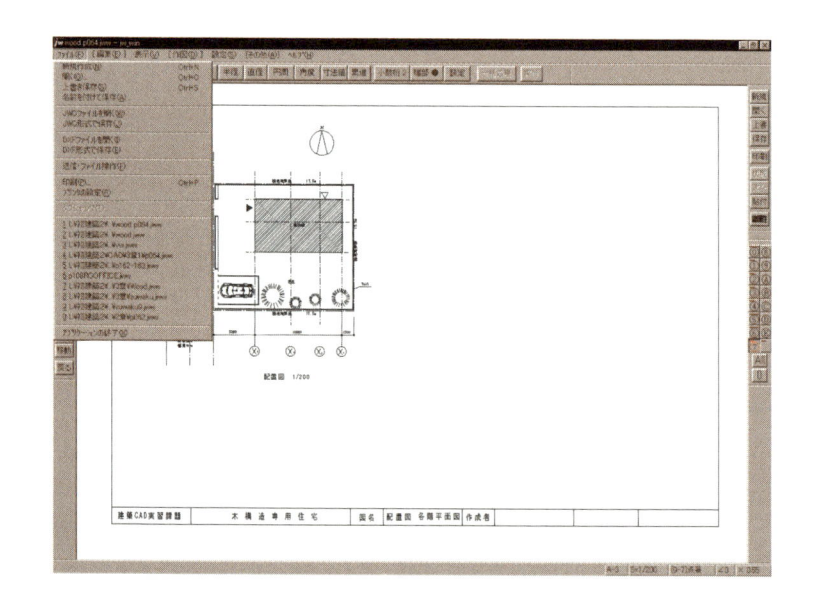

3・2　1階平面図

● Are You Ready ?●　描き始める前に

平面図の表示内容が，その縮尺によって変わるのはCADにおいても同じです．ここでは1/100又は1/200を基準にCADにおける入力の手順を示します．

手書きの場合は中心線を記入後，極細線で柱，壁の下書き線を引き，その後に仕上げます．このように下書きを丁寧にして，その上から仕上げることが一般的な描き方です．

しかし，CADは下書き線という発想はなく，正確な位置をとるために補助線を使用します．

建築概要

用　途	専用住宅
地域・地区	第1種低層住居専用地域
敷地面積	271.2㎡
建築面積	69.6㎡（建ぺい率25.7%）
延べ面積	118.4㎡（容積率43.6%）
構造・階数	木構造2階建
外部仕上げ	a. 屋　根　和風桟瓦葺
	b. 外　壁　ラスモルタル下地吹付けタイル仕上げ
	c. 腰　壁　外壁に同じ
	d. 開口部　アルミサッシ

◎完成図◎

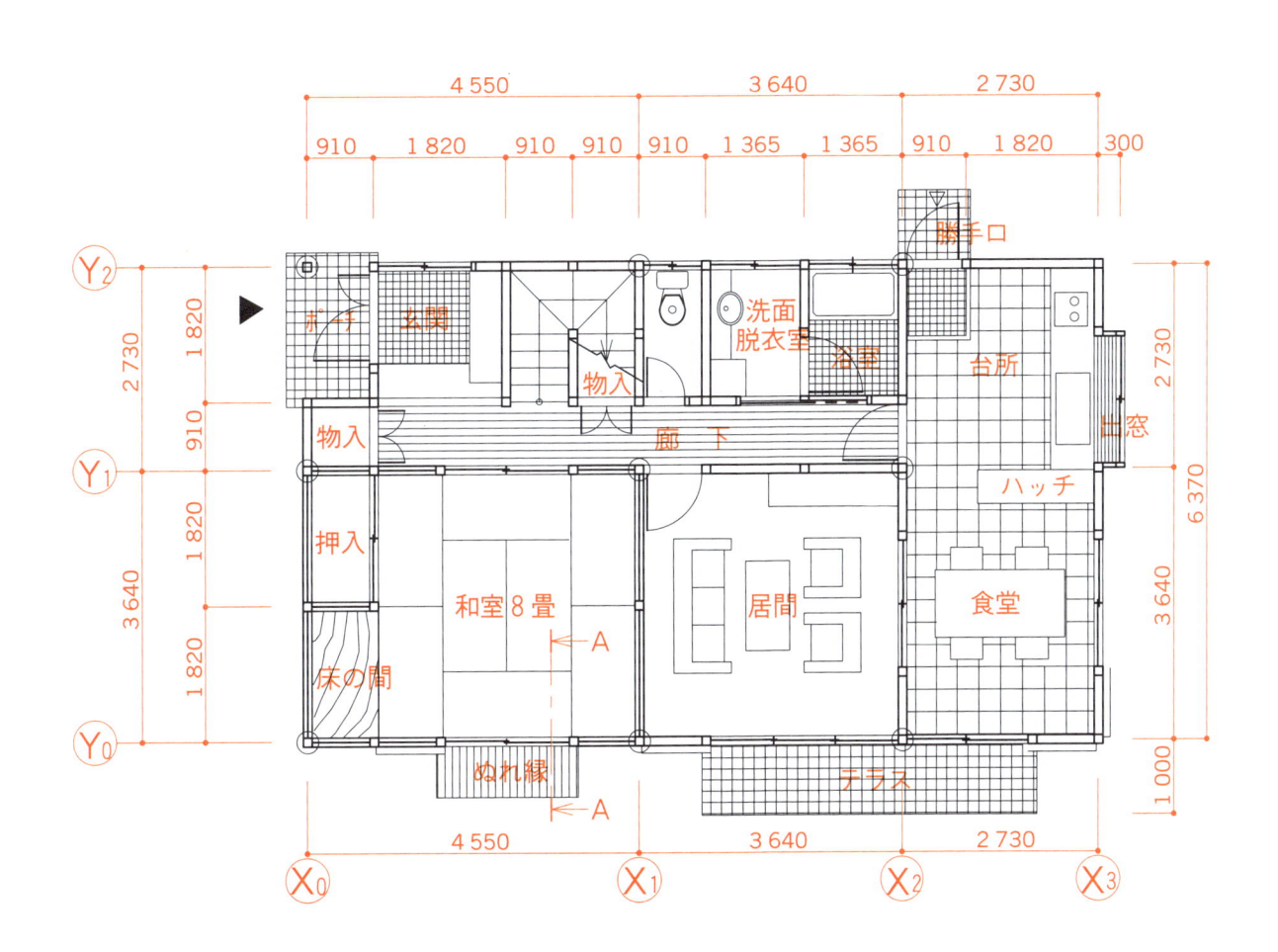

1階平面図　1/100

（1）作図準備

1. データファイルを読みこむ
   ・ファイル (F) ⇒ 開く (O) ⇒
   ファイル名「wood.jww」を🖱🖱
2. 設定を変更する
   ・書込グループの【0】を【1】に変更
   ・グループ名を「平面図」と入力
   ・縮尺変更　1/100

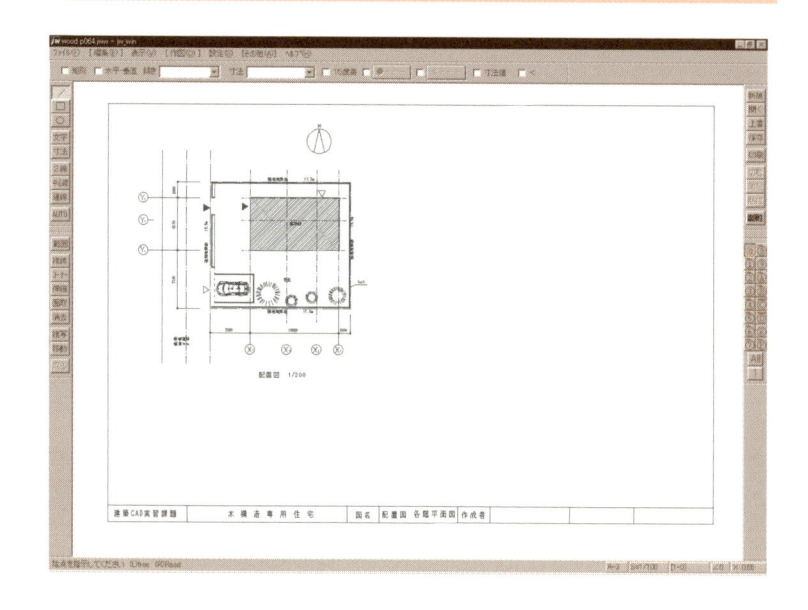

（2）レイヤ名の記入と線種・線色

各レイヤ名と線種・線色

レイヤ番号	レイヤ名	線　種	線　色
1	基準線	一点鎖1	黒色
2	中心線	一点鎖2	黒色
3	柱	実線	黄色
4	大壁	実線	黄色
5	真壁	実線	黄色
6	畳寄敷居	実線	黒色・黄緑色
7	建具	実線	黄色・黒色
8	ポーチ雨戸	実線	水色
A	家具	実線	黒色
B	タイル	実線	水色
C	文字	実線	水色
D	寸法	実線	水色

※レイヤ名の記入は，書込レイヤを🖱し，[レイヤ]
一覧を表示後，レイヤ番号を🖱すると[レイヤ
名設定]のウィンドウが表われるので，これで
記入するとよい

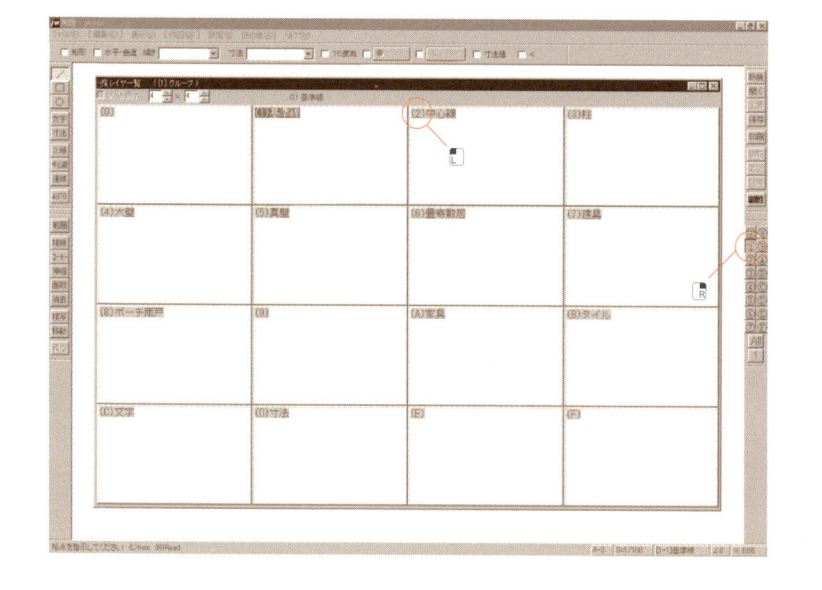

（3）データファイルの上書保存

・ファイル (F) ⇒ 上書き保存 (S)
またはメインツールバーの 上書 を🖱することで，
上書保存される．その場合，ファイル名などの
確認がないので注意

※1つの作業が一段落するごとに 上書 してお
くとよい

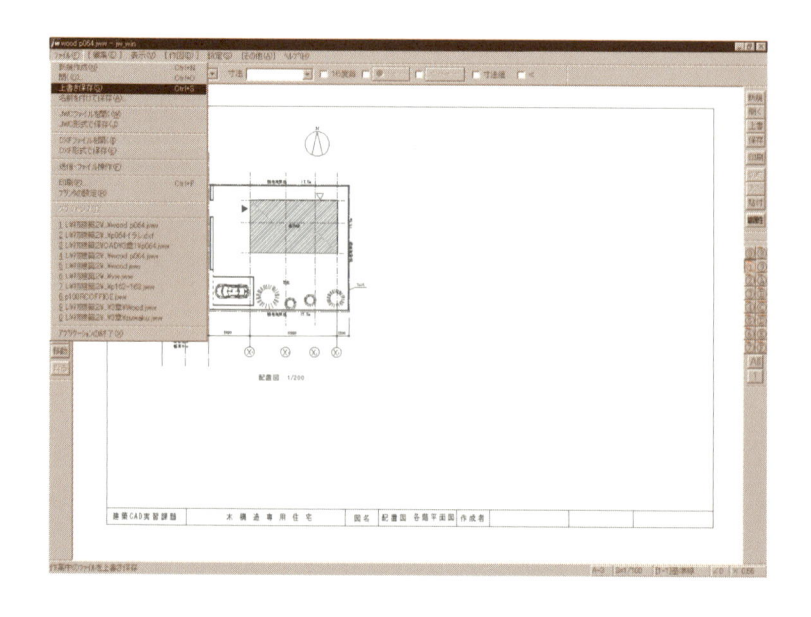

（4）基準線の入力①

● 組立基準線を描く
・描く前に図枠の右下 1/4 程度の範囲をズームアップしておく
・レイヤ【①】（基準線）に変更
・ 線属性 ⇒線種（一点鎖2），線色（黒色）
・ ／ で適当な位置に基準線 X_0，Y_0 を描く（水平・垂直にチェックを入れておく）

> ※後で 伸縮 を使用すれば線の伸縮は自由にできるので，線の長さを気にすることなく任意の位置に X_0，Y_0 を引いておく

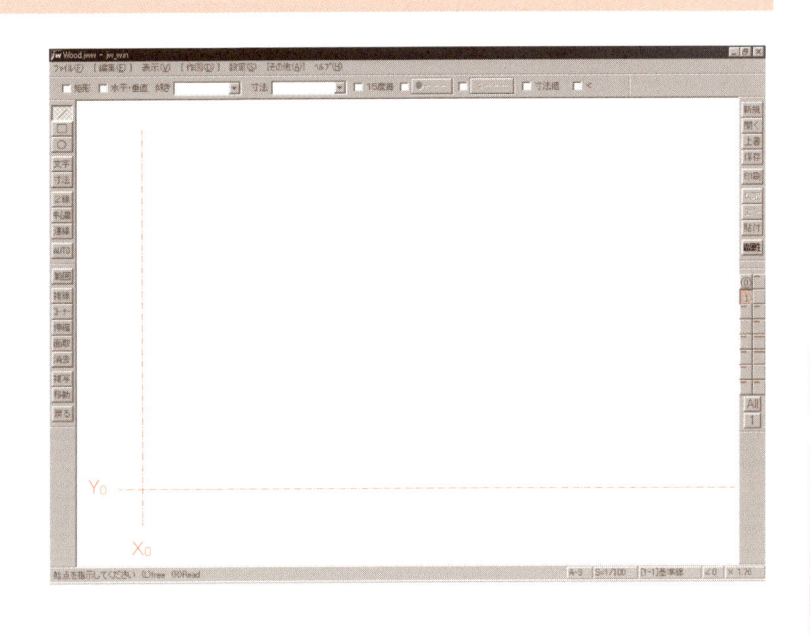

（5）基準線の入力②

● X_0，Y_0 を基準に X_1，X_2，X_3，Y_1，Y_2 をとる
・ 複線 ⇒ X_0 を □ ⇒［複線間隔］= 4550，3640，2730
・同様に Y_1，Y_2 を描く
・ 伸縮 で体裁よく線をまとめておく
（表示範囲記憶については，p.18 や p.110 を参照）

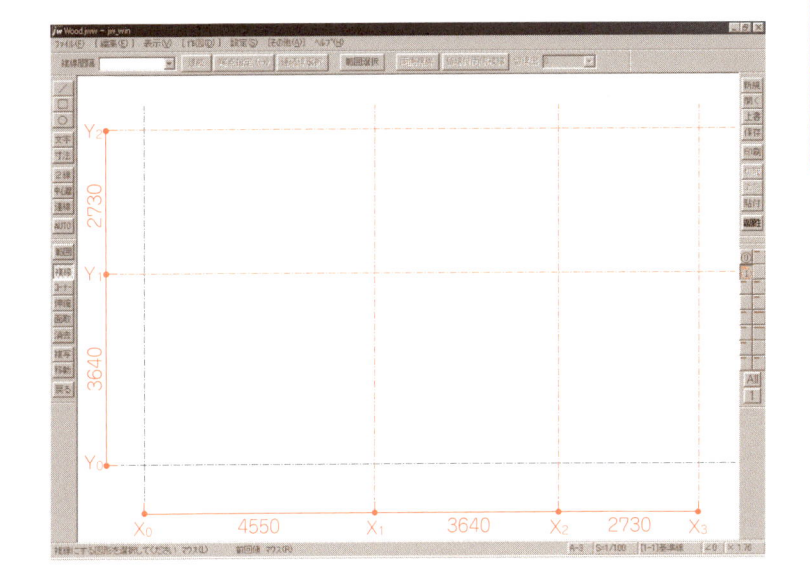

（6）中心線の入力①

● 柱位置をとるために組立基準線を基準に柱の中心線をとっていく
・レイヤ【②】（中心線）に変更
・ 線属性 ⇒線種（補助線），線色（黒色）
・柱間隔が 910 なので，
　 複線 ⇒①を □ ⇒［複線間隔］= 910
　①より右側で □，あとの線は 連続 を □ する．同様に縦方向も入力して格子状にする

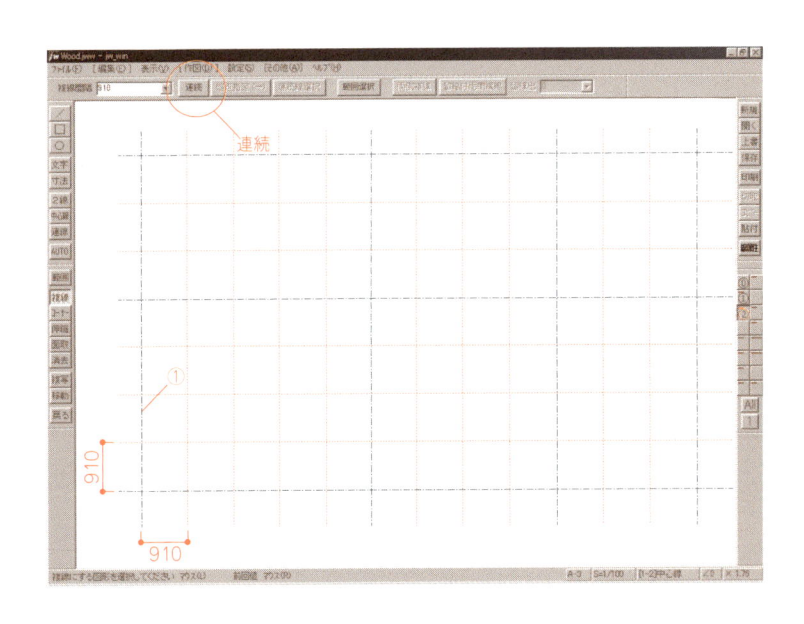

（7）中心線の入力②

- 複線 を🖱⇒［複線間隔］= 1365, 690, 910, 300
- 端点指定 などでエスキスに 910 の格子（グリッド）以外の中心線を引く
- 組立基準線，中心線を右図のように記入して，柱の入力の準備としておく

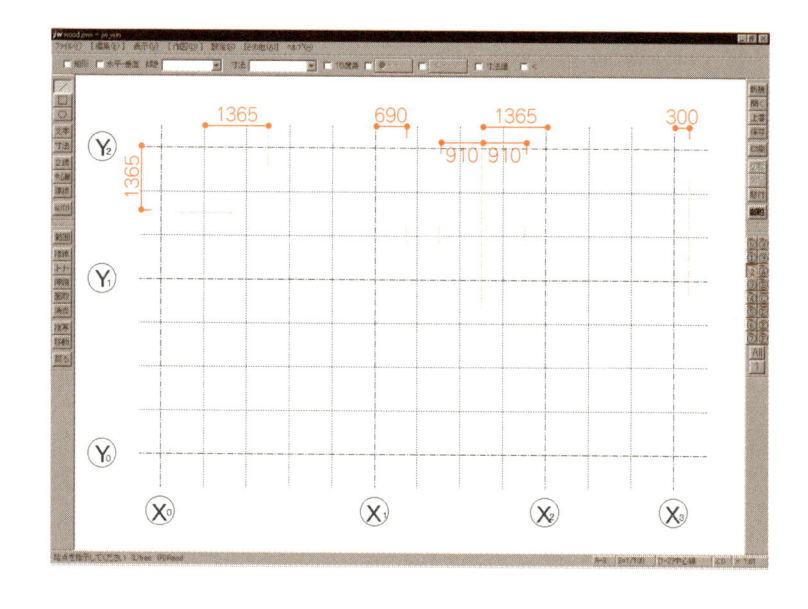

（8）柱の入力①

- 手書きの図面と異なり，下書き線を多用することなく，基準線さえ入力できれば，柱を記入することができる
- レイヤ【③】（柱）に変更
- 線属性 ⇒線種（実線），線色（黄色）
- □ ⇒［寸法］= 120, 120（x, y 方向の数値を入力）⇒基準点の交点に柱を入力する🖱🖱（p.69 完成図参照）

※正方形の場合は 120 のみの入力でよい

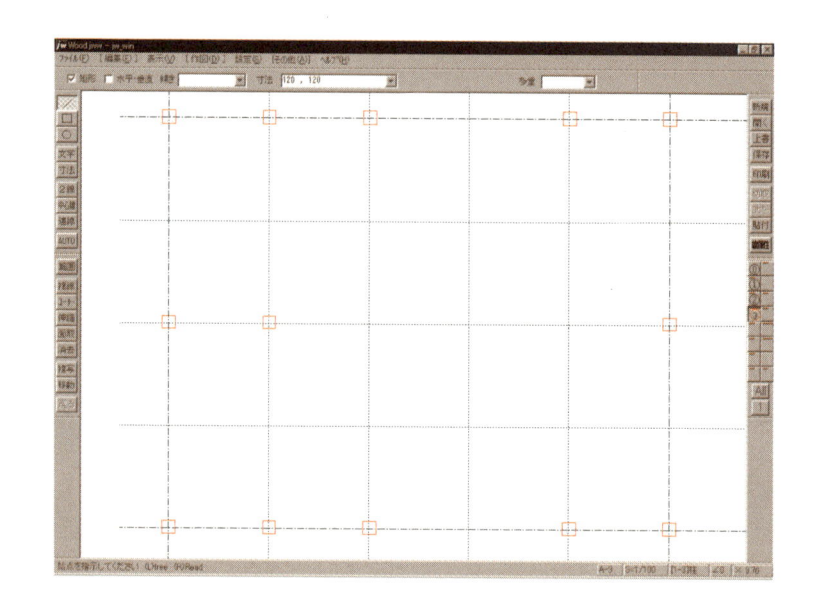

（9）柱の入力②

- 半割柱の場合
- □ ⇒［寸法］= 120, 60（x, y の順に入力）
- 中心点の交点を🖱（下図①）
- その後，マウスを下側に移動して，下図②のようになれば🖱
- 縦長にする場合は，［傾き］= 90 とする

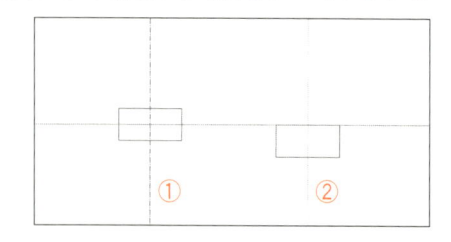

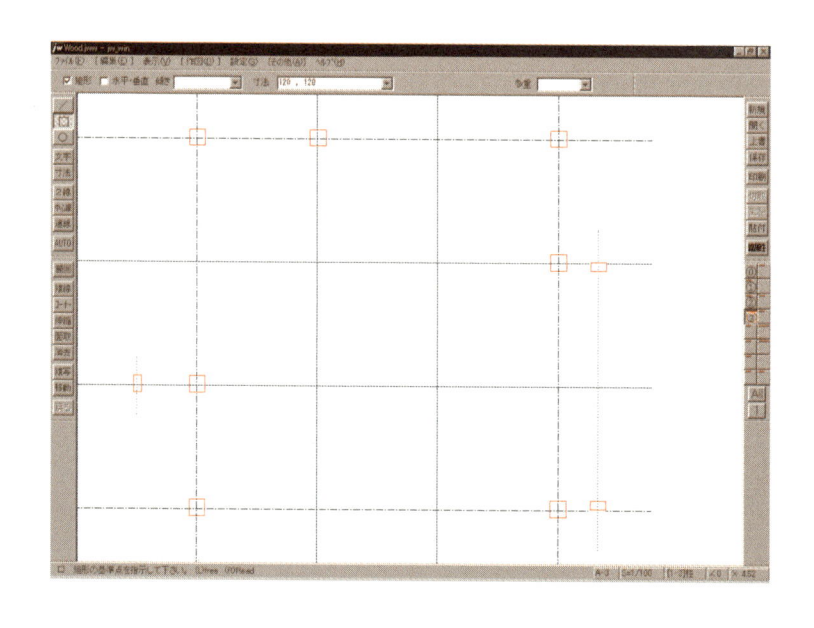

(10) 柱の入力③

- 柱を正確に入力するために，できる限り縮小⇔拡大をマウス操作によって繰り返し，中心点の交点を[R]
- 右図のように柱を入力

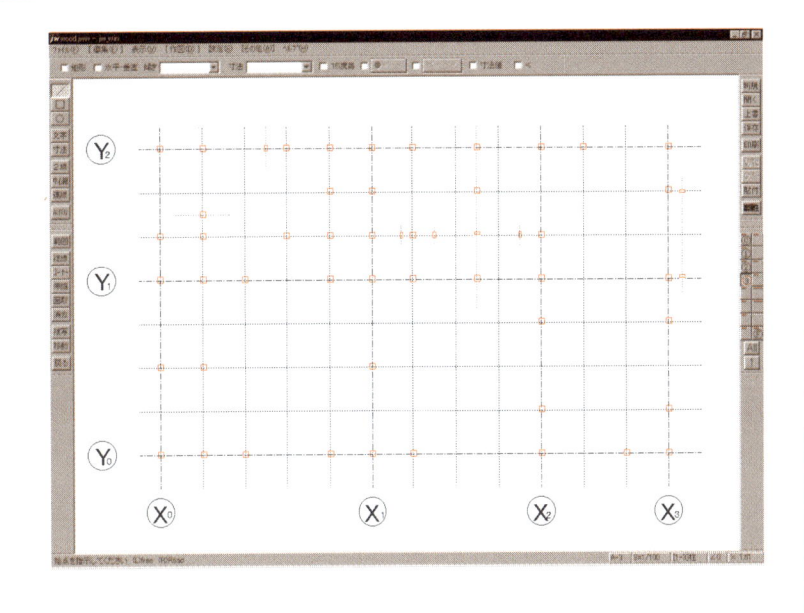

(11) 大壁の入力①

- 大壁の幅は柱の大きさに合わせ，柱間に記入する
- レイヤ【④】（大壁）に変更
- 線属性 ⇒ 線種（実線），線色（黄色）
- 2線 ⇒ ［2線の間隔］＝ 60，60
  描こうとする壁の中心線を基準線として，①を[L]
- 基準線の始点⇒柱と基準線（中心線）との交点②を[R]
- 基準線の終点⇒柱と基準線（中心線）との交点③を[R]

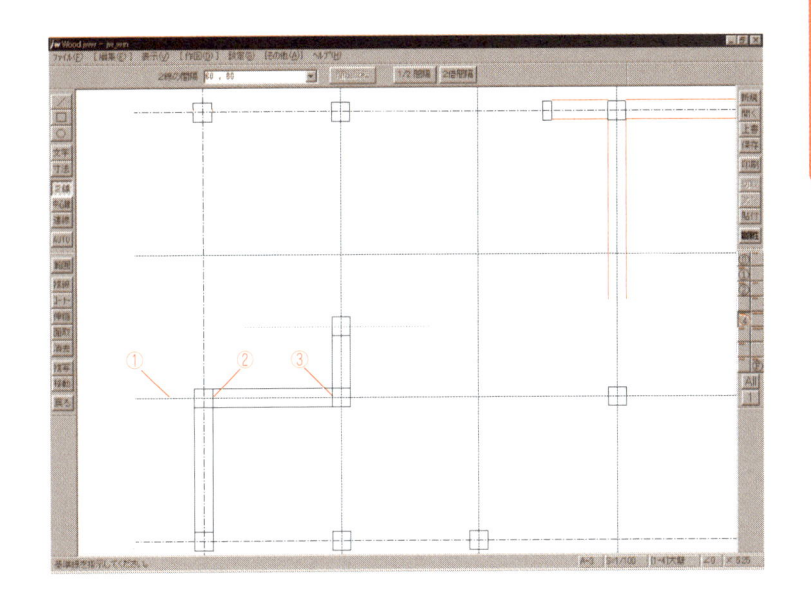

(12) 大壁の入力②

- すべての大壁を入力
- 前項目の大壁の入力を繰り返し，柱間に右図のような大壁を記入していく
- [L][L]により，基準となる壁中心線を変更

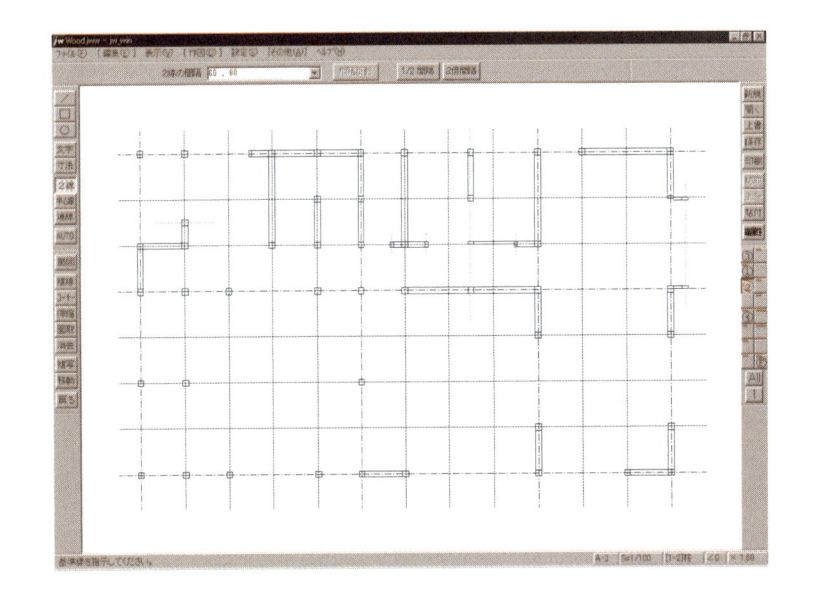

(13) 真壁の入力①

- ●真壁のみで建てられた建築物は非常に少なく，本課題の建築物も，和室に面する壁面のみ真壁で，それ以外は大壁で構成されている

- ・レイヤ【⑤】（真壁）に変更
- ・ 線属性 ⇒線種（実線），線色（黄色）
- ・真壁で表わす線は，柱間の中心に引き，大壁を表わす線は，柱幅に合わせて引く
- ・和室の床の間と押入の間の壁は，真壁のみなので， / で中心に直線を引いておく

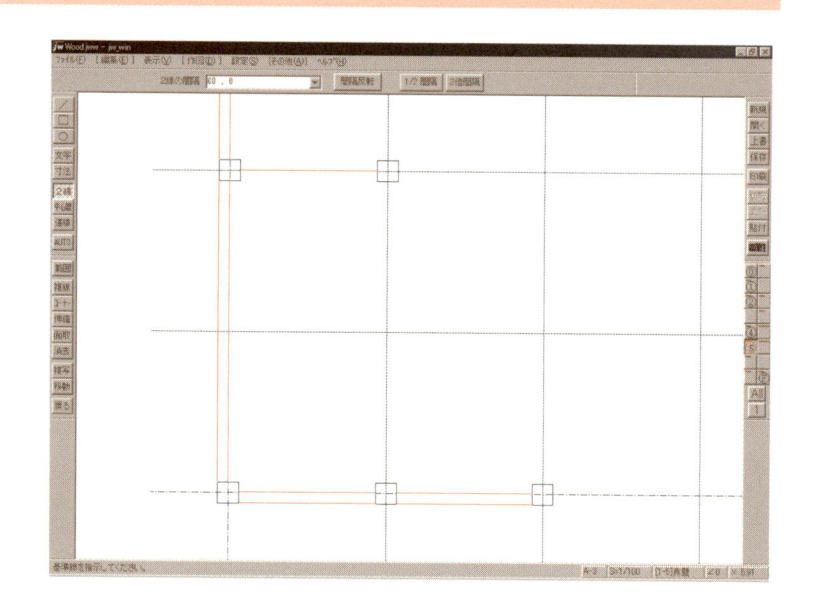

(14) 真壁の入力②

- ・ 2線 ⇒［2線の間隔］⇒0，60と入力
- ・入力しようとしている壁の基準線をマウス指示（①を▫）
- ・始点指示⇒②を®，終点指示⇒③を®
- ・基準線の異なる壁を入力する場合は，基準線変更⇒④を▫▫，始点指示⇒⑤を®⇒大壁の位置が逆なので 間隔反転 を▫ 終点指示⇒⑥を®
- ・同様に和室の他の壁を描く

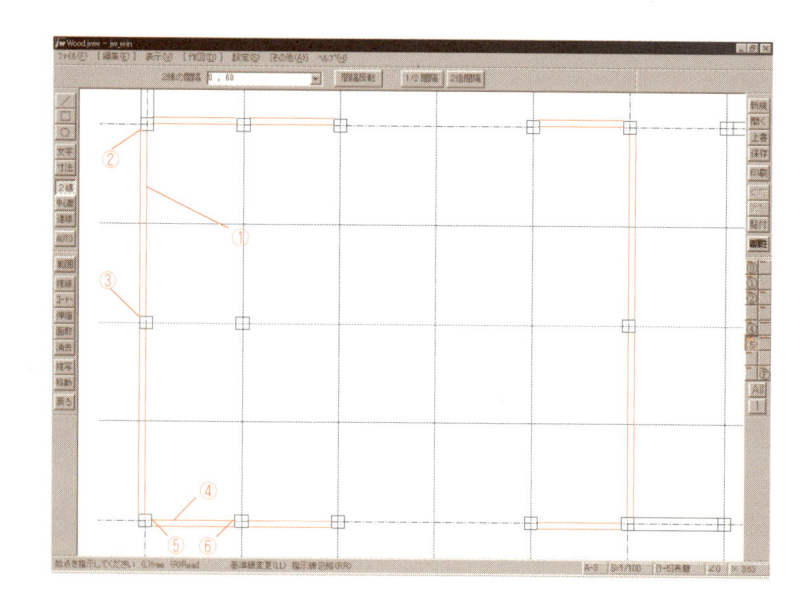

大壁位置を変更

間隔反転を▫

●休み時間●
・ファイルを保存しておこう
・ ファイル（F） ⇒ 上書き保存（S）

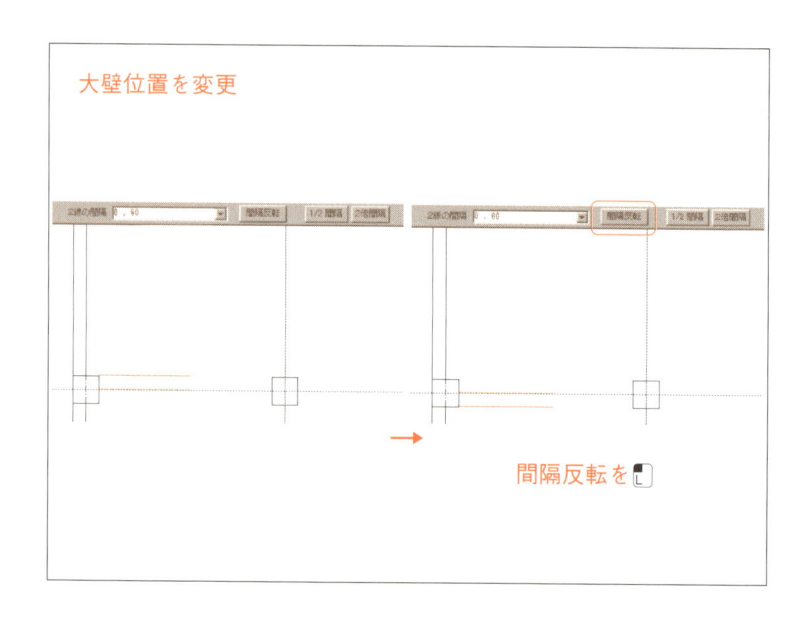

(15) 畳寄せ・敷居などの入力

● 和室の納まりのために畳寄せ，開口部のために敷居線を細線で記入
・レイヤ【⑥】（畳寄敷居）に変更
・ 線属性 ⇒線種（実線），線色（畳寄せ：緑色，敷居：黒色）
・ 2線 ⇒［2線の間隔］＝ 60, 60 と入力
・入力すべき箇所を常にズームアップしながら入力

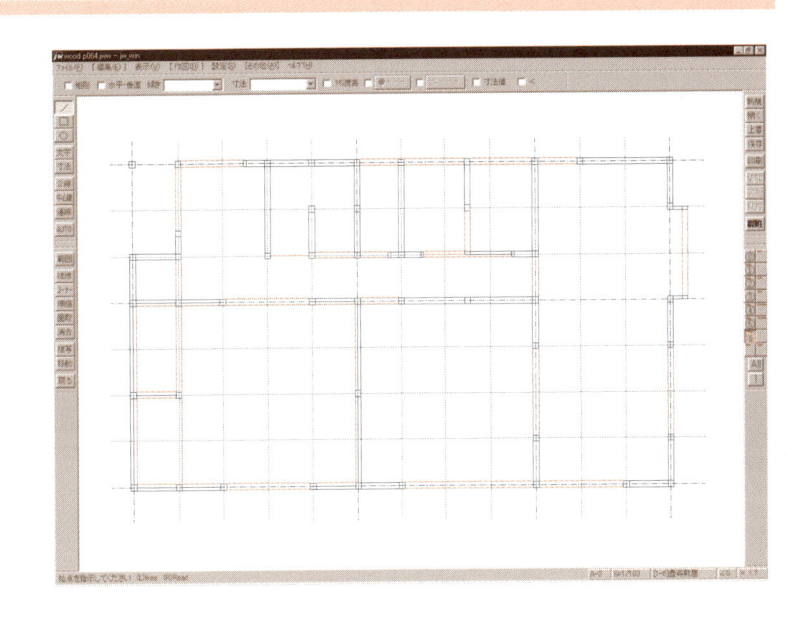

(16) 建具の入力（引き違い戸①）

● 図形登録された建具を利用する場合
・レイヤ【⑦】（建具）に変更
・ 線属性 ⇒線種（実線），線色（黄色）
・［作図（D）］⇒ 建具平面（G）
　今回は［1］の引き違い戸を利用する⇒［1］
　設定⇒［見込］＝ 120,［内法］＝ 1700（枠幅＝ 35，芯ずれ＝ 0）
・居間にある3枚の引き違い戸は，［2］を記入した後， 移動 などで変形する

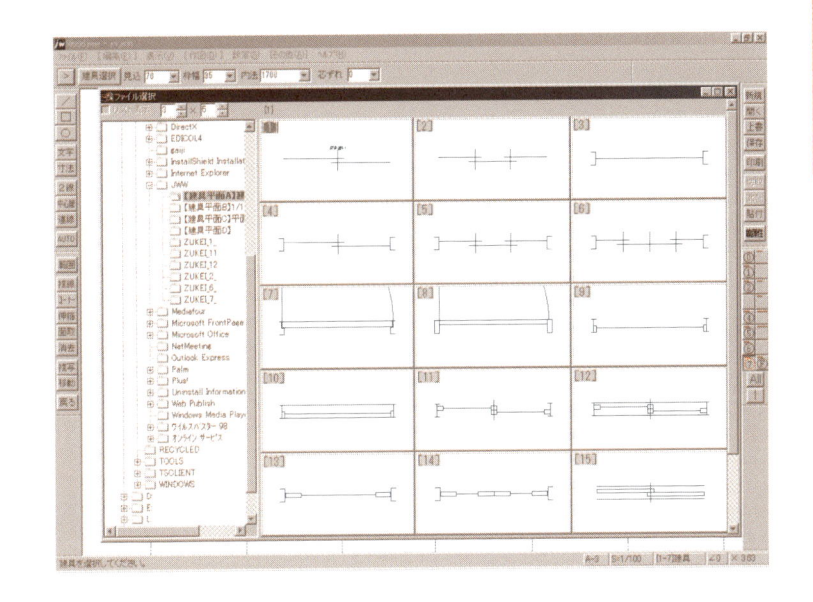

(17) 建具の入力（引き違い戸②）

・基準線の指示⇒引違い戸を納める基準線①を
・建具位置の指示⇒初期設定は下図の位置なので交点②を

・便所，洗面・脱衣所，浴室などの窓は［内法］＝（無指定）に変更し，始点⇒終点により入力
・その他の引き違い戸は，p.69 の完成図を参照

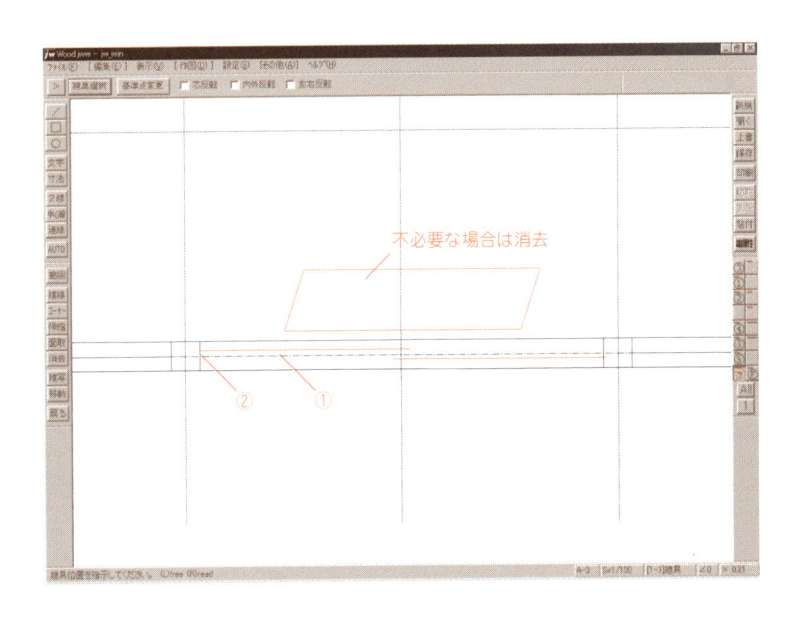

(18) 建具の入力（片引き戸①）

・レイヤ【7】（建具）を確認
●洗面脱衣室の片引き戸の入力
・ 線属性 ⇒線種（実線），線色（黄色）
　複線 ⇒①を［L］，［複線間隔］＝ 30（柱幅の 1/4）
　⇒ 端点指定 ⇒始点指示②を［R］，終点指示③を［R］
　⇒上側で［L］

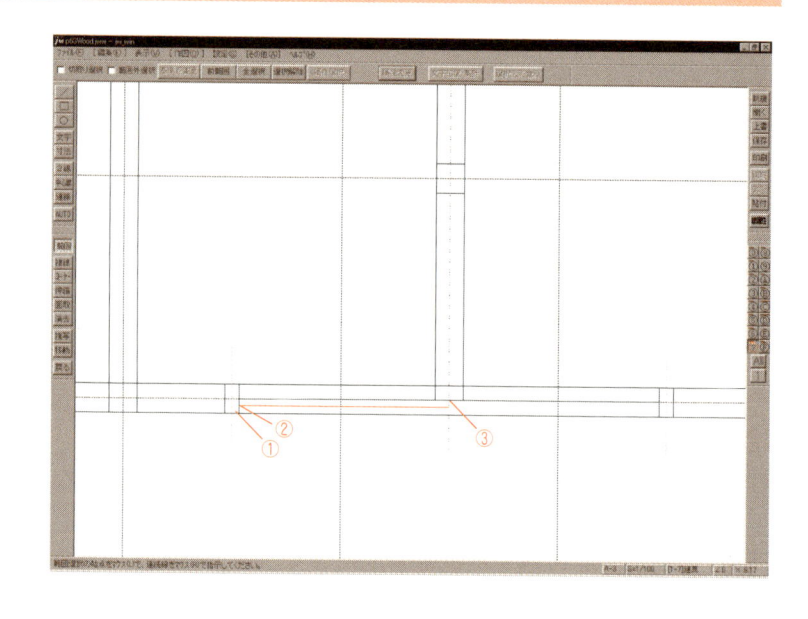

(19) 建具の入力（片引き戸②）

●片引き戸の軌跡入力
・ 線属性 ⇒線種（点線 2），線色（黒色）
・ ／ ⇒始点指示①を［R］，終点指示②を［R］

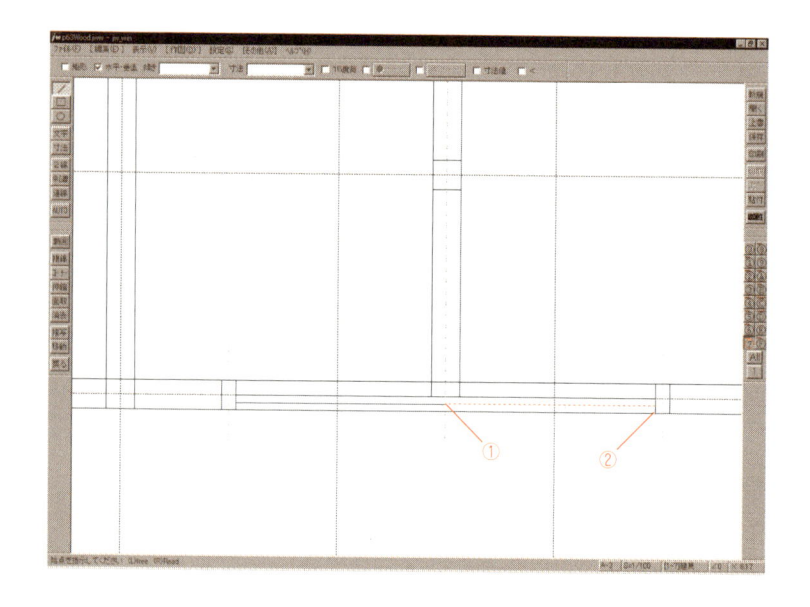

(20) 建具の入力（片開き戸①）

●居間の片開き戸の入力
・ 線属性 ⇒線種（実線，線色（黄色）
・ 複線 ⇒始点指示①を［L］，［複線間隔］＝ 50 ⇒
　端点指定 ⇒始点指示②を［R］，終点の指示は，適当なところで③を［L］⇒右側で［L］して確定

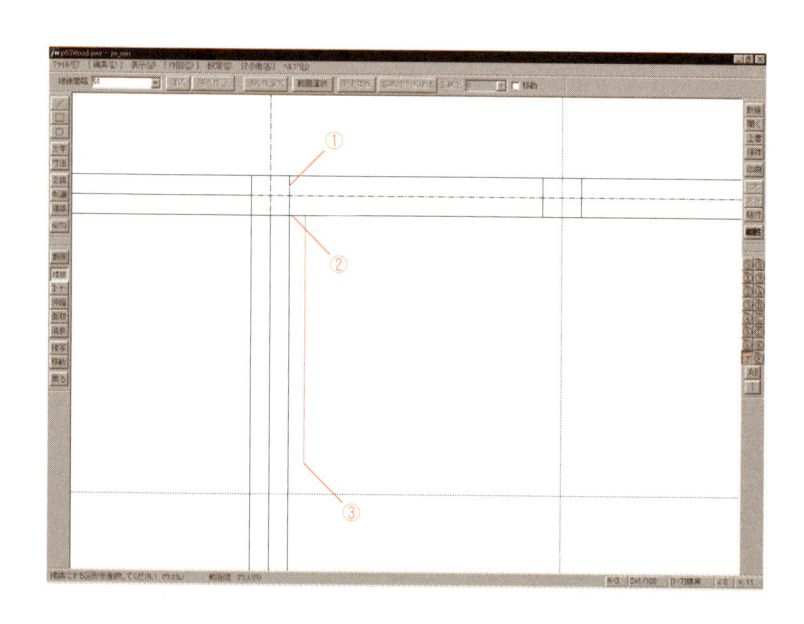

(21) 建具の入力（片開き戸②）

● 片開き戸の軌跡入力
・ **線属性**⇒線色（黒色）
　○⇒円弧にチェック⇒中心点指示⇒①を(R)⇒始点指示②を(R)⇒終点指示，適当な点③を(L)
・ **コーナー**⇒戸を(L)⇒軌跡を(L)してまとめる

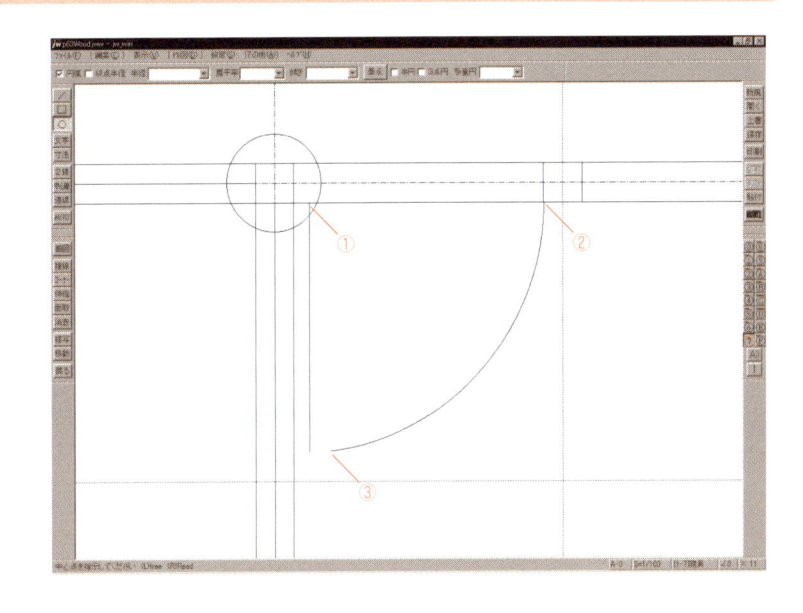

(22) 建具の入力（親子扉①）

● 親，子扉の間隔を910，455とする
● 補助線の入力
・ **線属性**⇒線種（補助線）
・ **複線**⇒①を(L)⇒［複線間隔］＝910⇒①より上側で(L)
● 戸の入力
・ **線属性**⇒線種（実線），線色（黄色）
・ **複線**⇒②を(L)⇒［複線間隔］＝50⇒**端点指定**⇒始点指示③を(R)⇒終点の指示は，適当な点④を(L)⇒上側で(L)
・ 同様に子扉も入力

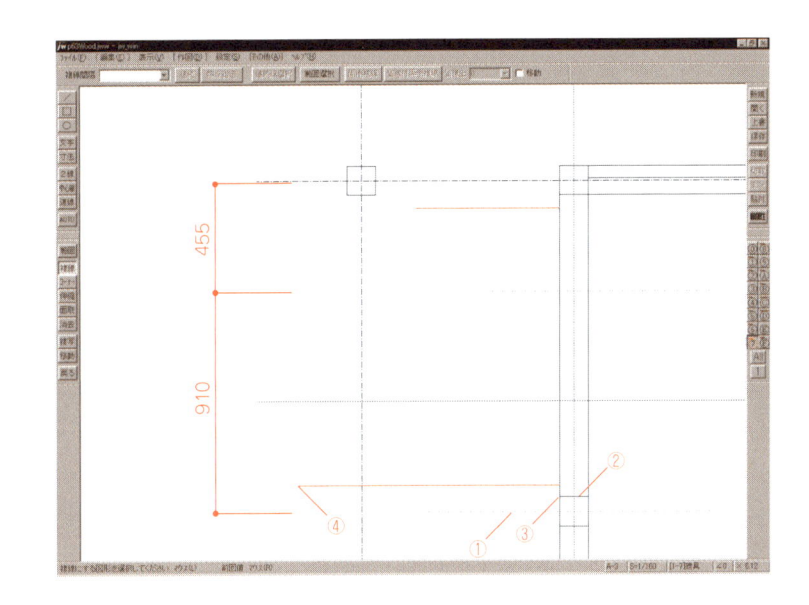

(23) 建具の入力（親子扉②）

● 親子戸の軌跡入力
・ **線属性**⇒線色（黒色）
・ (21)の解説と同様に入力

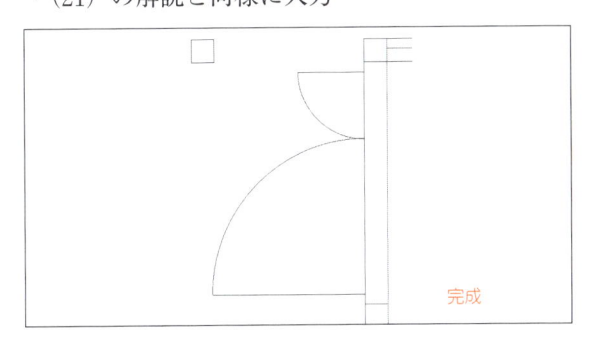

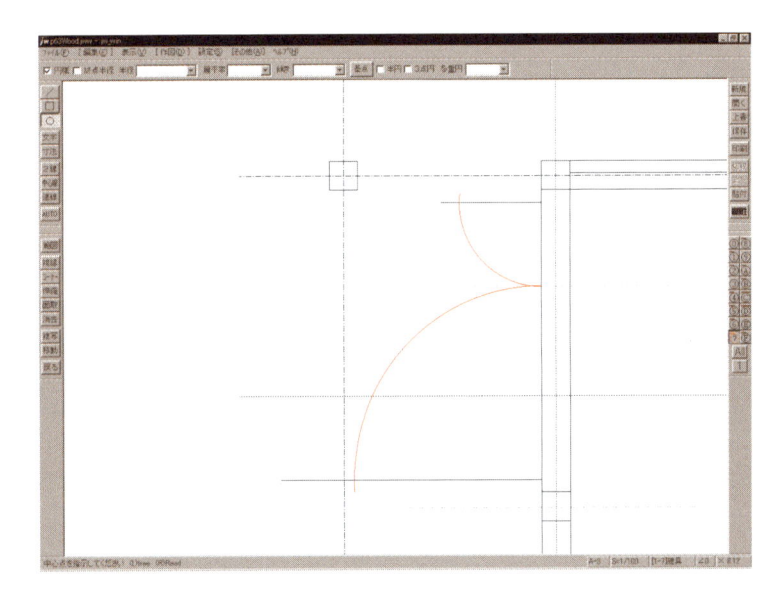

完成

(24) 建具の入力（両開き戸①）

- ●中心線入力
  - ・ 線属性 ⇒線種（補助線）
    中心線 ⇒補助線①を(L)，②を(L)⇒中心線の始点は適当な点③を(L)，終点，適当な点④付近を(L)
- ●両開き戸の入力
  - ・(20) の解説を参照
  - ・ 線属性 ⇒線種（実線），線色（黄色）
- ●軌跡の入力
  - ・ 線属性 ⇒線色（黒色）
  - ・(21) の解説を参照

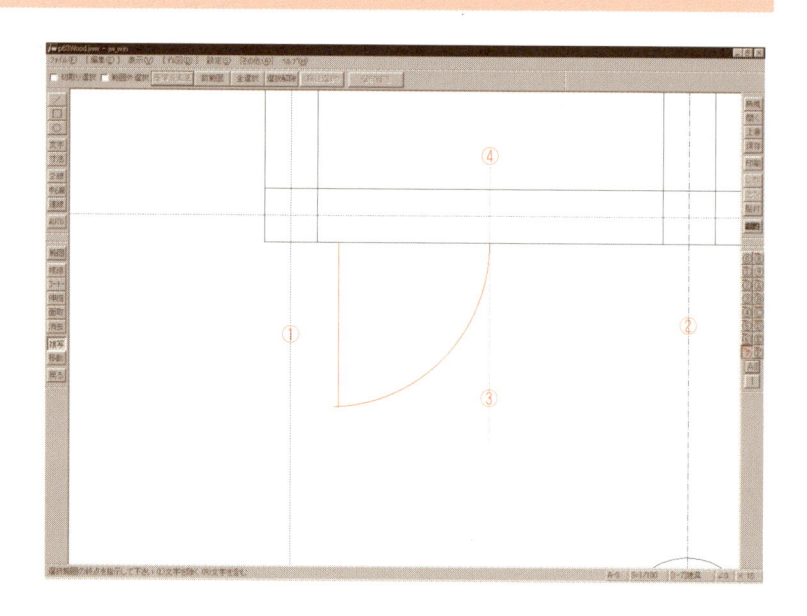

(25) 建具の入力（両開き戸②）

- ・両開き戸を反転複写する
- ・ 複写 ⇒始点①を(L)，終点②を(L)⇒ 選択確定 ⇒基点変更，③を(R)⇒ 反転 ⇒基準線④を(L)

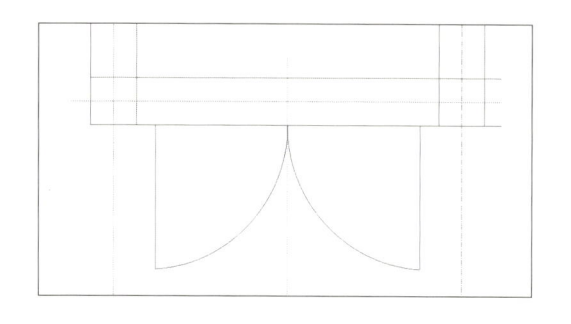

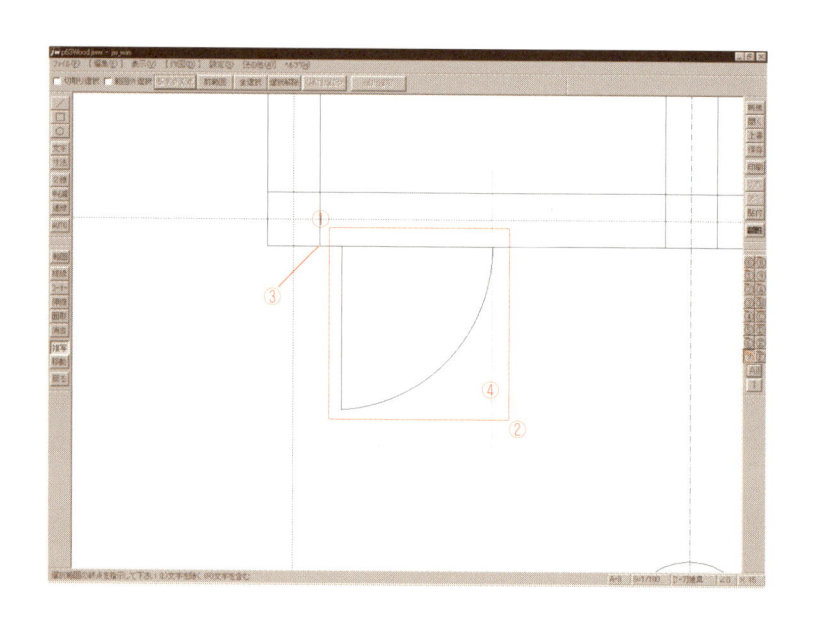

(26) 建具の入力

- ・以上の操作の上，順次，図のように入力する
  ただし，便所の戸の内法は 600 とする

※補助線は印刷されないので残しておいてもよいが，仕上げの線と重複したり，誤って始点や基点として取ってしまったりすることがあるので，各自の判断で消去してもよい

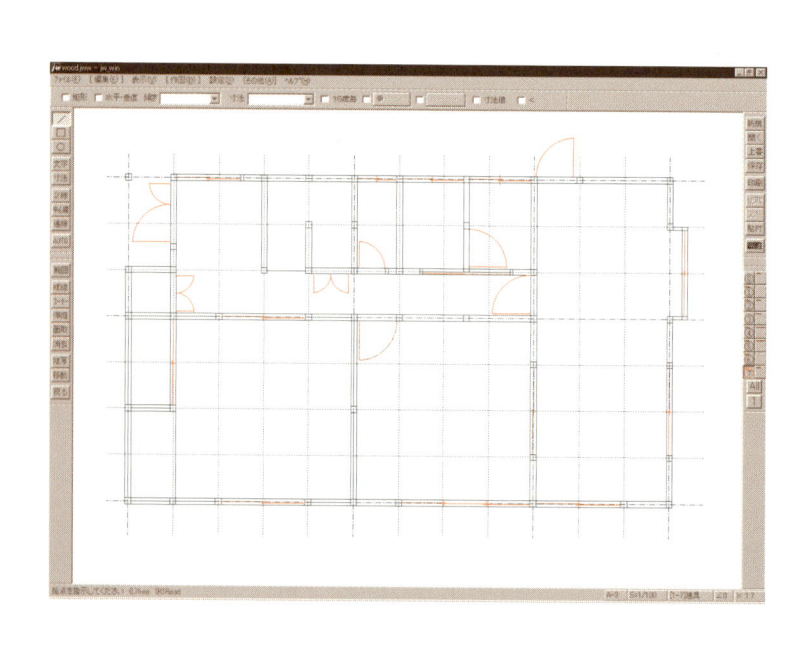

(27) 階段の入力①

- レイヤ【⑥】（畳寄敷居）に変更
- 線属性 ⇒ 線種（実線），線色（黄緑色）
- 階段と階段下倉庫を区切る切断線を引く
- ／ ⇒ ［傾き］＝－30で図のように線を引く
- ［その他（A）］⇒ ［線記号変形（S）］
  左部のフォルダを選択するウィンドウで［線記号変形（S）］［建築1］を選択．［幅［1mm］］を○○，切断線の中央付近を○⇒斜線の中央で○

(28) 階段の入力②

- 線属性 ⇒ 線種（実線），線色（黒色）
- 踏面を描く
- ／ ⇒ 線①を引く
- 複線 ⇒ ［複線間隔］＝910/4（227.5）間隔で，②～⑤線をとる（p.51「覚えておくと便利」参照）
- ／ ⇒ 階段の回り部分の線を引く
- 上り表示を描く
- 中心線 で階段の中央に線を引き（下図参照），コーナー と 伸縮 で線をそろえる
- 上り表示の始点に・印を入力
  ［作図（D）］⇒ ［点（P）］⇒ 線の端点を○
- 上り表示の終点に矢印を入力
  ／ ⇒ □＜ にチェックを入力し，端点を○
  入力後，チェックを外しておく

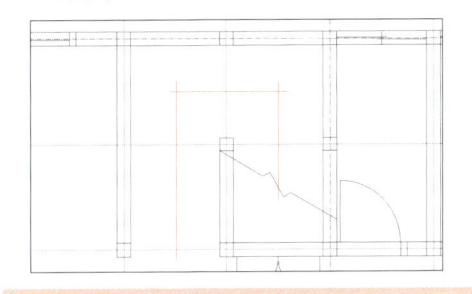

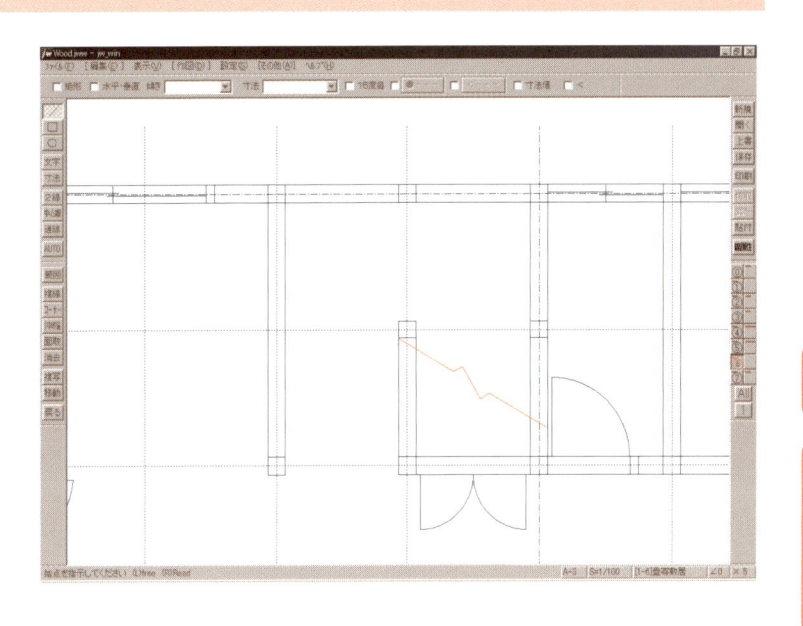

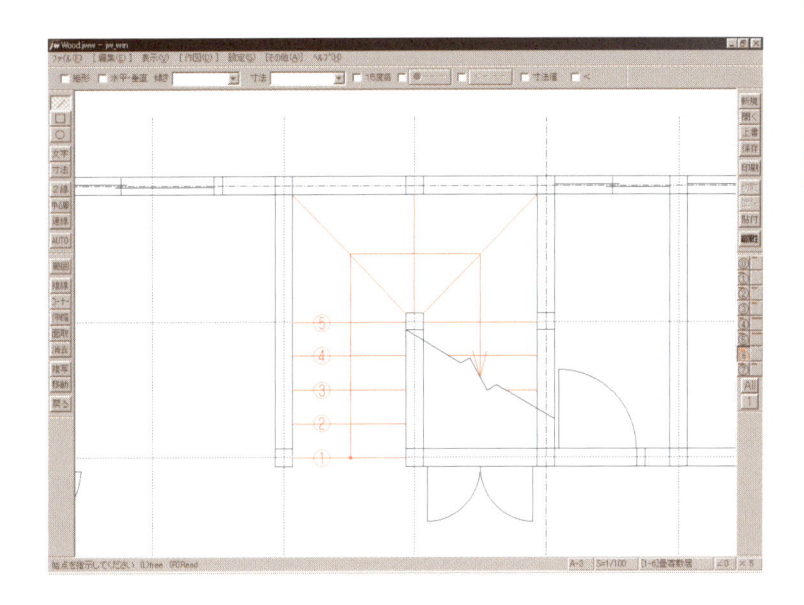

覚えておくと便利　レイヤ管理について

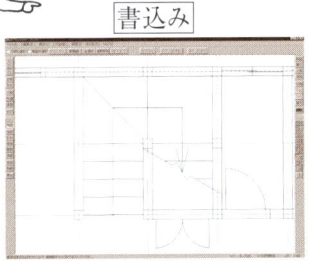

書込み
- すべてのレイヤに対して，消去，移動等の編集や端点，交点の読取りが可能

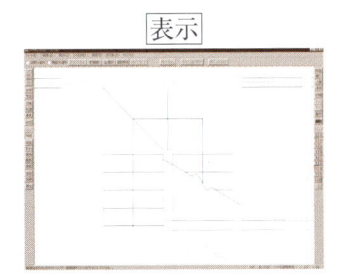

表示
- 書込みレイヤを除くレイヤは灰色で表示され，編集操作ができない
- ただし，端点・交点は読みとれるので複写や貼付に利用すると便利である

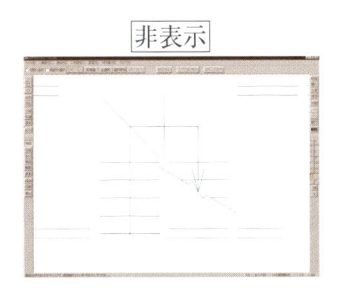

非表示
- レイヤ番号が非表示のレイヤは画面表示されず，すべての操作ができない
- 必要なレイヤのみ表示して編集するときに便利である

(29) 設備機器などの入力①

- 便器，洗面器，流し，コンロなどの設備機器は図形コマンドに登録してあるものを読込んで利用する
- ・レイヤ【Ⓐ】（家具）に変更
- ・線属性 ⇒ 線種（実線），線色（黒色）
- ・［その他（A）］⇒［図形（Z）］⇒「《図形06》設備1」内に登録されている「C－420」を🖱🖱

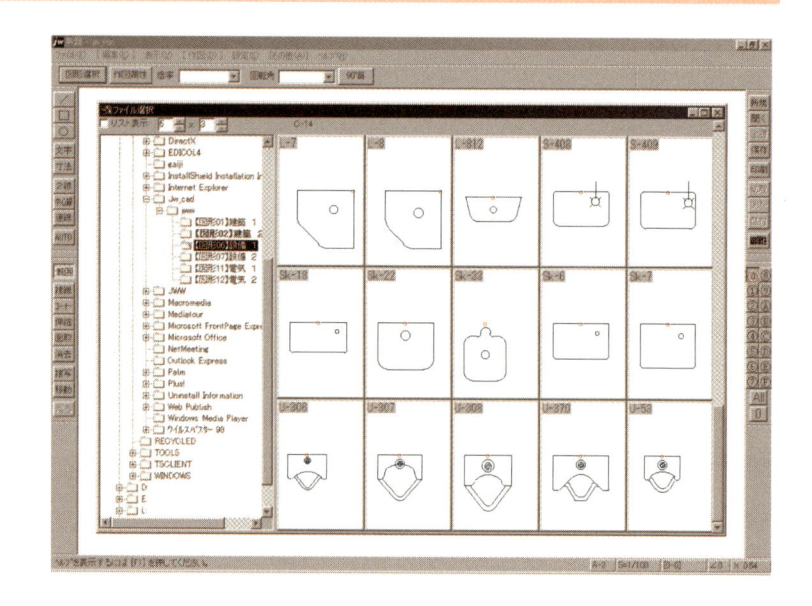

(30) 設備機器などの入力②

- ・図形は選択した状態（赤線）であるので，所定の位置に置き，給水管等の不要な線を消去する
- ・正確な位置をとるため，補助線で位置を示しておく

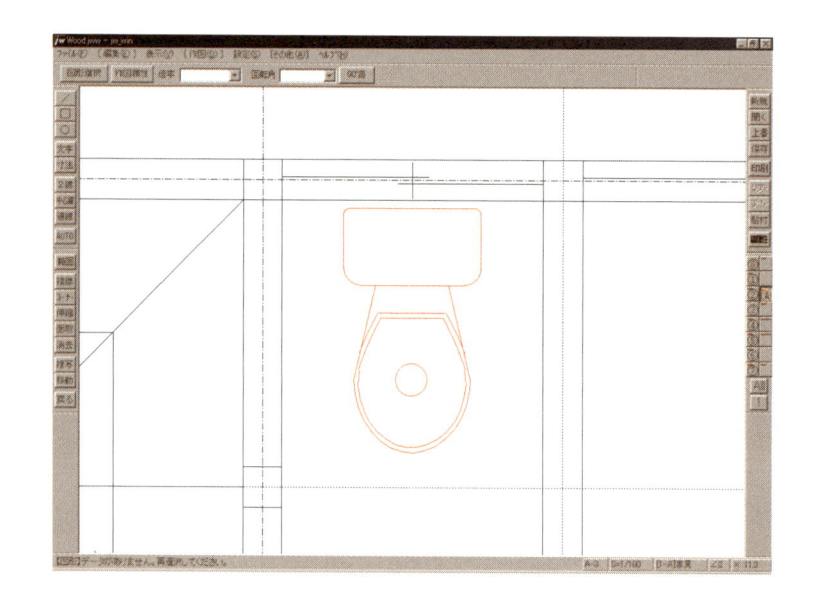

(31) 設備機器などの入力③

- 靴箱，ソファー，食卓，ハッチ，流しなどの入力

※設備機器などのデータについては，色々なメーカー提供のものを利用するとよい
CADデータは中間ファイルDXFファイル，「AUTOCAD」DWGファイル，そしてJW-CAD」JWKファイルなどで収められている

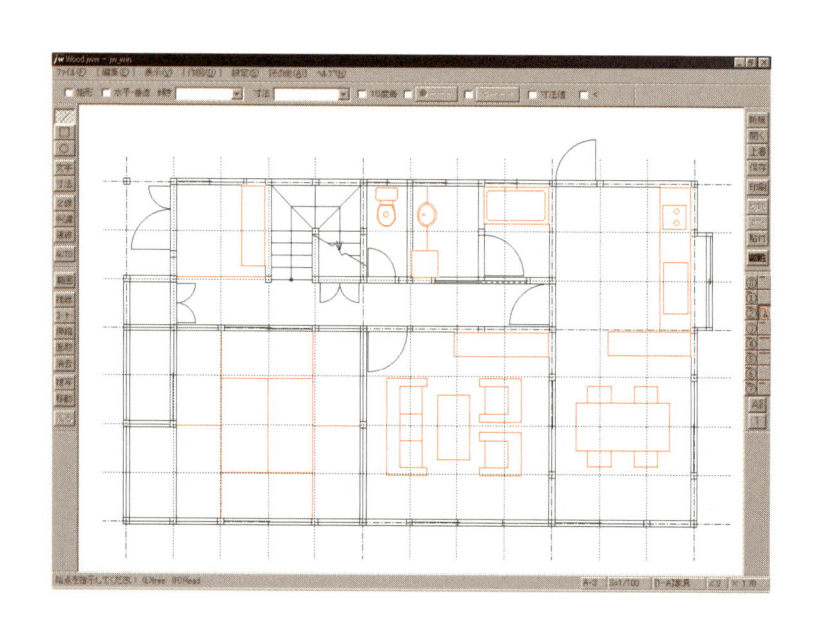

（32）雨戸の入力

- 補助線を使用して戸袋の厚み（100），戸袋の開始線，終了点をとる（下図）
- レイヤ【⑧】（ポーチ，雨戸）に変更
- 線属性 ⇒ 線種（実線），線色（水色）
- ／ で補助線に沿って仕上げる

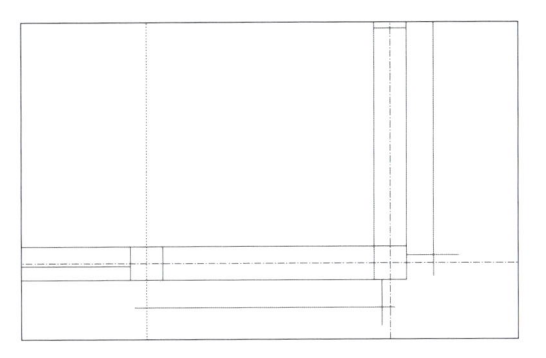

（33）テラス，ポーチの入力①

- テラス，ポーチは図の寸法にて輪かくを描く
- レイヤ【⑧】，線属性 ⇒ 線種（実線），線色（水色）
- 廊下に小幅板を入力
- 複線 ⇒ ［複線間隔］＝ 100 ⇒ 端点指定

タイル等の目地間隔	
ポーチタイル	200 × 200
テラスタイル	200 × 200
玄関・勝手口・便所・浴室タイル	100 × 100
廊下・洗面脱衣	100
台所・食堂	300 × 300

（34）テラス，ポーチの入力②

- ハッチ（H）により水平，垂直の2方向へ引くことで，タイル模様ができる．テラス，ポーチ，台所・食堂，玄関，勝手口，浴室に入力
- ［作図（D）］⇒ ハッチ（H）開始線 ⇒ 開始線に戻って線の指示終了 ⇒ ピッチ ⇒ 1 と入力 ⇒ 角度 ⇒ 0 と入力 ⇒ ［実行］
- 同図形にハッチを追加 ⇒ ［角度］＝ 90 と入力 ⇒ ［実行］

※ピッチに注意！

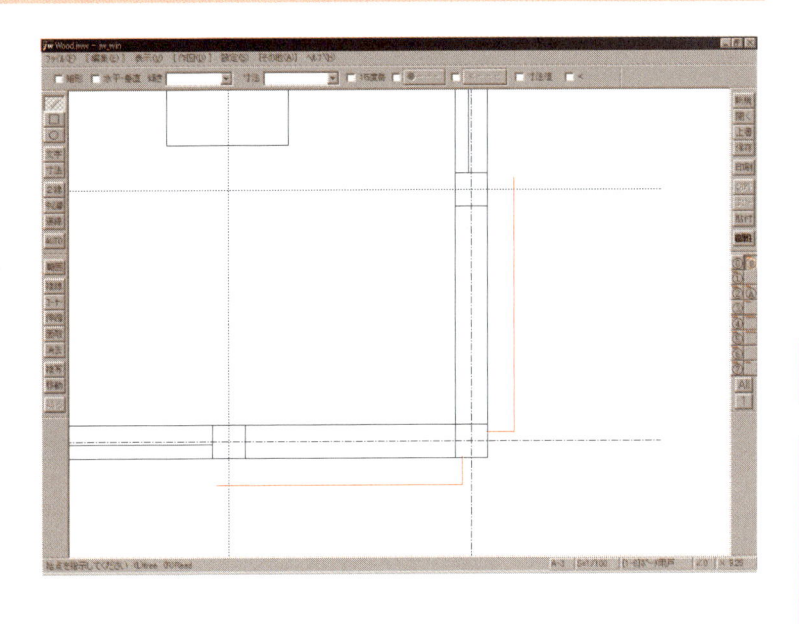

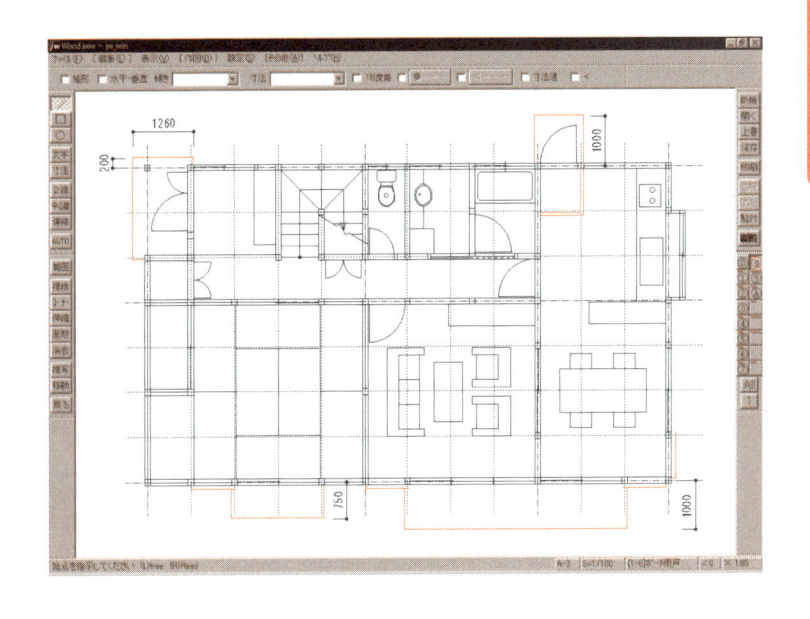

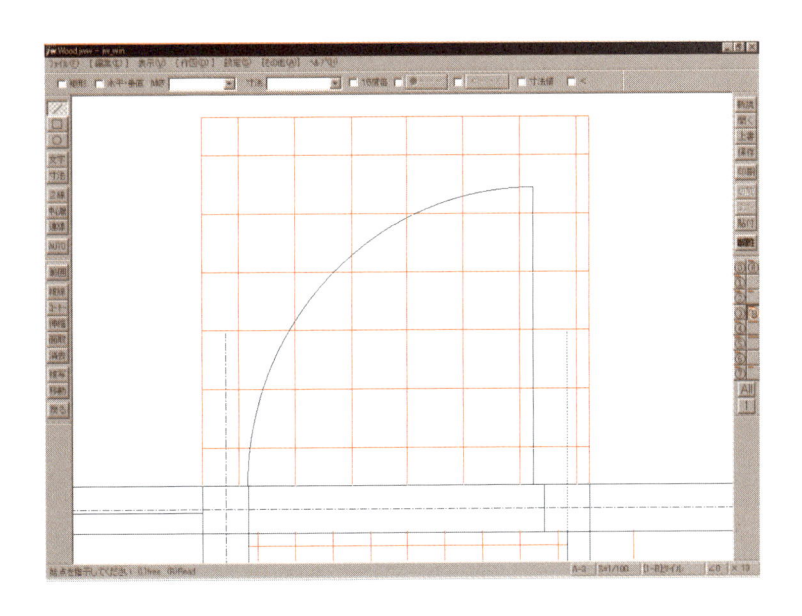

(35) 切断線入力

- 断面図，かなばかり図の切断位置を示す切断線（細い一点鎖線）を引き，記号を入力
- レイヤ【Ⓒ】（文字）に変更
- 線属性 ⇒ 線種（一点鎖2），線色（水色）
- ／ ⇒ 任意の位置に切断線を描く（なるべく開口部を切断するようにする）
- 切断線の端部は，線種（実線）線色（黄色）とし，長さ300程度で重ねて線を引くことにより，太く表現する（p.122参照）
- 文字 ⇒ Aを入力して所定の位置で🅛⇒同じ文字を記入するときは，今書いたAという文字の上で🅡すると複写できる

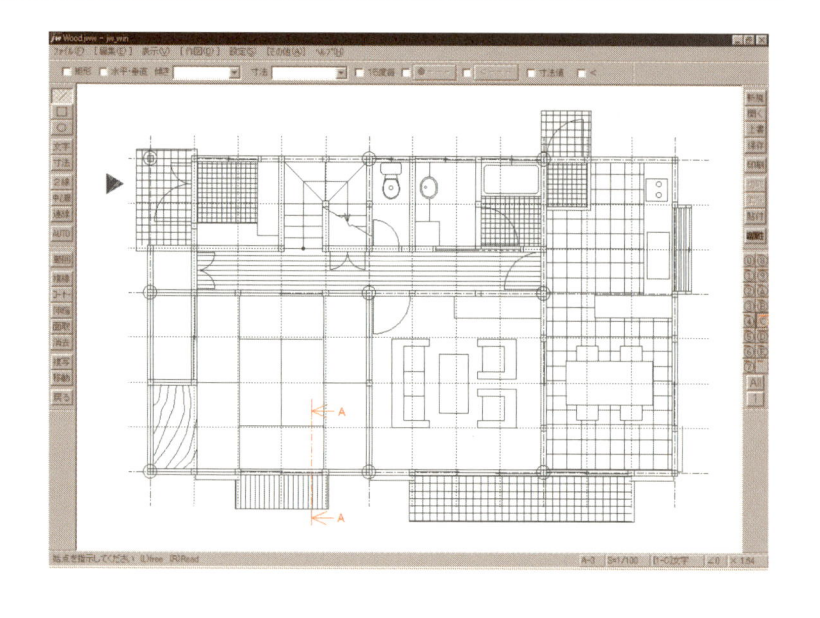

(36) 寸法入力

- レイヤ【Ⓓ】（寸法）に変更
- 寸法 ⇒ 引出線の始点⇒寸法線の位置，マウス指示⇒寸法値始点指示⇒寸法値終点指示
- 垂直線は 0°/90° を🅛
- すべての寸法を図のように記入

> ※正確な寸法を記入するためにはズームアップを頻繁に行い，正確な位置をとる．
> 手書きの図面の場合は，寸法線と寸法補助線を引き，寸法を描くが，ここでは自動的に寸法値までもが記入される

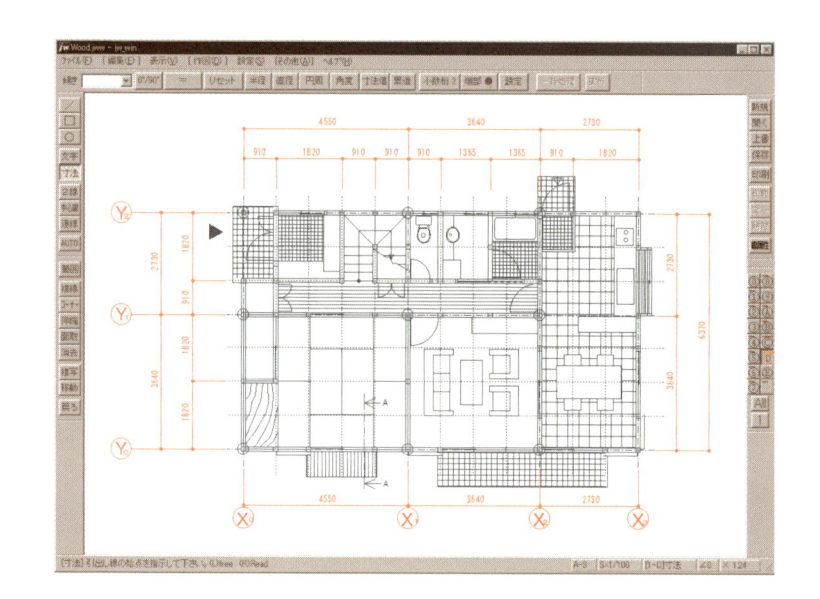

(37) 文字入力

- 室名，図面名，縮尺を入力して完成させる
- レイヤ【Ⓒ】（文字）に変更
- 文字 ⇒ ［水平］をチェック⇒文字を入力
- 図名等で文字の大きさを変えるときは 文字 を🅛，下図のボタンを🅛して，設定を変更する

　[2] W=2.5 H=2.5 D=0 (1)

- ファイル (F) ⇒ 上書き保存 (S)

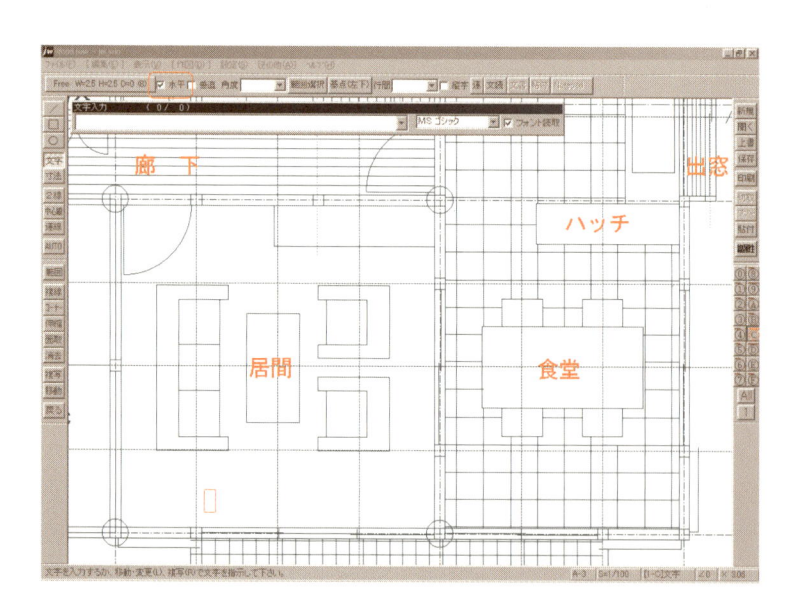

(38) 2階平面図

- 1階平面図が完成すれば引き続き，2階平面図を
  1階平面図を利用して入力する
  （レイヤのグループ【2】）

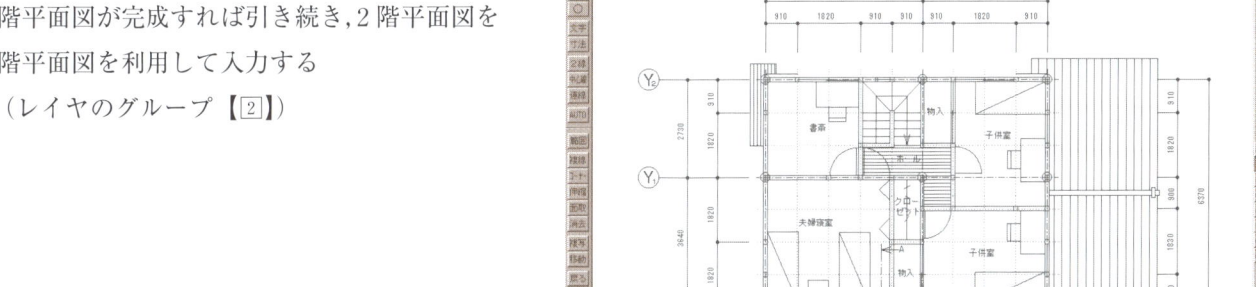

(39) 建築概要

- 配置図の下に作成
- レイヤグループ【3】，縮尺 1/200
- 枠の作成
- 線属性 ⇒ 線種（実線），線色（黒色），
  レイヤ【①】
- 文字記入　レイヤ【②】
  - 標題
    文字種［5］W＝5，H＝5，D＝0.5
  - その他
    文字種［3］W＝3，H＝3，D＝0.5

(40) 印刷

- プリンタやプロッタの電源を入れ，用紙をセットする
- 印刷 を⌂，プリンタ，印刷範囲，印刷部数を確認後，［プロパティ（P）］を⌂して用紙の向きやサイズを設定する⇒［OK］を⌂
- さらに印刷ウィンドウの［OK］を⌂
  赤の印刷枠に図面が入っていない場合は，
  範囲変更(R) を⌂して適切な位置を決める
- 必要に応じて 90°回転 を⌂して，縦または横位置の出力を設定する

※印刷の方法は，p.61 を参照

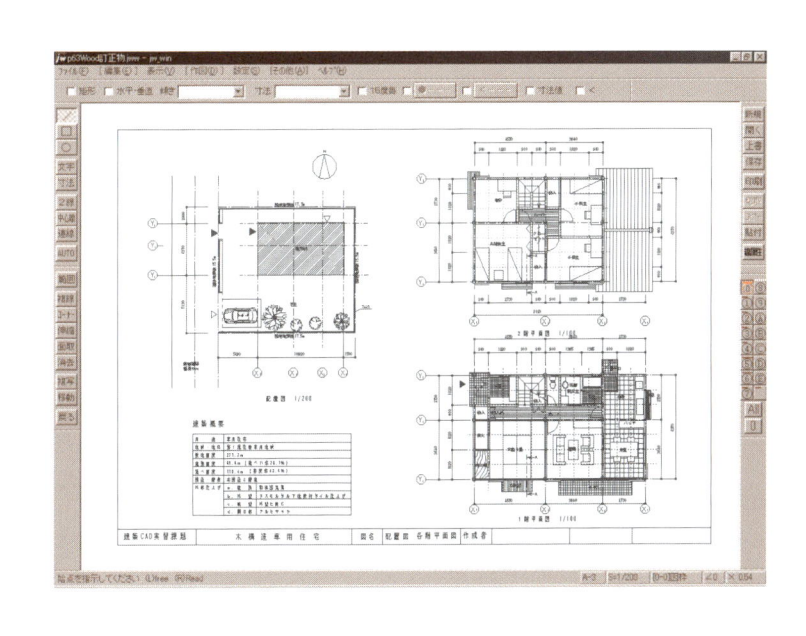

3・3 かなばかり図

● Are You Ready ? ●

描き始める前に

かなばかり図は，建築物の基準高さ，部材の大きさ，各部の構造・材料・仕上げ方法などを詳細に表すために描かれる図です．ここではかなばかり図の入力手順を示します．

右図のように，かなり細かい図面になりますが，完成を目指して作図を始めよう．

（図面は，p.161 に掲載しています）

◎完成図◎

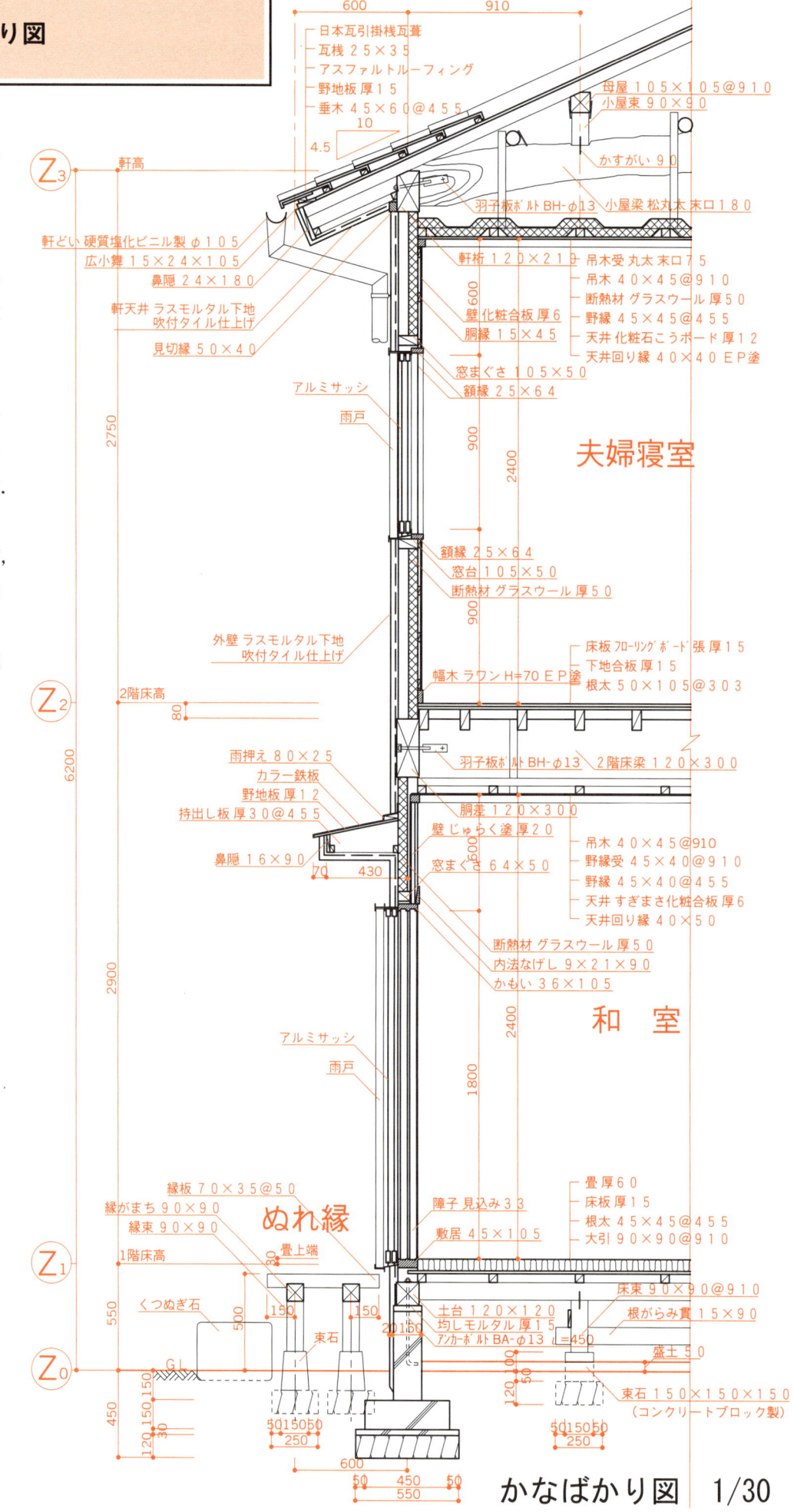

(1) 作図準備

1. 図枠ファイルの読み込み
・図枠ファイル（zuwaku.jww）を読み込む（第2章課題参照）
・書込グループは，【0】に変更する

2. 用紙・縮尺の設定
・用紙サイズ：A3
・縮尺：1/30

3. 課題名等の記入
・図枠に課題名や図面名などを記入

(2) 縮尺・グループ名・レイヤ名の記入

・下の表を参考にしながらレイヤ名を記入

各レイヤ名と線種・線色

レイヤ番号	レイヤ名	線種	線色
1	基準線	実線・一点鎖2	水色
2	基礎・1階床組	実線	黒色黄色紫色
3	2階床組	実線	黒色黄色
4	屋根	実線	黒色黄色
5	小屋組	実線	黒色黄色
6	ろくびさし	実線	黒色黄色
7	1階開口	実線	黒色黄色
8	2階開口	実線	黒色黄色
9	1階天井	実線	黒色黄色
A	2階天井	実線	黒色黄色
B	内外壁	実線	黒色黄色
C	補強金具等	実線	黒色黄色
D	断面表示記号	実線	黒色
E	寸法	実線	黒色
F	部材名	実線	黒色

※1 グループ名は「かなばかり図」を入力
※2 線種・線色は，ここでは設定せず，各レイヤで主に使用するものを参考にあげている

(3) データファイルの新規保存

・ファイル (F) ⇒ 名前を付けて保存 (A) ⇒ ① を🖱．
・名前⇒「wdetail」と入力
・「メモ」の1行目⇒「木構造住宅かなばかり図」と入力
・「メモ」の2行目⇒作成日を入力
・入力した内容を確認の後，OK を🖱

※ここで保存しておくことで，以後は，[上書き保存] の1クリックで済む

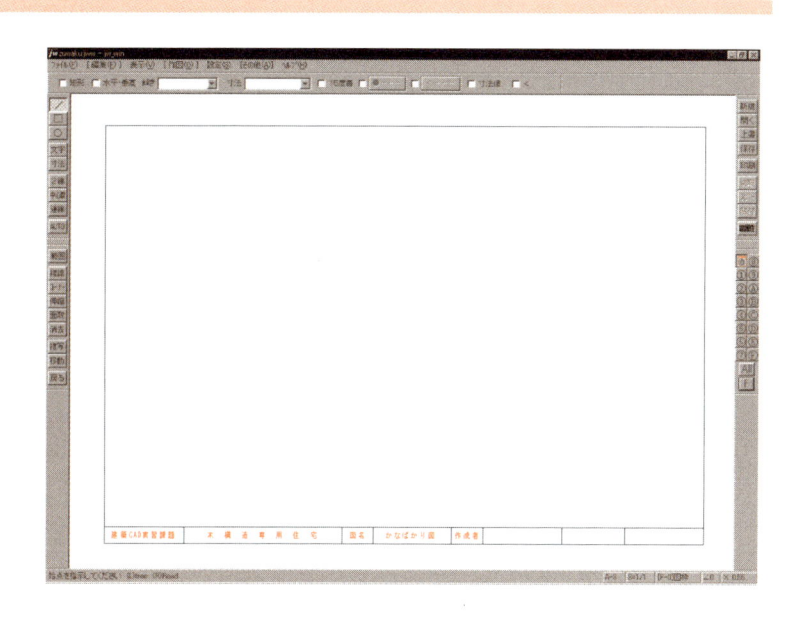

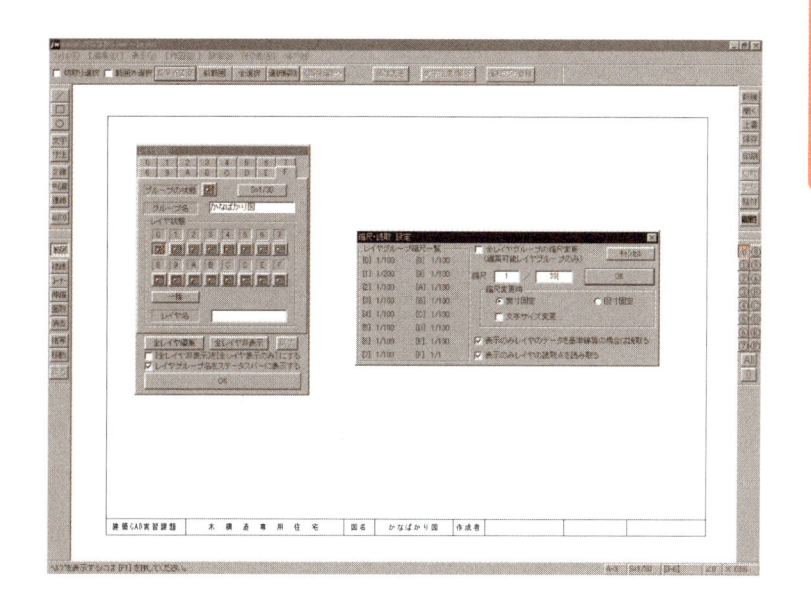

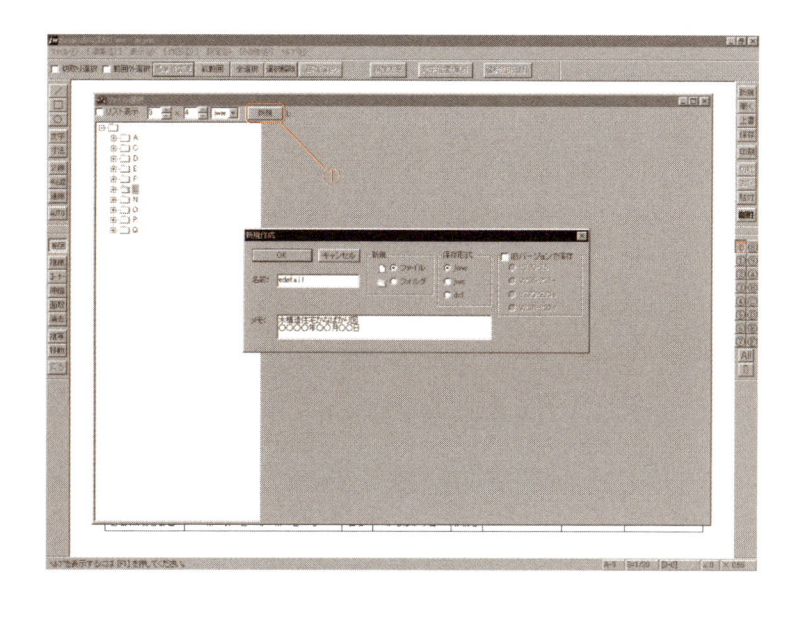

(4) 基準線の入力①（G.L，柱心，切断線の入力）

- 図枠は非表示にする
- レイヤ【①】（基準線）に変更
- 線属性 ⇒線種（実線），線色（水色）
- ／ ⇒水平・垂直を☑⇒適当な位置で始点を☐
  ⇒終点を☐によりG.L線①を引く
- 線属性 ⇒線種（一点鎖2），線色（水色）
- ／ ⇒適当な位置で始点を☐⇒終点を☐により
  柱心②を引く
- 線属性 ⇒線種（実線），線色（水色）
- 複線 ⇒②を☐⇒［複線間隔］＝1500⇒右側で☐
  （切断線③）

(5) 基準線の入力②（各高さの入力）

- 線属性 ⇒線種（実線），線色（水色）
- 複線 ⇒G.Lを☐⇒［複線間隔］＝580⇒上側で☐
  （1階畳上端①）

※完成図では，1階床高を550としているが，これ
は他の主要な室の1階床高を示している

- 消去 ⇒1階畳上端の線①を部分消去して短くする
- 複線 ⇒①を☐⇒［複線間隔］＝2400を上側で☐
  （天井高②）⇒②を☐⇒［複線間隔］＝470（2階
  床高③）⇒③を☐⇒［複線間隔］＝2400（天井
  高④）⇒④を☐⇒［複線間隔］＝350（軒高⑤）
- 複線 ⇒①を☐⇒［複線間隔］＝1800（内法高⑥）
- 消去 ⇒内法高の線⑥を部分消去して短くする
- 複線 ⇒2階床高③を☐⇒［複線間隔］＝900（腰
  高⑦）
- 消去 ⇒腰高の線⑦を部分消去して短くする
- 複線 ⇒腰高⑦を☐⇒［複線間隔］＝900（内法高
  ⑧）

(6) 基準線の入力③（屋根勾配の入力）

- 線属性 ⇒線種（実線），線色（水色）
- ／ ⇒［傾き］＝//0.45⇒①を☐，②付近を☐
  （屋根勾配の基準線）
- 伸縮 ⇒屋根勾配の基準線を☐⇒③付近を☐

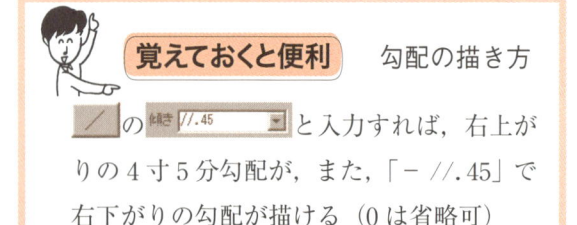

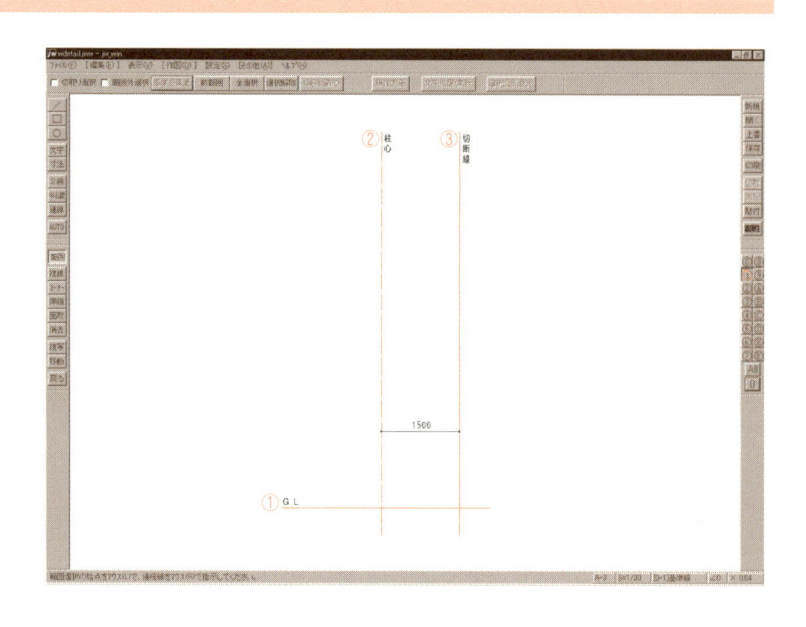

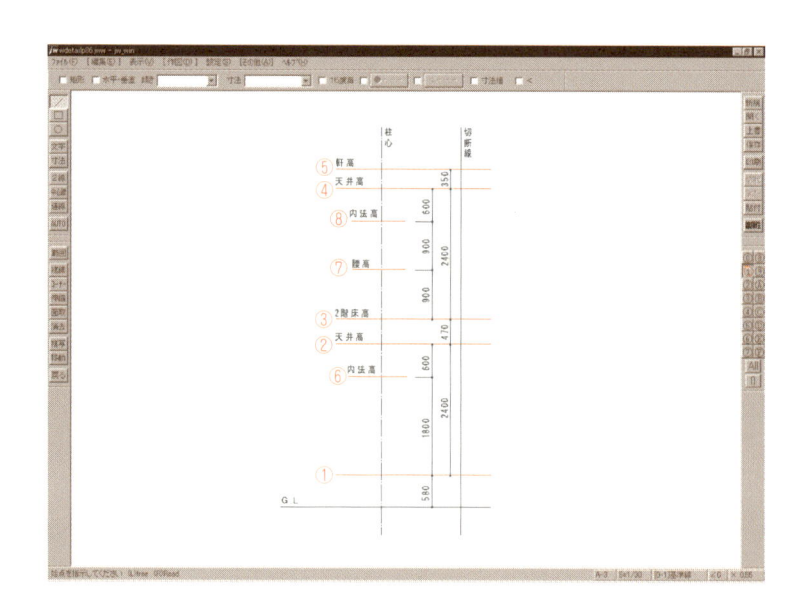

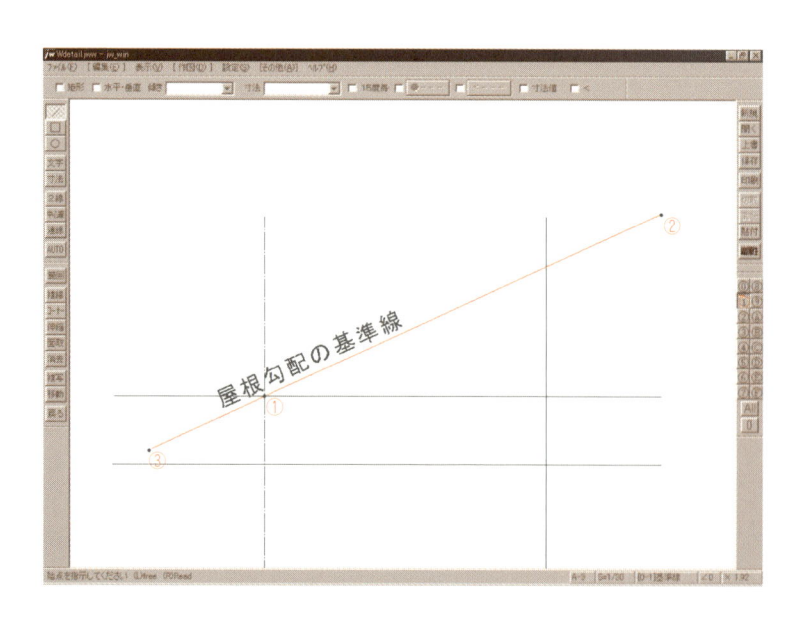

> **覚えておくと便利**　勾配の描き方
>
> ／ の 傾き //.45 と入力すれば，右上が
> りの4寸5分勾配が，また，「－//.45」で
> 右下がりの勾配が描ける（0は省略可）

（7）基準線の入力④（軒の出，母屋中心線の入力）

- **線属性** ⇒線種（一点鎖2），線色（水色）
- **複線** ⇒柱心を🅛⇒［複線間隔］＝ 910 を右側で🅛
- 母屋中心線①を部分消去して短くする
- **消去** ⇒①を🅛⇒②付近を🅛⇒③付近を🅛
- **複線** ⇒①を🅛⇒［複線間隔］＝ 1510 を左側で🅛（鼻隠先端④）

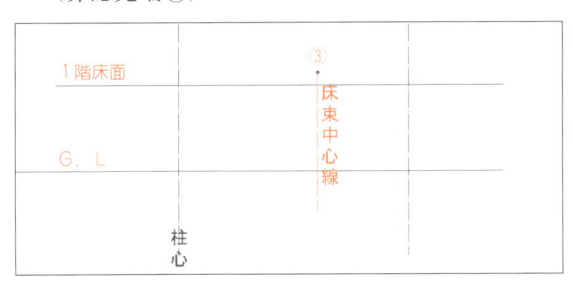

（8）布基礎の入力

- レイヤ【2】（基礎・1階床組）に変更
- **線属性** ⇒線種（補助線）
- 布基礎付近を両ボタンドラッグにより，拡大
- **複線** ⇒①を🅛⇒［複線間隔］＝ 340 を上側で🅛（布基礎上端②）
- **線属性** ⇒線種（実線），線色（黄色）
- **□** ⇒［寸法］＝ 150，490 ⇒基準点③を🅡⇒下側で🅛
- **□** ⇒［寸法］＝ 450，150 ⇒基準点④を🅡⇒下側で🅛
- **□** ⇒［寸法］＝ 550，150 ⇒基準点⑤を🅡⇒下側で🅛
- ②を **消去** し，⑥，⑦の天端均し厚 30 を描く
- **複線** ⇒⑥を🅛⇒［複線間隔］＝ 30 を下側で🅛⇒⑦を🅛⇒［複線間隔］＝ 30 を下側で🅛

（9）土台，柱の入力

- ●土台と柱を描く
- **線属性** ⇒線種（実線），線色（黄色）
- **□** ⇒［寸法］＝ 120，120 ⇒基準点①を🅡⇒柱心に沿って上側で🅛
- **2線** ⇒柱心を🅛⇒［2線の間隔］＝ 52.5 ⏎⇒基準点②を🅡⇒柱心と軒高の交点を🅡
- ●1階畳上端③より各部材の補助線を描く
- **線属性** ⇒線種（補助線）
- **複線** ⇒畳上端，床板上端，根太上端，大引上下端を図の寸法に従い描く

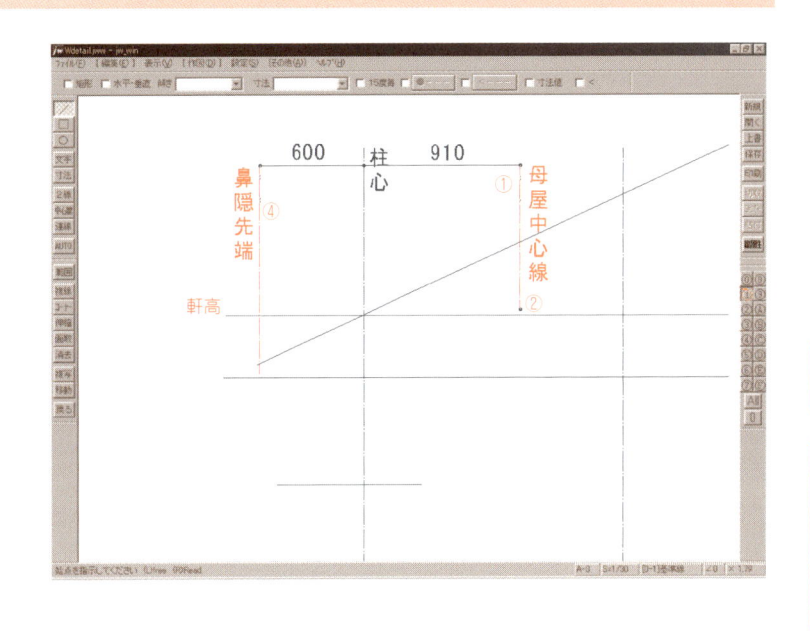

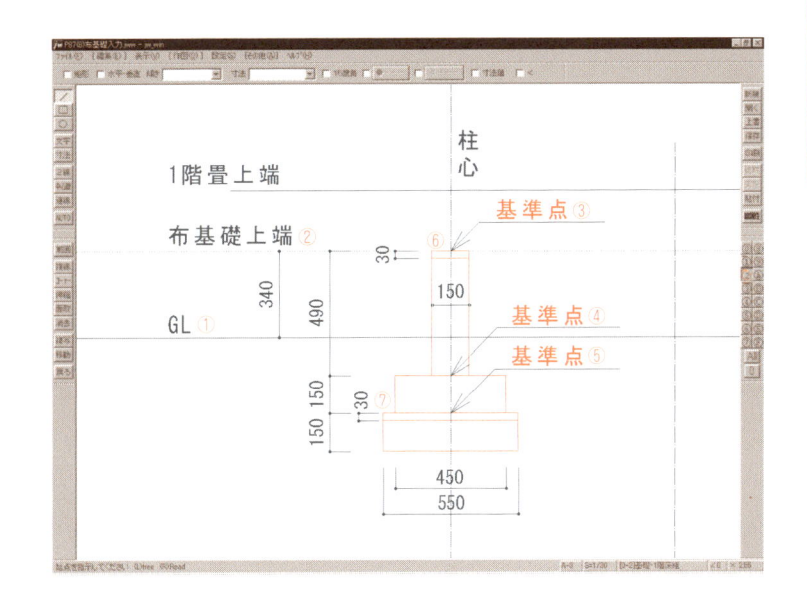

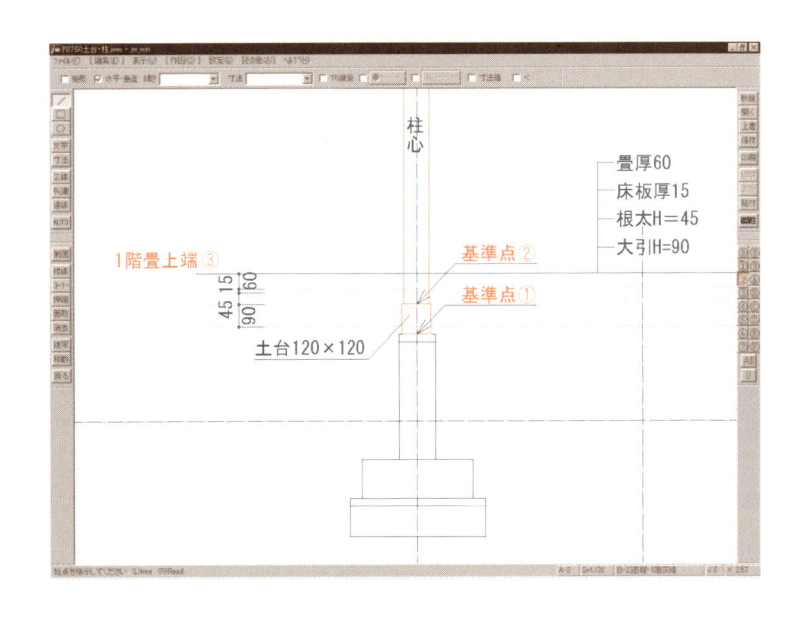

(10) 床厚の入力，根太の割付

- **線属性** ⇒ 線種（実線），線色（黄色）
- **／** ⇒ 畳，床板，各部材を描く
- **線属性** ⇒ 線種（実線），線色（黒色）
- 同様に大引を描く
- **線属性** ⇒ 線種（補助線）
- ●根太の割付を描く
- **複線** ⇒ 床束中心線を🅛⇒［複線間隔］＝ 455（①）
- 同様に②を描く

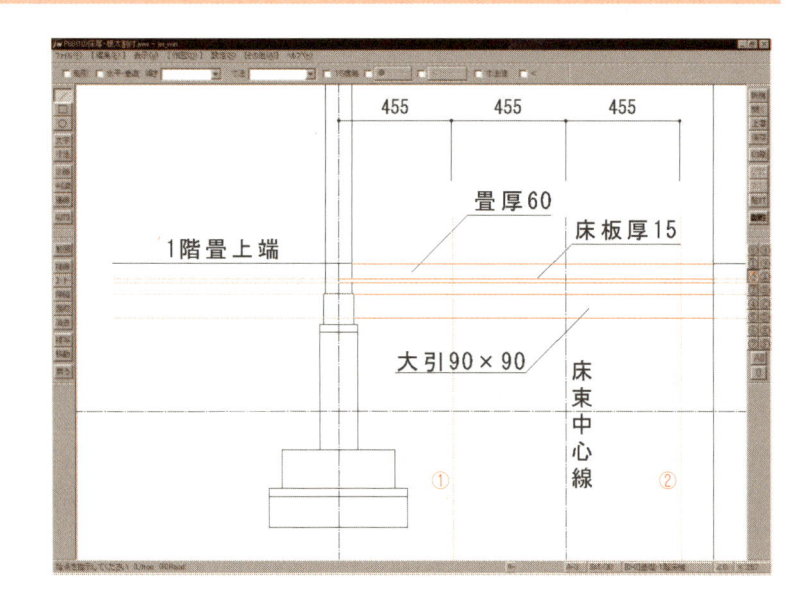

(11) 根太，きわ根太の入力

- **線属性** ⇒ 線種（実線），線色（黄色）
- **□** ⇒ ［寸法］＝ 45, 45 ⇒①を🅁⇒きわ根太右下で🅛
- **□** ⇒ ［寸法］＝ 45, 45 ⇒②を🅁⇒根太下側で🅛
- 同様に各根太を描く（③〜④）

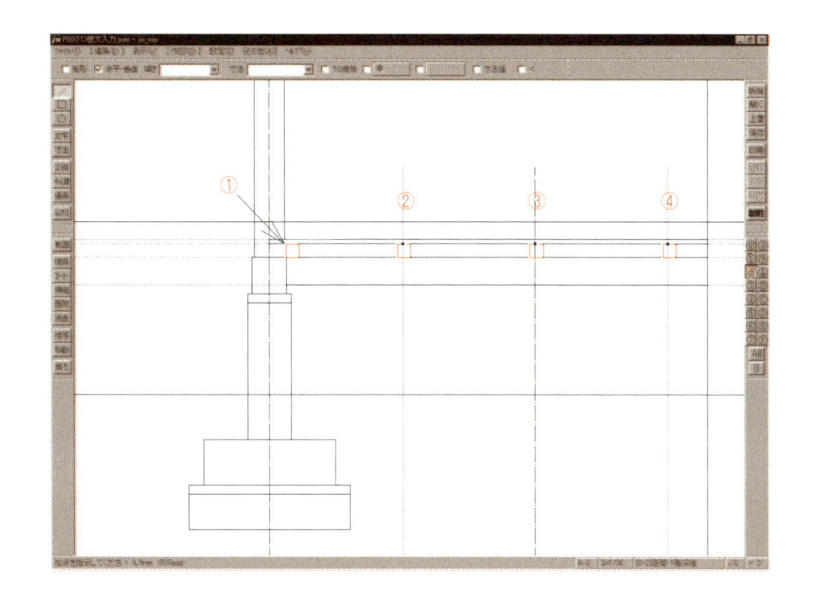

(12) 束石，割栗石，盛土の入力

- **線属性** ⇒ 線種（補助線）
- **複線** ⇒ G.L を🅛⇒［複線間隔］＝ 50 を上側で🅛 ⇒連続（①〜②）
- **線属性** ⇒ 線種（点線 3）に変更
- **□** ⇒ ［寸法］＝ 150, 150 ⇒基準点③を🅁⇒下側で🅛⇒［寸法］＝ 250, 120 ⇒基準点④を🅁⇒下側で🅛
- **線属性** ⇒ 線種（実線），線色（紫色）
- **／** ⇒ 盛土を描く

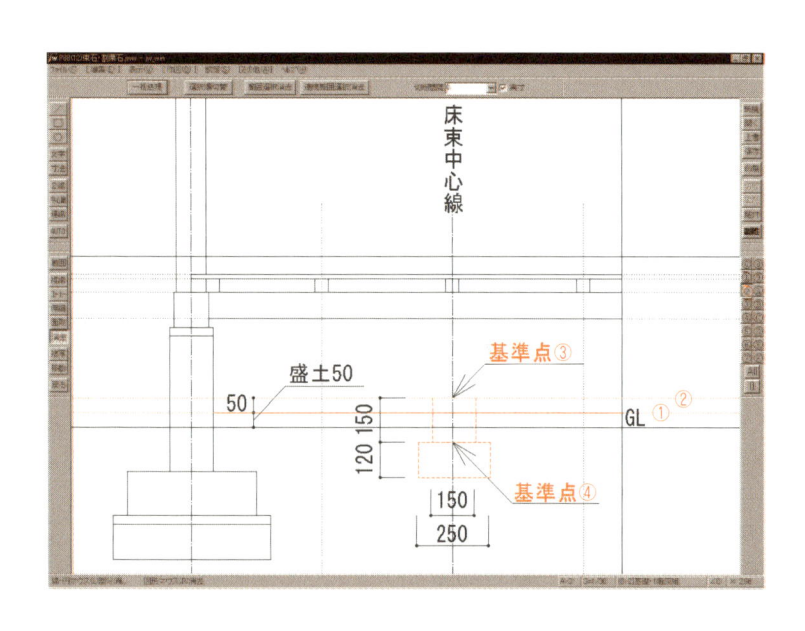

(13) 床束，根がらみ貫の入力

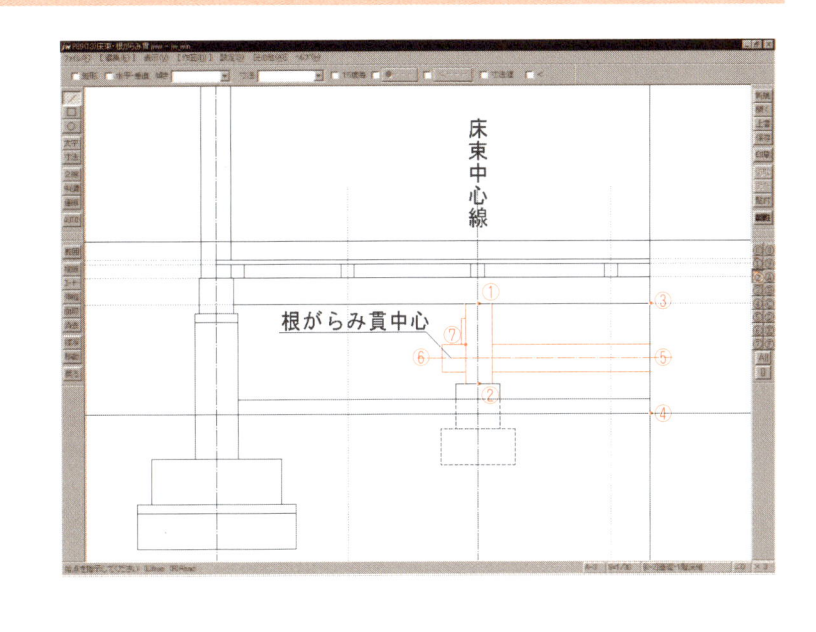

- 線属性⇒線種（実線），線色（黒色）
- 2線⇒床束中心線を□⇒［2線の間隔］= 45 ⇒ ①を㋁⇒②を㋁
- ●根がらみ貫を描く
- 中心線⇒③，④を㋁⇒適当な位置で□⇒□（⑤，⑥）
- 2線⇒根がらみ貫の中心線を□⇒［2線の間隔］= 45 ⑤を㋁⇒⑥付近を□，／⇒縦に線を引き，仕上げる
- 消去⇒根がらみ貫と床束の交差部分を部分消去
- 消去⇒根がらみ貫の中心線を消去
- ●根がらみ貫の木口部分を描く
- 線属性⇒線種（実線），線色（黄色）
- □⇒［寸法］= 15, 90 ⇒⑦を㋁⇒左上で□

(14) 胴差，床厚の入力

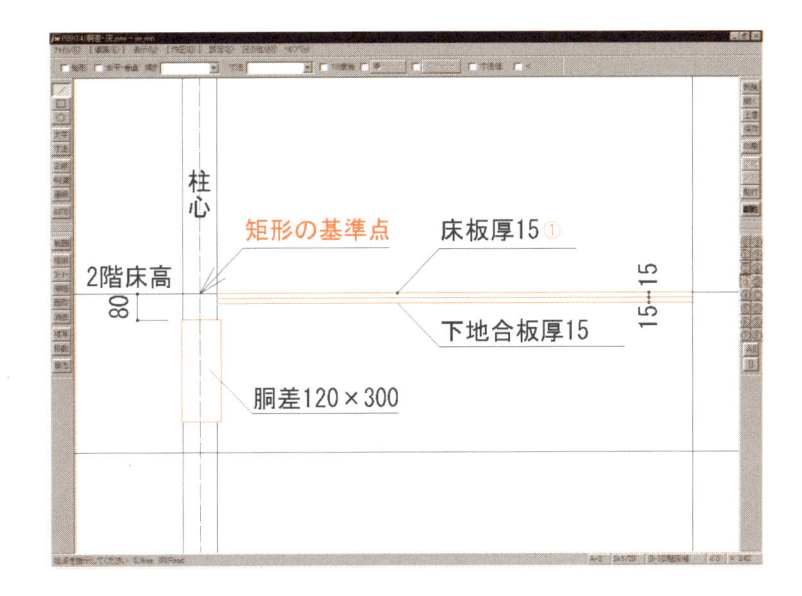

- レイヤ【③】（2階床組）に変更
- 線属性⇒線種（実線），線色（黄色）
- 2階床付近を拡大
- □⇒［寸法］= 120, 300 ⇒設定（S）⇒軸角・目盛・オフセット（J）⇒［オフセット1回指定］⇒矩形の基準点を㋁⇒［X, Y］= 0, −80 ⇒下側で□
- 消去⇒柱との重なり箇所を部分消去
- ／⇒床板①を描く㋁⇒㋁
- 範囲⇒①を範囲選択する⇒複写⇒［数値位置］= 0, −15 ⇒［連続］を□

(15) 根太の割付

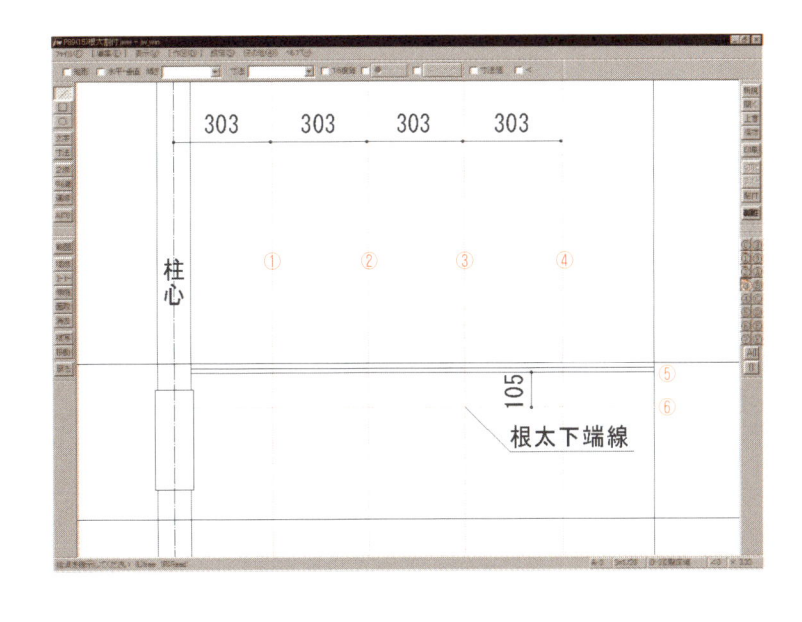

- 線属性⇒線種（補助線）
- 複線⇒柱心を□⇒［複線間隔］= 303（①）⇒［連続］（②〜④）
- 根太下端を描く
- 複線⇒⑤を□⇒［複線間隔］= 105 ⇒下側で□（⑥）

(16) 根太，2階床梁の入力

- 線属性 ⇒ 線種（実線），線色（黄色）
- □ ⇒［寸法］= 50, 105 ⇒ ① を R ⇒ 右上で L
- □ ⇒ ② を R ⇒ 右上で L
- 同様に他の根太を描く（③〜⑤）
- 補助線⑥を胴差上端に合わせ水平に引いておく
- 線属性 ⇒ 線種（実線），線色（黒色）
- / ⇒ 2階床梁上下端を描く

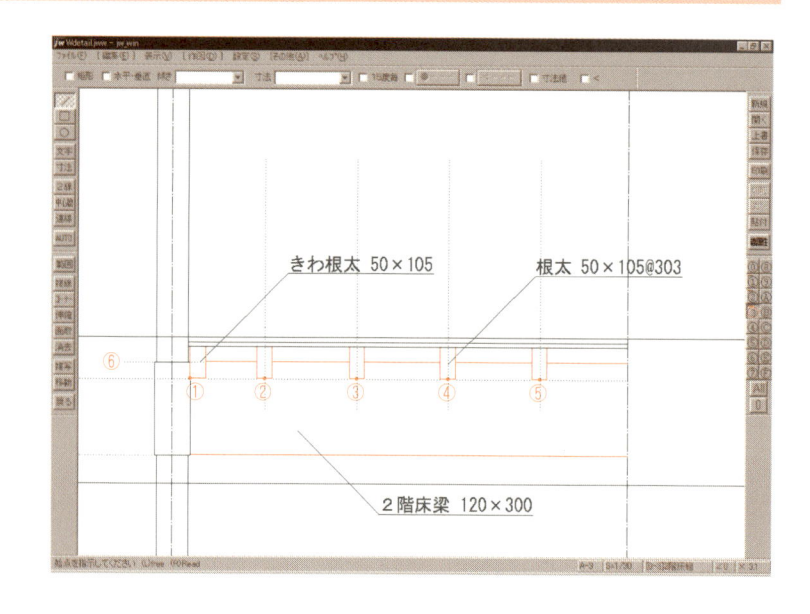

きわ根太 50×105　　根太 50×105@303

2階床梁 120×300

(17) 軒桁の入力

- レイヤ【4】（屋根）に変更
- 線属性 ⇒ 線種（実線），線色（黄色）
- 軒桁付近を拡大
- □ ⇒［寸法］= 120, 210 ⇒ ① を R ⇒ 下で L
- 消去 ⇒ 柱との取り合い部分を部分消去する(②)
- 同様に屋根勾配の基準線より上の軒桁部分を消去し，/ で仕上げる

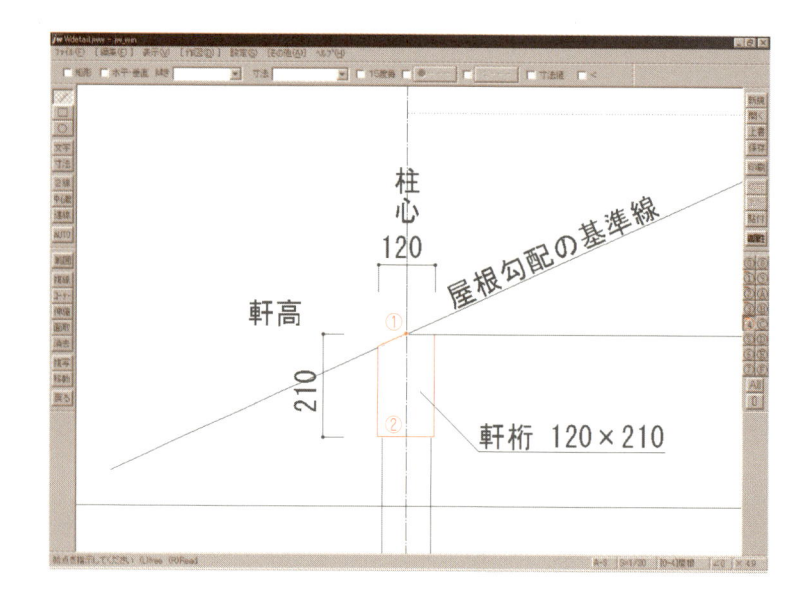

柱心 120　屋根勾配の基準線
軒高　210
軒桁 120×210

(18) 屋根下地の入力①

- 線属性 ⇒ 線種（実線），線色（黄色）
- 複線 ⇒ 屋根勾配の基準線を L ⇒［複線間隔］= 60 ⇒ ① を L ⇒［複線間隔］= 15（②）
- 線属性 ⇒ 線種（実線），線色（黒色）
- 同様に屋根勾配の基準線を L ⇒［複線間隔］= 70
- 消去 ⇒ ③を部分消去
- 複線 ⇒ ③を L ⇒［複線間隔］= 35 ⇒［連続］(④，⑤)
- 伸縮 ⇒ 複線した④，⑤を図のように縮める
- ⑤の線色（黒色）を黄色に変更

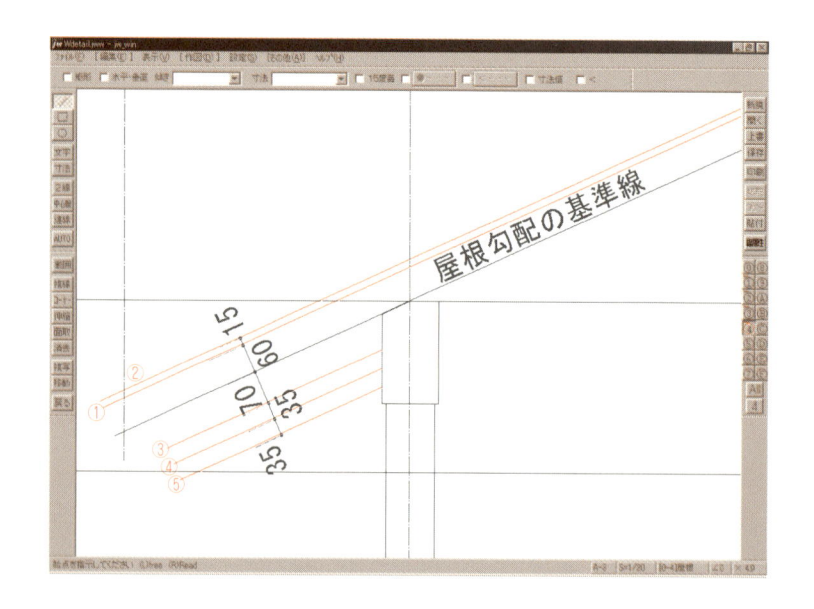

屋根勾配の基準線

(19) 屋根下地（鼻隠）の入力②

- ●軸角設定とオフセットを利用して鼻隠を描く（p.44 参照）
- ・線属性⇒線種（実線），線色（黄色）
- ・／⇒☑をチェック（水平・垂直）⇒設定（S）⇒軸角・目盛・オフセット（J）⇒［軸角］＝//0.45 ⏎⇒①を［R］⇒適当な位置で［L］
- ・□⇒［寸法］＝24, 180 ⇒軸角・目盛・オフセット（J）⇒［オフセット1回指定］⇒矩形の基準点①を［R］⇒［X,Y］＝20, 0⇒右下で［L］
- ・コーナー⇒②と③を［L］
- ・伸縮⇒鼻隠から出ている部分を縮める

屋根勾配4.5/10→//0.45
①矩形の基準点
鼻隠24×180

(20) 瓦の割付け①（軒先瓦の入力）

- ・線属性⇒線種（補助線）
- ・複線⇒①を［L］⇒［複線間隔］＝30⇒［連続］（②〜③）
- ・複線⇒④を［L］⇒［複線間隔］＝60（⑤）
- ・コーナー⇒③を［L］⇒⑤を［L］

※軸角設定を解除する⇒［設定（S）］⇒軸角・目盛・オフセット（J）⇒［軸角設定］のチェックを［L］してはずす

軒先瓦の基準点

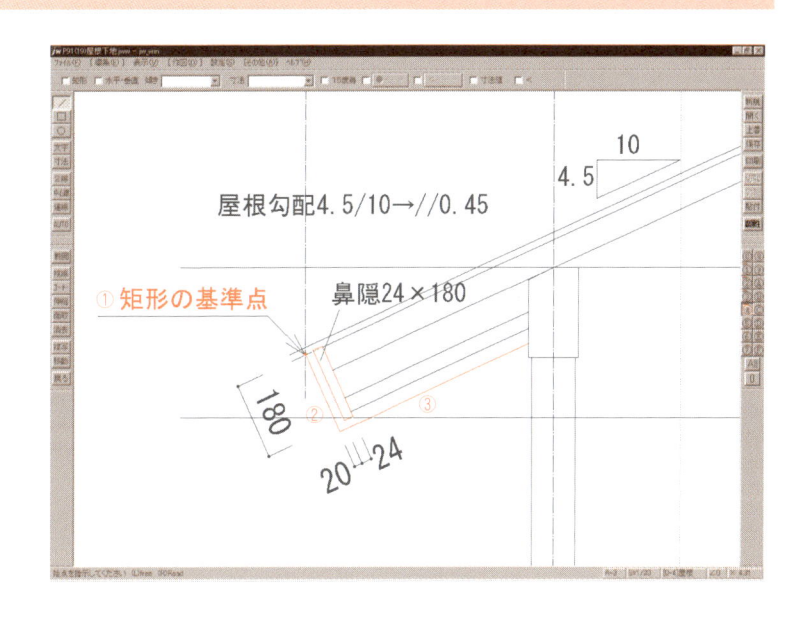

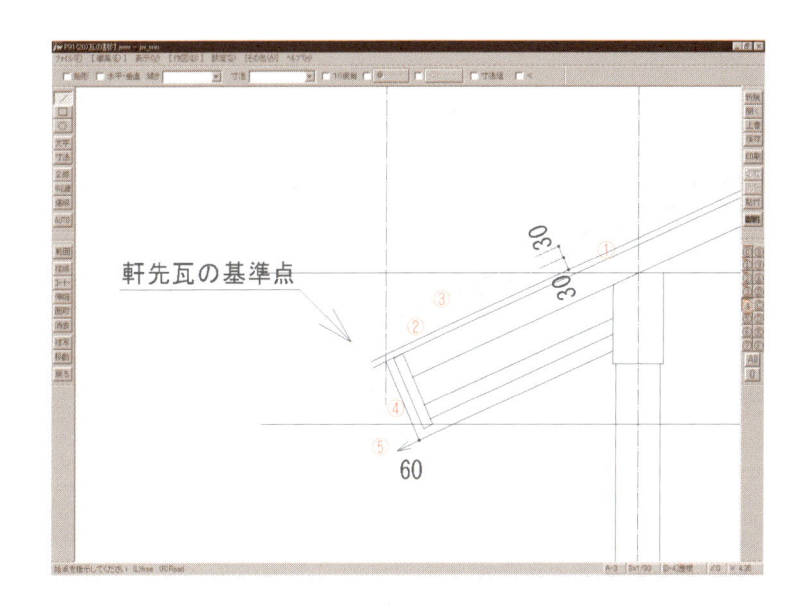

(21) 瓦の割付け②（平瓦の入力）

- ・線属性⇒線種（実線），線色（黒色）
- ●余白部分に瓦のみを描く
- ●平瓦を描く
  - ・□⇒［寸法］＝220, 32⇒所定の位置で［L］［L］
  - ・線属性⇒線種（実線），線色（黄色）に変更
  - ・□⇒［寸法］＝290, 13⇒①を［R］⇒右下で［L］
  - ・□⇒［寸法］＝13, 38⇒②を［R］⇒左下で［L］
  - ・コーナー⇒コーナー処理で仕上げる
- ●軒先瓦を描く
  - ・平瓦を複写し，左端部を図のように仕上げる

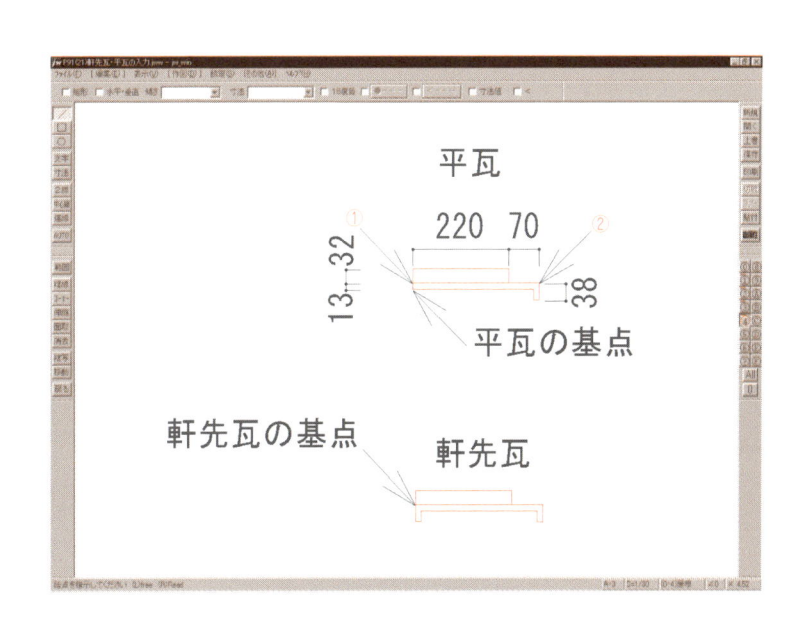

平瓦
平瓦の基点
軒先瓦の基点
軒先瓦

（22）瓦の割付け③

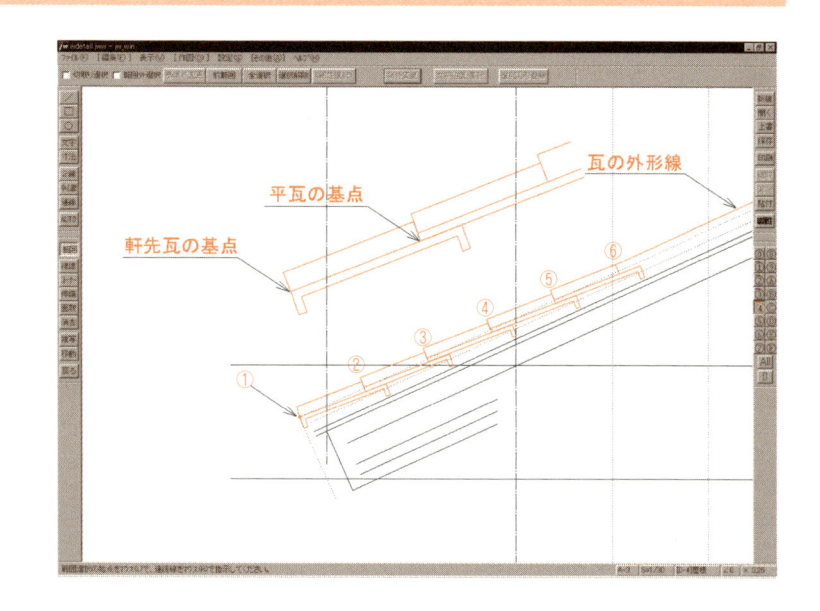

- 複写⇒軒先瓦を範囲選択⇒［選択確定］⇒基準点変更⇒［基点変更］により図のように軒先瓦の基点を(R)，［回転角］＝ 21°⇒①を(R)
- 同様に，平瓦の基点に合わせ複写する（②〜⑥）
- ●瓦の外形線を描く
  - 線属性⇒線色（黒色）へ変更
  - ／⇒［傾き］＝ //0.45 ⇒⑥を(R)⇒適当な位置で(L)

（23）広小舞，瓦桟，瓦座，敷平瓦の入力

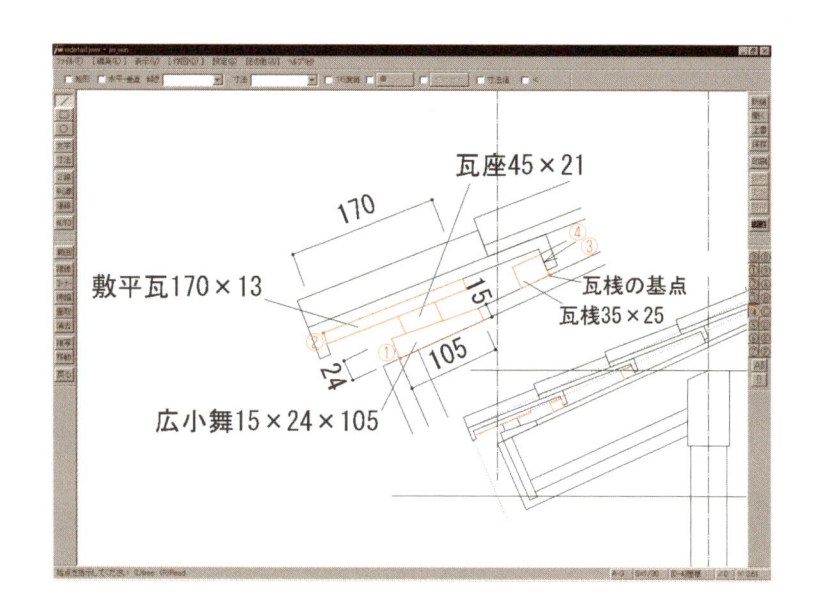

- 線属性⇒線種（実線），線色（黄色）
- ●広小舞を描く
  - □⇒［傾き］＝ //0.45，［寸法］＝ 105, 24 ⇒①を(R)⇒右上で(L)⇒右側端部を厚 24 から 15 に修正し，仕上げる
- 同様に敷平瓦（170 × 13）を描く（傾きは 21°とし，②を基点とする）
- ●瓦桟（35 × 25）を描く
  - 伸縮⇒③野地板を(R)(R)⇒④を(L)し，瓦桟の基点とする
  - □⇒［傾き］＝ //0.45 ⇒［寸法］＝ 35, 25 ⇒瓦桟の基点を(R)⇒左上で(L)，他の 4 箇所も記入
- ●瓦座（45 × 21）を描く
  - ／⇒☑をチェック（水平・垂直），［傾き］＝ //0.45 ⇒適当な位置（図を参照）で(L)⇒(L)
  - 複線⇒［複線間隔］＝ 45 ⇒所定の位置で(L)
  - 伸縮⇒瓦座を仕上げる

（24）軒天井の入力

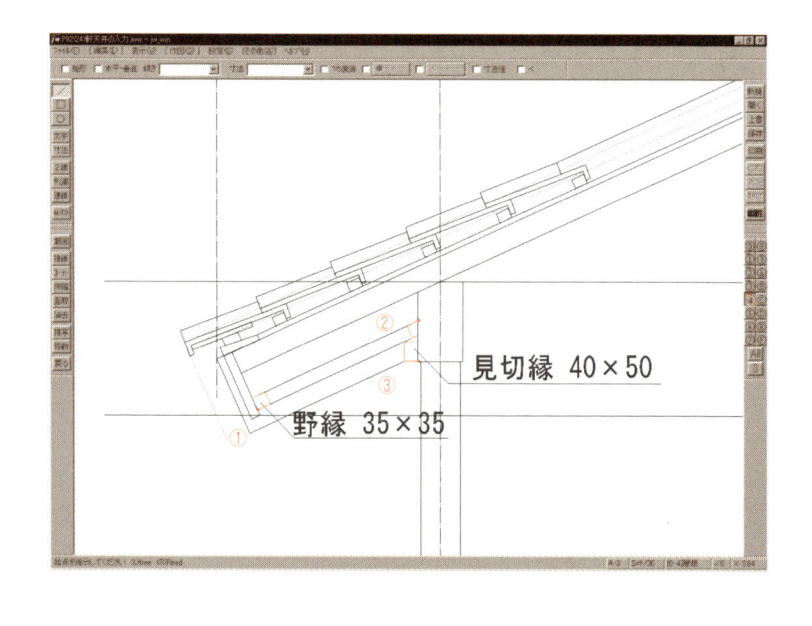

- 線属性⇒線種（実線），線色（黄色）
- ●野縁（35 × 35）を描く
  - □⇒［傾き］＝ //0.45，［寸法］＝ 35, 35 ⇒①を(R)⇒右上で(L)
  - □⇒［傾き］＝ //0.45，［寸法］＝ 35, 35 ⇒②を(R)⇒左下で(L)
- ●見切縁（40 × 50）を描く
  - □⇒［寸法］＝ 40, 50 ⇒③を(R)⇒左上で(L)⇒軒桁との取り合い部分を仕上げる

(25) 小屋梁の入力

- レイヤ【5】(小屋組) に変更
- 線属性⇒線種 (実線), 線色 (黒色)
- [作図 (D)] ⇒ 曲線 (J) ⇒ [スプライン曲線]
  ⇒丸太の感じが出るように任意の位置で🖱を繰り返す⇒[作図実行]

※ p.27 (3) スプライン曲線参照
小屋束との取り合い部分は水平に描く

- 同様に小屋梁端部の木目を描く
- 消去⇒部分消しで軒桁との取り合い部分を仕上げる

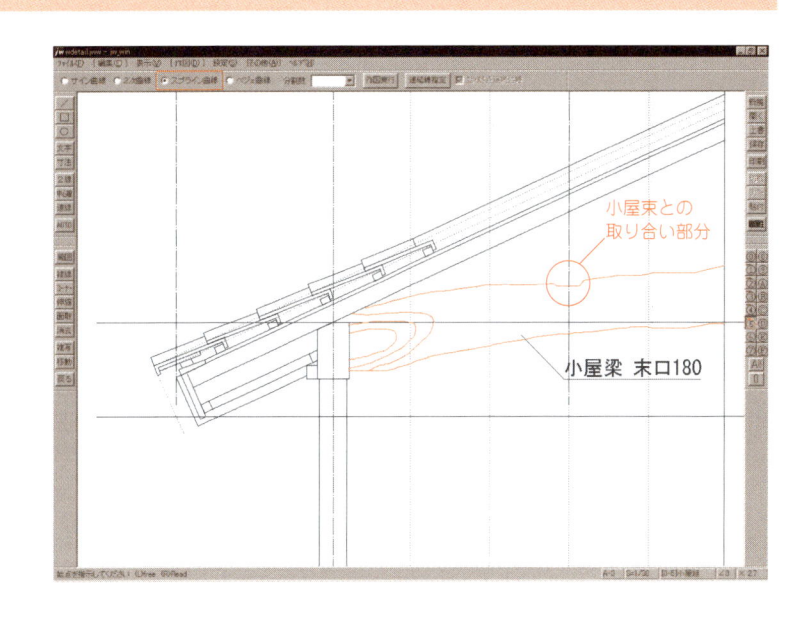

(26) 母屋, 小屋束の入力

● 母屋, 小屋束を描く
- 線属性⇒線種 (実線), 線色 (黄色)
- □ ⇒ [寸法] = 105, 105 ⇒①を🖱⇒母屋中心線に沿って下側で🖱
- 垂木と母屋の取り合い部分を図のように描く
- 線属性⇒線色 (黒色)
- 2線⇒母屋中心線を🖱⇒[2線の間隔] = 45⇒
  ②を🖱⇒③を🖱

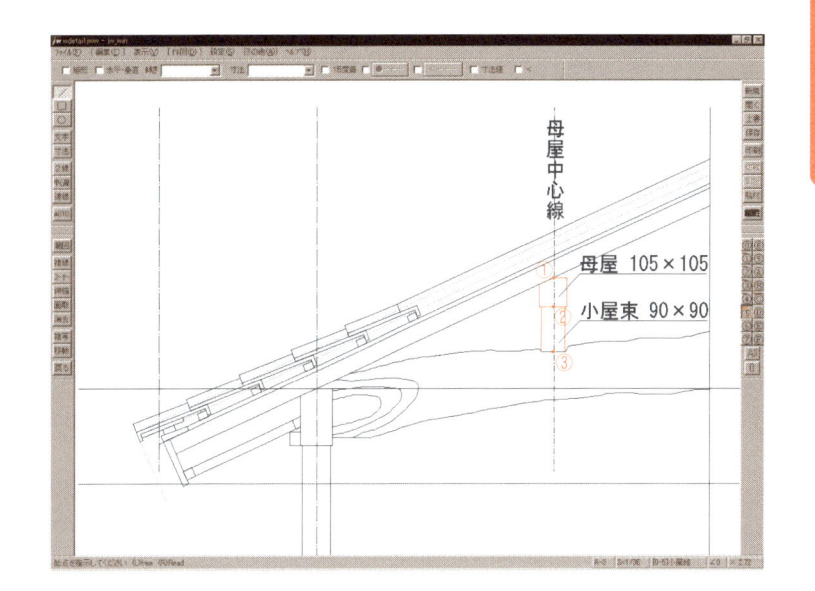

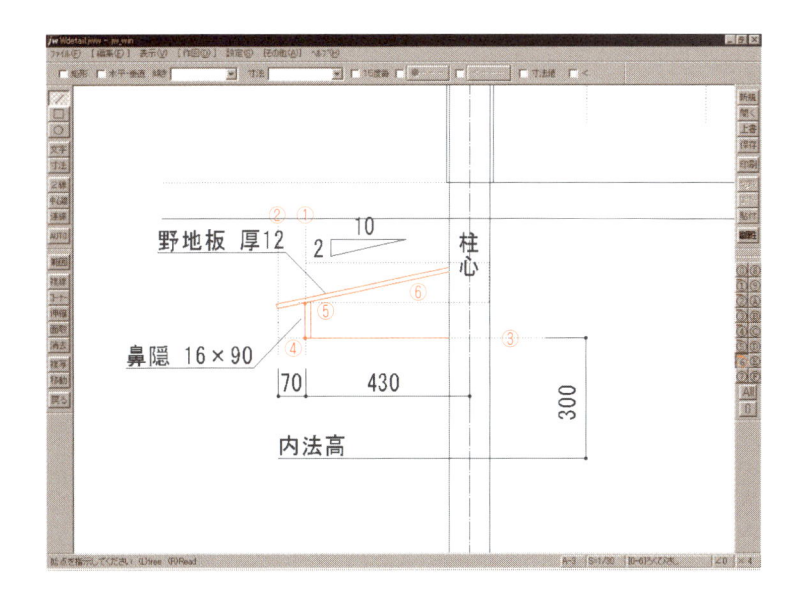

(27) ろくびさしの入力①

- レイヤ【6】(ろくびさし) に変更
- 線属性⇒線種 (補助線), 線色 (黒色)
- ろくびさし付近を両ボタンドラックして拡大
- 複線⇒柱心を🖱⇒[複線間隔] = 430 (①)
- 消去⇒①を部分消去
- 複線⇒①を🖱⇒[複線間隔] = 70 (②)
- 複線⇒内法高を🖱⇒[複線間隔] = 300 (③)
- 線属性⇒線種 (実線), 線色 (黄色)
- □ ⇒ [寸法] = 16, 90 ⇒④を🖱⇒右上で🖱

● 屋根勾配を描く
- / ⇒ [傾き] = //0.2⇒⑤を🖱⇒柱中心付近で🖱 (⑥)
- 複線⇒⑥を🖱⇒[複線間隔] = 12
- 伸縮⇒野地板を仕上げる

(28) ろくびさしの入力②

- 線属性 ⇒ 線種（実線），線色（黄色）
- 複線 ⇒ ①を🖱️ ⇒ ［複線間隔］ = 25
- 同様に②を🖱️ ⇒ ［複線間隔］ = 75
- コーナー ⇒ 複線した線を🖱️⇒🖱️で処理する
- カラー鉄板を描く
- 複線 ⇒ 雨押えおよびひさし部分を［複線間隔］= 3 で外側で複線する
- コーナー ⇒ 各線を処理した後，伸縮，／ で仕上げる
- 野縁（24 × 36）を描く
- □ ⇒ ［寸法］= 24, 36 ⇒ ③を🅡 ⇒ 右上で🖱️ ⇒ ④を🅡 ⇒ 左上で🖱️

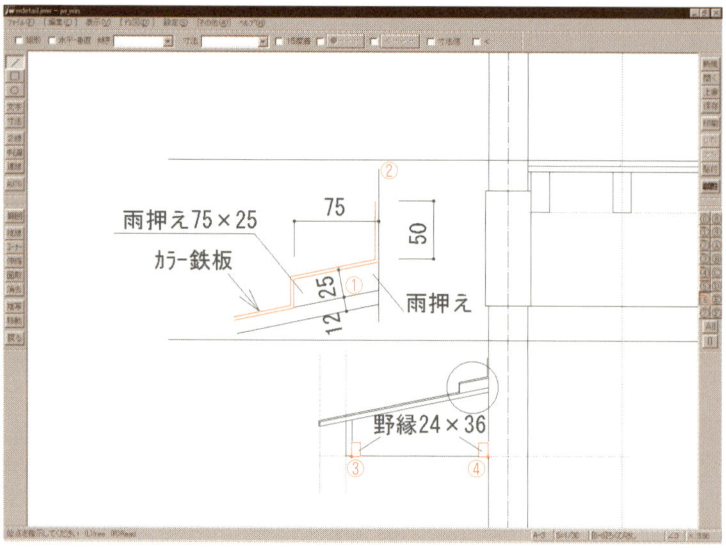

(29) 障子，窓まぐさの入力

- レイヤ【⑦】（1階開口）に変更
- 線属性 ⇒ 線種（実線），線色（黄色）
- 1階開口部を拡大
- 作図（D）⇒ 建具断面（K）⇒ ［ファイル選択］ ⇒ ［建具断面 A］の［6］を🖱️🖱️ ⇒ ［見込］= 105，［枠幅］= 36，［内法］= 1800，［芯ずれ］= 0
  ⇒ ①と②の交点を🅡 ⇒ ①と③の交点を🅡 ⇒ 🅡
- 線属性 ⇒ 線種（補助線）
- 複線 ⇒ ②を🖱️ ⇒ ［複線間隔］= 50 ⇒ 上側で🖱️
- 線属性 ⇒ 線種（実線）に変更
- □ ⇒ ［寸法］= 64, 50 ⇒ ④を🅡 ⇒ 右上で🖱️

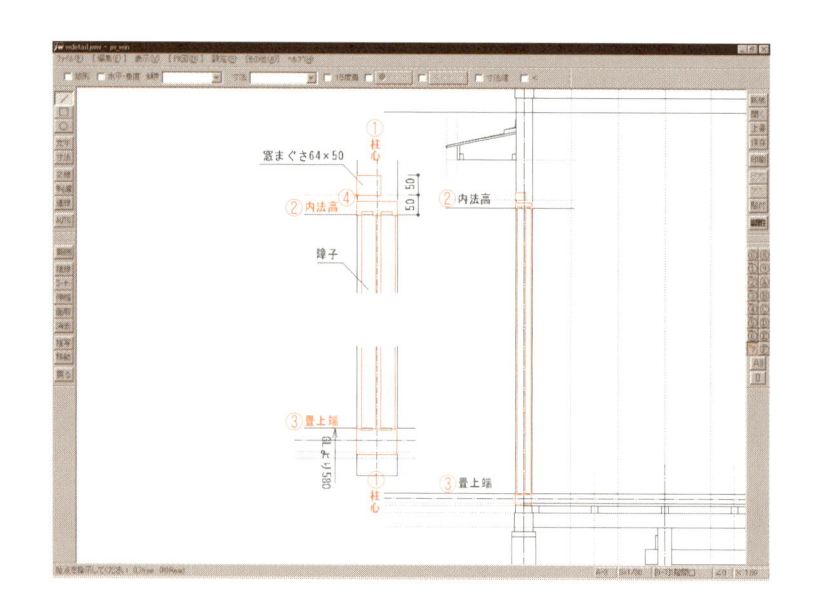

(30) アルミサッシの入力

- 線属性 ⇒ 線種（補助線）
- 複線 ⇒ 柱姿線①を🖱️ ⇒ ［複線間隔］= 35（②）
- 線属性 ⇒ 線種（実線），線色（黄色）
- ［作図（D）］⇒ 建具断面（K）⇒ ［ファイル選択］
  ⇒ ［建具断面 A］の［3］を🖱️🖱️ ⇒ ［見込］= 70，［枠幅］= 36，［内法］= 1800，［芯ずれ］= 0
  ⇒ ②と③の交点を🅡 ⇒ ②と④の交点を🅡 ⇒ 🅡

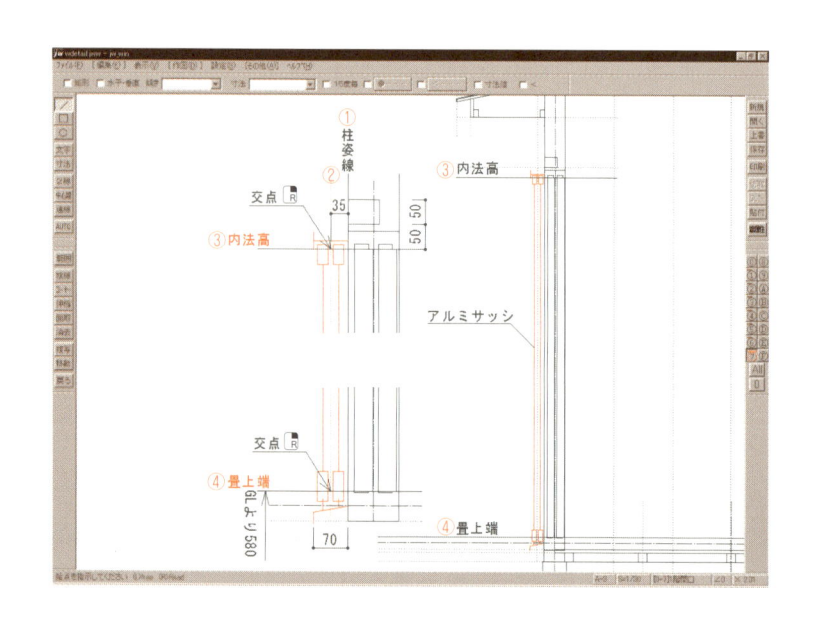

(31) サッシ上枠の入力

- 線属性 ⇒線種（実線），線色（黄色）
- ／ ⇒サッシ上枠を描く

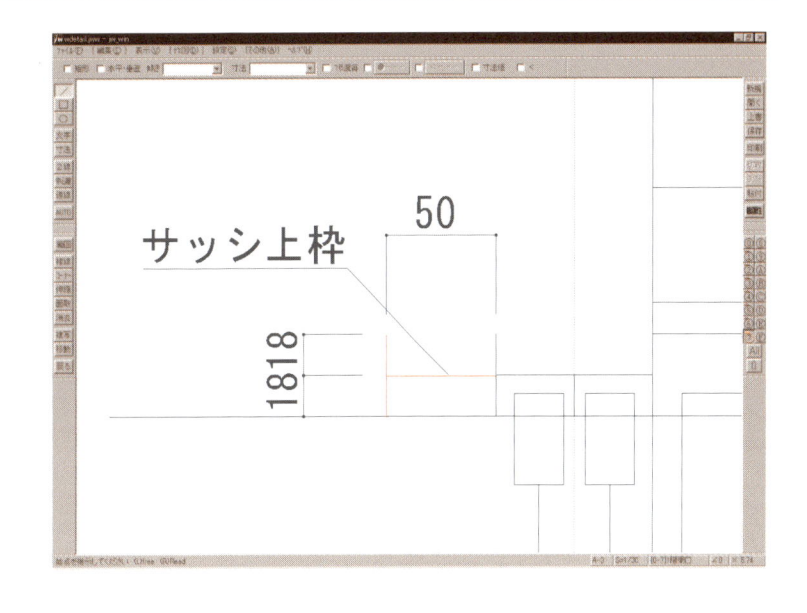

(32) サッシ下枠の入力

- 線属性 ⇒線種（実線），線色（黄色）
- ●オフセットを利用してサッシ下枠を描く
- ／ ⇒☑をチェック（水平・垂直），［寸法］＝ 50 ⇒設定 (S) ⇒軸角・目盛・オフセット (J) ⇒［オフセット1回指定］⇒①を[R]⇒［X, Y］＝ 0, 15 ⇒所定位置で[L]
- ／ ⇒②を[R]⇒☑をチェック（水平・垂直），［寸法］＝ 20

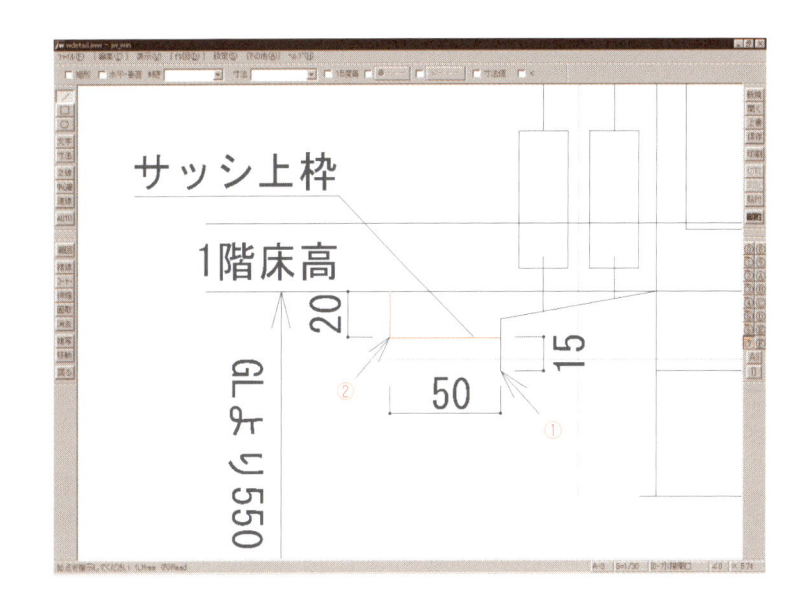

(33) 雨戸の入力

- 線属性 ⇒線種（実線），線色（黒色）
- ●オフセットを利用して雨戸を描く
- □ ⇒［寸法］＝ 40, 1855 ⇒設定 (S) ⇒軸角・目盛・オフセット (J) ⇒［オフセット1回指定］⇒基点を[R]⇒［X, Y］＝ 5, 5 ⇒右上で[L]

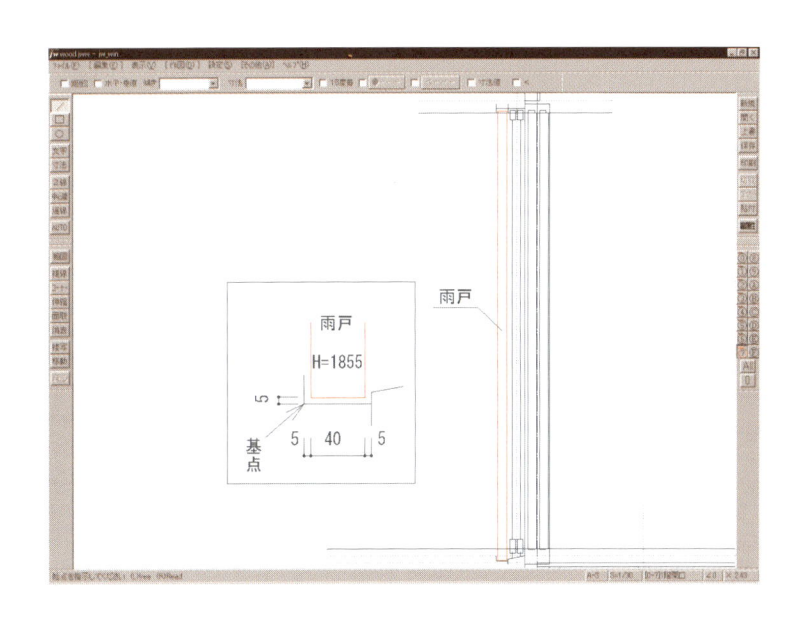

(34) 2階アルミサッシの入力

- レイヤ【⑧】（2階開口）に変更
- 線属性⇒線種（補助線）
- 2階開口部を拡大
- 複線⇒①を🖱⇒［複線間隔］＝ 70（②）
- 線属性⇒線種（実線），線色（黄色）
- ［作図（D）］⇒建具断面（K）⇒ファイル選択⇒［建具断面A］の［3］を🖱🖱⇒［見込］＝ 70,［枠幅］＝ 36,［内法］＝ 900,［芯ずれ］＝ 0⇒②と③の交点を🖱⇒②と④の交点を🖱⇒🖱

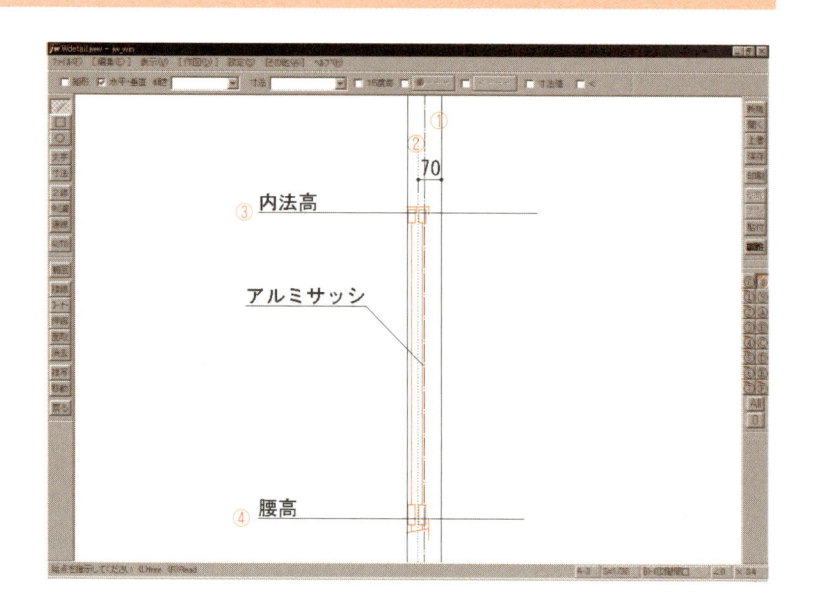

(35) サッシ上枠，窓まぐさの入力

- 線属性⇒線種（補助線）
- ●窓まぐさを描く
- 複線⇒①を🖱⇒［複線間隔］＝ 50⇒上側で🖱（②）
- 線属性⇒線種（実線）
- □⇒［寸法］＝ 105, 50⇒③を🖱⇒柱心に沿って上側で🖱
- ／⇒サッシ上枠を図のように描く

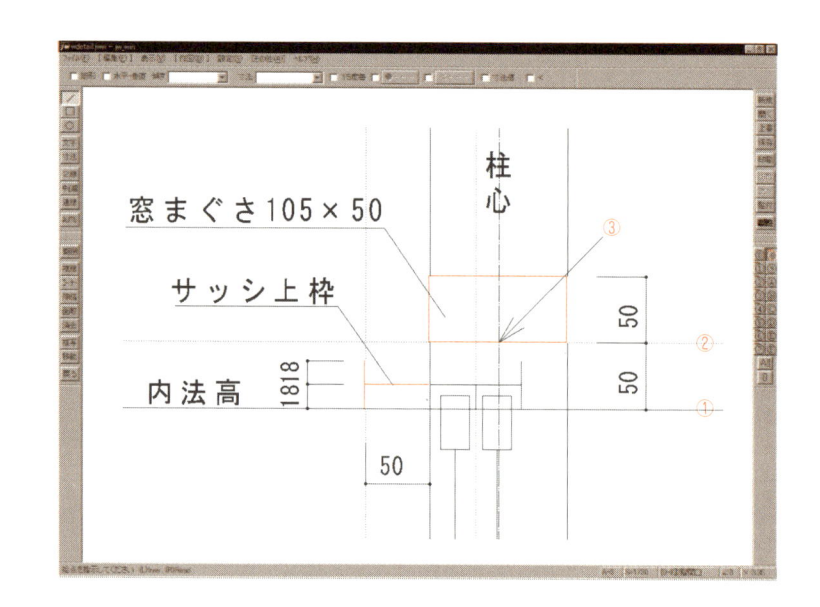

(36) サッシ下枠，窓台の入力

- 線属性⇒線種（補助線）
- ●窓台を描く
- 複線⇒①を🖱⇒［複線間隔］＝ 50⇒下側で🖱（②）
- 線属性⇒線種（実線）
- □⇒［寸法］＝ 105, 50⇒③を🖱⇒柱心に沿って下側で🖱
- ／⇒サッシ下枠を図のように描く

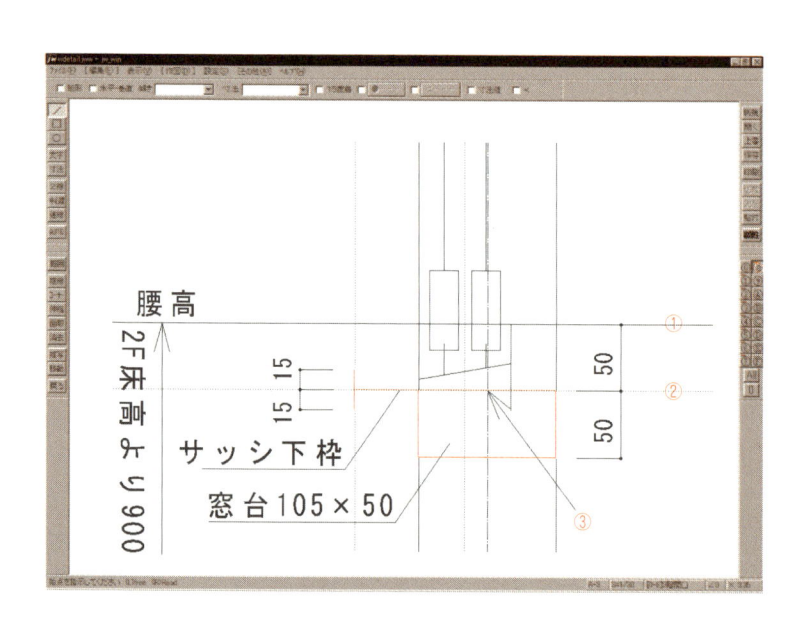

(37) 雨戸, 額縁の入力

- 線属性 ⇒ 線種（実線），線色（黒色）
- ●雨戸（厚さ 40, 高さ 955）を描く
- □ ⇒ ［寸法］＝ 40, 955 ⇒ 設定（S）⇒ 軸角・目盛・オフセット（J）⇒ ［オフセット1回指定］⇒ 基点を[R]⇒［X, Y］＝ 5, 5 ⇒ 所定位置で[L]
- 線属性 ⇒ 線色（黄色）
- ●額縁（64×25）を描く（2箇所）
- □ ⇒ ［寸法］＝ 64, 25 ⇒ 基点を[R]⇒ 所定位置で[L]
- 消去 ⇒ 額縁内を部分消去，姿線の線色を黒色へ変更

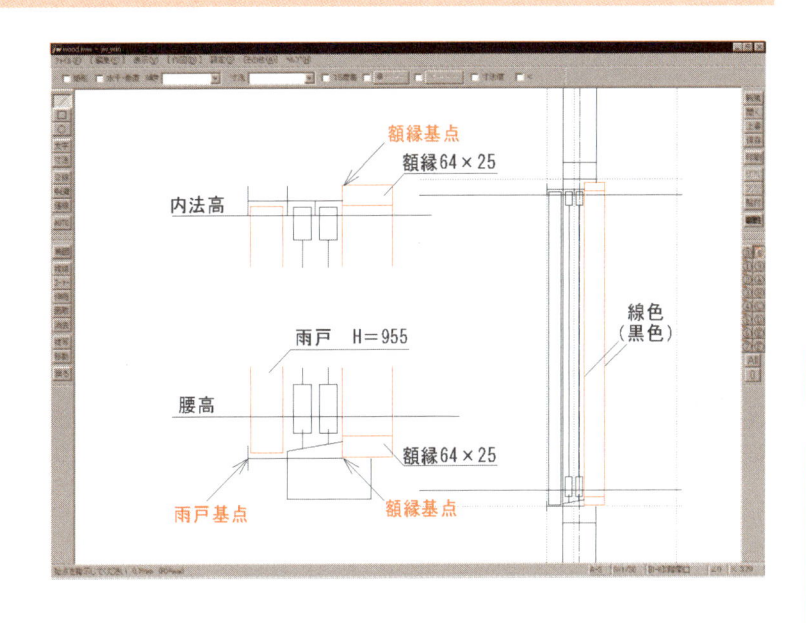

(38) 1階天井の下書き

- レイヤ【9】（1階天井）に変更
- 線属性 ⇒ 線種（補助線）
- 1階天井付近を拡大
- 複線 ⇒ 1階天井高①を[L]⇒［複線間隔］＝ 6 を上側[L]②
- 複線 ⇒ ②を[L]⇒［複線間隔］＝ 40 を上側で[L]⇒［連続］
- 複線 ⇒ 1階天井高①を[L]⇒［複線間隔］＝ 40 を下側で[L]

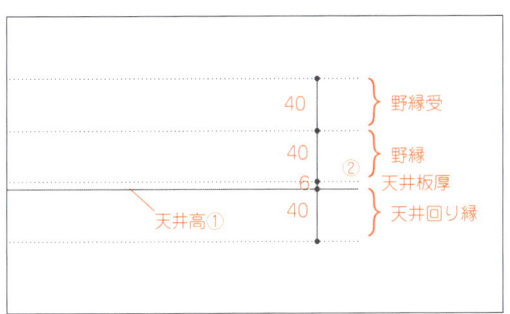

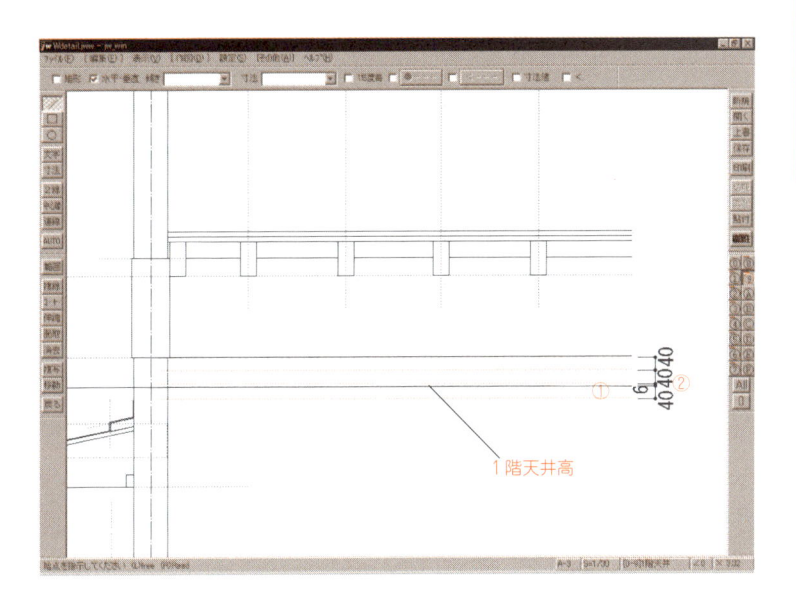

(39) 野縁の割付け

- 線属性 ⇒ 線種（補助線）
- ●野縁の中心線を描く
- 複線 ⇒ 柱心を[L]⇒［複線間隔］＝ 455（①）
- 消去 ⇒ ①を部分消去（または 伸縮）
- 複線 ⇒ ①を[L]⇒［複線間隔］＝ 455 ⇒［連続］（②〜③）

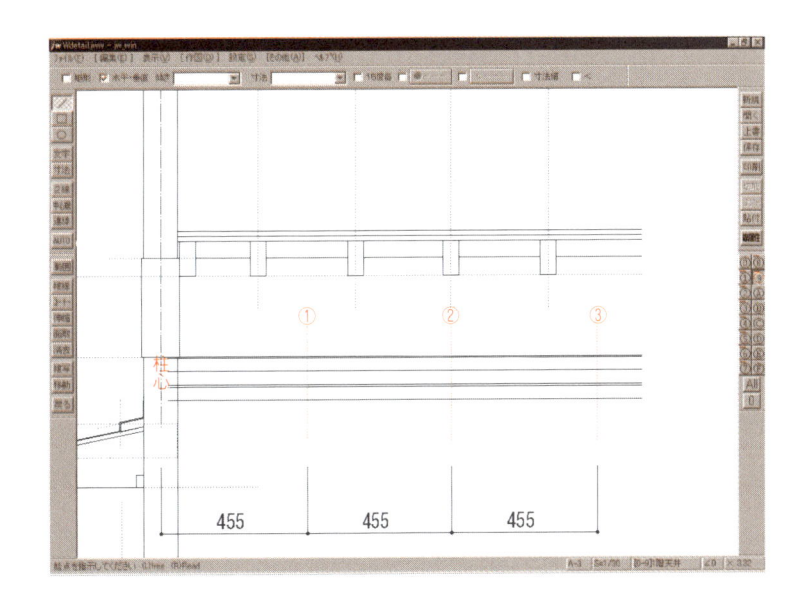

(40) 野縁，回り縁，天井厚の入力

- 線属性⇒線種（実線），線色（黄色）
- 野縁（45 × 40）を描く
  - □⇒［寸法］= 45, 40⇒①を[R]⇒右下で[L]
  - □⇒［寸法］= 45, 40⇒②を[R]⇒下側で[L]
- 同様にして他の野縁を描く
- 回り縁（50 × 40）を描く
  - □⇒［寸法］= 50, 40⇒設定（S）⇒軸角・目盛・オフセット（J）⇒［オフセット1回指定］⇒基点③を[R]⇒［X, Y］= − 40, 0⇒所定位置で[L]
- ／⇒野縁と回り縁との取り合い部分の天井厚を仕上げる
- 線属性⇒線種（実線），線色（黒色）
- ／⇒野縁受下端，回り縁下端の姿線を描く

(41) 吊木，吊木受の入力

- 線属性⇒線種（実線），線色（黒色）
- □⇒［寸法］= 40, 384⇒①を[R]⇒左下で[L]
- 消去⇒吊木と野縁受の交差部分を部分消去

※補助線と実線が重なっているために，2回消去する場合がある

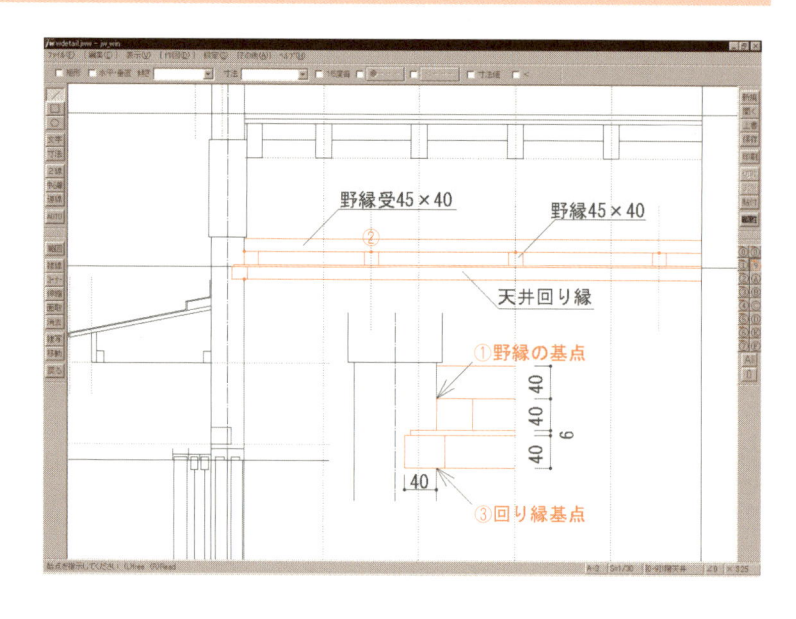

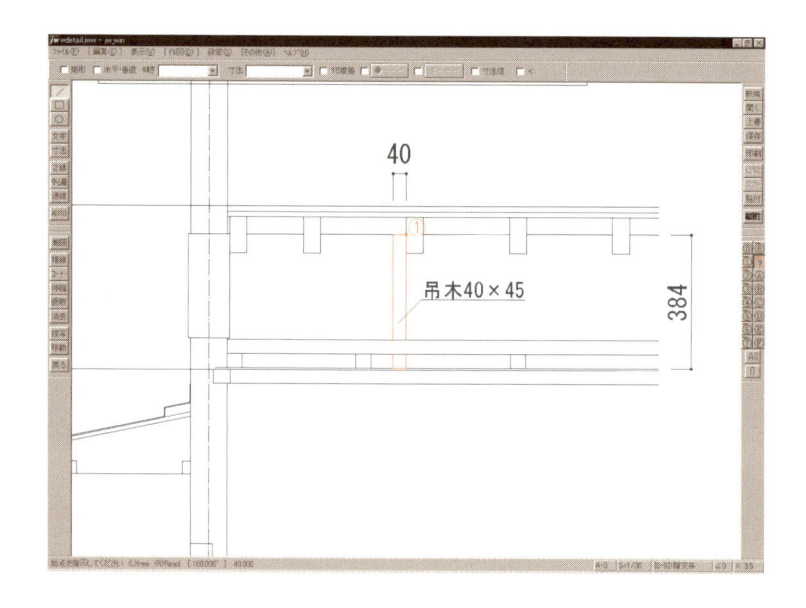

(42) 2階天井厚の下書き

- レイヤ【Ⓐ】（2階天井）に変更
- 線属性⇒線種（補助線），線色（黒色）
- 2階天井付近を拡大
- 複線⇒2階天井高①を[L]⇒［複線間隔］= 12⇒上側で[L]（②）
- 消去⇒②を部分消去
- 複線⇒②を[L]⇒［複線間隔］= 45⇒上側で[L]（③）
- 複線⇒①を[L]⇒［複線間隔］= 40⇒下側で[L]（④）

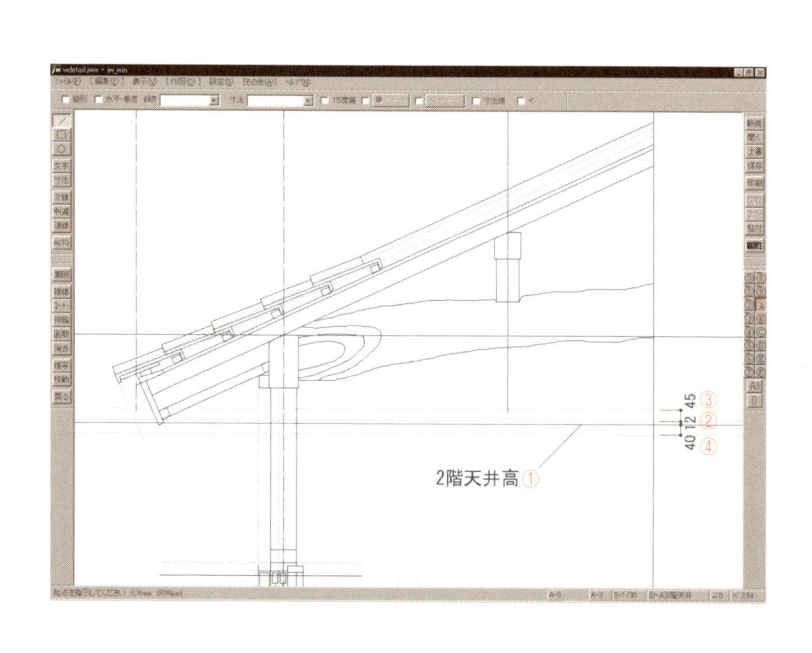

(43) 天井厚の入力，野縁の割付け

- 線属性⇒線種（実線），線色（黄色）
- ／⇒天井厚を描く
- 線属性⇒線種（補助線）
- ●野縁の中心線を描く
- 複線⇒柱心を🆔⇒［複線間隔］＝455（①）
- 消去⇒①を部分消去
- 複線⇒①を🆔⇒［複線間隔］＝455⇒［連続］（②～③）

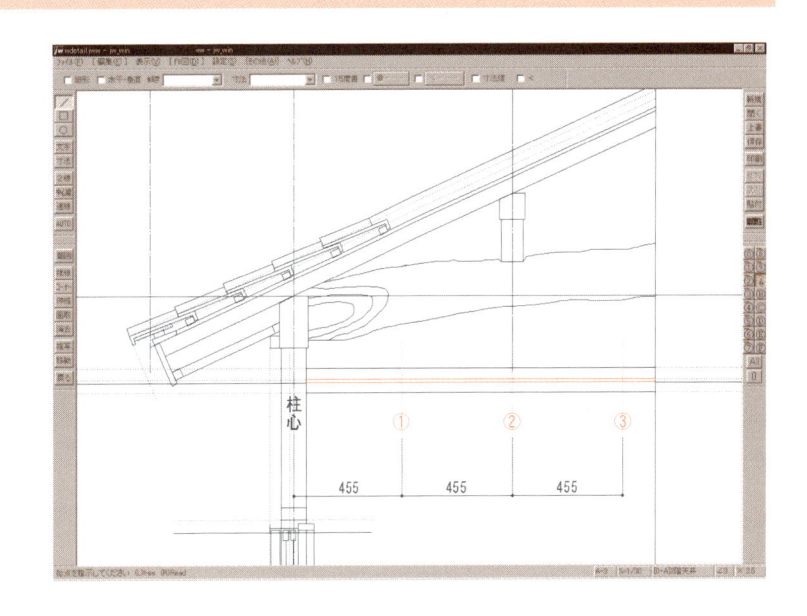

(44) 野縁，回り縁の入力

- 線属性⇒線種（実線），線色（黄色）
- ●野縁を描く
- □⇒［寸法］＝45, 45⇒①を[R]⇒右下で🆔
- □⇒［寸法］＝45, 45⇒②を[R]⇒野縁の中心線に沿って下側で🆔
- 同様に他の回り縁を描く
- □⇒［寸法］＝40, 40⇒⑤を[R]⇒右下で🆔
- 線属性⇒線種（実線），線色（黒色）
- ／⇒回り縁の姿線を描く

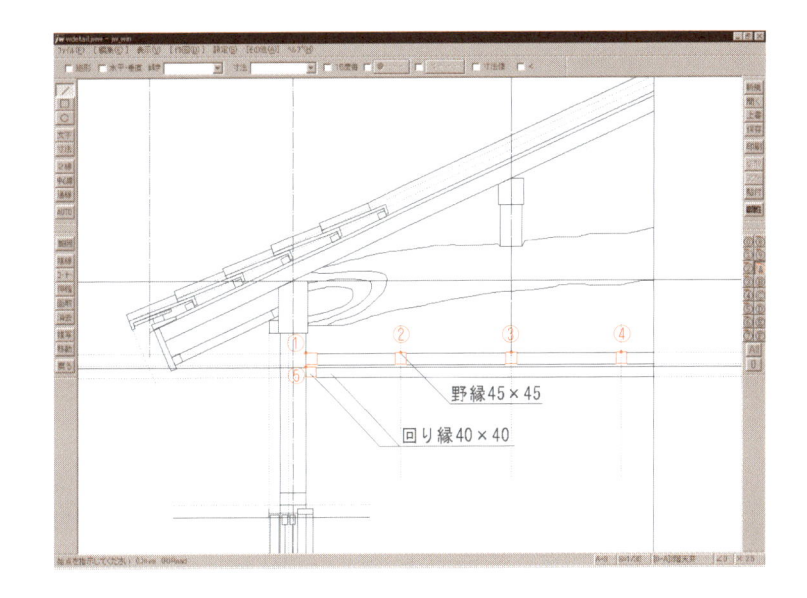

(45) 吊木，吊木受の入力

- 線属性⇒線種（実線），線色（黒色）
- ●吊木を描く
- □⇒［寸法］＝40, 500⇒①を[R]⇒右上で🆔
- □⇒［寸法］＝40, 600⇒②を[R]⇒右上で🆔
- 線属性⇒線種（実線），線色（黄色）
- ●吊木受を描く
- ○⇒［半径］＝37.5⇒適切な位置で🆔⇒繰り返し

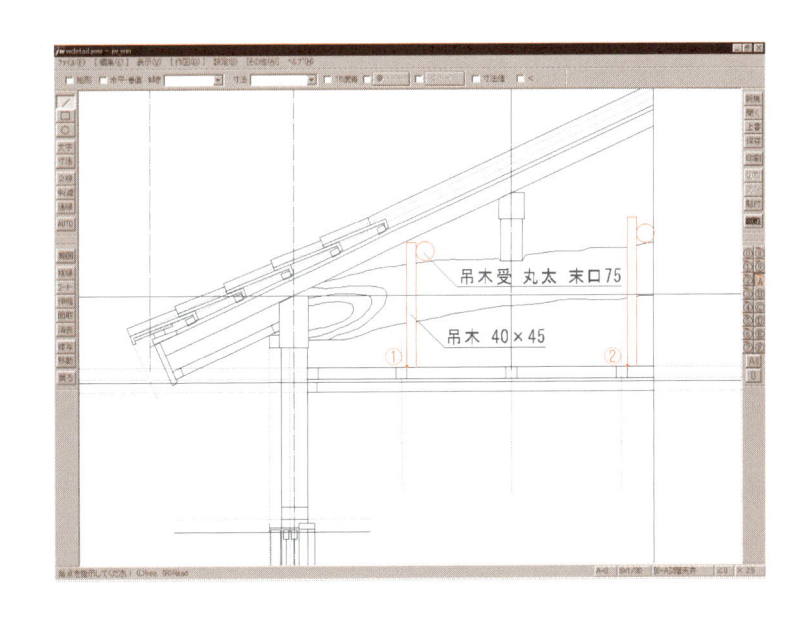

(46) 外壁の入力

- レイヤ【Ⓑ】（内外壁）に変更
- 線属性⇒線種（実線），線色（黄色）
- ろくびさし付近を拡大
- 複線⇒①を🅛⇒［複線間隔］= 14.5（②）⇒②を🅛⇒［複線間隔］= 28（③）
- 同様に④を🅛⇒［複線間隔］= 14.5（⑤）⇒⑤を🅛⇒［複線間隔］= 25.5（⑥）
- コーナー⇒⑤と②を🅛⇒⑥と③を🅛，伸縮⇒他も同じように仕上げる
- 線属性⇒線種（点線3）
- 範囲⇒⑤を範囲選択⇒［属性変更］⇒［指定線種］に変更
- 同様に②も［点線3］に変更

※軒桁左下の見切縁まで，同様に仕上げる

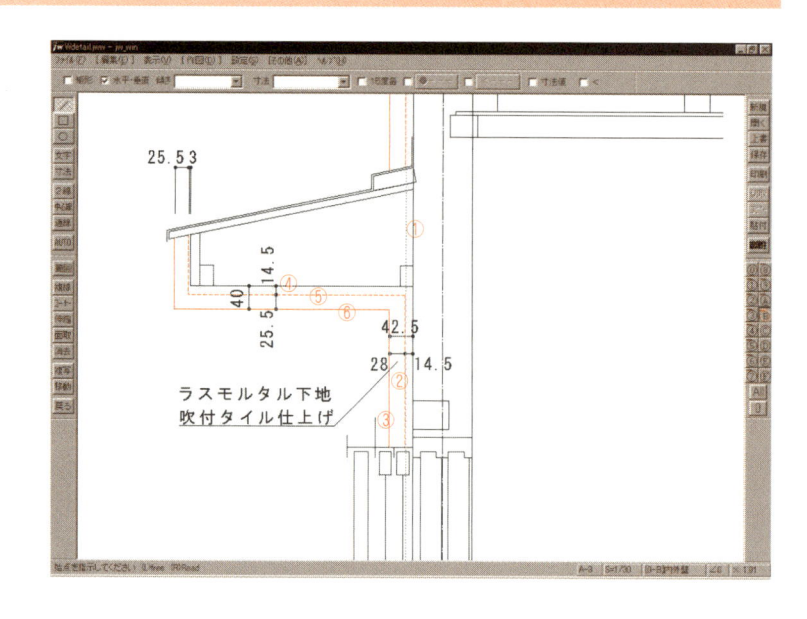

(47) 1階内壁の入力

- 線属性⇒線種（実線），線色（黒色）
- 複線⇒①を🅛⇒［複線間隔］= 15（②）
- 消去⇒②を部分消去（または 伸縮）
- ●石膏ボード，じゅらく塗を描く
- 複線⇒②を🅛⇒［複線間隔］= 20（③）⇒③を🅛⇒［複線間隔］= 6（④）
- 線属性⇒線種（補助線）
- ●内法なげしを描く
- □⇒［寸法］= 21, 90⇒⑥を🅡⇒上側で🅛
- ╱⇒内法なげしを図のような寸法で仕上げる（実線）

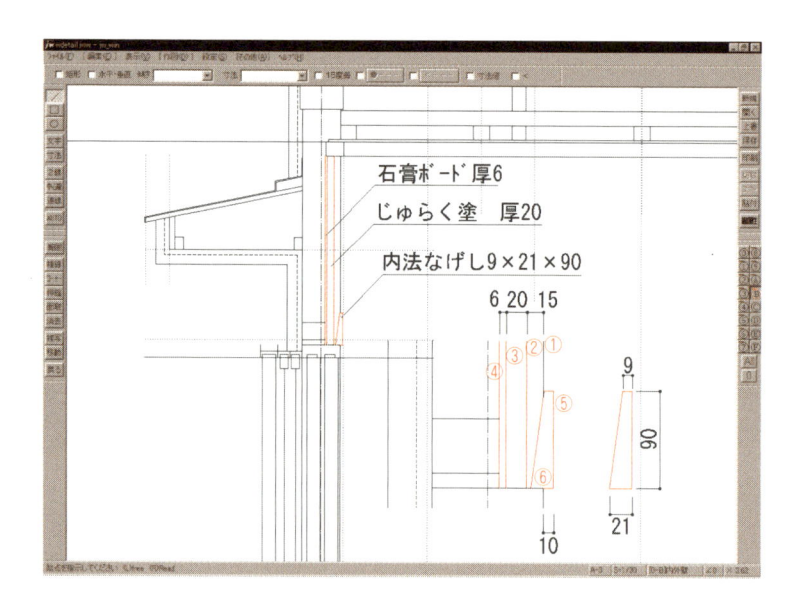

(48) 2階内壁の入力

- 線属性⇒線種（実線），線色（黒色）
- 2階床付近を拡大
- □⇒［寸法］= 27, 70⇒①を🅡⇒右上で🅛
- 複線⇒②を🅛⇒［複線間隔］= 15（③）⇒③を🅛⇒［複線間隔］= 6（④）
- 伸縮⇒複線した③と④を縮める
- ●胴縁を描く
- □⇒［寸法］= 15, 45⇒設定（S）⇒軸角・目盛・オフセット（J）⇒［オフセット1回指定］⇒基点を🅡⇒［X, Y］= 0, 10⇒所定位置で🅛
- 範囲⇒胴縁を選択⇒複写⇒［数値位置］= 0, 240 ⏎⇒［連続］

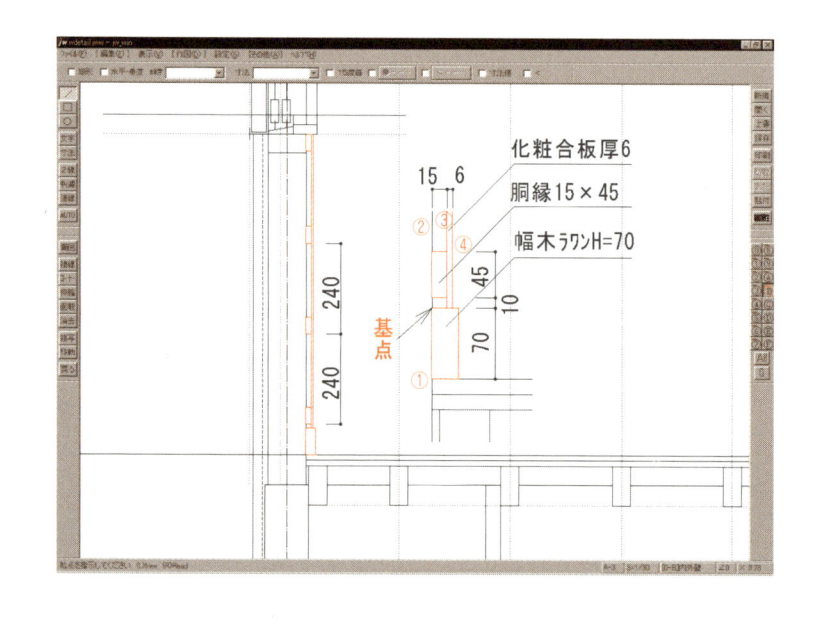

(49) ぬれ縁，くつぬぎ石，アンカーボルト，かすがいの入力

- レイヤ【Ⓒ】（補強金具等）に変更
- 線属性 ⇒ 線種（実線），線色（黒色）
- ぬれ縁付近を拡大
- 寸法を参考にして，ぬれ縁を描く
- 同様にくつぬぎ石，アンカーボルト（土台と布基礎），かすがい（大引と床束）を各位置に描く

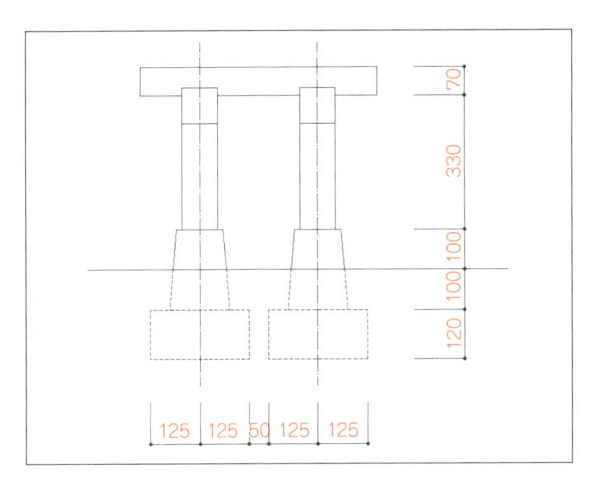

(50) 羽子板ボルトの入力

- 線属性 ⇒ 線種（実線），線色（黒色）
- 胴差付近を拡大
- 寸法を参考にして羽子板ボルトを描く（胴差と2階床梁の位置）

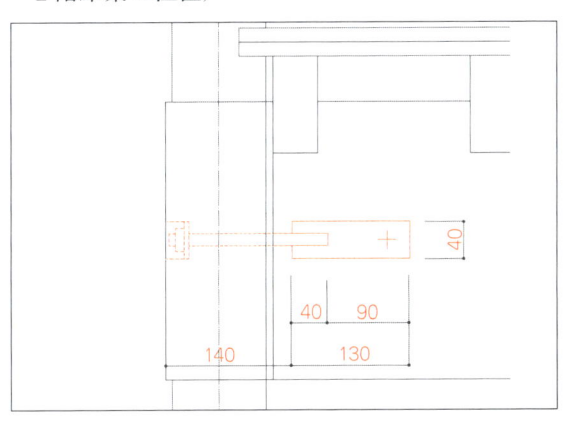

(51) 羽子板ボルト，かすがい，といの入力

- 線属性 ⇒ 線種（実線），線色（黒色）
- 軒桁付近を拡大
- 寸法を参考にして，羽子板ボルト，かすがい，といを描く

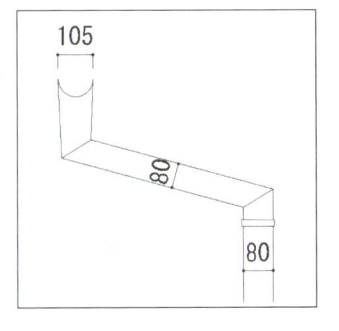

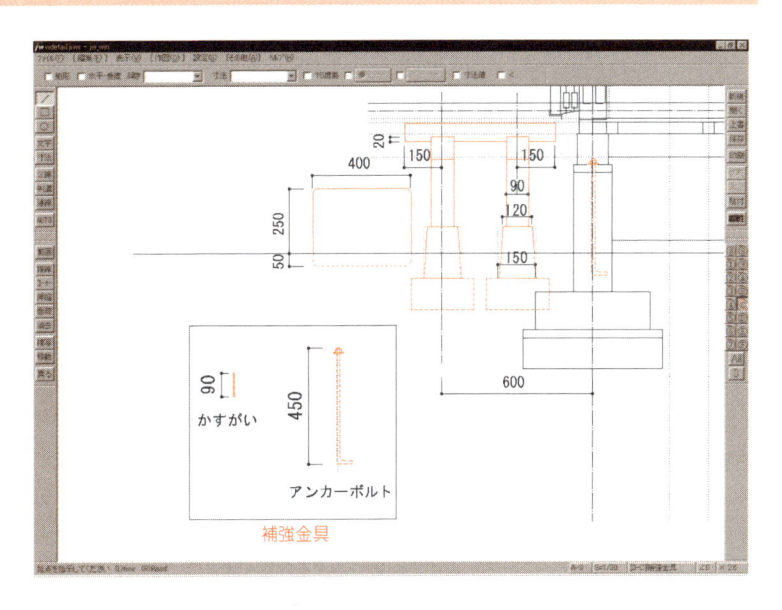

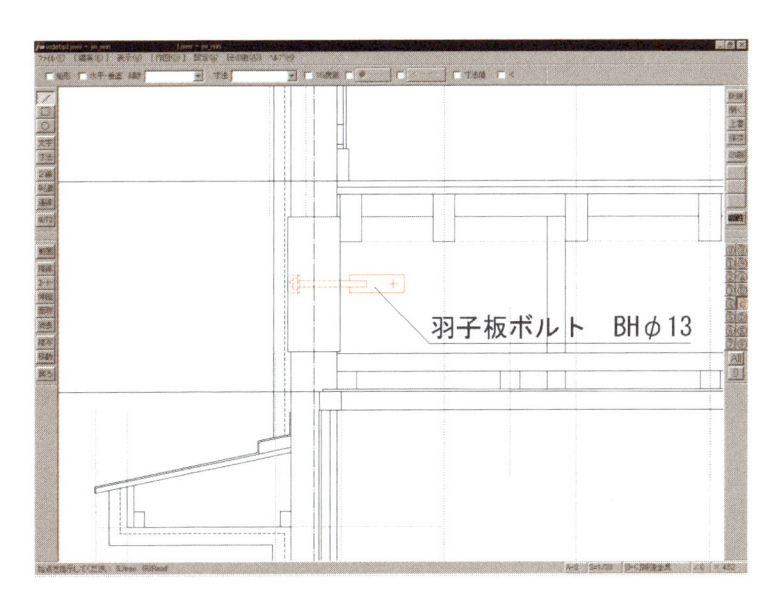

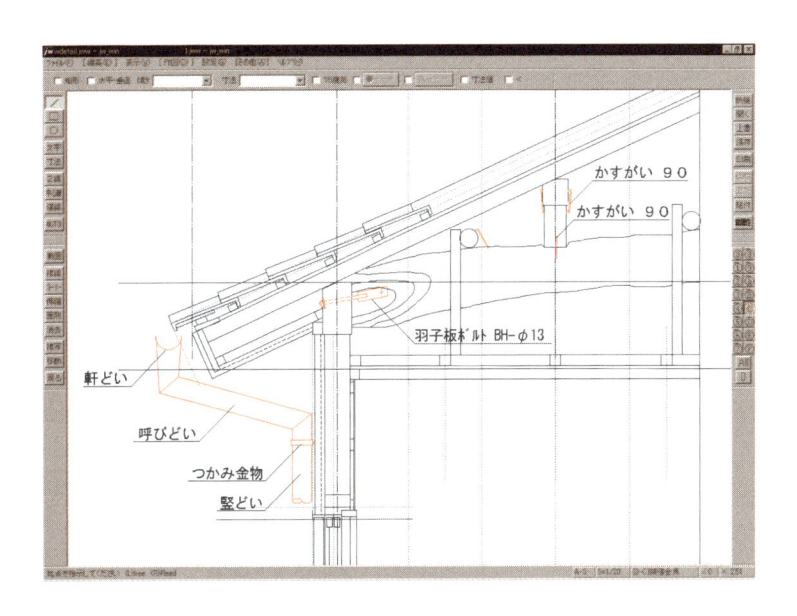

(52) 断面表示記号の入力①

- レイヤ【Ⓓ】（断面表示記号）に変更
- ●|複写|で割栗石の表示記号を連続で描く
- |線属性|⇒線種（補助線）に変更
- |複線|⇒［複線間隔］= 20
- |線属性|⇒線種（実線），線色（黒色）
- |／|⇒［傾き］= 75 と − 75 で割栗石を１つ描く
- ● X方向に幅 75 の割栗石を連続複写
- |複写|⇒割栗石のみを範囲選択⇒選択確定⇒X方向⇒［数値位置］= 75, 0 ⇒|□|⇒［連続］

(53) 断面表示記号の入力②

- |線属性|⇒線種（実線），線色（黄色）
- ● 壁の断熱材を描く
- |□|⇒①を|R|⇒［オフセット１回指定］⇒基点②を|R|⇒［X, Y］= − 50, 0 ⇒所定位置で|□|
- |線属性|⇒線色（黒色）に変更
- レイヤ【Ⓒ】以外は，表示のみのレイヤに変更
- |作図　(D)|⇒|ハッチ　(H)|⇒断熱材の４辺を|□|で指示⇒［角度］= 45°，［ピッチ］= 1.0 ⇒［実行］⇒［角度］= − 45°⇒［実行］（p.30参照）
- 額縁，鴨居等のハッチングのピッチは 0.3 とする
- 胴差，根太，野縁等の断面表示記号を描く

(54) 断面表示記号の入力③

- |線属性|⇒線種（実線），線色（黄色）
- 軒桁付近を拡大
- ● 天井の断熱材を描く
- |複線|⇒①を|□|⇒［複線間隔］= 50 ⇒上側で|□|⇒［連続］（②〜③）
- |／|⇒完成図を参考に③の線上に斜線（45°，− 45°）を描く
- |複線|⇒［複線間隔］= 50 で所定位置に|□|
- |伸縮|⇒①を|R||R|し，|複線|(50) して①よりはみ出した部分を縮め，③と②の線分を|R|で線切断
- |編集　(E)|⇒|面取り　(M)|⇒［丸面］，［寸法］= 10 ⇒面取りをする２線を|□|⇒|□|
- |／|⇒帯状になるように断熱材を仕上げる
- |作図　(D)|⇒|ハッチ　(H)|で断熱材を仕上げる（線色⇒黒色）
- 軒桁，母屋，野縁，回り縁等の断面表示記号を描く

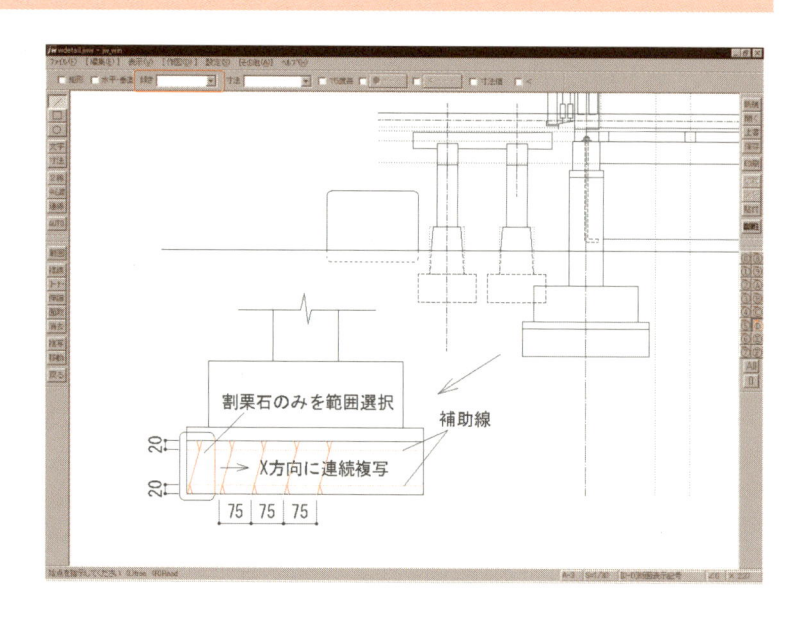

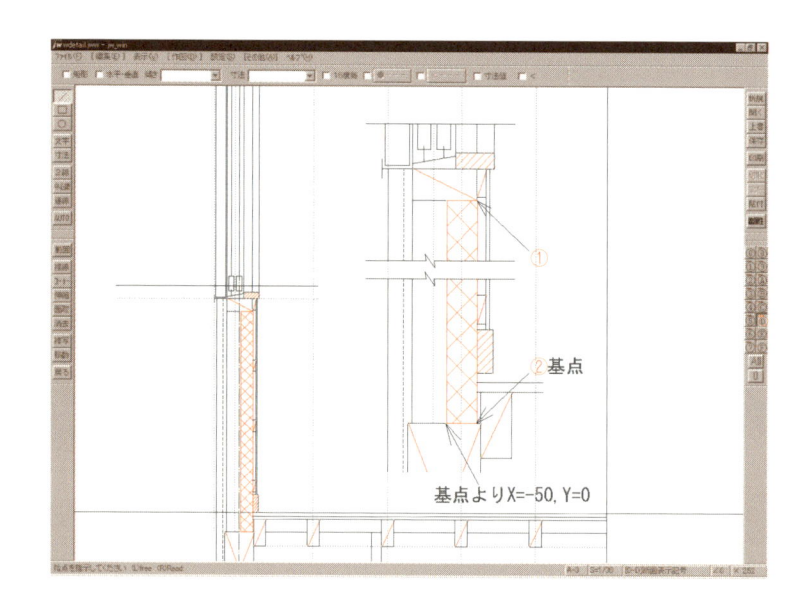

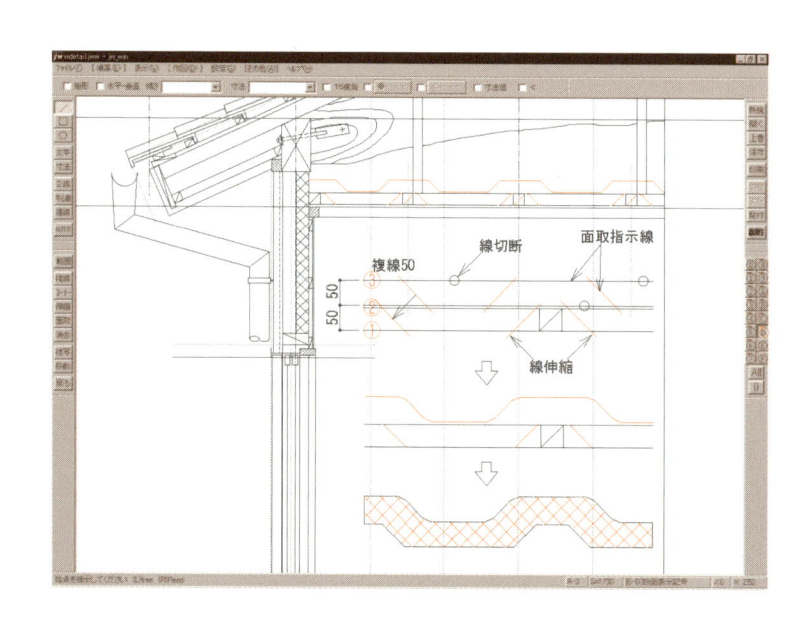

（55）寸法の入力

- レイヤ【Ⓔ】（寸法）に変更
- 線属性 ⇒ 線種（実線），線色（黒色）
- 布基礎付近を拡大
- 寸法 ⇒ 引出線の位置①（下図）を📕⇒寸法線の位置②を📕⇒寸法値の始点③を📕⇒寸法値の終点④を📕
- 垂直寸法は［0°/90°］で切り換える

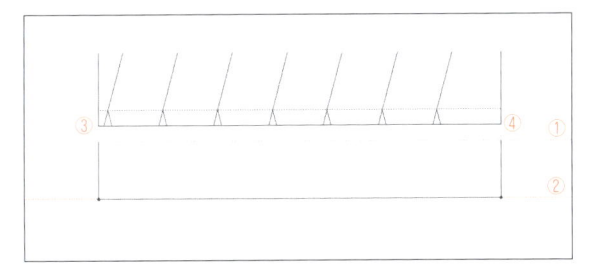

（56）引出線の入力

- レイヤ【Ⓕ】（部材名）に変更
- 線属性 ⇒ 線種（実線），線色（黒色）
- ／ ⇒［傾き］＝ 45°または− 45°を選択⇒始点📕⇒終点📕
- ／ ⇒［水平・垂直］に☑⇒始点📕⇒終点📕

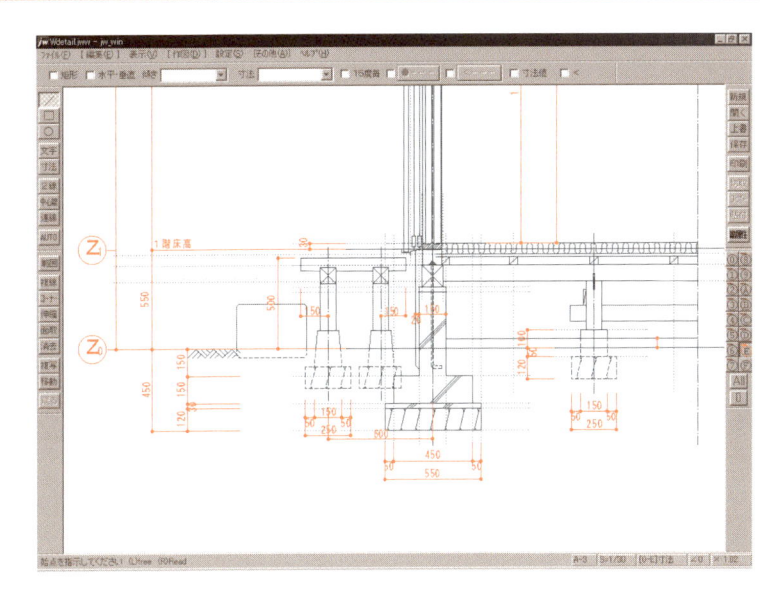

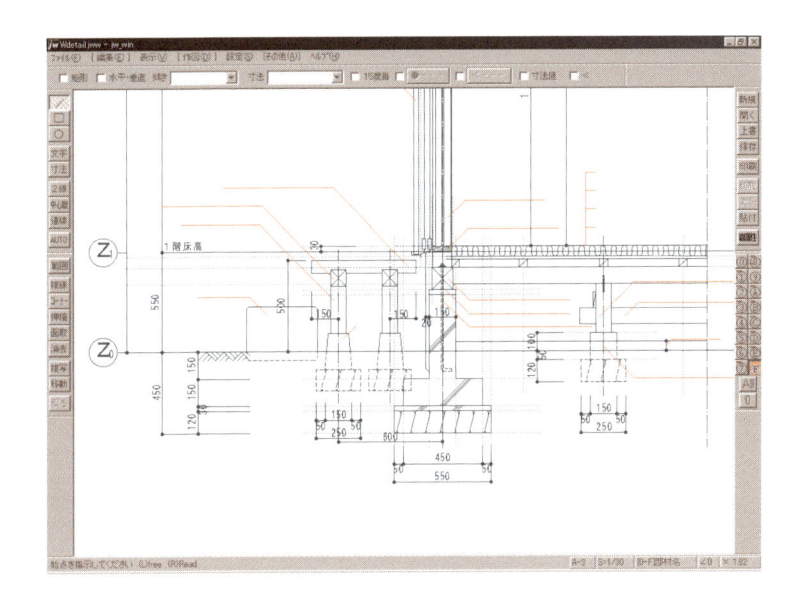

（57）部材名の入力

- 書込文字種は［2］をチェック⇒［OK］
- 文字 ⇒［水平］に☑⇒文字列入力⇒変換⇒確定
  必要に応じて［基点（左下）］または［基点（右下）］（文字基点設定）の文字基点を📕⇒基線の端を📕
- 消去 ⇒ 基線を部分消去

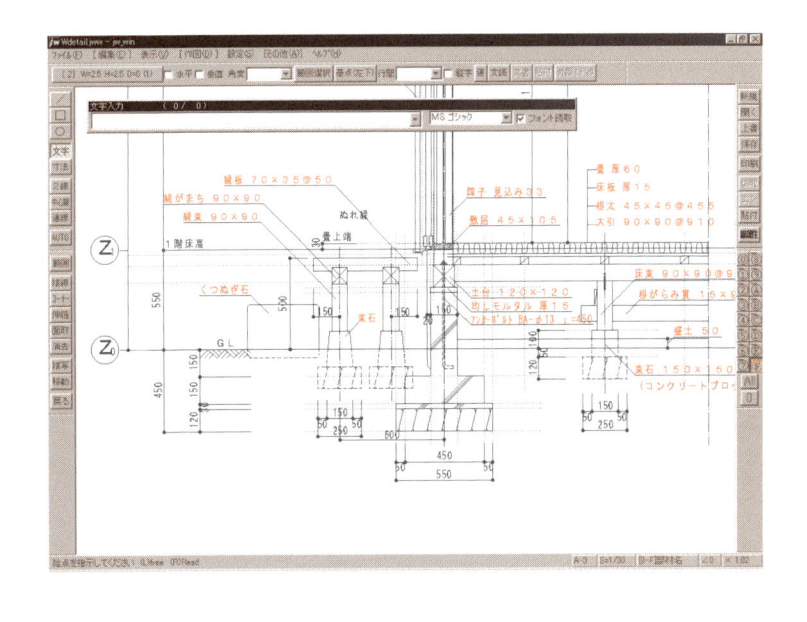

(58) 室名，図面名，縮尺の入力

- 線属性 ⇒線種（実線），線色（水色）
- 全体を表示
- / ⇒切断記号を描く
- 書込文字種は［4］をチェック⇒［OK］
- 文字 ⇒［水平］を☑⇒文字列入力し⇒確定⇒適当な位置を🖱
- 室名，図面名，縮尺を記入して完成

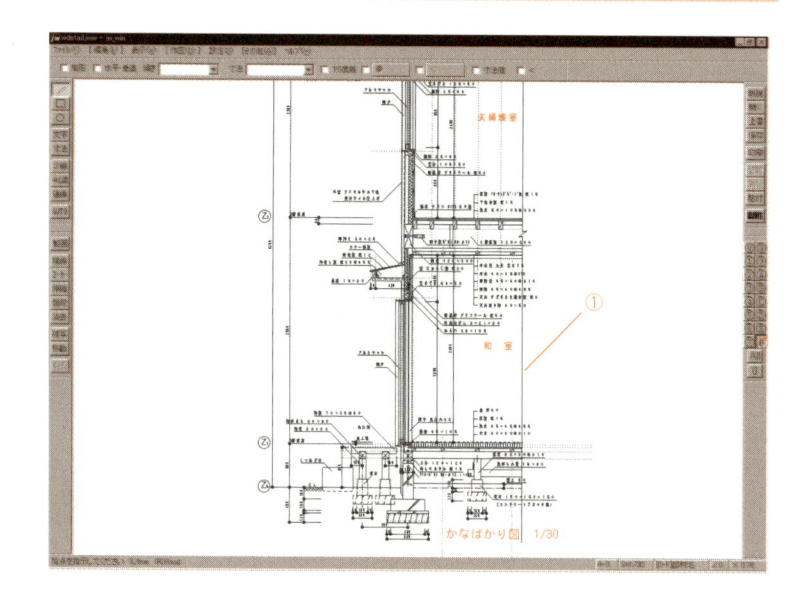

(59) ファイルの保存

- ファイル（F）⇒ 上書き保存（S）

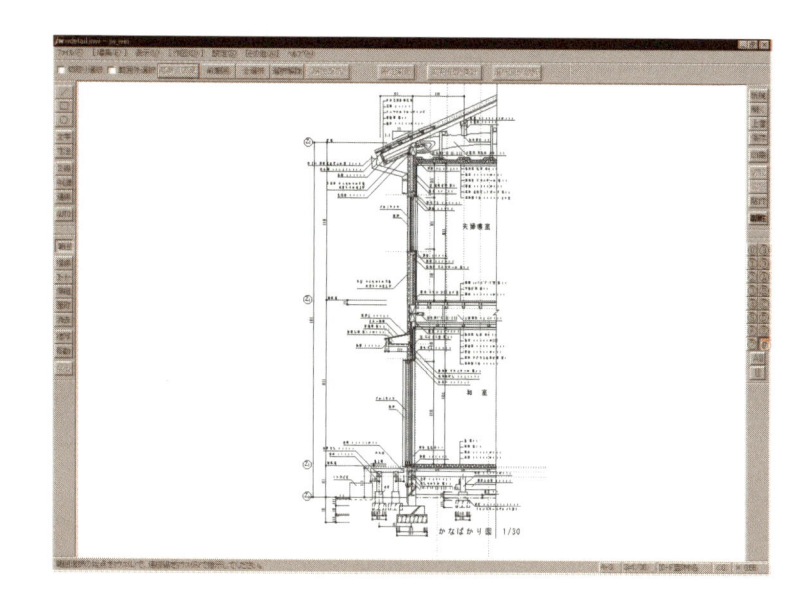

(60) 図枠のレイヤ表示

- グループ【F】（図枠）を表示

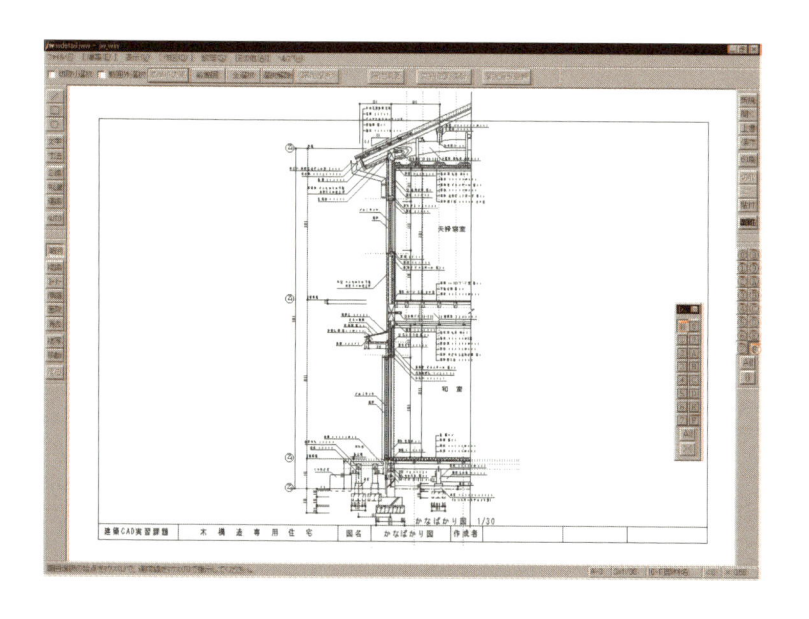

(61) かなばかり図を回転移動

- グループ【F】をいったん非表示にしておくと，図形選択が容易
- 移動 ⇒［範囲選択］⇒かなばかり図がすべて入る位置で⇒選択確定⇒［回転］＝90⇒図枠の中心におさまるように⇒他のツールボックスをクリックし確定
- グループ【F】を表示に戻す

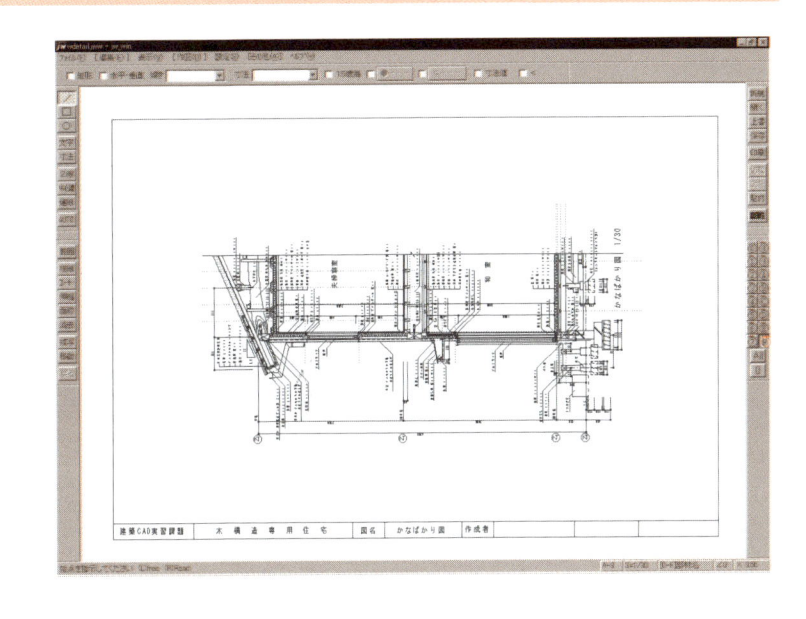

(62) 印刷①

- ファイル（F）⇒プリンタの設定（R）⇒用紙サイズ：A3，印刷の向き：横に設定
  プロパティで設定内容を確認
- ファイル（F）⇒印刷（P）⇒ OK

※印刷の方法は，p.61 を参照

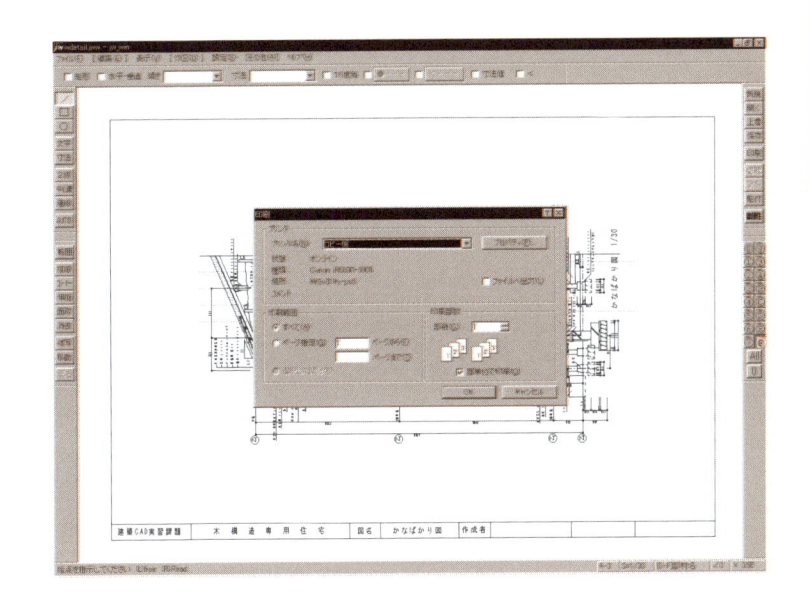

(63) 印刷②

- 範囲変更（R）⇒で用紙位置を調整
- 印刷（L）⇒実行

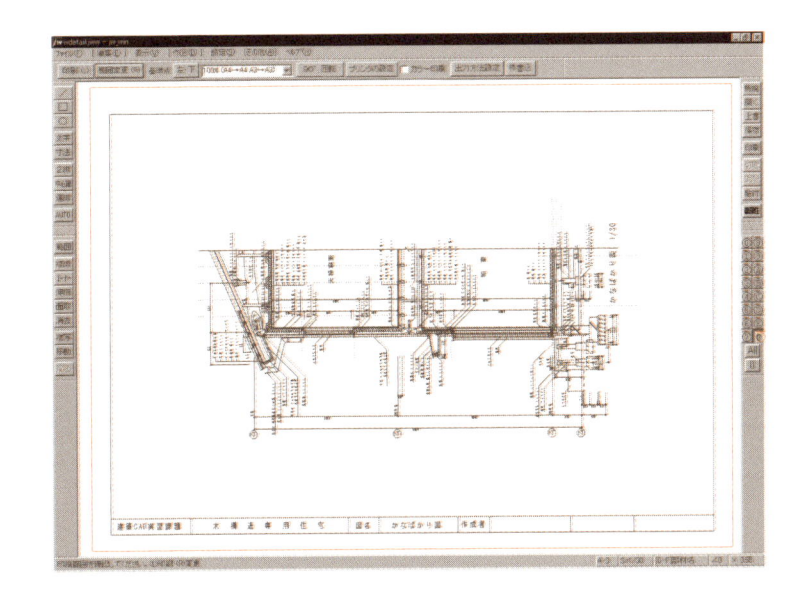

覚えておくと便利　実践で役に立つテクニック集1

（1）基本設定の［一般］タブについて

設定 (S) ⇒ 基本設定 (S) ⇒ ［一般］タブ

① 用紙枠の赤破線表示（用紙枠を表示することで図面のレイアウトがしやすくなる）：基本設定⇒一般（1）

② 矢印 キーで画面の移動：基本設定⇒一般（2）

> 矢印 キー⇒画面移動
> PageUp・PageDown キー⇒画面の拡大・縮小
> Home キー⇒全体表示

③ ドラッグ操作で範囲記憶：基本設定⇒一般（2）
　0の初期設定値に各操作の番号を入力

> 範囲記憶⇒5番方向（左）に LR ドラッグ
> Home キー⇒範囲記憶画面の表示
> 範囲記憶解除⇒6番方向（右）に LR ドラッグ

（2）文字入力について

① 文章の編集

　文字 ⇒［範囲選択］⇒ L ⇒ R で文章を選択⇒［NOTEPAD］⇒メモ帳で文章の編集⇒上書き保存 (S) ⇒メモ帳の終了

② 他のソフトで作成した文字データを貼り付ける

※ 事前に他のソフトで作成した文字データを立ち上げ，最小化しておく

1. ダミーの文字を書く
2. 文字 ⇒ダミーの文字を範囲選択⇒［NOTEPAD］
3. 最小化した文字データを開き，貼り付ける文字データのみを選択しコピーする
4. メモ帳の編集⇒［貼り付け］⇒ダミーの文字を削除し，貼り付けた文字データを編集する⇒上書き保存 (S) ⇒メモ帳の終了

（3）これは便利！クロックメニュー（p.20参照）

① 線上点　H キー⇒①指示線上で R 左方向にドラッグ⇒② L ⇒③指示線上で R 左方向にドラッグ⇒④ L

② 中心点　①指示線上で R 右方向にドラッグ⇒②指示線上で R 左方向にドラッグ⇒③ L

③ 線種変更　書込線種に変更する線上で L 右斜め下（5時方向）にドラッグ

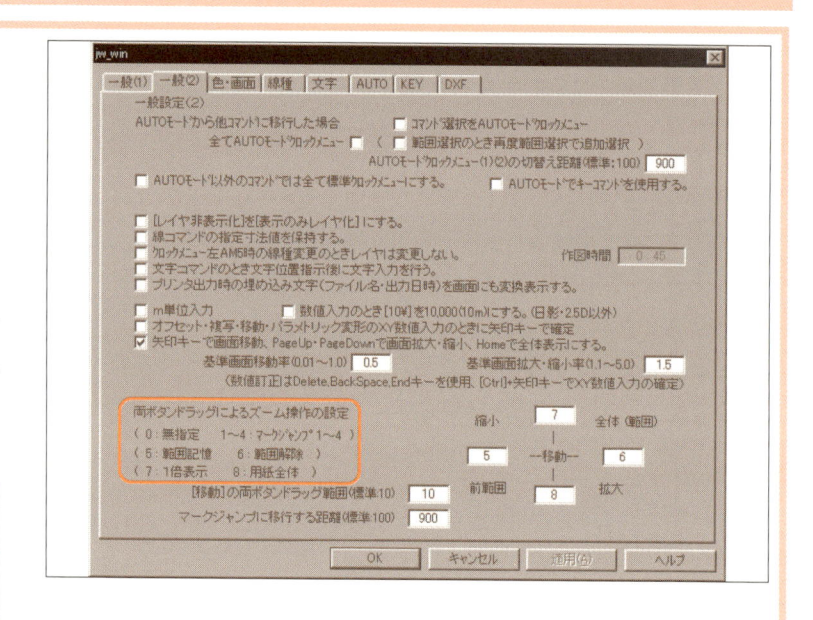

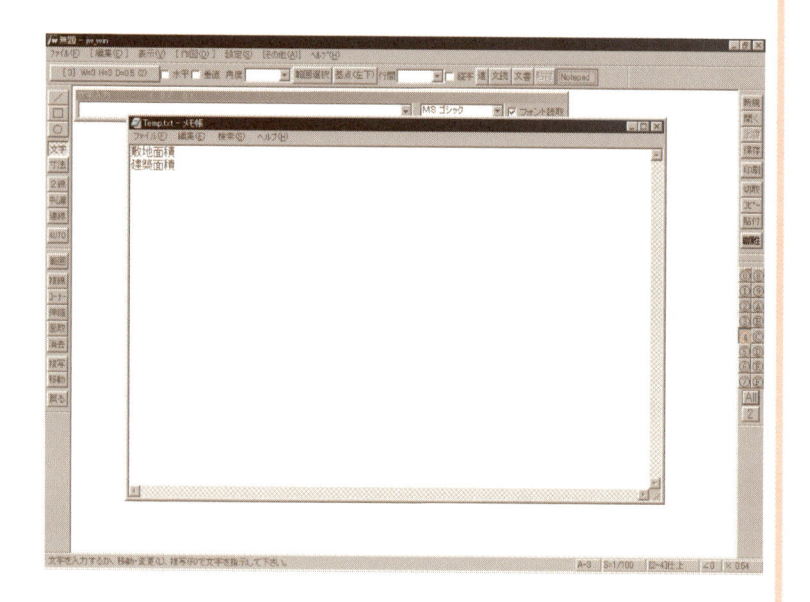

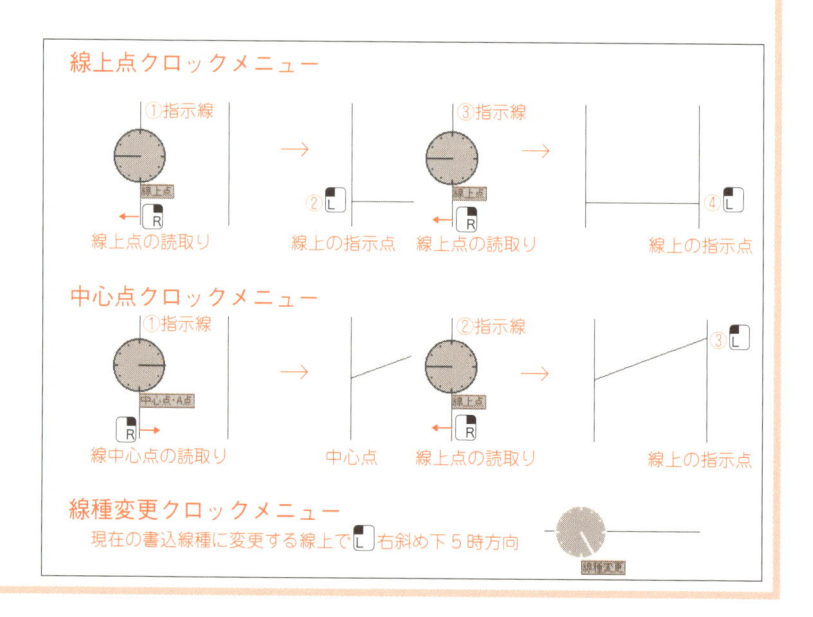

第4章　鉄筋コンクリート構造 事務所の描き方

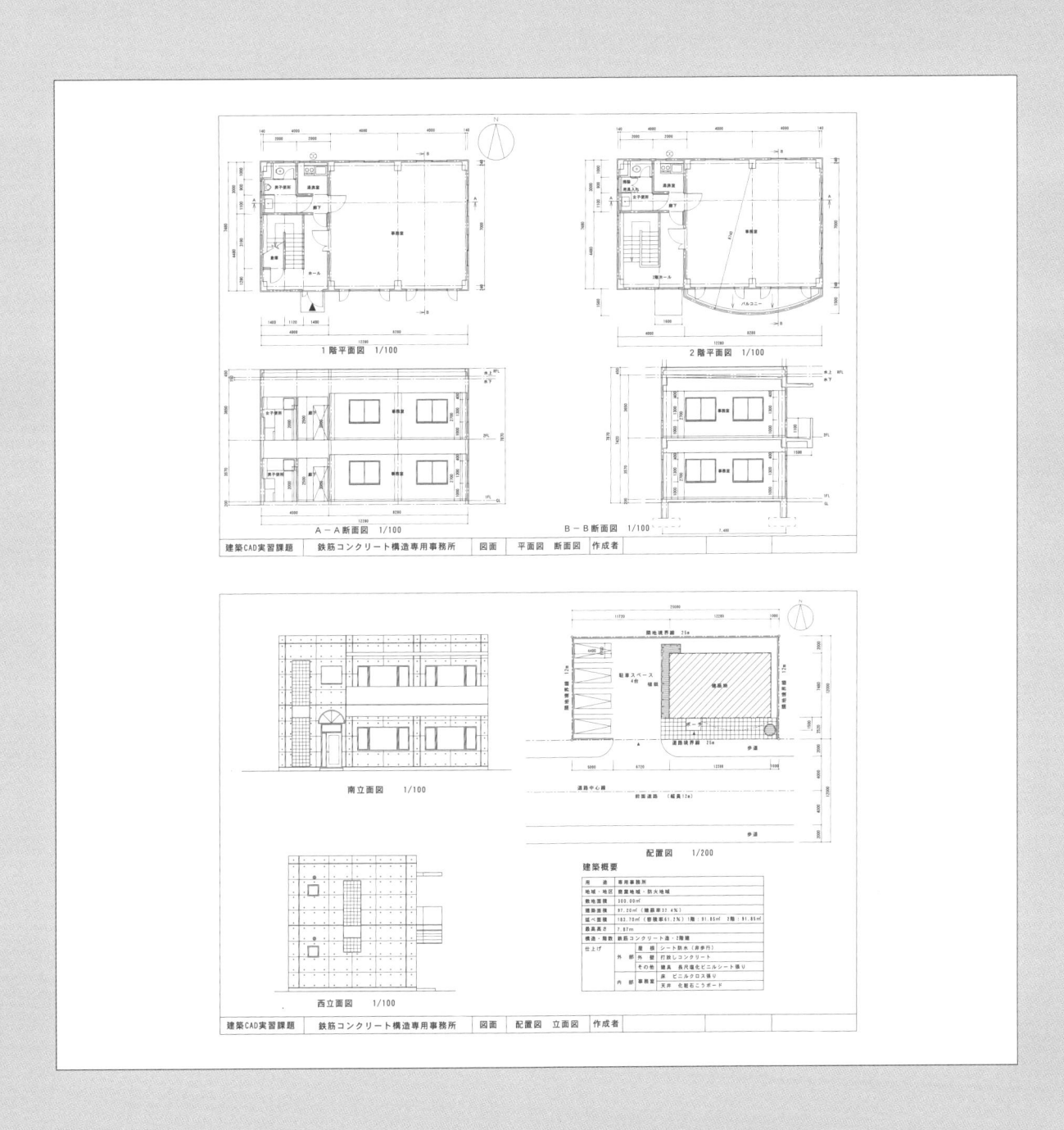

4・1　1階平面図

● Are You Ready ? ●　描き始める前に

　これから作図するのは，外壁を打放し仕上げとする鉄筋コンクリート構造2階建ての事務所です．

　外壁が打放し仕上げのため，躯体となる柱や壁には増打ち（30mm）が施されます．

　作図上，縮尺が1/100程度の平面図や断面図などには，この増打ちを表現せず，躯体の厚さ（壁では120mm）だけで記入しますので，注意しよう．

　右の躯体の立体図を参考にして1階平面図の作図を始めよう！

（図面は，p.164に掲載しています）

◎完成図◎

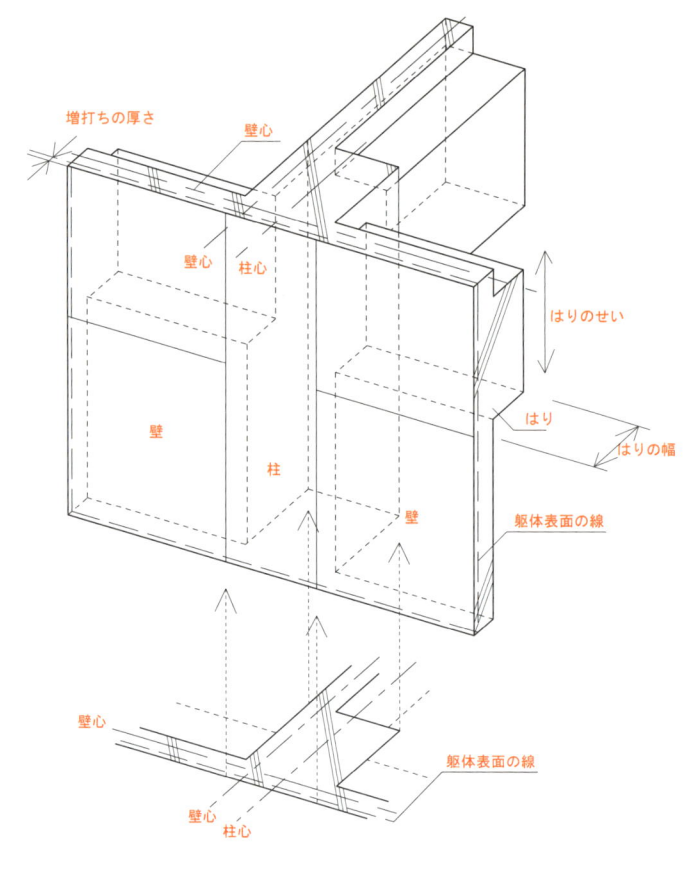

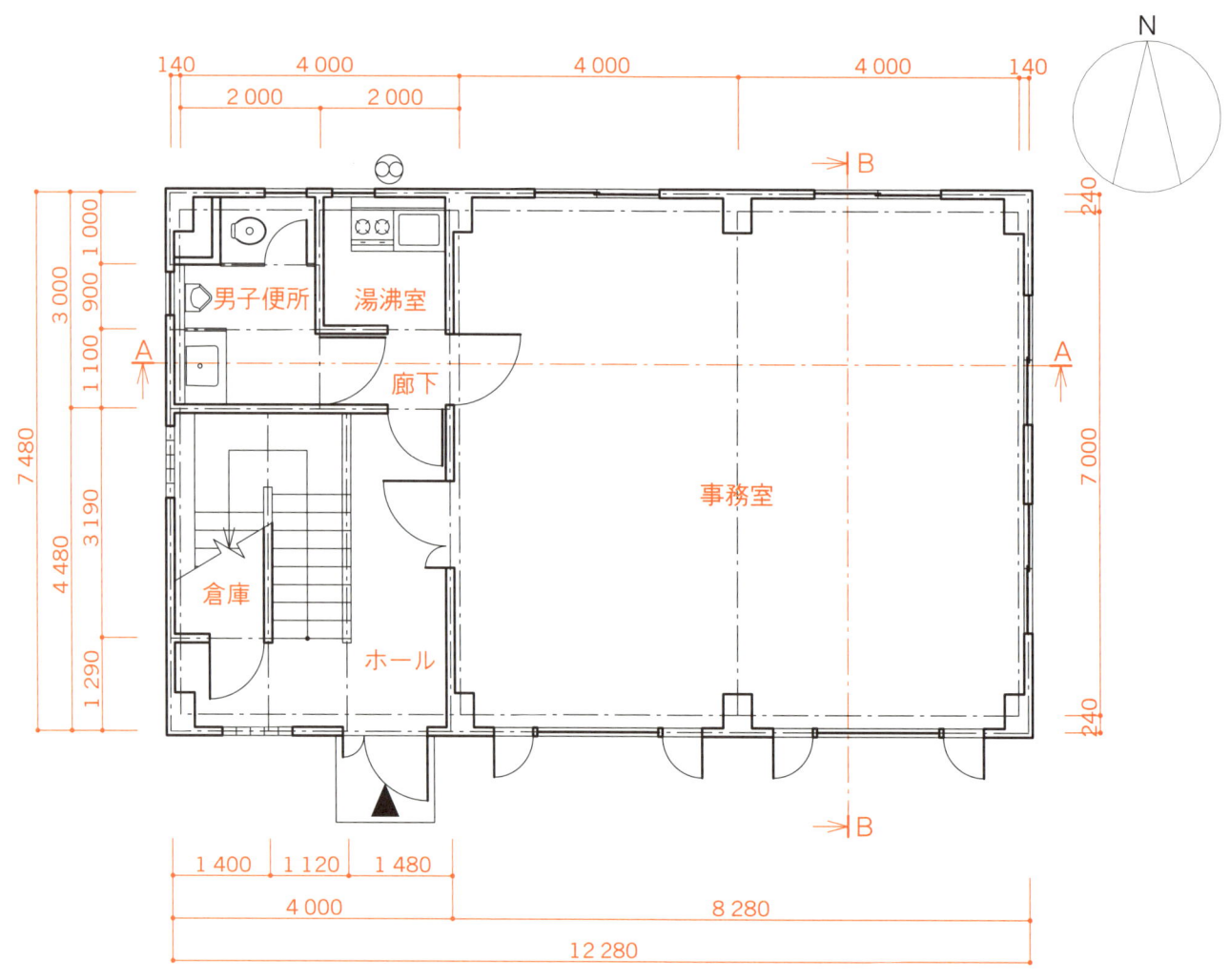

1階平面図　1 / 100

（1）作図準備

1. 図枠ファイルの読み込みと書込グループの変更

- ①を🖱して，図枠ファイル（zuwaku.jww）を開く．図枠データは，グループ【F】のレイヤ【0】にある

※書込グループは【0】に変更する

2. 用紙・縮尺の設定

- 用紙サイズ：A3
- 縮尺：1/100（②を🖱して縮尺を入力する）

※変更の方法は，第2章 p.47 参照

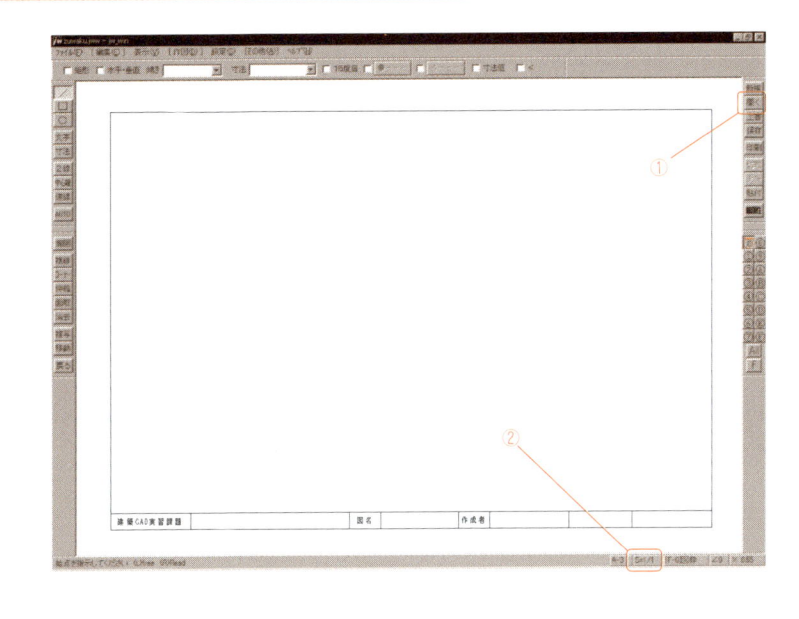

（2）レイヤ名の記入と線種・線色

- 設定(S) ⇒ レイヤ(L) を🖱して，下表を参考に①にレイヤ名を記入，確認後［OK］を🖱
- ②を🖱して，レイヤ一覧で確認

各レイヤ名と線種・線色

レイヤ番号	レイヤ名	線種	線色
1	基準線	一点鎖線	黒色
2	柱 壁	実線	黄色黒色
3	建具	実線	水色黄色
4	設備仕上	実線	黒色水色
5	寸法	実線	水色
6	図名室名	実線	緑色水色
7	その他	実線	水色黄色

※1 グループ名は「1階平面図」を入力
※2 線種・線色は，ここでは設定せずに，各レイヤで主に使用するものを参考にあげている

（3）データファイルの新規保存

- ファイル(F) を🖱 ⇒ 名前を付けて保存(A) を🖱
- 保存するドライブやフォルダを指定した後，⇒ ①を🖱
- ［新規作成］ウィンドウの［名前］に⇒「rcoffice」とキーボードから入力
- ［メモ］の1行目⇒「RC構造専用事務所設計図」と入力
- ［メモ］の2行目⇒作成日を入力．確認後［OK］を🖱

※［リスト表示］②をチェックすると，ファイル名・保存日時・メモが表示される

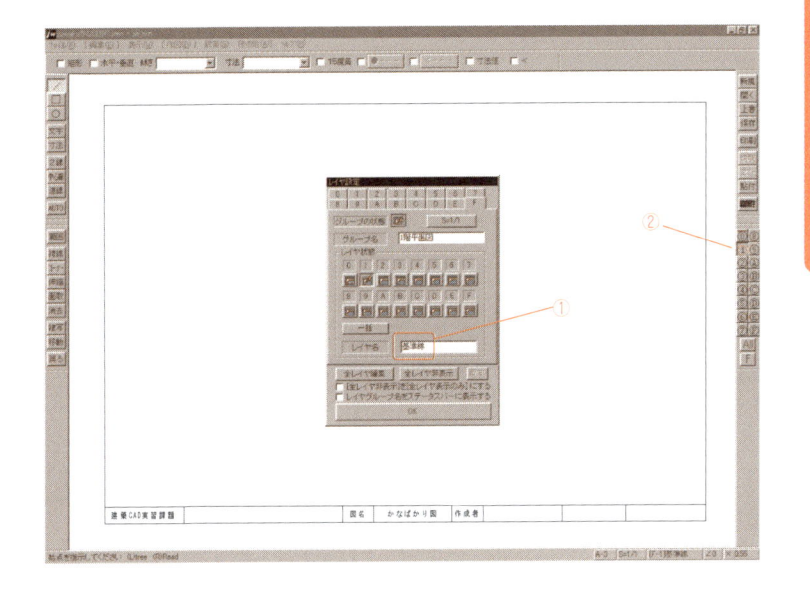

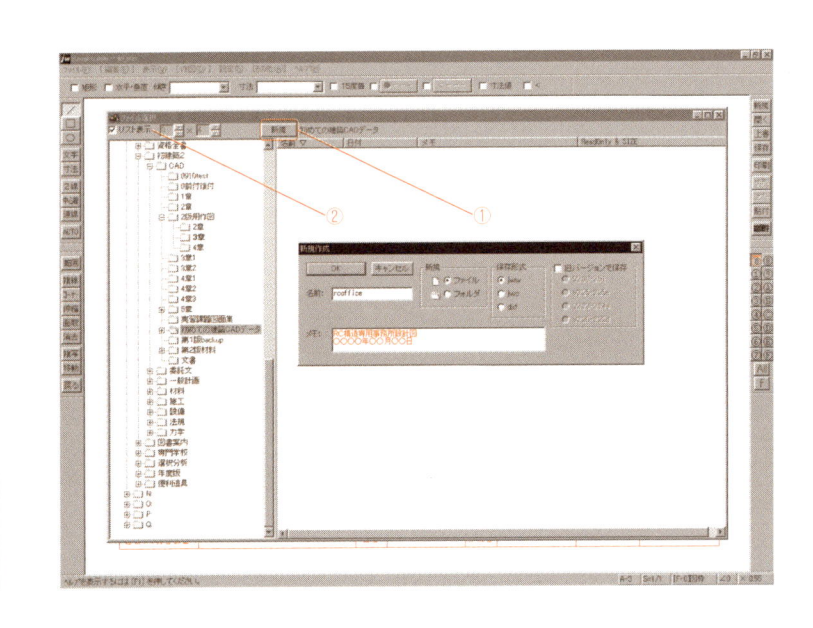

（4）柱心の入力

※描く前に図枠の左上 1/4 の範囲をズームアップした後，①を🖱し，表示範囲記憶 を🖱する（p.18 参照）

・レイヤ【①】（基準線）に変更
・線属性 ⇒線種（一点鎖2），線色（黒色）
・□ ⇒［寸法］= 12000, 7000 を入力⇒適当な位置で🖱⇒さらに同じ場所で🖱して確定

※□ は最初に🖱した点を中心にして，上下左右にその図形の 1/2 ずつは動かすことができる

・複線⇒②を🖱⇒［複線間隔］= 4000⇒②より右側で🖱⇒③を🖱後，右側で🖱，④が入力される

（5）壁心（外周）の入力

・複線⇒①を🖱⇒［複線間隔］= 140（①②③）⇒同様に④〜⑤を［複線間隔］= 240
・四隅の壁心を コーナー で結ぶ
　⇒線（A）と線（B）を🖱して指示
　⇒他の 3 ヶ所も コーナー で処理
・伸縮で他の壁心まで伸ばす⇒⑥と⑦の 2 ヶ所
　⇒⑥のように処理するには，⑧のあたりを🖱した後，⑨を🖱すれば壁心の線上まで線が延長される⇒同様に⑦の部分を処理する

（6）壁心（間仕切壁）の入力

・複線で右横方向へ①〜③を描く⇒柱心①'より①は 1260 と③は 2000
　②は①より 1120
・同様に複線で上方向へ④〜⑦を記入⇒柱心②'より④は 4240，⑦は 1050，⑤と⑥はそれぞれ④より上方向へ 1100 と 900
・伸縮で図のように処理する（○印 7 ヶ所は壁心まで伸ばす）

※伸縮する線の根元⇒🖱，線の交点で⇒🖱，基準線指定は⇒🖱🖱

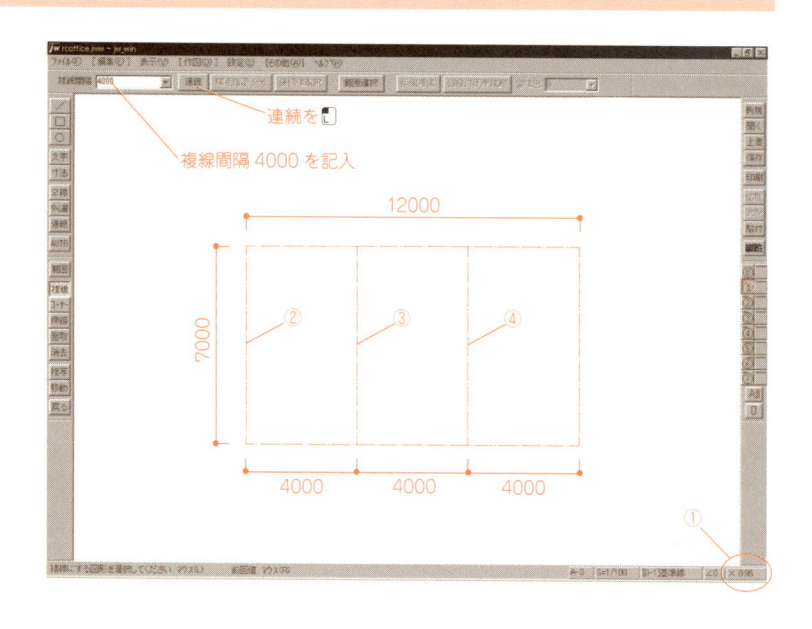

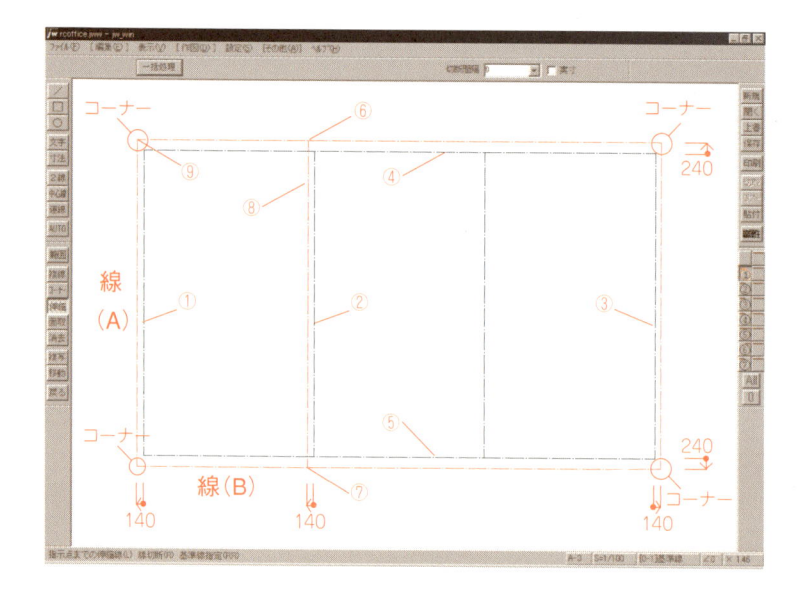

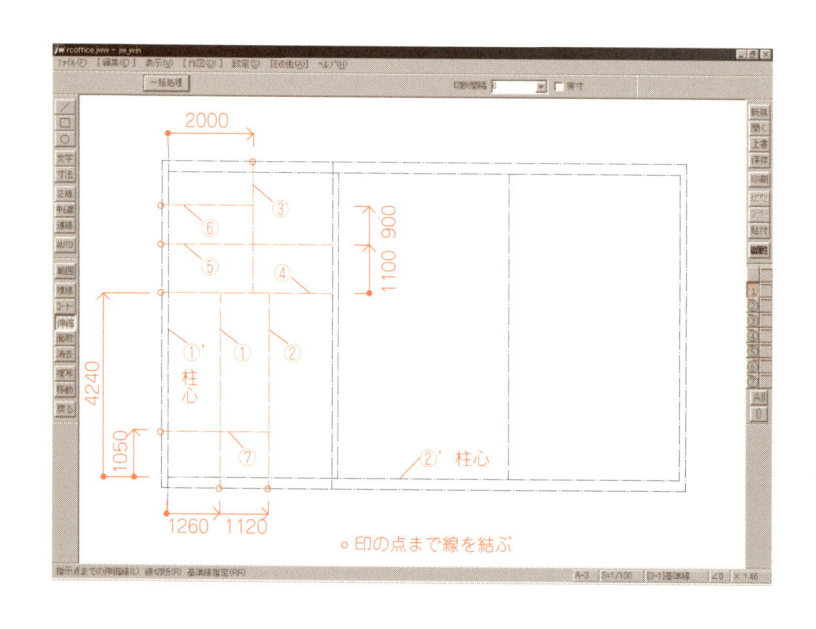

（7）柱の入力

- レイヤ【②】（柱 壁）に変更
- **線属性** ⇒ 線種（実線），線色（黄色）
- **□** ⇒ 🅛 ⇒ ［寸法］＝ 400，600
  ズームアップ ⇒ 柱を記入する柱心の交点を拡大
- 柱心の交点①を🅡 ⇒ 再度🅡して位置を確定する
- 他の柱心の交点②から⑧に柱を描く

> ※柱の中心は，直交する柱心の交点に合わせる
> 壁心と柱心の交点と間違えないようにする

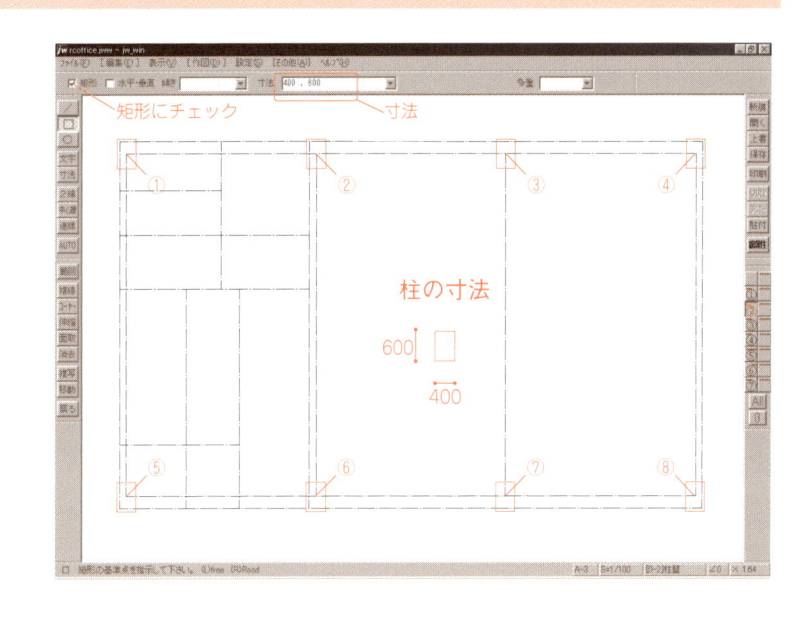

（8）外周壁の入力

- **2線** ⇒ ［2線の間隔］＝ 60，60

> ※60↵でも 60，60 と同じ入力になる

- **2線**を記入する基準線（壁心）を🅛
  2線を描き始める始点①（壁心と柱の交点など）
  を🅡 ⇒ 終点②（壁心と次の柱の交点など）を🅡
- 基準線の変更は，🅛🅛
- 同様に他の外周壁を**2線**で描く

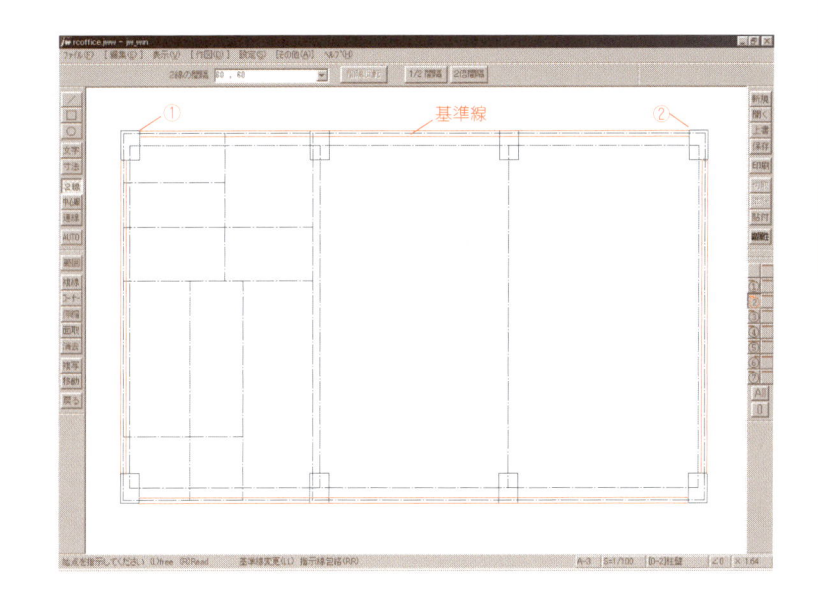

（9）壁の入力（間仕切壁）

- **2線** ⇒ 基準線①を🅛 ⇒ 始点②で🅡 ⇒ 基準線③で🅛🅛 ⇒ 終点④で🅡
- 同様に他の間仕切壁を描く

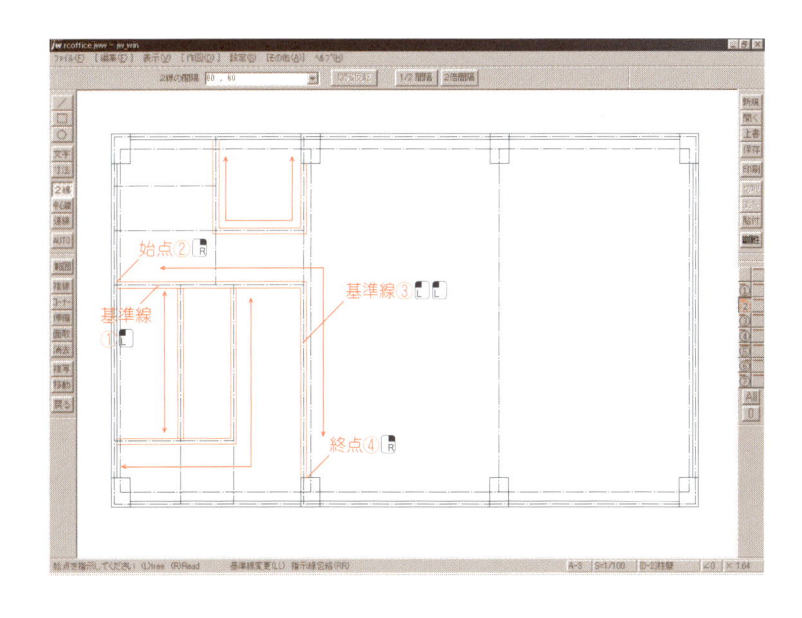

（10）柱と壁の包絡処理

- [編集（E）]⇒[包絡処理（H）]
  包絡処理する柱の左上①で🖱⇒柱と壁を囲んで②のあたりで🖱，柱と壁が包絡される
- 他の柱と壁の取り合い部分（全部で8ヶ所）も同様に包絡処理する

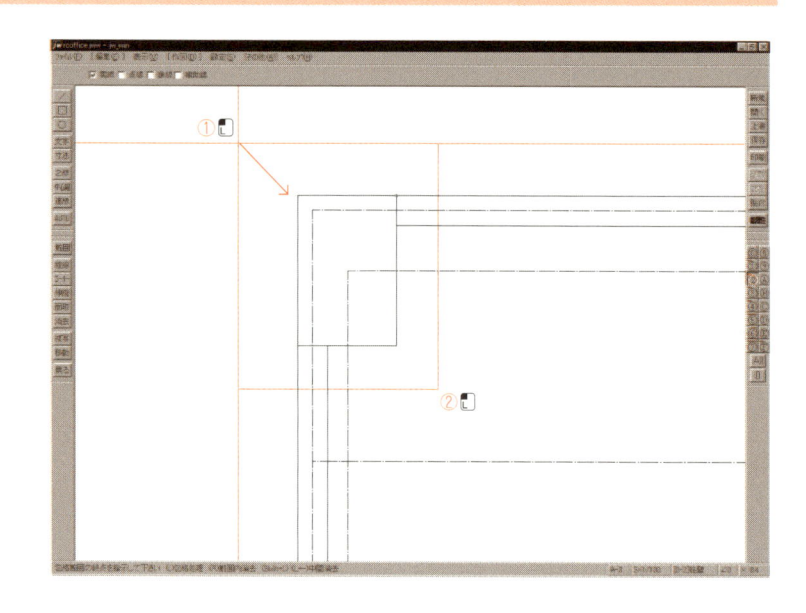

（11）壁と壁の包絡処理

● 包絡処理する壁と壁を柱と同様に包絡処理をしよう

> ※基準線を非表示にすると，処理する部分がわかりやすい

- [編集（E）]⇒[包絡処理（H）]
  壁交点の左上で🖱⇒包絡する壁と壁を囲んで🖱
- ○印の3ヶ所も同様に処理しよう
  2ヶ所の×の部分は，姿として見える部分（階段の壁）と躯体の取り合い部分なので，包絡処理をしない

（12）便所のPSの入力

- 線属性⇒線種（補助線），線色はそのまま
- 線②を引く⇒／を🖱，寸法950を入力，[水平・垂直]のチェックを確認⇒[設定（S）]⇒[軸角・目盛・オフセット（J）]を🖱⇒[オフセット1回指定]をチェック⇒壁心の交点①を🖱R⇒オフセットウィンドウに670,0を入力⇒図のように縦位置で🖱（②）
- 同様に線③を引く⇒オフセット⇒0，－950 [寸法]＝670
- 線属性⇒線種（実線）

> ※[属性取得（Z）]で設定⇒属性取得すると線種・線色・書込レイヤが簡単に変更できる

- 2線でPSの壁を記入（[2線の間隔]＝50,50）

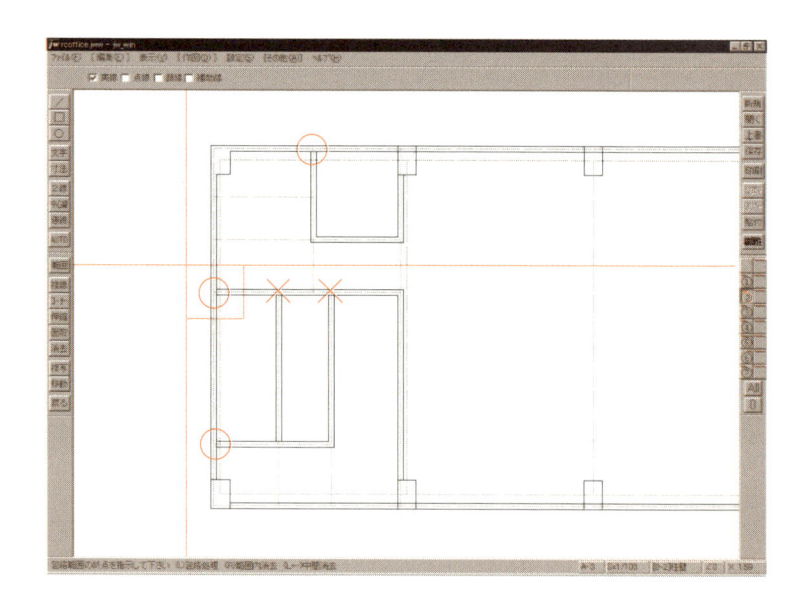

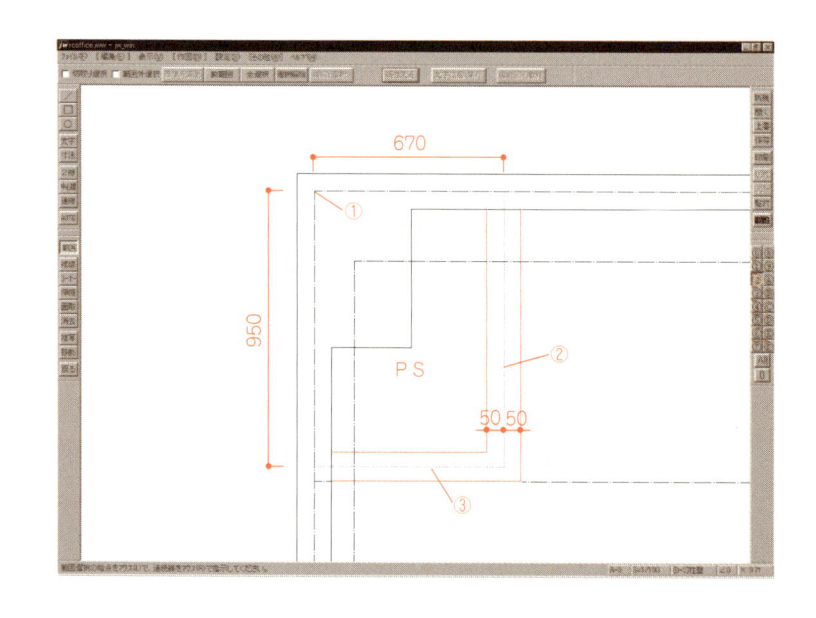

(13) 便所の便房スクリーンの記入

- 線属性 ⇒線色（黒色）

※本来の線色は黄色だが，印刷時に太すぎて線が重なるので，黒色とする

- 2線 ⇒［2線の間隔］= 20, 20
基準線①を🅛
PSの壁と基準線の交点②を🆁
右の壁と基準線の交点③を🆁

(14) 階段の壁の処理

- はり形の線③の入力
- 線属性 ⇒線色（黒色）
  複線 ⇒基準線①を🅛⇒［複線間隔］= 290 ⇒右側で指示（🅛）
- 線④の入力
- 線属性 ⇒線色（黄色）
  複線 ⇒基準線②を🅛⇒［複線間隔］= 1090 ⇒下側で指示（🅛）
- 伸縮 ⇒入力した線③を図のように仕上げる
- コーナー ⇒複線した線④を図のように壁厚でそろえる（ズームアップすると操作しやすい）
- コーナー ⇒⑤と⑥のあたりを🆁（切断）してから図のように壁厚にそろえる

●休み時間●
- ファイルを上書き保存しておこう
  ファイル（F）⇒ 上書き保存（S）
  または，①のアイコン

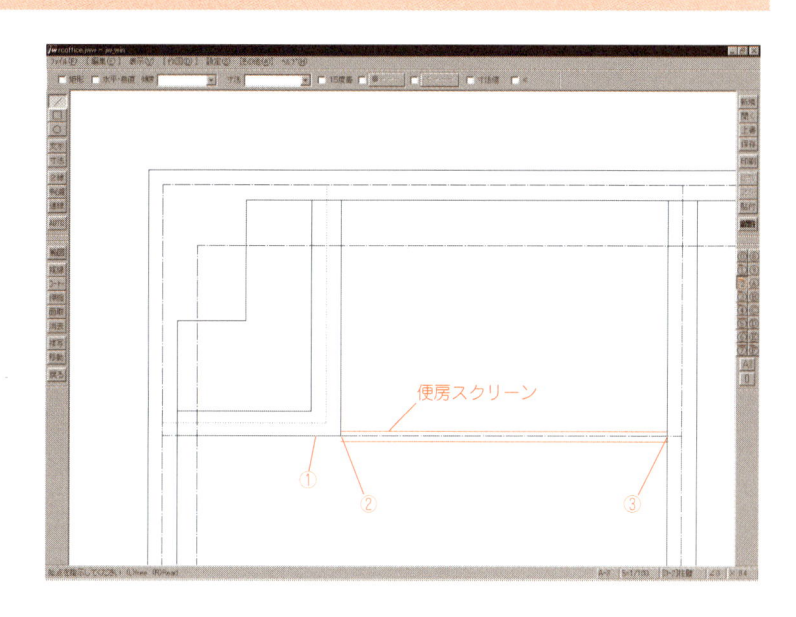

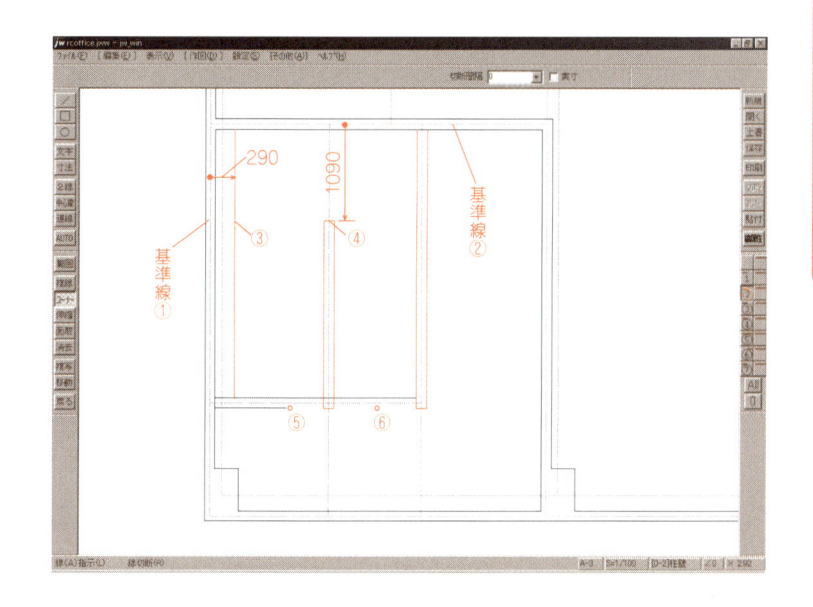

覚えておくと便利

ミスしたとき／画面を移動したいとき

- ミスしたときなどに1つ前の状態に戻すのは
  ⇒ 戻る でOK
  ［編集（E）］⇒ 戻る（U）
  または，②のアイコン
- 画面の上下左右へ簡単に移動する方法は⇒移動したい上下左右のいずれかの画面を🆁⇒③④⑤⑥のあたりを🅛してみよう

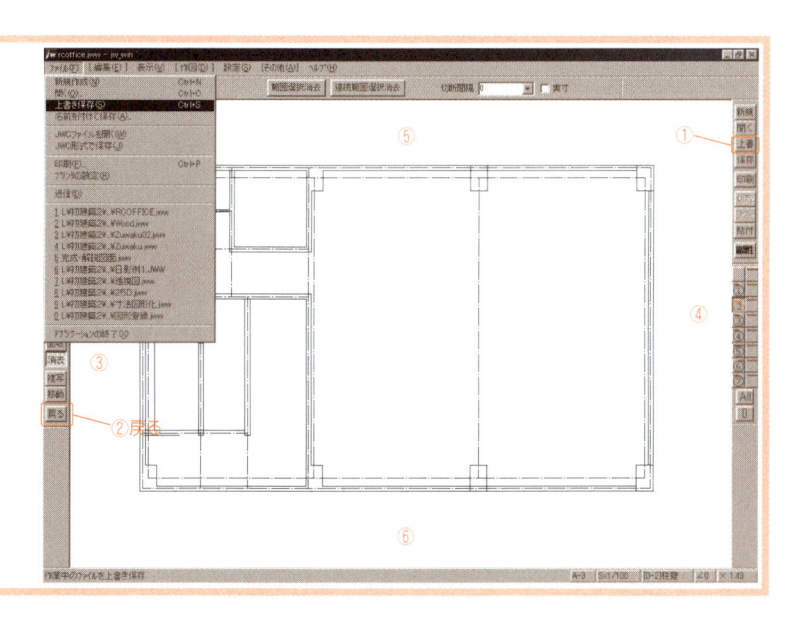

4 鉄筋コンクリート構造事務所の描き方

(15) 事務室北側の開口部処理

- ●これより外壁の開口部を処理していこう
- ・まずは開口部の位置を入力
- ・ /⇒①の柱心の交点を🅁⇒上方向へ適当な長さで線を引く
- ・ 複線⇒右方向へ⇒［複線間隔］＝1100
- ・ 同様に 複線⇒［複線間隔］＝1800
- ・ 作図した3本の線を②を基点として右側に複写する⇒ 複写⇒3本の線を囲むように左上で🅛右下で🅛して範囲選択する⇒ 基点変更を🅛⇒①を🅁⇒②を🅁
- ・ 不要な線は， 消去 する（以下（20）まで）

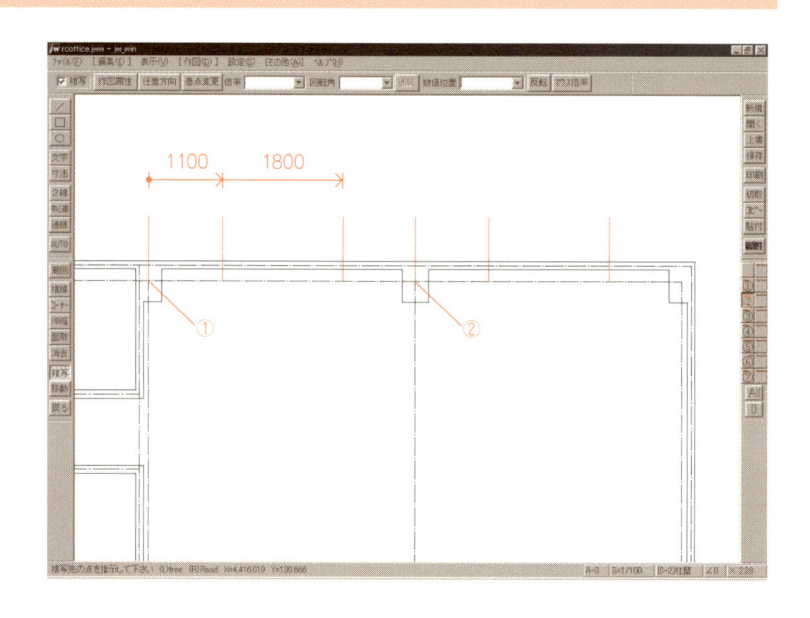

(16) 事務室北側の開口部処理

- ●開口部を仕上げよう
- ・開口部となる壁の部分に穴をあける
  ［編集（E）］⇒ 包絡処理（H）⇒🅛（左上）⇒🅁（右下）⇒実線部分のみ範囲内が消去される
- ・開口部の両側を包絡処理により1つずつ仕上げる
  ［編集（E）］⇒ 包絡処理（H）⇒🅛（左上）⇒🅛（右下）
  包絡処理により開口部が仕上げられる

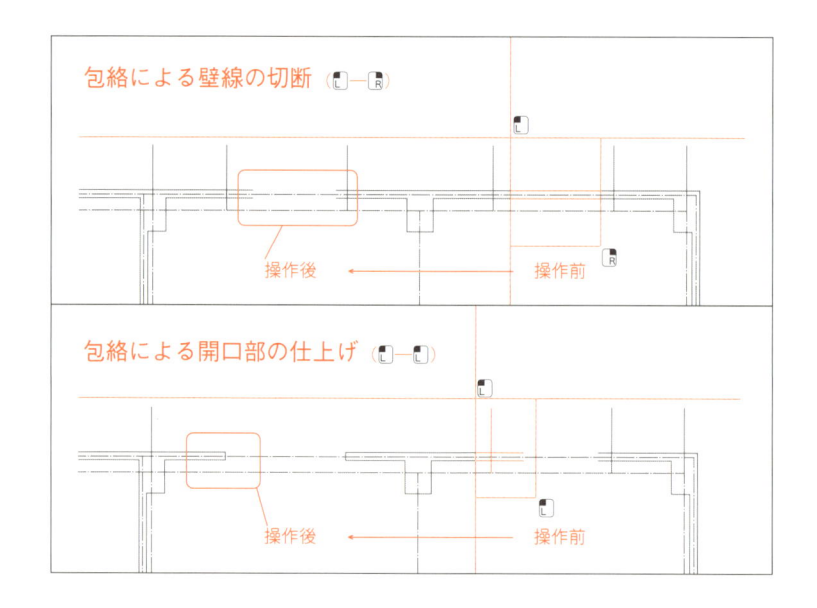

(17) 事務室東側の開口部処理

- ●事務室東側の2つの開口部も同様の方法で処理しよう
- ・ /⇒柱心の交点①から右方向へ線を引く
- ・ 複線⇒［複線間隔］＝1150
- ・ 複線⇒［複線間隔］＝1800
- ・ 複線⇒［複線間隔］＝1100
- ・ 複線⇒［複線間隔］＝1800
- ・壁の穴あけ⇒［編集（E）］⇒ 包絡処理（H）⇒🅛（左上）⇒🅁（右下）
- ・開口部の仕上げ⇒［編集（E）］⇒ 包絡処理（H）⇒🅛（左上）⇒🅛（右下）

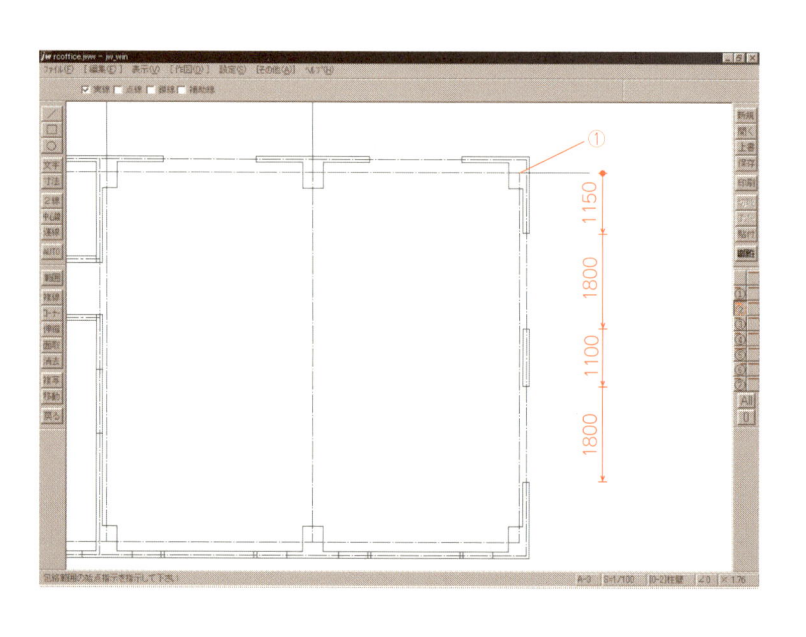

(18) 事務室南側の開口部処理

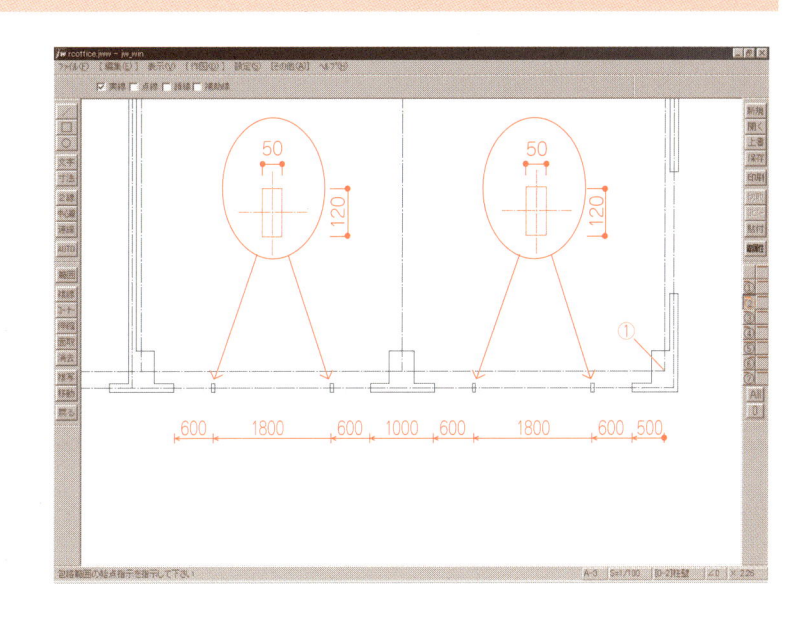

- 事務室南側の開口部も同様の方法で処理しよう
  - ✏️ ⇒ 柱心①から下方向へ線を引く
  - 複線 ⇒ ［複線間隔］= 500, 600, 1800, 600, 1000, 600, 1800, 600
  - 2線 ⇒ ［2線の間隔］= 25, 25 ⇒ 基準線を🖱️ ⇒ 始点を🖱️ ⇒ 終点を🖱️
  - 壁の穴あけ ⇒ ［編集（E）］ ⇒ 包絡処理（H） ⇒ 🖱️（左上）⇒ 🖱️（右下）
  - 開口部の仕上げ ⇒ ［編集（E）］ ⇒ 包絡処理（H） ⇒ 🖱️（左上）⇒ 🖱️（右下）

(19) 玄関周りと西側の開口部処理

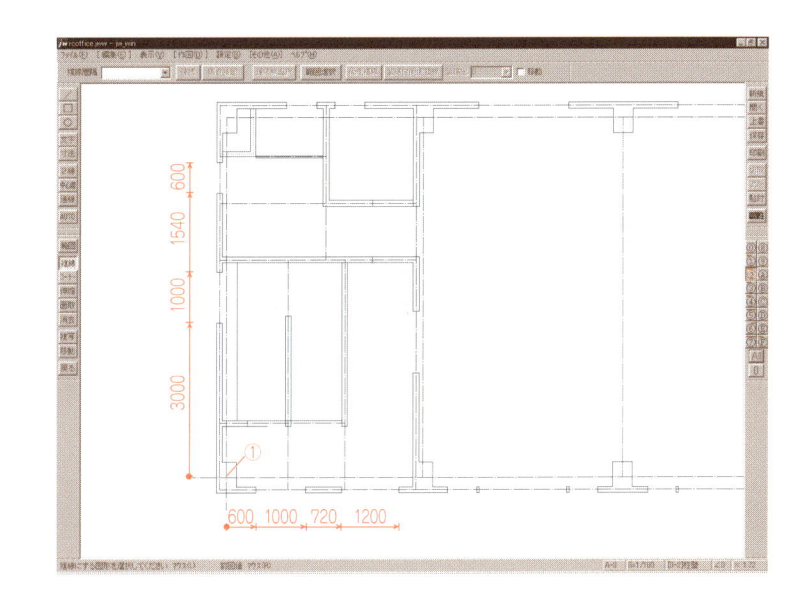

- 同様に南側の玄関周りと西側の便所の開口部を処理しよう
  - 複線 ⇒ 南側の［複線間隔］は①より右へ 600, 1000, 720, 1200
  - 複線 ⇒ 西側の［複線間隔］は①より上へ 3000, 1000, 1540, 600

(20) 便所と湯沸室の開口部処理

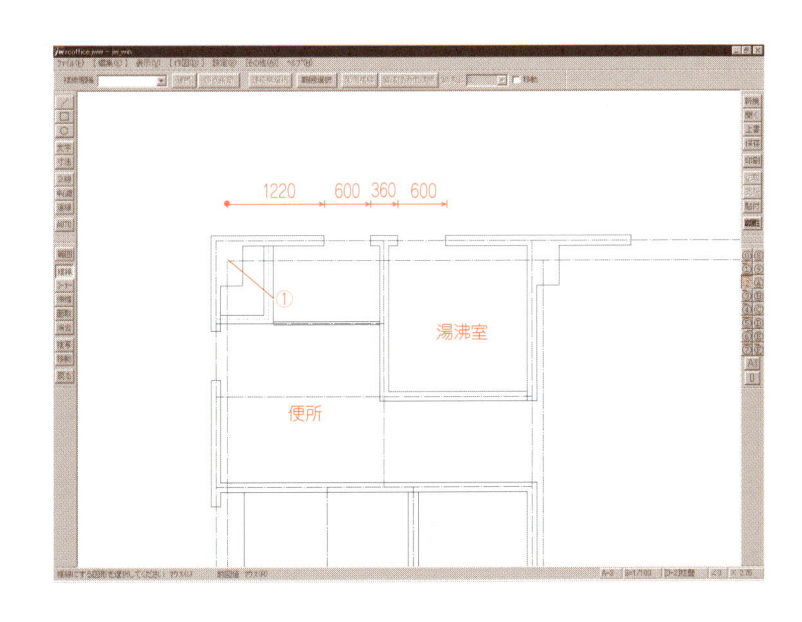

- 同様に便所と湯沸室の北側の開口部を処理しよう
  - 複線 ⇒ 北側の［複線間隔］は①より右へ 1220, 600, 360, 600
  - 複線 ⇒ マウスのドラッグによるクロックメニュー ⇒ 左ボタンドラッグで11時方向

（21）事務室西側の開口部処理

- ●これより内部の間仕切壁の開口部を処理しよう
- ・事務室の親子扉の位置を入力
- ・ ╱ ⇒①より右方向へ線を引く
- ・ 複線 ⇒［複線間隔］＝ 1000
- ・ 複線 ⇒［複線間隔］＝ 900
- ・ 複線 ⇒［複線間隔］＝ 300
- ・壁の穴あけ⇒［編集（E）］⇒ 包絡処理（H）⇒ ▫（左上）⇒ ▫ （右下）
- ・開口部の仕上げ⇒［編集（E）］⇒ 包絡処理（H）⇒ ▫（左上）⇒ ▫（右下）

※親子扉の区切りを示す補助線は，建具の入力に必要なので残しておく

（22）湯沸室・廊下の開口部処理

- ・ 線属性 ⇒線種（実線），線色（黄色）
- ・ 複線 ⇒①と②を左側へ
  ⇒［複線間隔］＝ 800
- ・ コーナー ⇒まず③と④あたりで壁の線を ▫（切断）
  コーナー ⇒⑤と⑥，⑥と⑦を連結
- ・同様に⑧と⑨，⑨と⑩を連結，残った箇所の壁も仕上げる
- ※不要な線は 消去

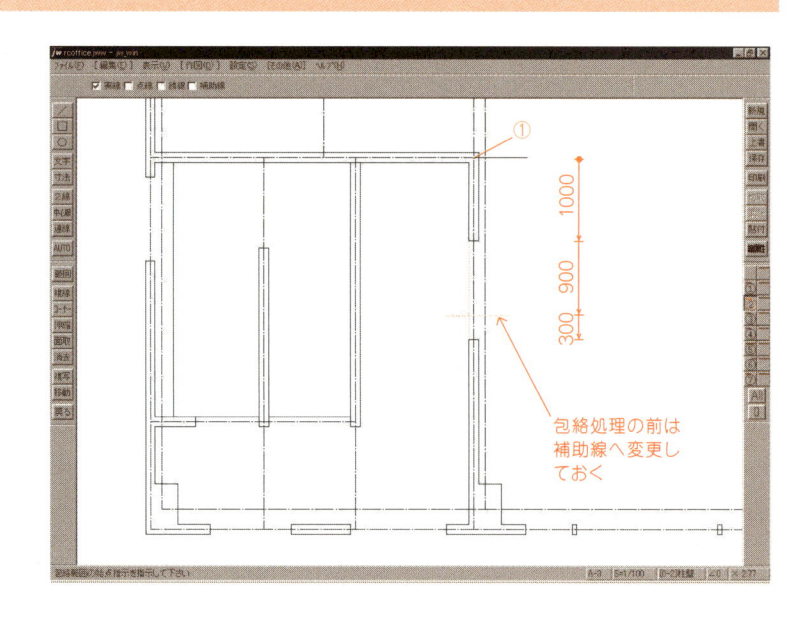

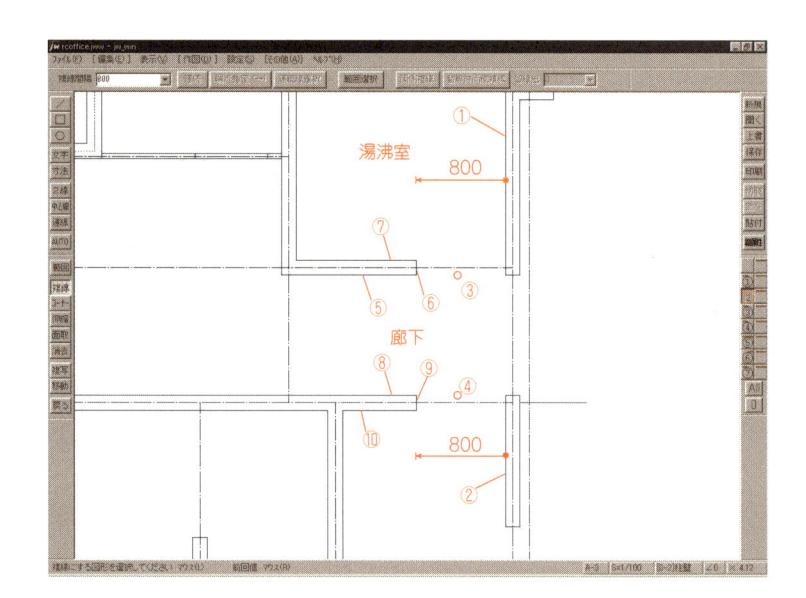

（23）便所のスクリーンと階段下倉庫の開口部処理

- ●スクリーンの開口部は，窓の幅と同じ位置で600を使う
- ・黒色の実線に線色を変更後⇒ ╱ ⇒窓からスクリーンまで同じ幅で線を引く
- ・（22）と同様に コーナー で仕上げる
- ・黄色の実線に線色を変更後⇒倉庫の開口部は，線①を 複線 ⇒［複線間隔］＝ 840
- ・ コーナー で仕上げる

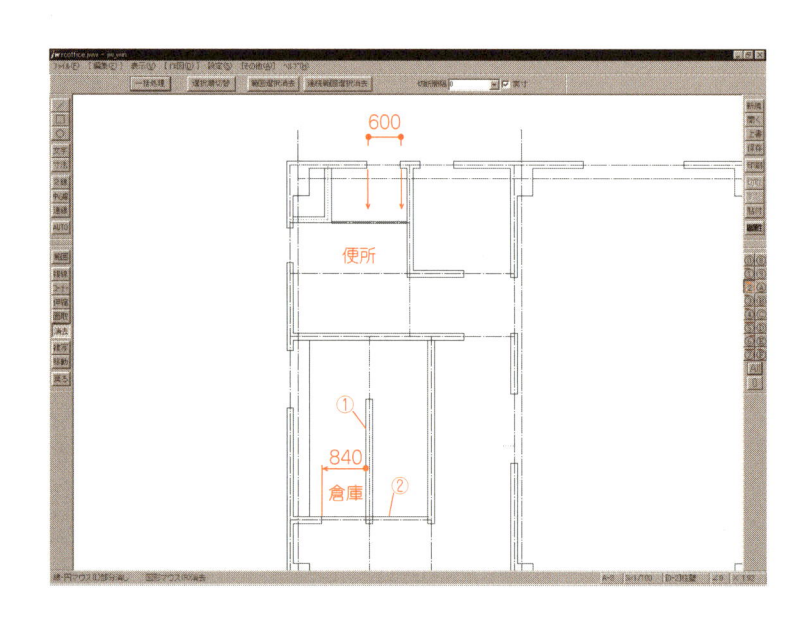

(24) 窓台の線の入力

- レイヤ【３】（建具）に変更
- 線属性 ⇒線色（水色）
- 窓の幅に壁厚（60,60）を 2線 で描く
  2線 ⇒基準線を(L)
  基準線と壁端の交点①⇒(R)
  窓幅の壁端と基準線の交点②⇒(R)
- これを繰り返し，外壁にある窓をすべて入力する

※ 2線 で基準線を変更する場合は，次の２線を描く基準線を(L)(L)する

(25) 事務室北側と東側引違い戸の入力

- 線属性 ⇒線色（黄色）
- 窓の幅程度にズームアップ
- [作図（D）]⇒ 建具平面（G）⇒[１]の「引き違い戸（２枚）」を(L)(L)
  [内法]＝1800
  基準線指示⇒(L)
  壁端と基準線の交点①⇒(R)
- 同様に隣の窓の建具も入力

※画面の移動は，行きたい方向の位置で(R)(R)

- 同様に事務室東側の窓２ヶ所も建具を入力（[内法]＝1800）

(26) 事務室南側建具の入力

- 事務室南側の窓をズームアップ
- 線属性 ⇒線色（黄色）
- 窓中央にある「はめ殺しの線」①は，/ で基準線の上に引く
- 開き戸の建具は，/ で適当な長さの線を引く
- 線属性 ⇒線色（水色）
- 開き戸の動きを示す円弧は，[作図（D）]⇒ 円弧（C）⇒[円弧]をチェック⇒中心点②を(R) 始点③⇒(R)⇒適当な長さで(L)
- コーナー で連結処理する
- 右側の建具も同様に作図する
- ここで作図した建具を範囲選択した後，左側の同様の建具位置に複写する

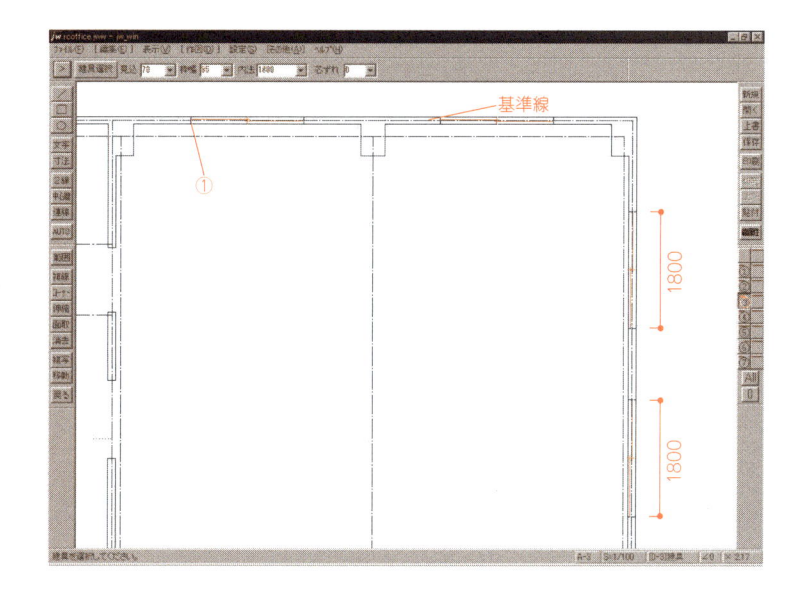

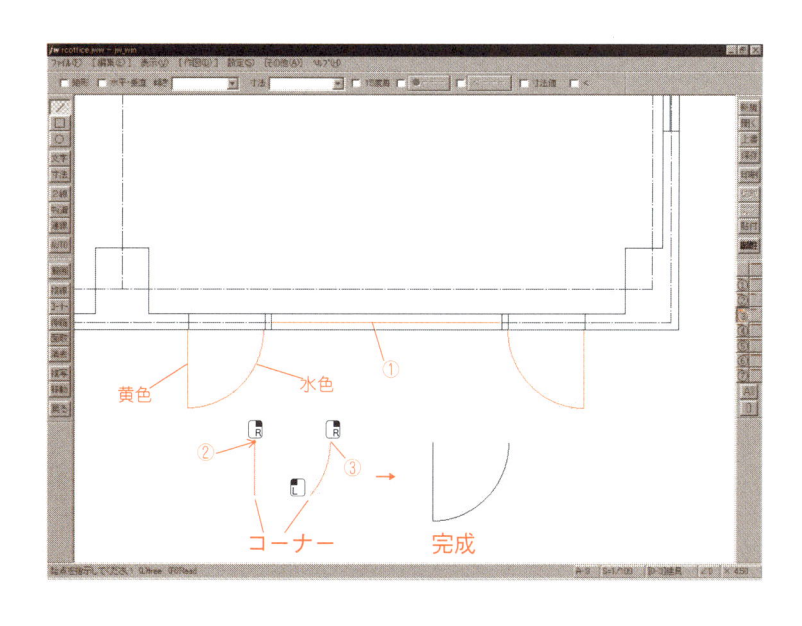

(27) 事務室と玄関の親子扉の入力

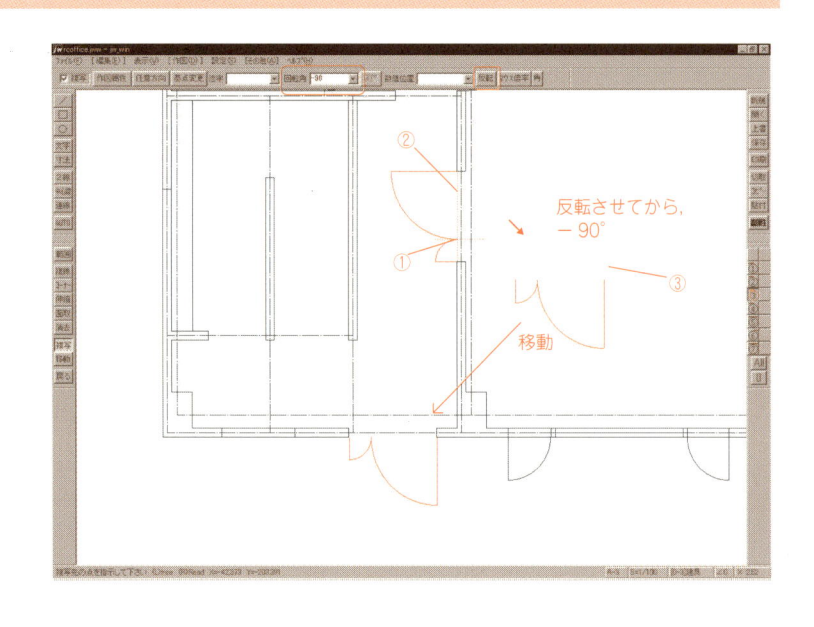

- 線属性⇒線色（黄色，扉），（水色，開き戸の軌跡）
- 開き戸の作図と同様に ／ と 円弧（C） と コーナー
  で事務室の親子扉を入力する
- 親子扉の境界を示す補助線①②は， 消去 で削除

> ※玄関の親子扉は，事務室のものを複写（反
>   転⇒回転）した後，移動

- 複写⇒扉を範囲選択後［選択確定］を🖱⇒［反
  転］を🖱⇒柱心の基準線を🖱， 移動 を2回🖱し，
  反転した扉を範囲選択後⇒［選択確定］を🖱⇒
  ［回転角］＝－90
  基点は建具と壁の取り合い部分③に変更し，玄
  関の開口部へ張り付ける

(28) 廊下・便所・倉庫の建具の入力

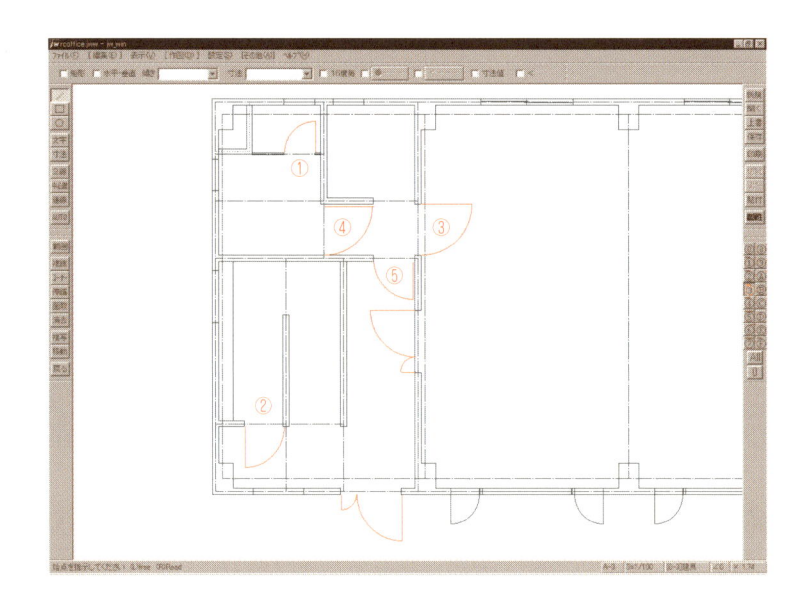

- 便房の扉（内開き）①
- 階段下倉庫の扉②
- 廊下から事務室への扉③
- 便所の扉④
  壁から50mm離して複線で扉を入力
- 廊下の扉⑤も便所の扉④と同様に入力

(29) ガラスブロックと便所の建具の入力

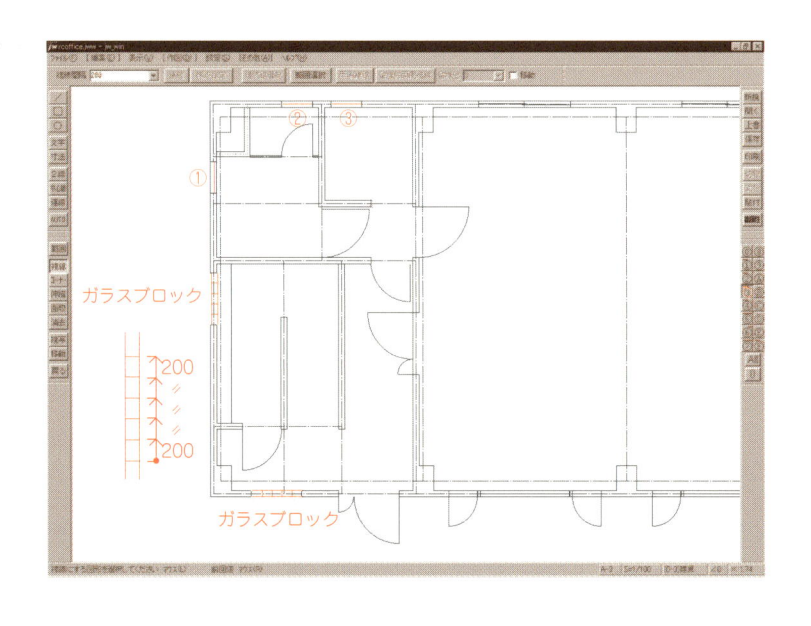

- 線属性⇒線色（水色）
- ガラスブロックの記入（2ヶ所）
  複線⇒壁端を🖱⇒［複線間隔］＝200⇒［連続］
  で3本
- 便所と湯沸室の外壁の窓の入力（3ヶ所）①〜
  ③
- 線属性⇒線色（黄色）
- ／⇒基準線の上を窓幅の長さで入力

> ●休み時間●
>
> - データの上書き保存をしておこう
>   ⇒ ファイル（F）⇒ 上書き保存（S）

●チェック●

Q1 クロスカーソルと矢印の使い分けはできていますか？

Q2 ズームアップ・ズームダウンは，自由自在にできますか？

Q3 マウスの⃞Lと⃞Rの違いはわかりましたか？

A1 クロスカーソルと矢印の切り替えは，設定 (S) ⇒ 基本設定 (S) ⇒設定ウィンドウの下部にある［☐クロスラインカーソルを使う］をチェックすると変更できます

A2 ズームアップは，拡大したい範囲をLRドラッグで囲む
- 右下 LR ドラッグ⇒拡大
- 左下 LR ドラッグ⇒前倍率
- 右上 LR ドラッグ⇒全体表示
- 左上 LR ドラッグ⇒縮小
- LR ⇒移動

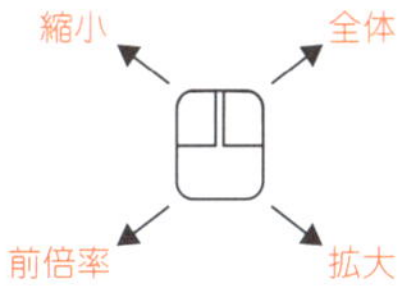

A3 マウスのL⇒フリー（作図画面の任意の点に書いたり指示したりすることができる）
マウスのR⇒リード（線の交点や端点などを読み取り，そこから書いたり指示したりすることができる）

（30）階段の仕上げ①（壁）

- レイヤ【②】（柱壁）に変更．線属性⇒線色（黒色）
- 階段と階段下倉庫を区切る切断線を入力
  ／ ⇒［傾き］= 30°⇒長めに引いておく
- 切断線の中央部分の角度は，−60°（2本）と −30°⇒適当な長さに引く⇒コーナーの R により長い線を切断し，図のように仕上げる
- 切断線の両端は 伸縮 で図のように仕上げる

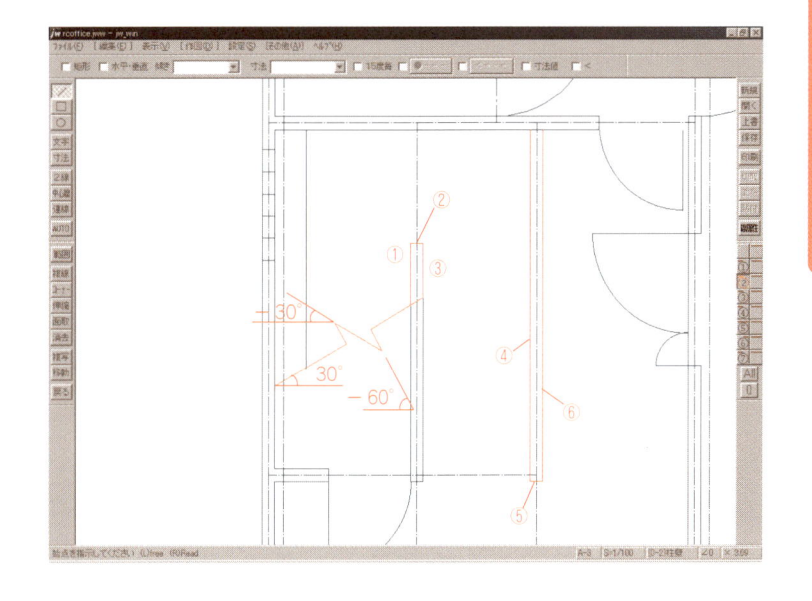

> ※切断線を入力する他の方法に，30°の斜線を引いた後，その他 (A) ⇒ 線記号変形 (S) ⇒［幅［1mm］］により変形するやり方がある（p.49, p.79 参照）

- ①と③をコーナーの切断線Rで分けた後，線色はクロックメニュー（p.20 参照）の［線種変更］（左AM5 時）により黒色に変更（クロックメニューは線上で長くドラッグして表示する）．同様に，④〜⑥も黒色とする

（31）階段の仕上げ②（踏面）

- 線属性⇒線色（黒色）
- ／で踏面の線①を基準線に沿って引く
- レイヤ【①】（基準線）⇒必要に応じて表示・非表示を切り換える
- 複線⇒［複線間隔］= 250 ⇒連続で踊場まで入力
- 伸縮⇒線②をRR（赤色になる）して伸縮の基準線にする⇒踏面の線をLして図のように仕上げる

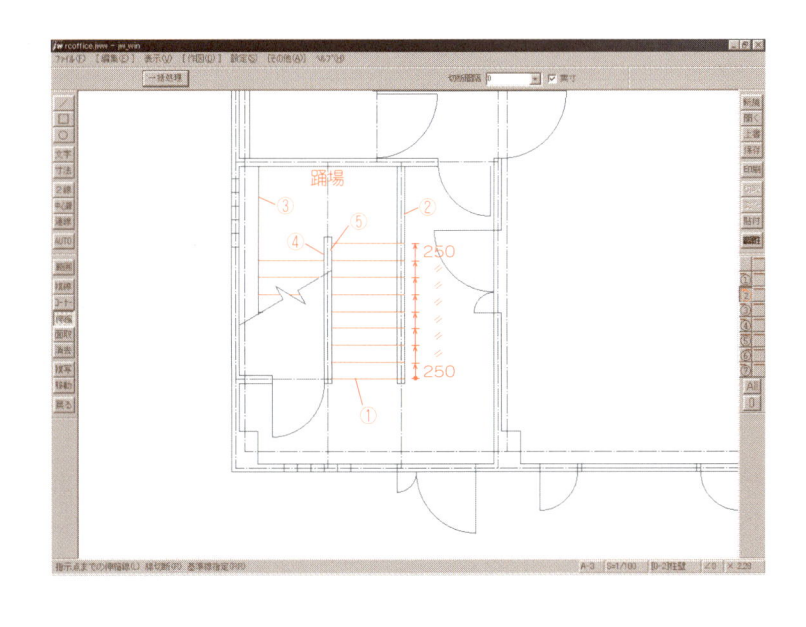

(32) 階段の仕上げ③（上り表示）

- ■線属性■⇒線色（水色）
- ［作図（D）］⇒［中心線（I）］⇒1番目の線①と2番目の線②を■，線の始点を階段の上り始めあたりで■，踊場で■
  同様に③と④，⑤と⑥を■して長めに引く
- ■コーナー■⇒角を仕上げる（■⇒■）
- ■伸縮■⇒階段の上り始めの位置にそろえる
- ［作図（D）］⇒［点（P）］⇒上り始めを■
- ■／■⇒矢印の■＜■をチェック⇒上り表示線の先端付近を■⇒矢印が付けられる

※入力後は■＜■のチェックをはずしておく

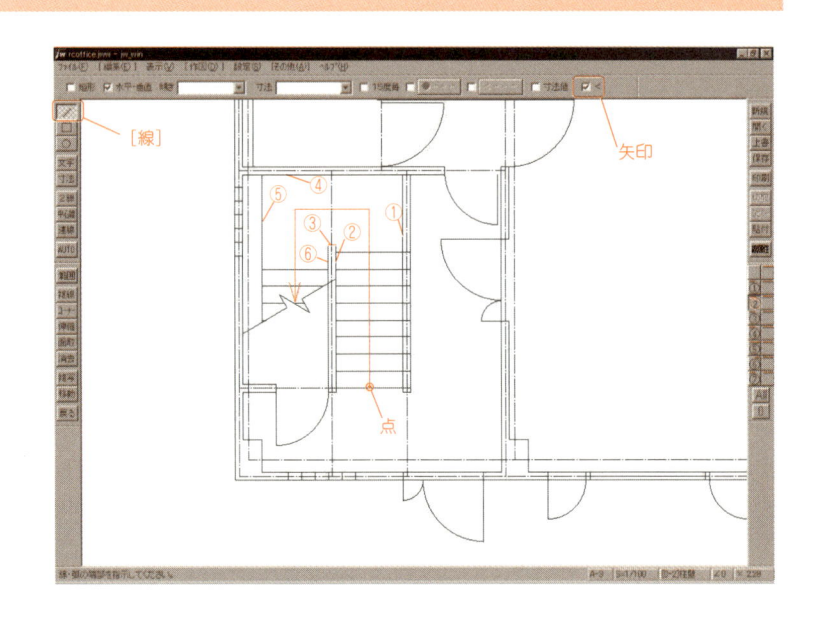

(33) ミニキッチンの入力

- 書込レイヤ【④】（設備仕上）に変更
- ［その他（A）］⇒［図形（Z）］⇒一覧表から「B-KIT」を■■で選択
- ［90°毎］を2回■して回転角を180°とする⇒湯沸室の外（上側）で■してひとまず置く
- 流しの幅を縮めるために，［その他（A）］⇒［パラメトリック変形（P）］⇒流しのシンクを囲むようにして■⇒■，［選択確定］を■
  ［数値位置］＝－450，0 ↵（p.51（2）参照）
- 続けて■複線■を■⇒ライニング壁の厚さを150取り，湯沸室へ移動（線色は黒色）
- 図のように流しを移動し，■伸縮■などで仕上げる

(34) 換気扇マークの入力

- ■／■⇒適当な長さで十字に線を引く
- 換気扇マークは，［作図（D）］⇒［円弧（C）］⇒［半径］＝200を十字の交点で■
- ［編集（E）］⇒［分割（K）］⇒仮点をチェックし，分割を2とする
  ⇒線と円の交点で■⇒円の中心点で■⇒再度線と円の交点で■すると分割の仮点が表示される
- ［円弧（C）］⇒［半径］＝100（分割により得た点を中心点とする）として2つを入力
- 十字の線は，不要なので消去する

※仮点は，画面上には表示されるが，印刷はされない

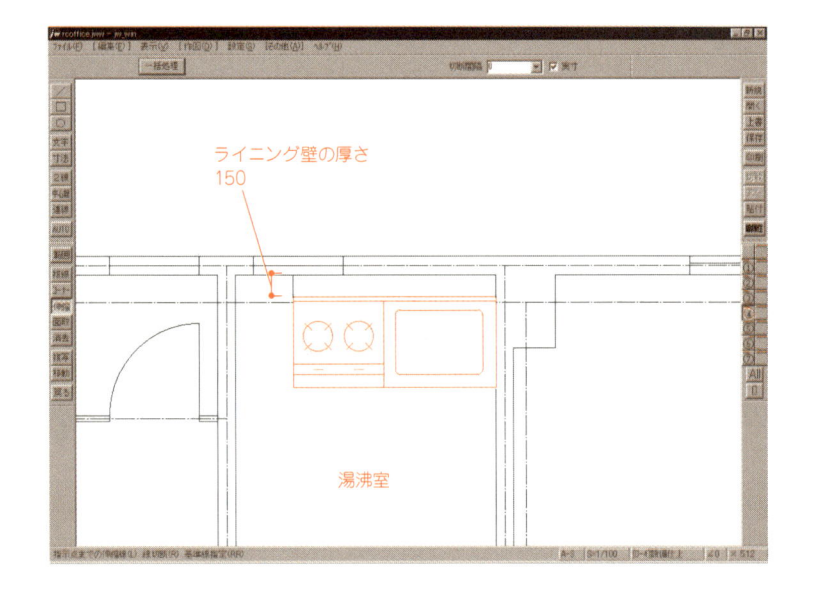

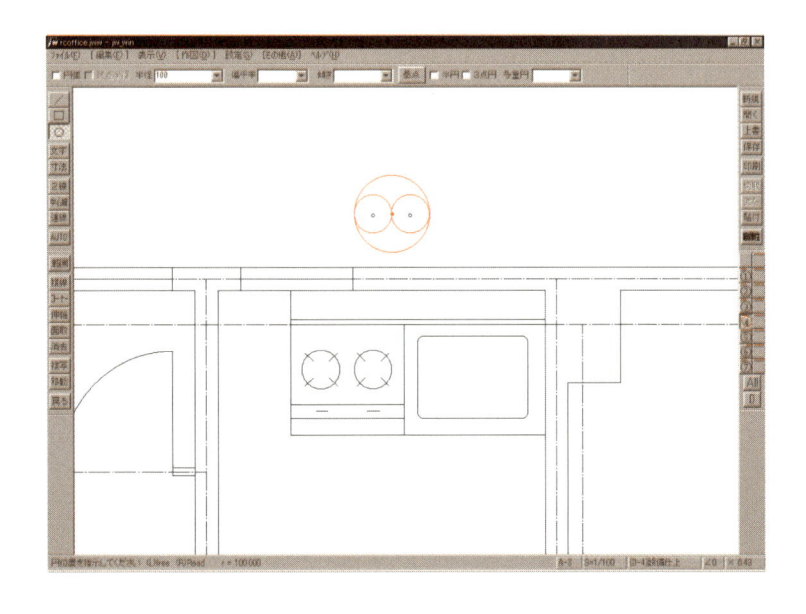

（35）男子便所の設備機器の入力

- ［その他（A）］⇒［図形（Z）］⇒一覧表から「A-YOU」を🖱🖱で選択
- ［90°毎］を1回🖱して便房内に記入
- 洗面台を記入する前に，ライニング壁を 複線 で描く

  複線 ⇒内壁から［複線間隔］＝150
- 仕切板として，洗面台と小便器の間に □ で［寸法］＝600，40
- 洗面台の手前の線を仕切板から壁際まで下ろす
- ［図形（Z）］⇒「洗面台（A-SENMEN）」
- ［図形（Z）］⇒「小便器（A-SYOU）」を入力

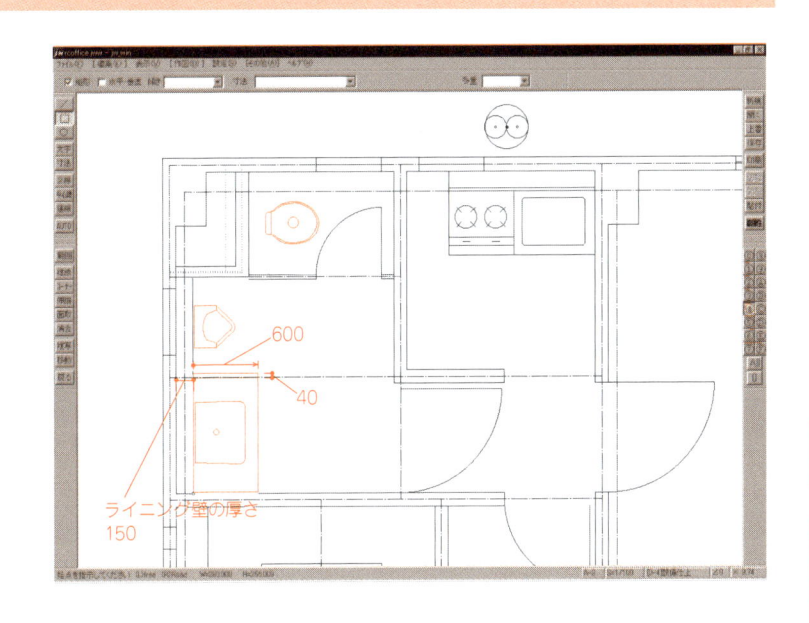

（36）玄関ポーチと入口記号の入力

- 線属性 ⇒線種（黒色）
- ／ ⇒玄関の開口部外壁面に縁の線①を引く
- 複線 ⇒①を🖱⇒［複線間隔］＝1200
- 複線 ⇒②と③を🖱⇒玄関の親子扉から100ずつ外側へ線を複写
- コーナー ⇒複写した線を仕上げる
- 三角形の入口記号⇒ ／ ⇒［寸法］＝400（1辺の長さ）
- 他の方法として［作図（D）］⇒ 多角形（T） ⇒［角数］＝3⇒［辺寸法指定］を●チェック⇒［寸法］＝400⇒入口の真中で🖱

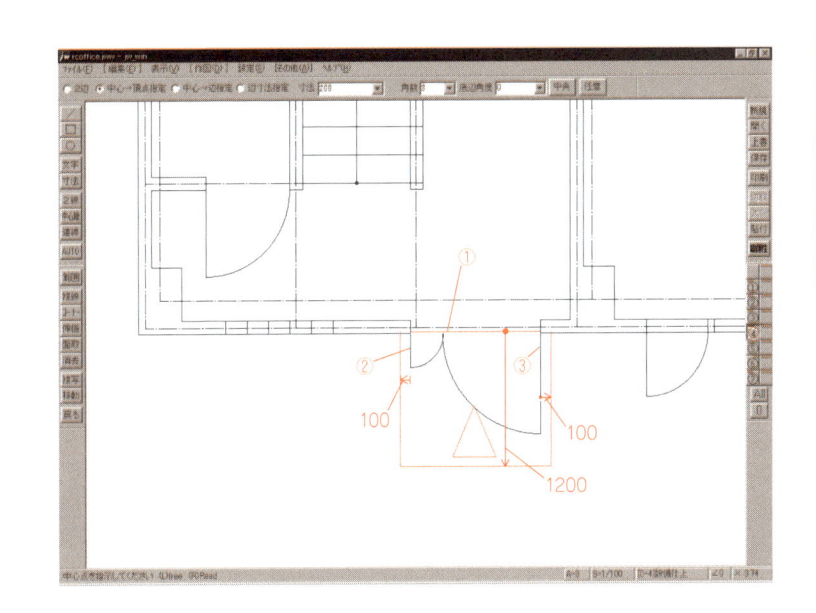

（37）入口記号の塗りつぶし

- ［作図（D）］⇒ ハッチ（H） ⇒開始線指示①（左回り②⇒③）⇒最後にもう一度開始線①を🖱で，［角度］＝45°，［ピッチ］＝0.1，［1線］を●チェック⇒［実行］を🖱

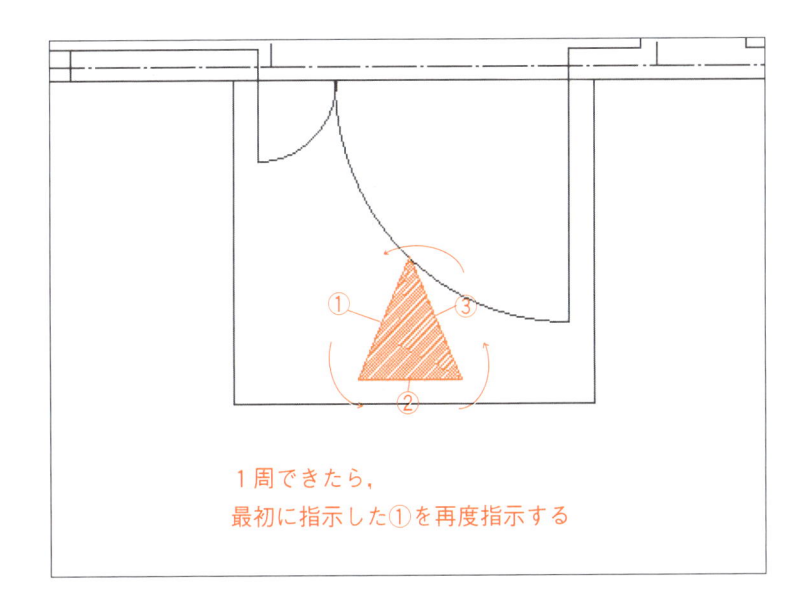

1周できたら，最初に指示した①を再度指示する

(38) 寸法の入力

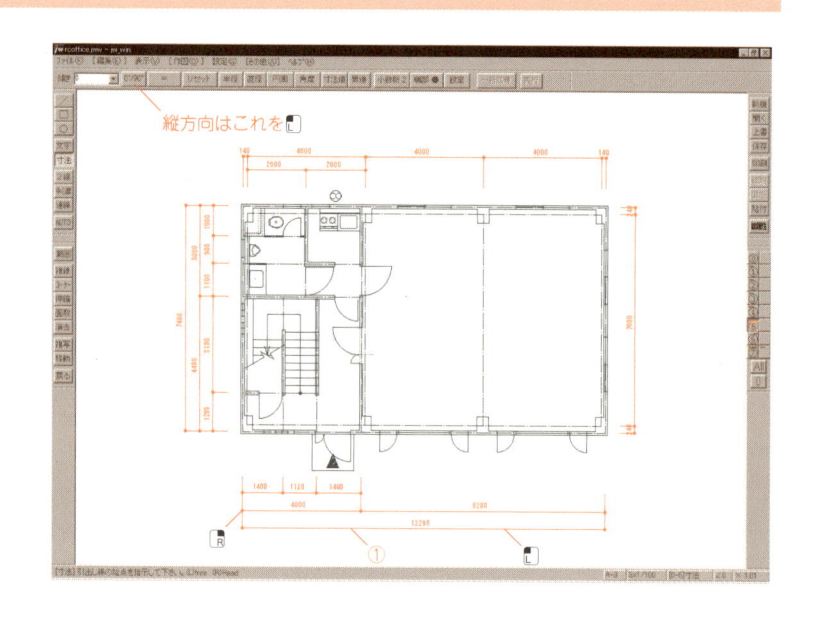

● 寸法は，北と東側では柱心，南と西側では壁心を記入しよう
・書込レイヤ【⑤】(寸法) に変更
・[作図 (D)] ⇒ 寸法 (M) ⇒
 ⇒寸法引出線の位置の指示で🔳
 ⇒寸法線の位置で🔳
 ⇒寸法開始点指示で柱（壁）の交点を🄡
 ⇒寸法終了点で他の柱（壁）の交点を🄡
・トータルの寸法（①）
 ⇒寸法引出線で事前に書いた寸法線の端点で🄡
 ⇒寸法線は適当な位置で🔳

(39) 切断線の入力

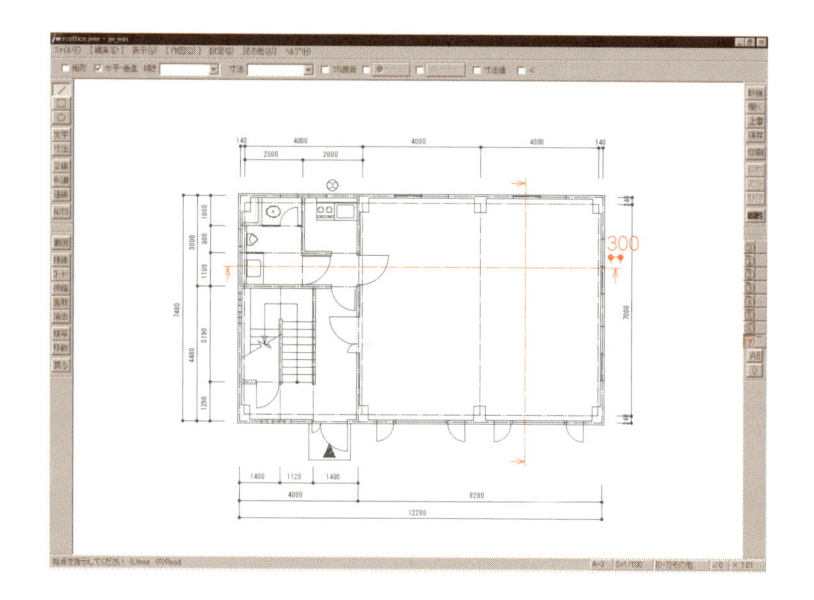

・レイヤ【⑦】（その他）に変更
・線属性 ⇒線種（一点鎖2），線色（水色）
・／ ⇒所定の切断位置に線を引く
・切断線の端点から押えの線を引く
 線属性 ⇒線種（実線），線色（黄色）
 ⇒ ／ で端点から300の線を重ねて引く
・中心線 を使い，端点から引いた線の真中に適当な長さの線と ／ の ☐< をチェックして，矢印を入力する．入力後は ☐< のチェックをはずしておく

(40) 方位の入力

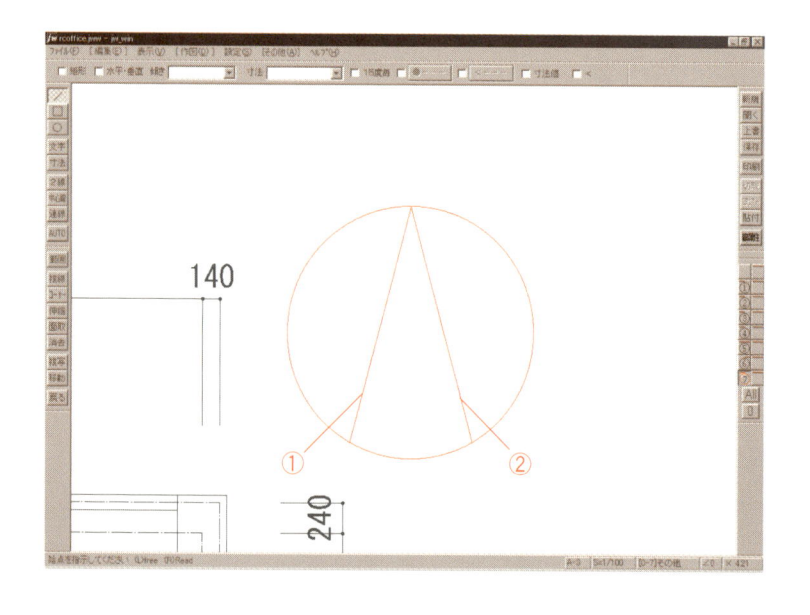

・線属性 ⇒線色（水色）
・／ ⇒適当な長さで十字を引く
・[作図 (D)] ⇒ 円弧 (C) ⇒ [半径] = 1000
 十字の交点で🄡
・／ ⇒ [水平・垂直] と [15度毎] を🔳してチェックを入れ，線①②を描く
・消去 ⇒不要な線を消す

(41) 文字の入力

- [作図 (D)] ⇒ 文字 (A) ⇒ 書込文字種変更ボタン①を🖱⇒文字種5をチェック⇒[OK]
- 南側寸法線の下に図名・縮尺を入力⇒「1階平面図 1/100」
- 書込文字種変更ボタン①を🖱⇒文字種3をチェック⇒[OK]
- 室名⇒6ヶ所
  ⇒事務室・ホール・湯沸室・男子便所・倉庫・廊下
- 切断線⇒4ヶ所
  A・A・B・B
- 方位⇒N
  作図は終了
  ファイル (F) ⇒ 上書き保存 (S) をする

(42) テスト印刷①

- 印刷準備（プリンタ側）
  プリンタの電源の確認
  用紙のセット⇒A4
  オンラインの確認
- 印刷準備（ソフト側）
  ファイル (F) ⇒プリンタの設定
  用紙の向きやサイズを確認⇒[OK]を🖱
- ファイル (F) ⇒印刷
  印刷ウィンドウを確認して[OK]を🖱

※印刷の方法は，p.61を参照

(43) テスト印刷②

- 出力された図面をみて，間違いがあれば訂正する
- 印刷範囲の設定⇒赤い枠が用紙の大きさであり，印刷位置を変更する場合は範囲変更ボタン①を🖱して，適切な位置で🖱
- 用紙全体が見えない場合は，画面を縮小して全体が見えるようにしてから印刷位置を調整する
- テスト印刷として，B5用紙サイズなどでその図面の部分だけ出力してもよい
- 同様に2階平面図を描こう（グループ【4】）

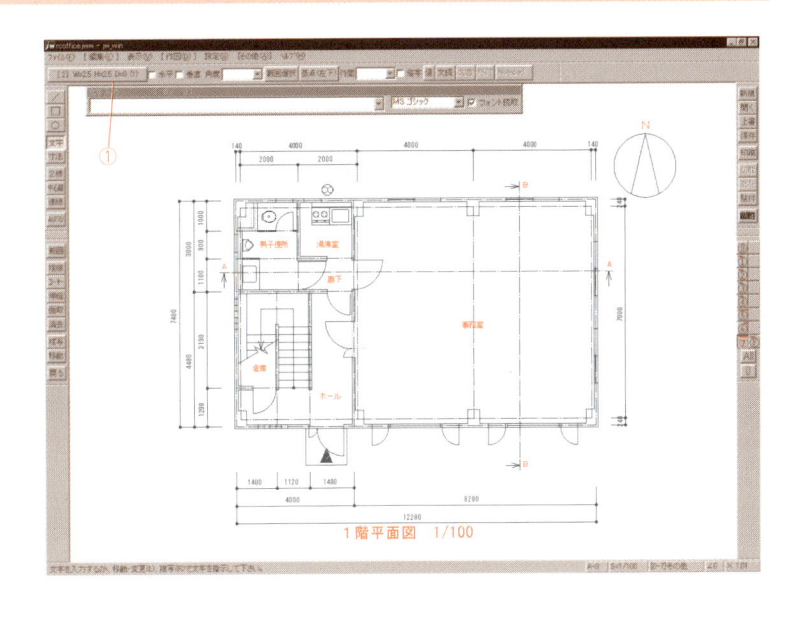

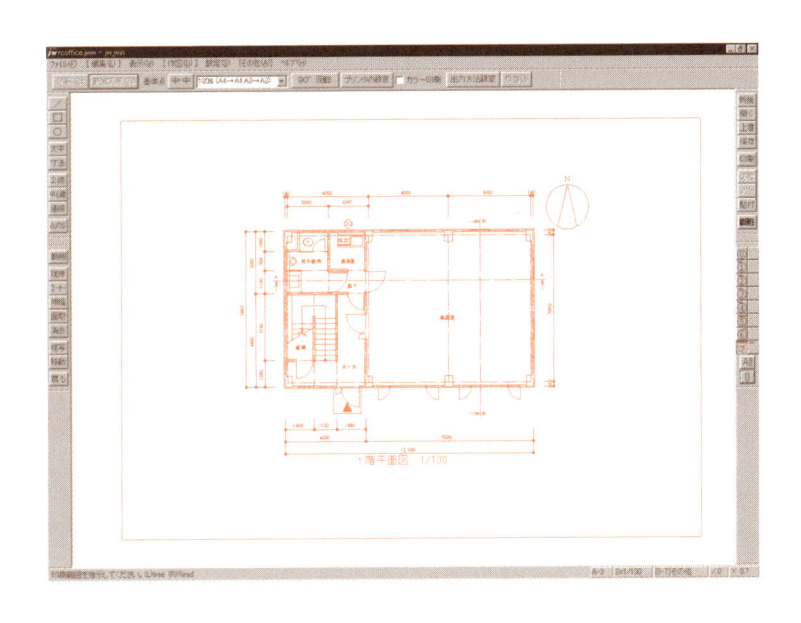

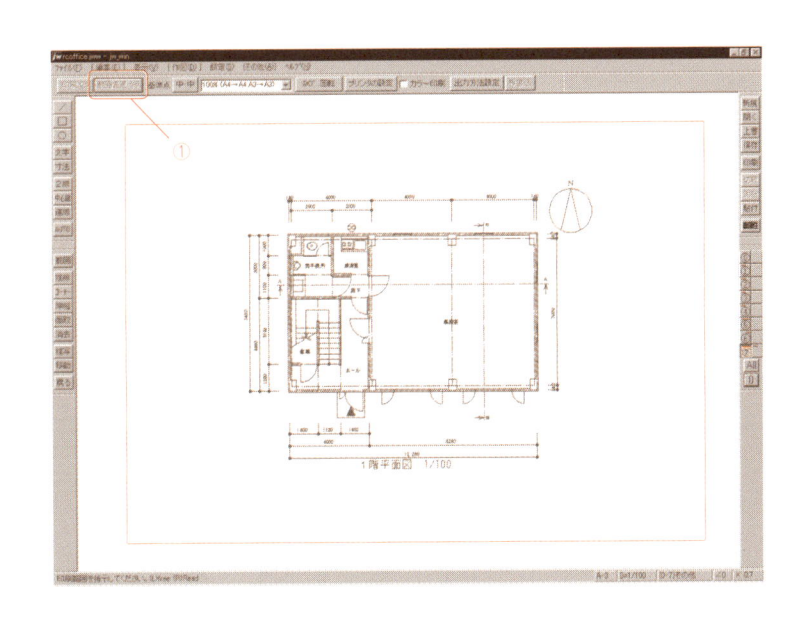

4・2 A－A断面図

面図とするのか，描き始める前に理解しよう．

次の断面パースと完成図を参考にして，A－A断面図の作図を始めよう！

（図面は，p.164に掲載しています）

● Are You Ready ? ● 描き始める前に

断面図は，平面図の切断面で示した位置を縦（高さ）方向に切断し，真横からみた図です．

作図では，まず平面図をよくみてどの部分を切断し断

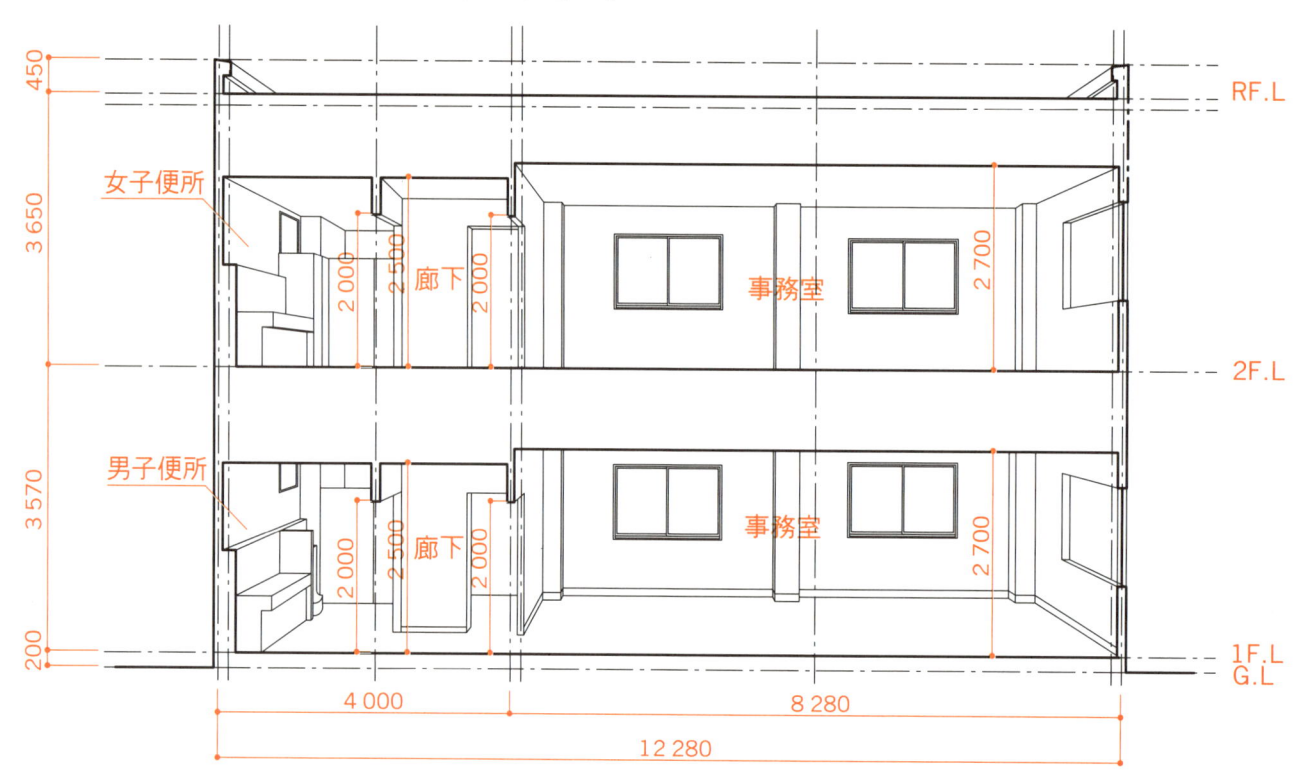

◎完成図◎

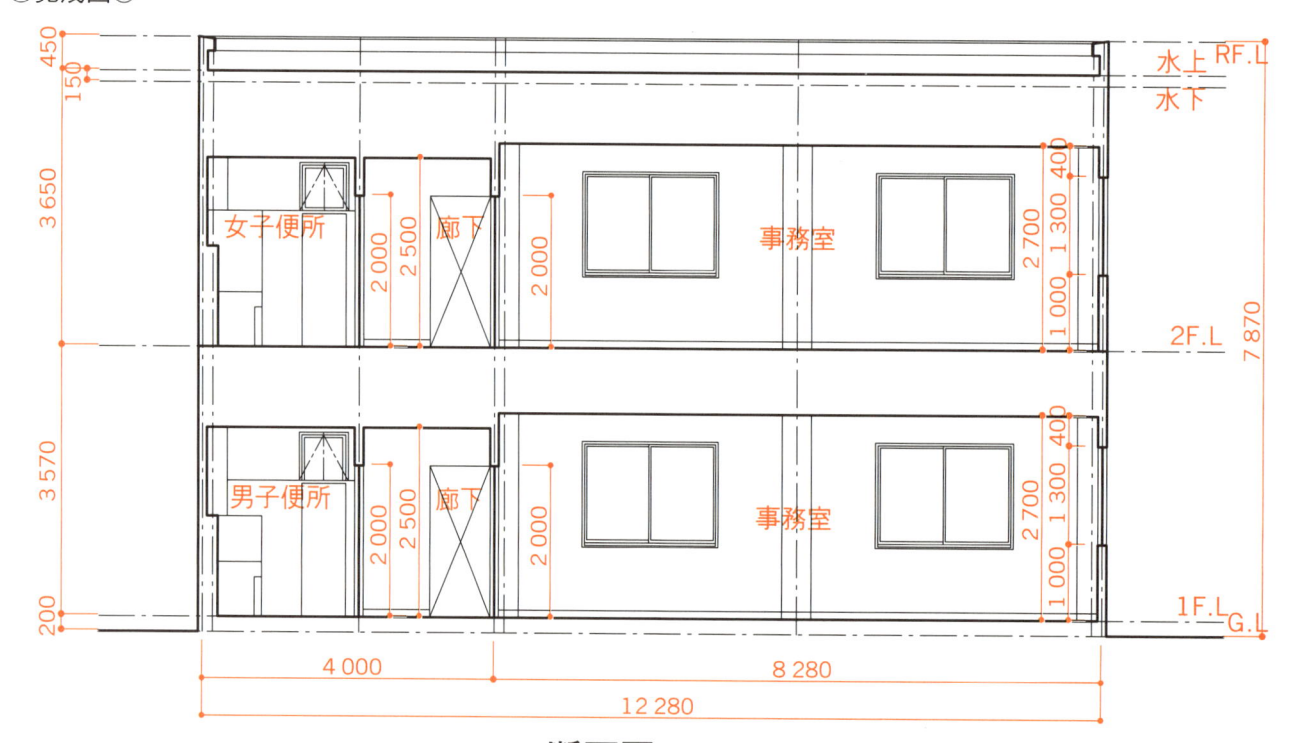

A－A断面図　1 / 100

（1）作図準備

1. 用紙・縮尺の設定
- 用紙サイズ：A3
- 縮尺：1/100

2. データファイルの読み込み
- データファイル（rcoffice.jww）を開く
  ファイル（F）⇒ 開く（O）
- ※書込グループ【0】を【1】に変更

> ※クロスカーソルは，上下左右の離れたデータの関係を確認するのに便利なので，必要に応じて活用しよう

（2）レイヤ名の記入と線種・線色

- ①の部分を🅛⇒レイヤ名を入力

各レイヤ名と線種・線色

レイヤ番号	レイヤ名	線種	線色
1	基準線	一点鎖2	黒色
2	断面線	実線	黄色
3	建具	実線	水色黄色
4	仕上	実線	黒色水色
5	寸法	実線	水色
6	図名室名	実線	緑色水色
7	その他	実線	水色黄色

※1 グループ名は，「A－A断面図」を入力
※2 線種・線色は設定せず，ここでは各レイヤで主に使用するものを参考にあげている

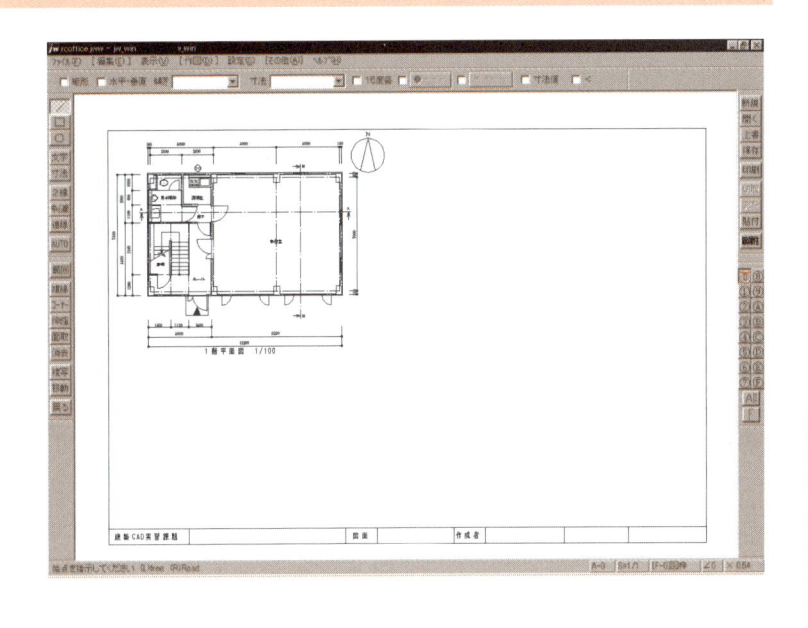

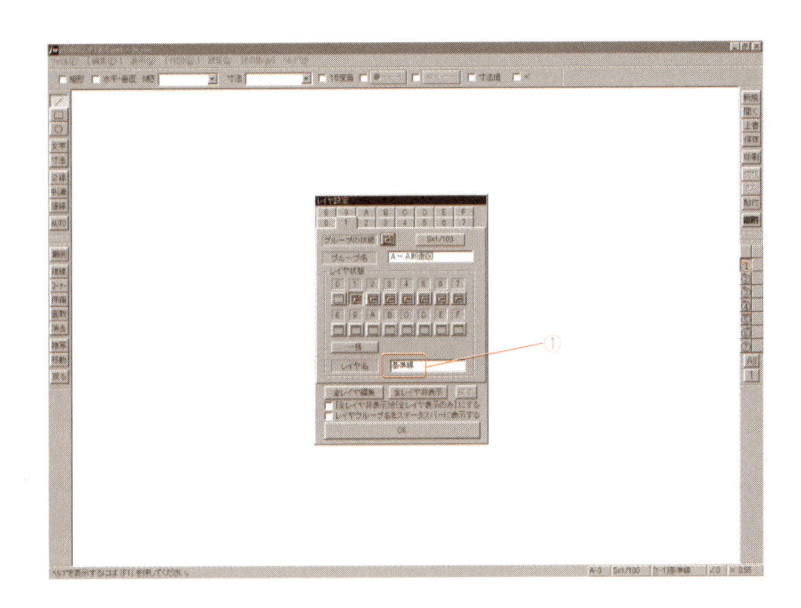

（3）データファイルの保存

- ファイル（F）⇒ 上書き保存（S）
  または，アイコン①⇒ 上書 を🅛

- レイヤ一覧を表示したいときは，書込レイヤボタン②を🆁

> ※表示は3×3にすると，すべてのレイヤを確認することができる

鉄筋コンクリート構造事務所の描き方

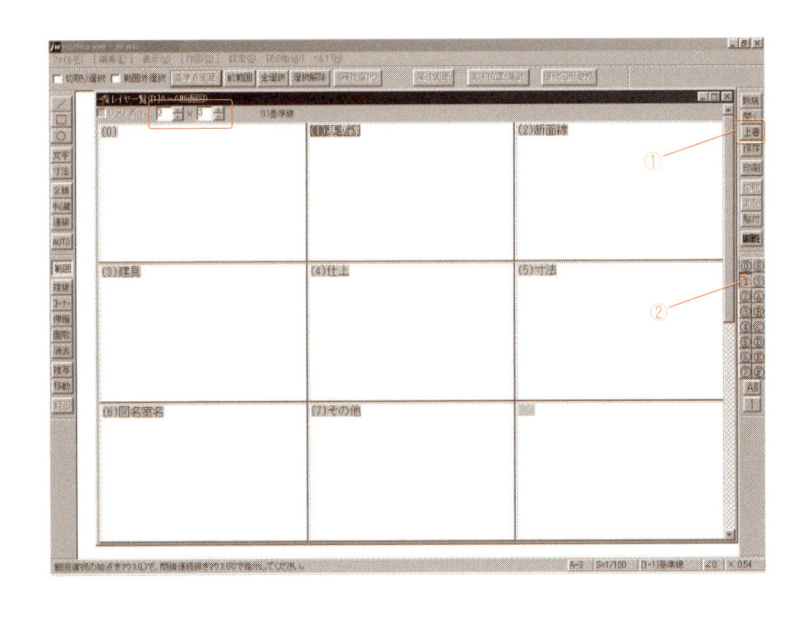

（4）基準線（高さ方向）の入力

- レイヤ【①】（基準線）に変更
- 平面図の柱心の交点から ／ で断面図を描く部分まで補助線（4本）を引く（ 線属性 ⇒補助線）
- 図枠の左下 1/4 の範囲をズームアップ（表示範囲記憶と記憶解除の設定は p.18 を参照）
- 線属性 ⇒線種（一点鎖2），線色（黒色）
- G.L 線の入力⇒ ／ ⇒適当な長さで G.L 線を引く
- 複線 で①を L ⇒［複線間隔］= 200
  ⇒上側で L
- 同様に上方向へ 複線 で基準線を入力⇒［複線間隔］= 3570, 3500, 150, 450

（5）柱心の入力

- ／ ⇒補助線と G.L 線の交点から上方向へ最高高さまで柱心の線①〜④を引く⇒交点を R ⇒ R
- 消去 ⇒補助線を削除（ R ）

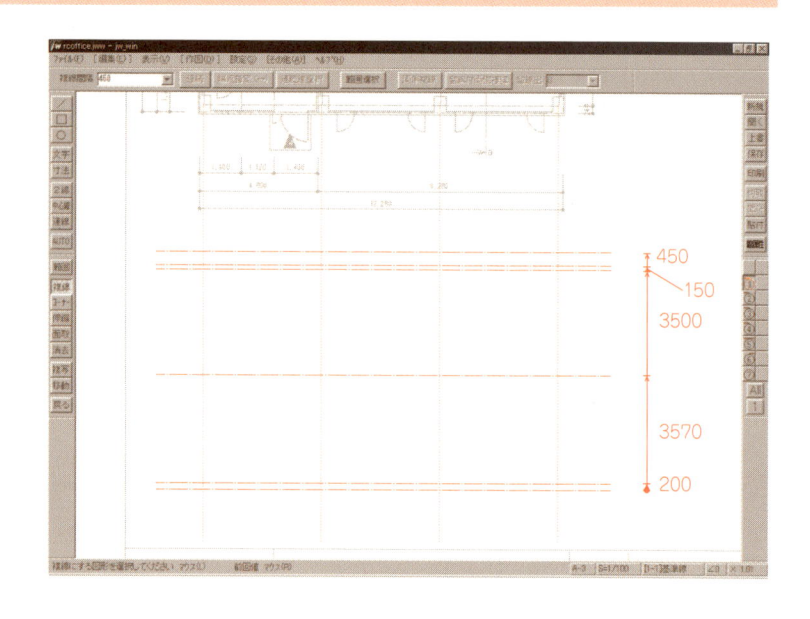

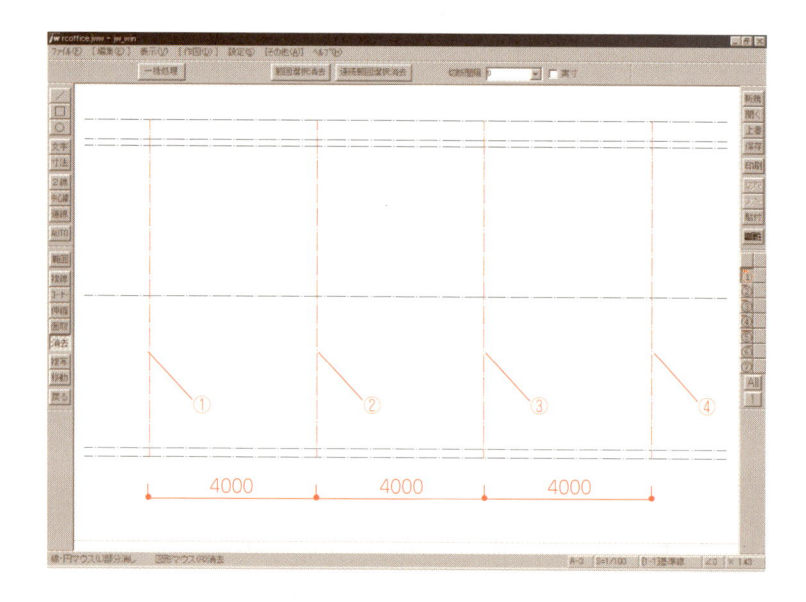

（6）壁心の入力

- 複線 ⇒①を L ⇒①より左へ 140
- 複線 ⇒②を R ⇒②より左で L
- 複線 ⇒③を R ⇒③より右で L

> ※ 複線 で 2 度目の線を指示するとき R （前回と同じ数値）とすると，最初に入れた 140 が繰り返され，再度寸法をキー入力する必要がなく便利である

- 複線 ⇒①を L ⇒①より右へ 2000

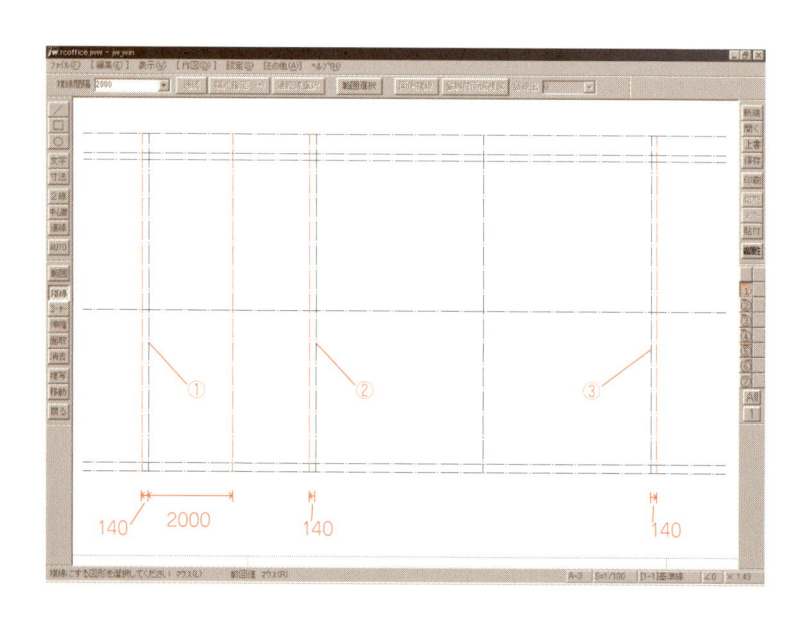

（7）壁の入力

- レイヤ【②】（断面線）に変更
- **線属性** ⇒ 線種（実線），線色（黄色）
- **2線** ⇒ ［2線の間隔］⇒ 60，60
  基準線を🖱（これから壁を記入する壁心を指示）
  ⇒ 図のように記入（①）
- **2線** ⇒ 基準線変更指示（壁心を🖱🖱）⇒ 同様に
  2線 で壁②～④を記入

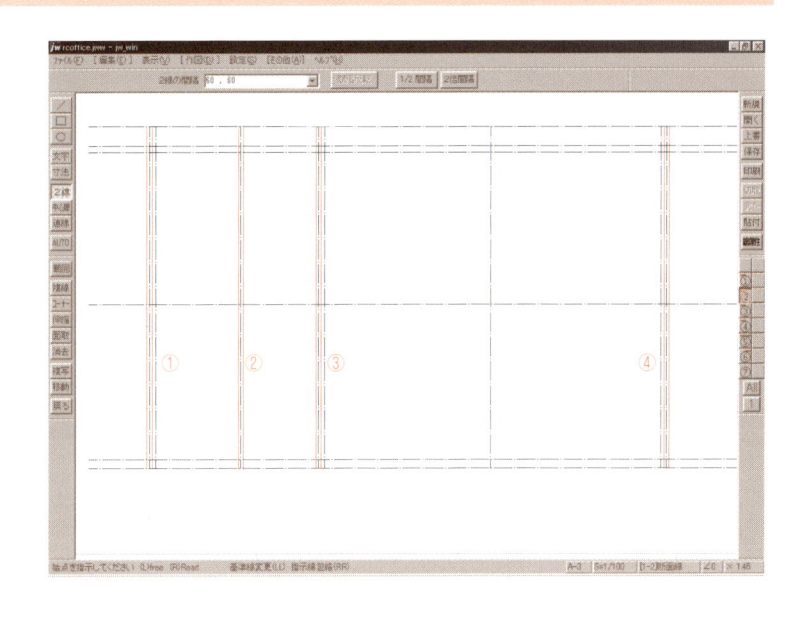

（8）G.L 線と床・天井の入力

- G.L 線 ⇒ **／** ⇒ G.L 基準線上に外壁から G.L 線（実線・黄色）を断面図の両側に引く（🅡⇒🅡）
- 1階床 ⇒ **／** ⇒ G.L から 200 上に床の線を記入（基準線上でよい）
- 同様に 2 階床面と屋根面の線も記入
- 事務室の天井高（1・2階）
  複線 ⇒ 床線を🖱 ⇒ ［複線間隔］= 2700
- 便所・廊下の天井高（1・2階）
  複線 ⇒ 床線を🖱 ⇒ ［複線間隔］= 2500
  伸縮 ⇒ 壁との取合い部分を仕上げる

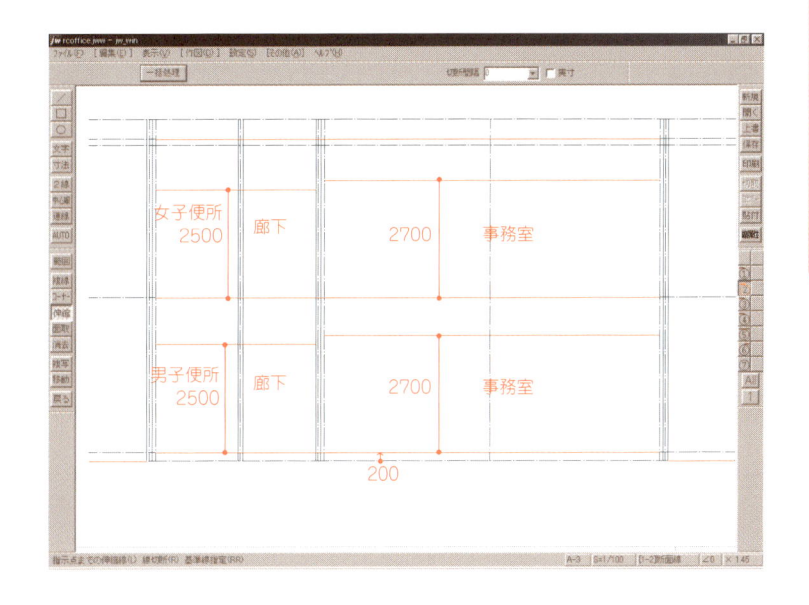

（9）ライニング壁の入力①

- **複線** ⇒ ①の線を🖱 ⇒ ［複線間隔］= 150 ⇒ 室内側で🖱
- **複線** ⇒ 1F.L ②と 2F.L ③の線を複線してライニング壁の天端の線を引く
  ［複線間隔］= 1330 ⇒ 上側で🖱

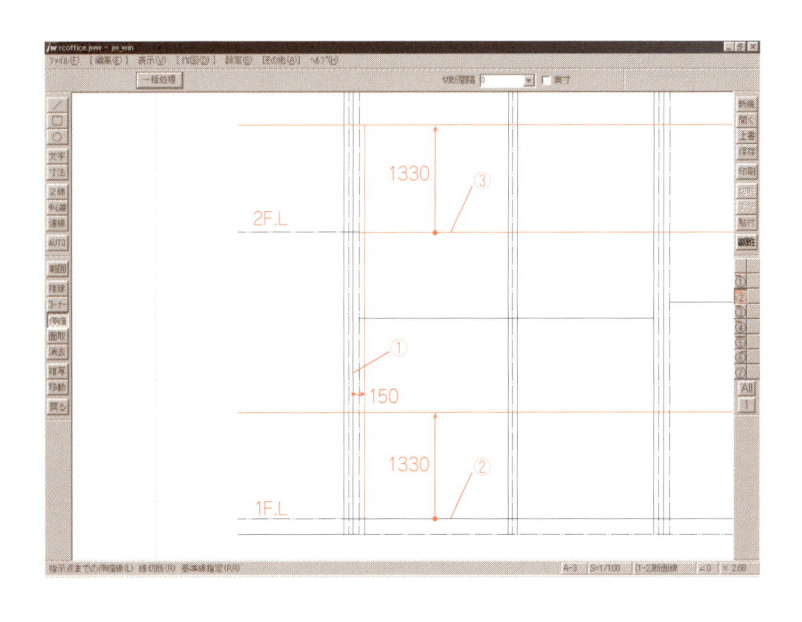

(10) ライニング壁の入力②

- 基準線レイヤ【①】⇒非表示
- コーナー⇒①のあたりで線2本を[R]して切断（2ヶ所）
- コーナー⇒線(A)と線(B)を指示して図のように仕上げる（1・2階）
- 壁下部と床の取り合い部分②⇒コーナーで仕上げる
- コーナーと伸縮で図のように仕上げる

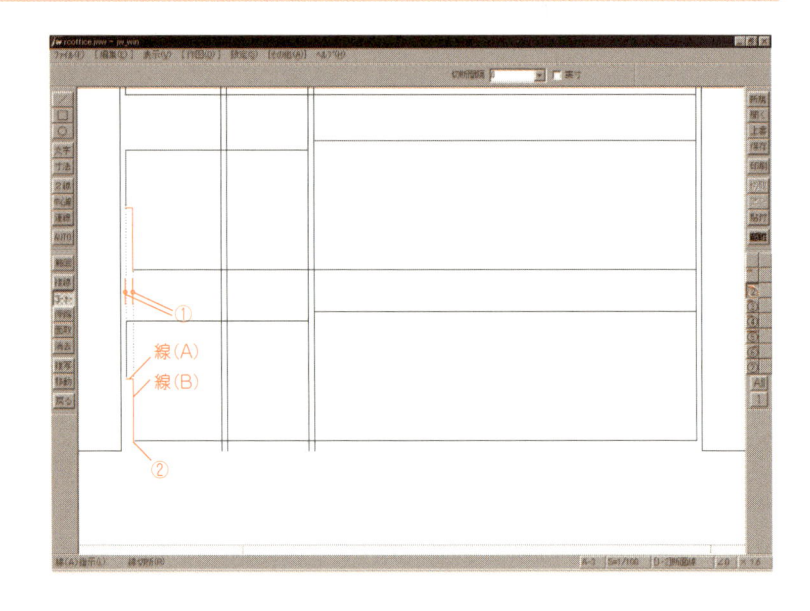

(11) パラペットの入力

- ／⇒①より右に［寸法］= 220 ⇒②から下に［寸法］= 190 ⇒③から左に[L]
- 複線⇒②を下側に30
- ／（水平・垂直のチェックボタンをはずして斜線とする）⇒図のように対角線に斜線を引く
- コーナーで仕上げる
- 消去で不要な線を削除（線の上で[R]）
- 同様に反対側のパラペットを入力

◎ 複写⇒反転⇒移動⇒コーナーでも入力できる

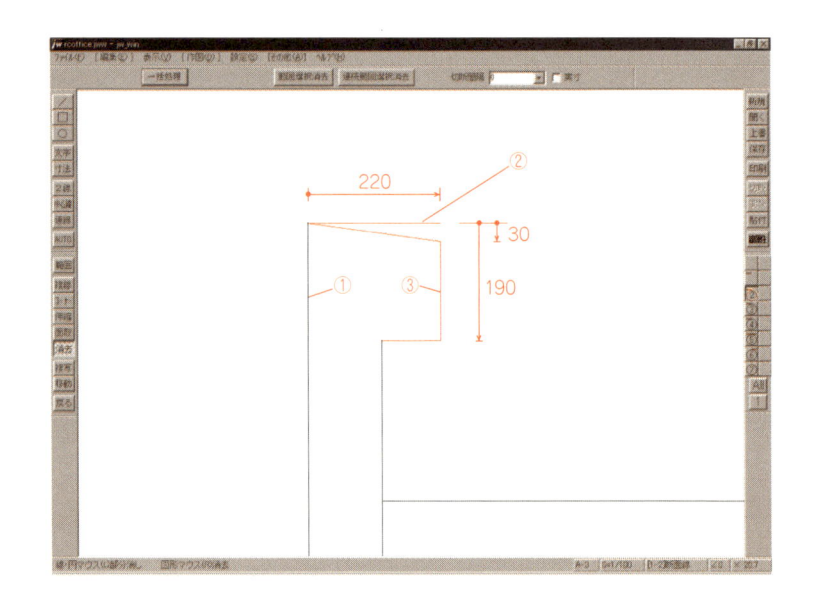

(12) 壁と天井・床の包絡処理

- ［編集(E)］⇒ 包絡処理(H) ⇒左上で[L]⇒右下で[L]（包絡する壁と床の取り合い部分を囲む）
- 同様に図を参考にして，他の部分も包絡処理をしよう

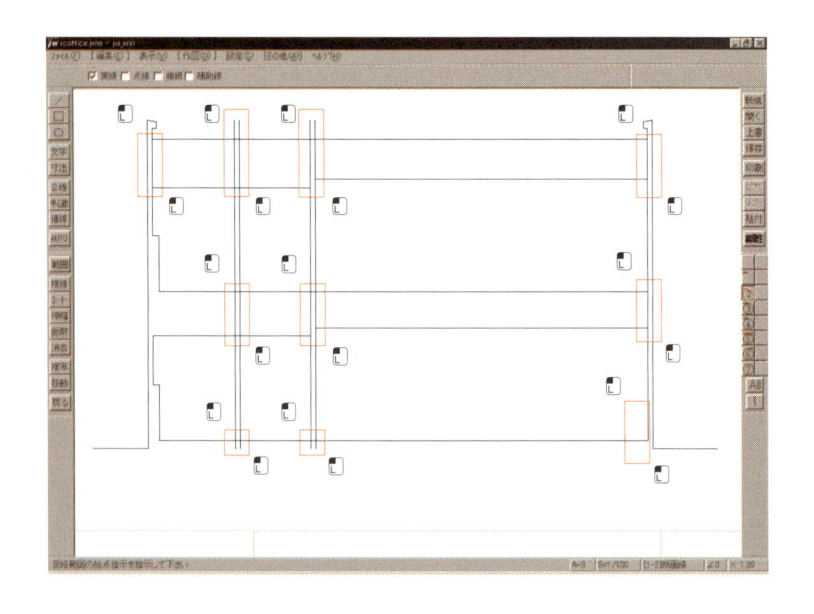

(13) 廊下のたれ壁の仕上げ

- 複線 ⇒ 1 階廊下の床を🖰 ⇒ ［複線間隔］＝ 2000
  ⇒ 床より上で🖰
- 同様に 2 階廊下の床の線を 複線 により，同じ
  ［複線間隔］(2000) で記入
- コーナー ⇒ 複線した床の線を🖰して切断した後，た
  れ壁の下部を コーナー で仕上げる

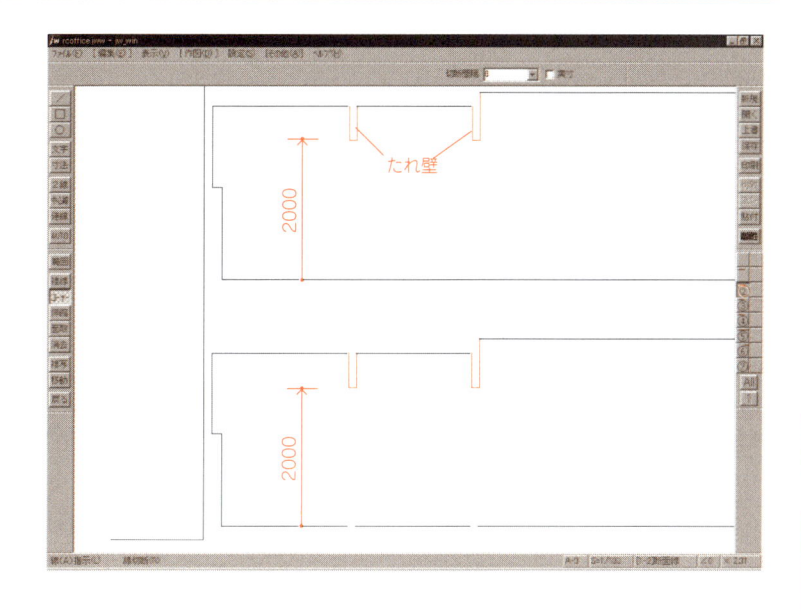

(14) 開口部の入力

- ／ ⇒ 水平線①と②を引く
- 複線 ⇒ 線①を🖰 ⇒ ［複線間隔］＝ 1000 ⇒ 上側で
  決定
  同様に線②も 複線 する
- さらに開口部となる③と④を 複線 する
  ⇒ ［複線間隔］＝ 1300 ⇒ 上側で決定
- ［編集 (E)］⇒ ［包絡処理 (H)］⇒ 🖰 (左上) ⇒
  🖰 (右下) で穴あけ後，🖰 (左上) ⇒ 🖰 (右下)
  で仕上げる (p.114(16)参照)
- 消去 ⇒ 不要な線①②を消す

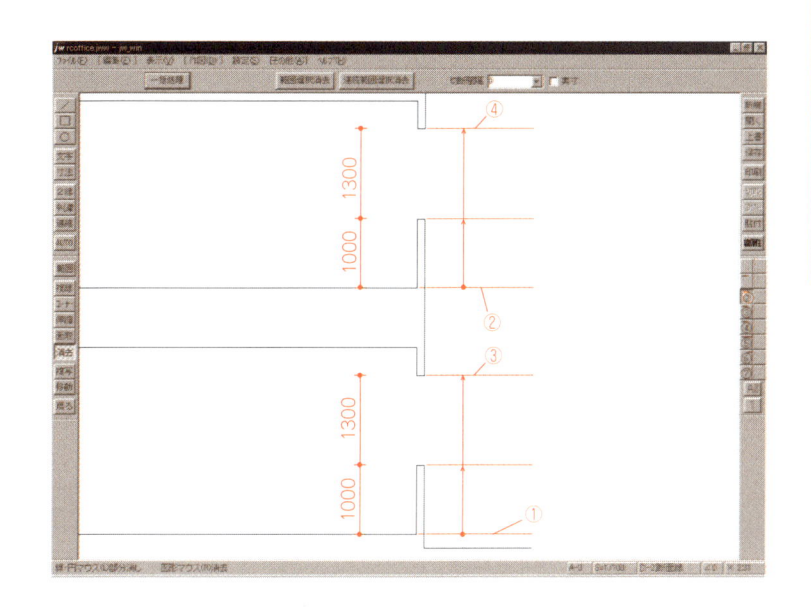

●休み時間●

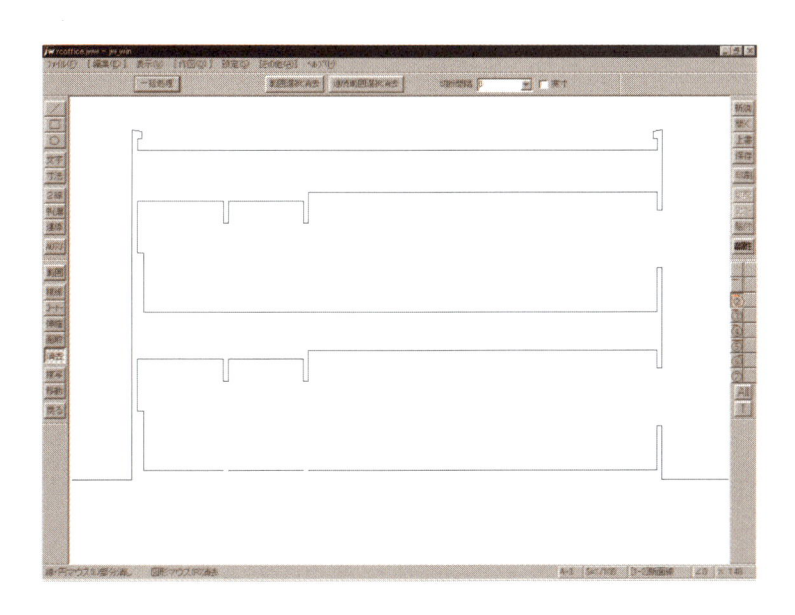

［ファイル (F)］⇒ ［上書き保存 (S)］をして
おこう

(15) 床の仕上げ

・1階便所・廊下・事務室の床が，壁の下部で切断されているので，これを1本の線にする
  コーナー ⇒便所の床①を(L)⇒次に廊下の床②を(L)
・同様に1階事務室の床と2階の各部の床を コーナー により，1本の線データに直す

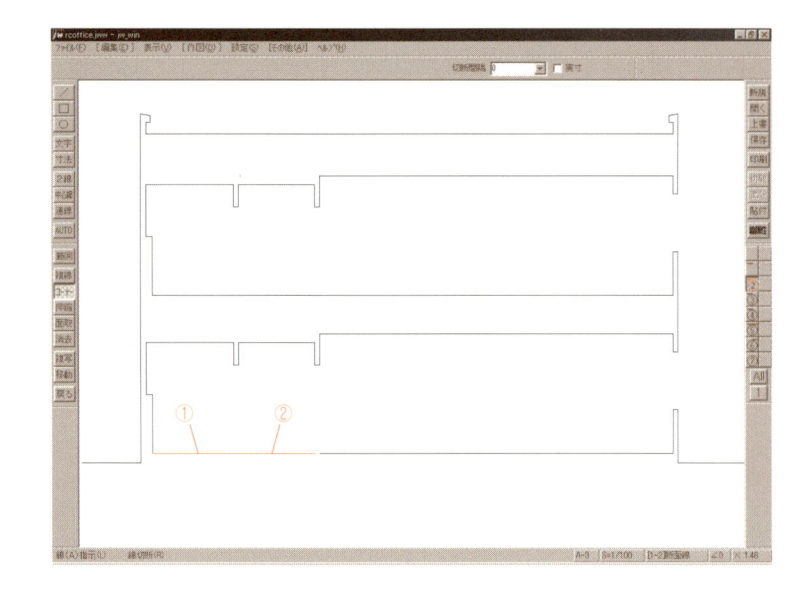

(16) 建具の入力①

・レイヤ【③】（建具）に変更
・基準線レイヤ【①】⇒表示
・ 線属性 ⇒線色（黄色）
・ / ⇒便所と事務室の入口①〜④と事務室の窓⑤⑥に，基準線に沿って建具の線を引く（(R)⇒(R)）

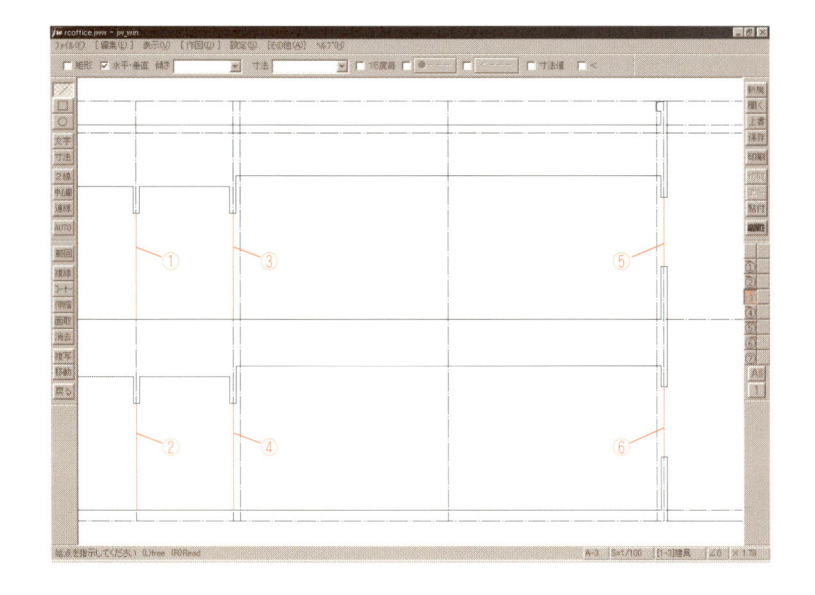

(17) 建具の入力②

・ 線属性 ⇒線色（水色）

※線色を間違えて入力した場合
　[設定 (S)]⇒線属性 (C) で正しい線色を選び，[編集 (E)]⇒属性変更 (X) ⇒変更する線を(L)，またはクロックメニュー（p.20参照）の左 AM5時，で処理する

・(16)で描いた入口や窓の姿として見えている線を 2線 で描く（6箇所）
  2線 ⇒[2線の間隔]=60,60⇒基準線（壁心）を指示（(L)）⇒壁の上端から下端へ線を描く（(R)⇒(R)），基準線変更は(L)(L)

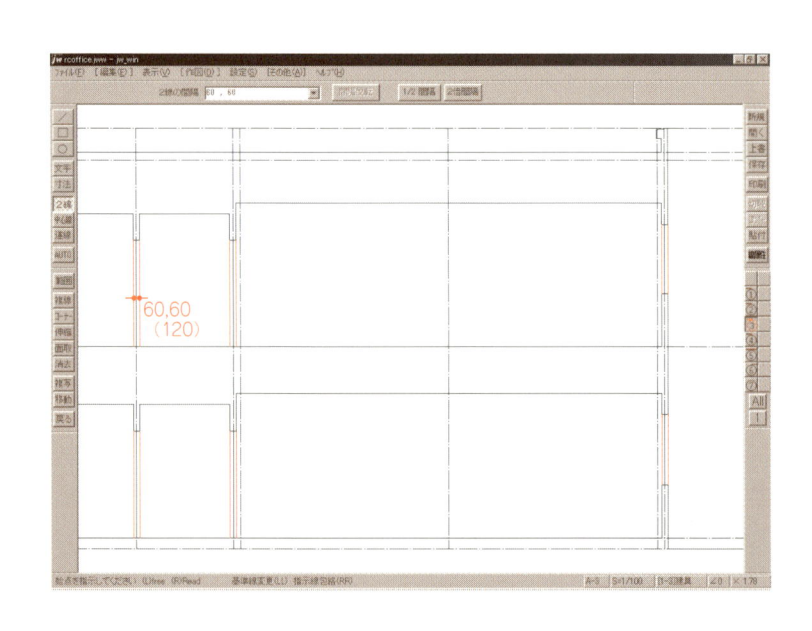

(18) パラペット・柱の入力

- レイヤ【④】(仕上) に変更
- 線属性 ⇒ 線色 (黒色)
- ／ ⇒ パラペットの姿として見えている線を引く
- 事務室と便所に見える柱の線を記入 ⇒ 複線 ⇒ 柱心を[L]⇒［複線間隔］= 200 ⇒ 記入したい方向で[L]
- 伸縮 ⇒ 1階天井裏のところで複線した線を[R]して切断 ⇒ 天井と床の線を基準線（[R][R]）として線を仕上げる

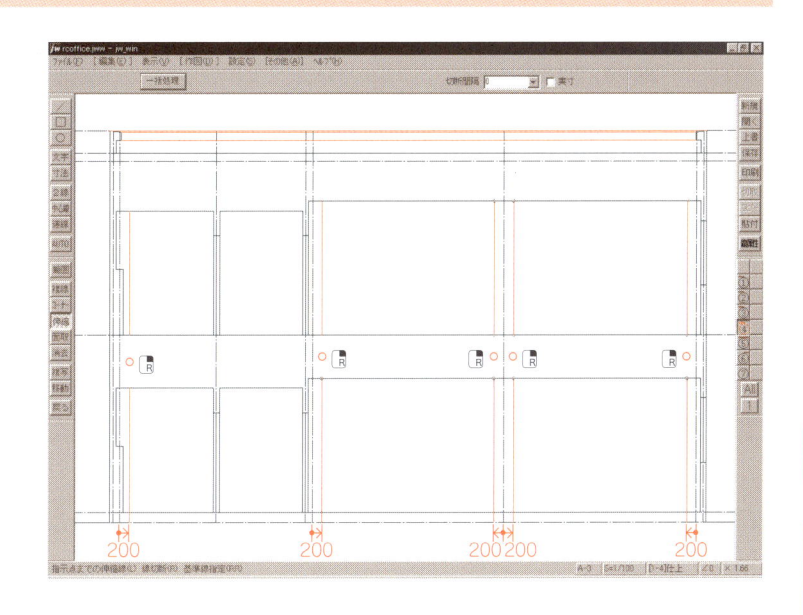

(19) 事務室の窓の入力

- 線属性 ⇒ 線種（補助線）
- 複線 ⇒ 事務室1階床を[L]⇒［複線間隔］= 1000 ⇒ 2階も同様に入力
- 中心線 ⇒ 両側の柱の線を1番目の線・2番目の線として，その中心線が1・2階を貫くように引く
- 線属性 ⇒ 線種（実線）
- ［作図 (D)］⇒ ［建具立面 (F)］を[L]⇒ 一覧から［引き違い2枚］を[L][L]⇒ 内法 = 1800, 1300 ボタン①②を[L]して 中 と 下内法 に変更すると，サッシ下部中央が基点となるので，補助線の交点で[R]
- 同様に他の3箇所も入力

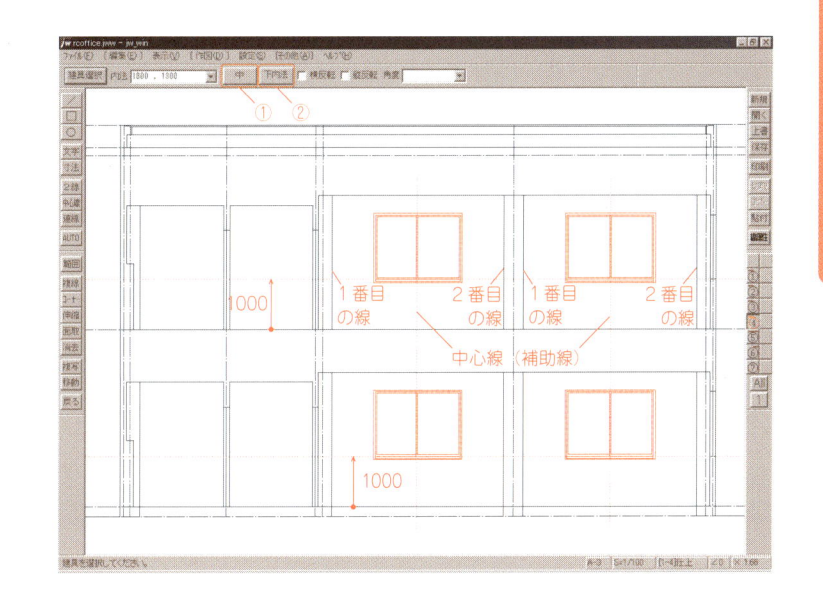

(20) 湯沸室の入口の入力

- ／ ⇒（線属性 ⇒ 線色（黒色））⇒ 1階の①で[R]⇒［寸法］= 840 ⇒ 下方向へ ⇒［寸法］= 2000
- 湯沸室の入口は建具がないので，開口部を示す対角線（×）を記入
  ／ ⇒ 斜線（線属性 ⇒ 線色（水色））⇒ 開口部の交点を[R]して対角線を2本引く（［寸法］=（無指定））
- 同様に2階部分も入力

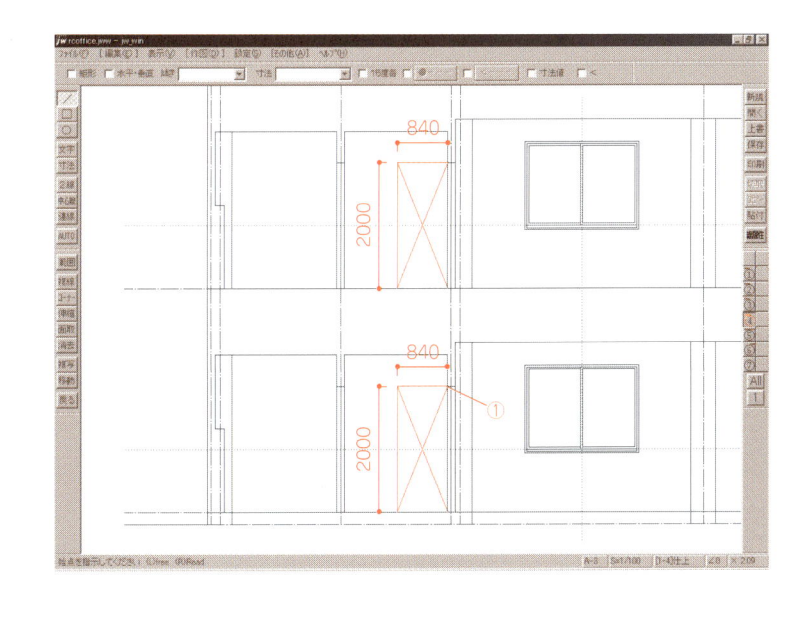

(21) 便所の窓の入力

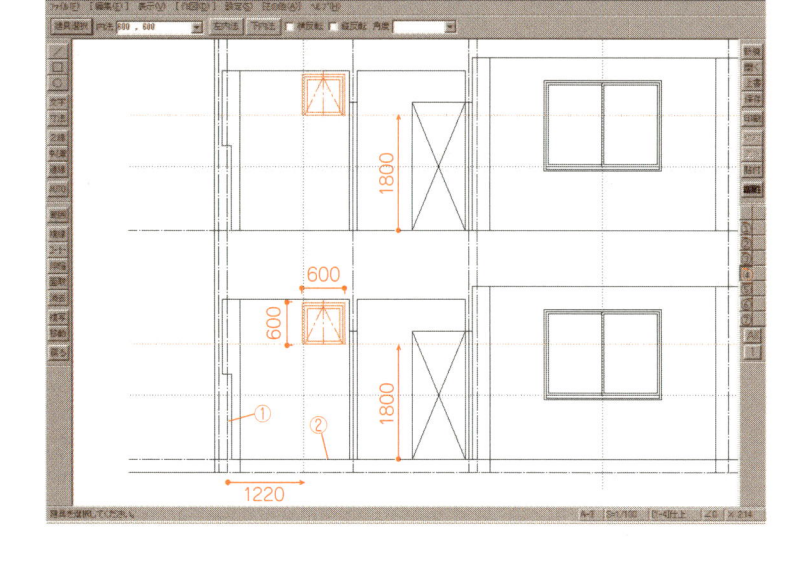

- 線属性 ⇒線種（補助線）
- 複線 ⇒柱心①を 🖱 ⇒［複線間隔］= 1220 ⇒右側で 🖱
- 複線 ⇒床面②を 🖱 ⇒［複線間隔］= 1800 ⇒上方向で 🖱
- 線属性 ⇒線種（実線），線色（黒色）
- ［作図（D）］⇒ 建具立面（F）を 🖱 ⇒一覧から［押出し窓　立面］を 🖱 🖱 ⇒［内法］= 600, 600

  左内法 と 下内法 に変更して，基点がサッシ左下部となるようにしてから補助線の交点で 🖱
- 同様に2階も入力

(22) 便房の入力

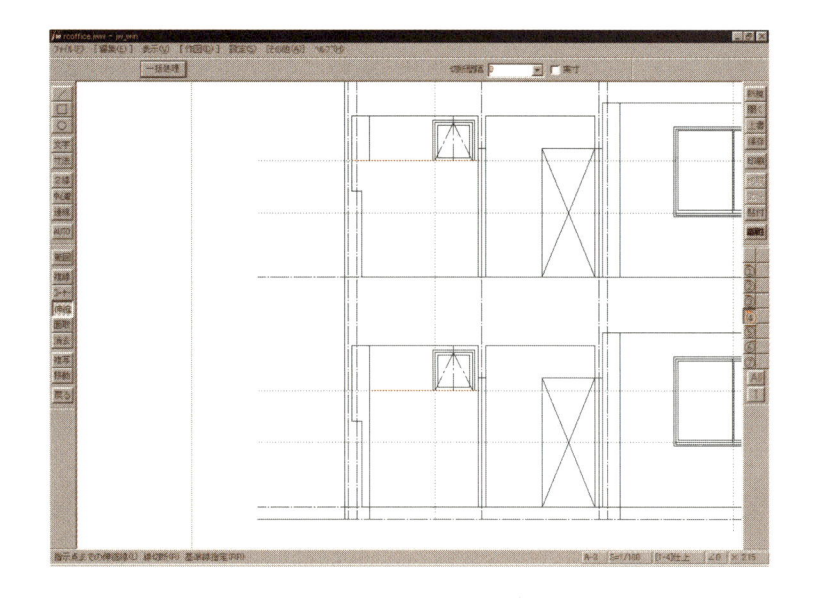

- ／ ⇒（21）でとった補助線（床面から1800）の上に重ねて図のように引く

  1階と2階では異なるので注意
- 窓が便所のスクリーンに隠れる部分を 伸縮 と 消去 で処理する

(23) 1階男子便所の扉と洗面台などの入力

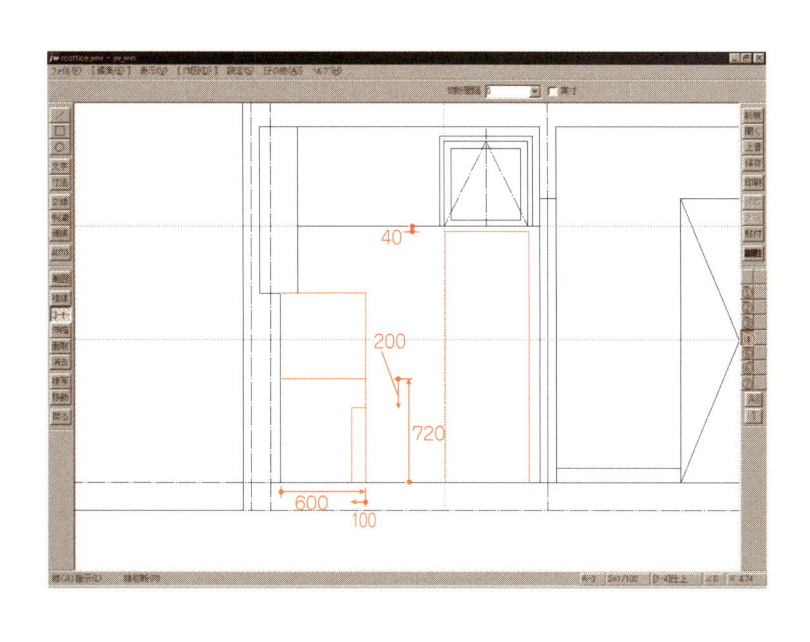

- 便所のスクリーンの扉は，窓の幅と同じ位置なので，窓でとった補助線と窓枠内側の線から ／ で床まで線を引く
- 複線 ⇒スクリーン上部の線を 🖱 ⇒［複線間隔］= 40
- コーナー と 伸縮 で扉を仕上げる
- 複線 ⇒ライニング壁を 🖱（洗面台の幅）⇒［複線間隔］= 600
- 図の寸法に合わせ， 複線 と コーナー を使い，洗面台，仕切板を入力

（24）2階女子便所の扉と洗面台などの入力

- 1階と同様に，／で床まで線を引く
- 複線 ⇒ スクリーン上部の線を🖱 ⇒［複線間隔］= 40
- コーナーと伸縮で扉を仕上げる
- 複線 ⇒ ライニング壁を🖱（洗面台の幅）⇒［複線間隔］= 600
- 図の寸法も合わせ，複線とコーナーを使い，洗面台，仕切板を入力

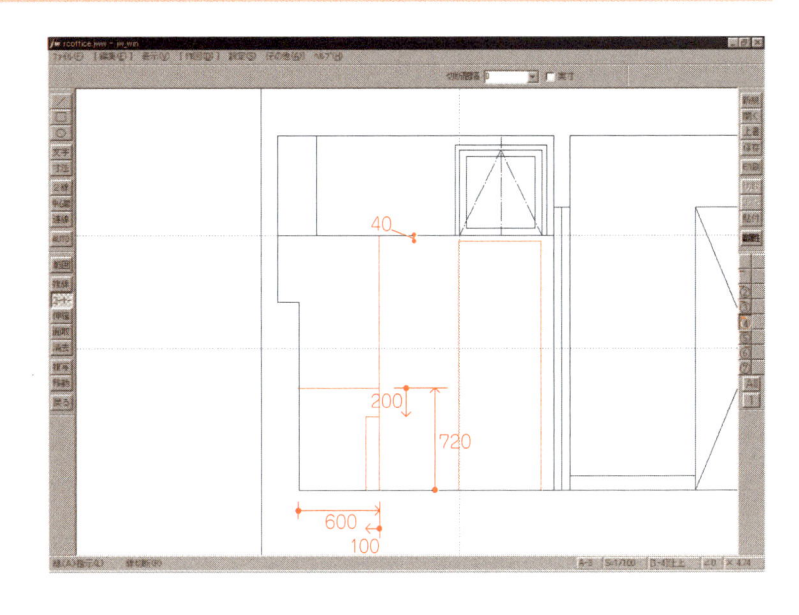

（25）幅木の入力

- 1，2階事務室と廊下の壁下部に幅木を入力
  複線 ⇒ 床の線を🖱 ⇒［複線間隔］= 100
- 伸縮 ⇒ 開口部など不要な部分は切り取る

※補助線は印刷されないので削除しなくてもよいが，多数あると作図上誤って始点や基点を取ることもあるので各自の判断で取り扱うとよい

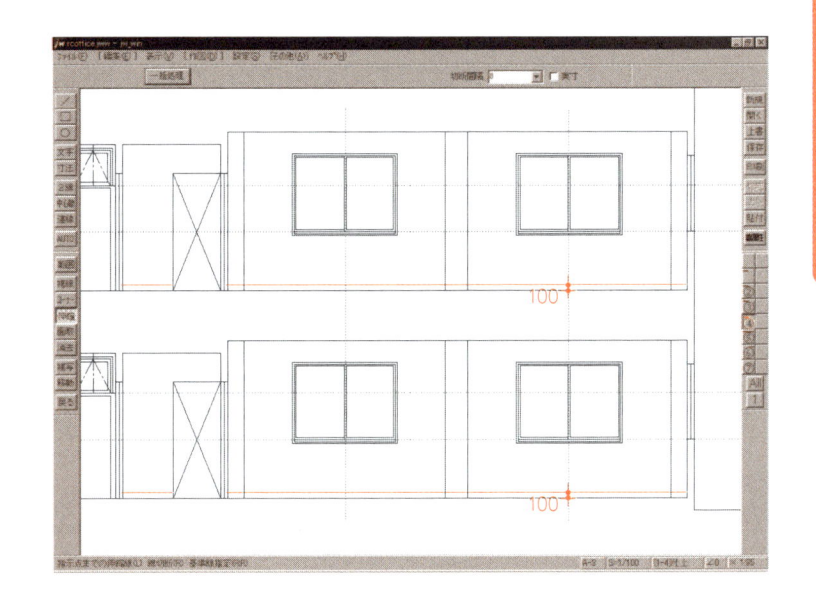

覚えておくと便利

伸縮をマスターしよう
1. 線を任意の位置まで伸ばす場合
2. 線を交点まで伸ばす場合
3. 線を任意の位置まで縮める場合
4. 線を交点まで縮める場合

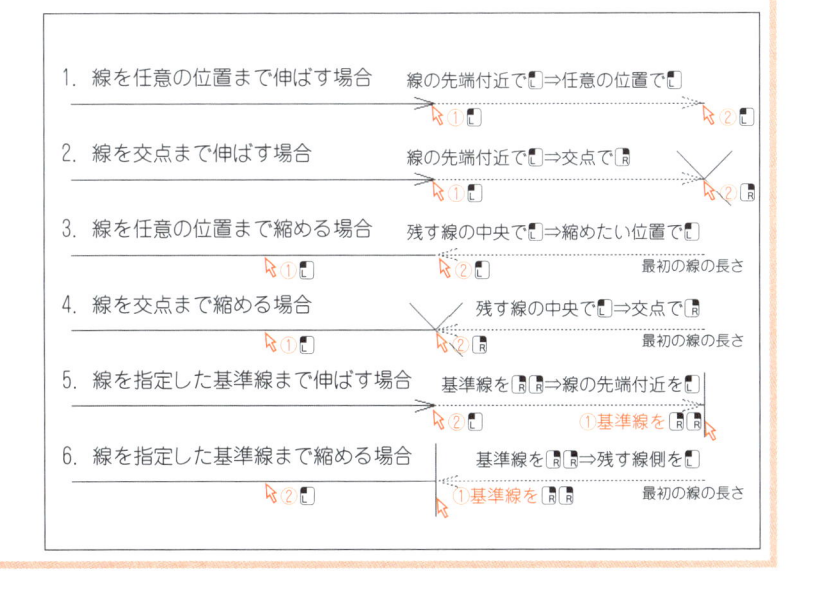

1. 線を任意の位置まで伸ばす場合	線の先端付近で🖱 ⇒ 任意の位置で🖱
2. 線を交点まで伸ばす場合	線の先端付近で🖱 ⇒ 交点で🖱
3. 線を任意の位置まで縮める場合	残す線の中央で🖱 ⇒ 縮めたい位置で🖱
4. 線を交点まで縮める場合	残す線の中央で🖱 ⇒ 交点で🖱
5. 線を指定した基準線まで伸ばす場合	基準線を🖱 ⇒ 線の先端付近を🖱
6. 線を指定した基準線まで縮める場合	基準線を🖱 ⇒ 残す線側を🖱

4　鉄筋コンクリート構造事務所の描き方

（26）寸法の入力

●寸法は，図面の外には事務所の長さ・高さを，室内には天井高と開口部の高さを入力しよう

・レイヤ【⑤】（寸法）に変更
・[作図（D）]⇒寸法（M）
　⇒寸法引出線の位置の指示で🖱
　⇒寸法線の位置で🖱
　⇒寸法開始点指示で壁心とG.Lの交点を🖱R
　⇒寸法終了点で他の壁心とG.Lの交点を🖱R
　次の寸法線に入る前に リセット を押す
・トータルの寸法（①）
　⇒寸法引出線で事前に書いた寸法線の端点で🖱R
　⇒寸法線は適当な位置で🖱

（27）文字の入力

・レイヤ【⑥】（図名室名）に変更
・ 文字 ⇒高さを示す文字を入力
　G.L，1F.L，2F.L，水上，RF.L，水下
　書込文字種は［3］を確認

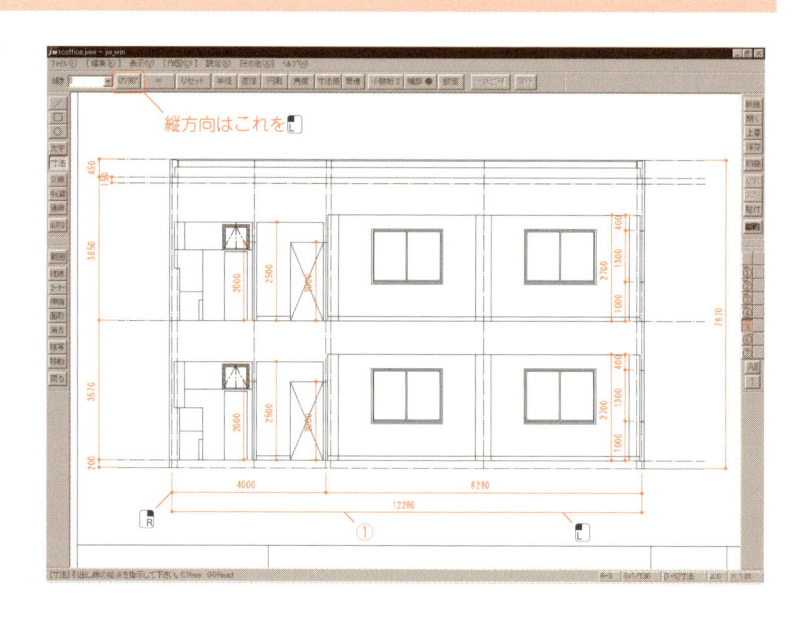

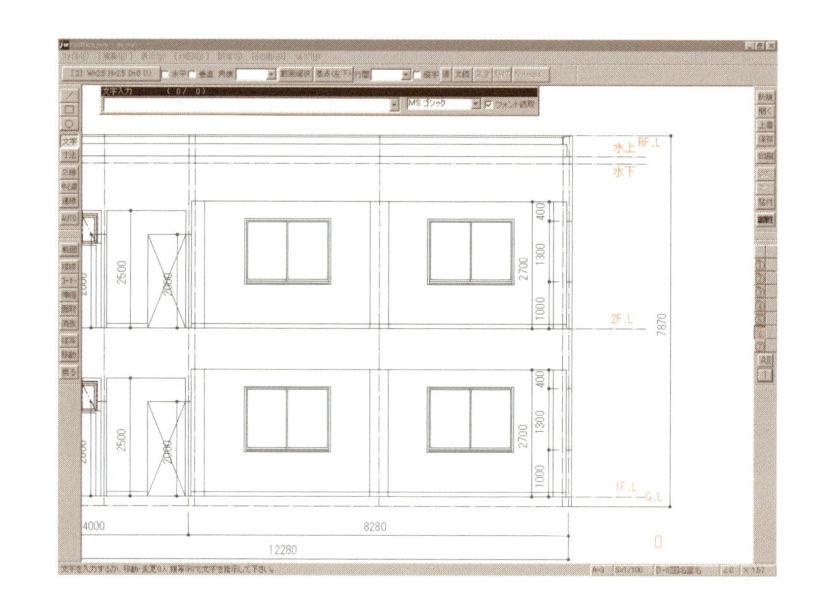

（28）室名と図名の入力

・[作図（D）]⇒文字（A）⇒書込文字種変更ボタン①を🖱⇒［文字種5］をチェック⇒［OK］
・寸法線の下に図名・縮尺を記入⇒「A－A断面図 1/100」
・書込文字種変更ボタン①を🖱⇒［文字種3］をチェック⇒［OK］
・室名⇒6ヶ所
　事務室×2・男子便所・女子便所・廊下×2
・作図終了後，ファイル（F）⇒上書き保存（S）する

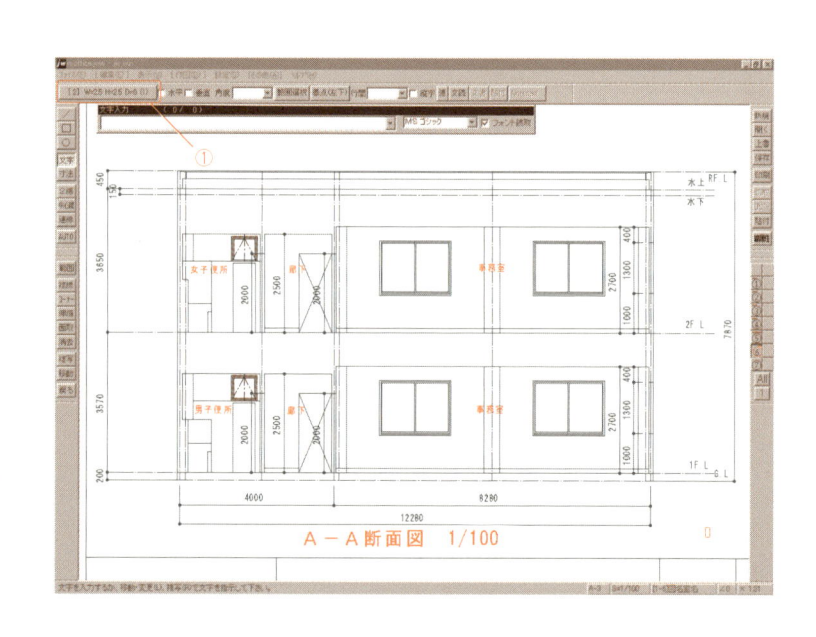

（29）テスト印刷①

・印刷準備（プリンタ側）
　プリンタの電源の確認
　用紙のセット⇒A4
　オンラインの確認
・印刷準備（ソフト側）
　ファイル（F）⇒プリンタの設定（R）
　用紙の向きやサイズを確認⇒［OK］
・ファイル（F）⇒印刷（P）
　印刷ウィンドウを確認して［OK］

※印刷の方法は，p.61 を参照

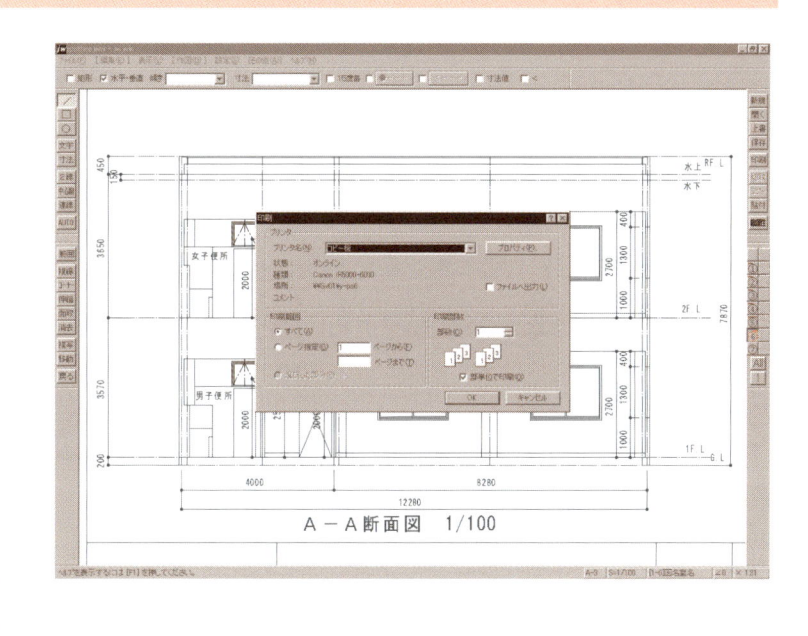

（30）テスト印刷②

　出力された図面をみて，間違いがあれば訂正する．

　印刷範囲の設定⇒赤い枠が用紙の大きさであり，印刷位置を変更する場合は範囲変更ボタン①を🖱して，適切な位置で🖱．

　用紙全体が見えない場合は，画面を縮小して全体が見えるようにしてから印刷位置を調整する．

　テスト印刷として，A4用紙サイズなどでその図面の部分だけ出力してもよい．

　同様に B－B 断面図を描こう（グループ【5】）．

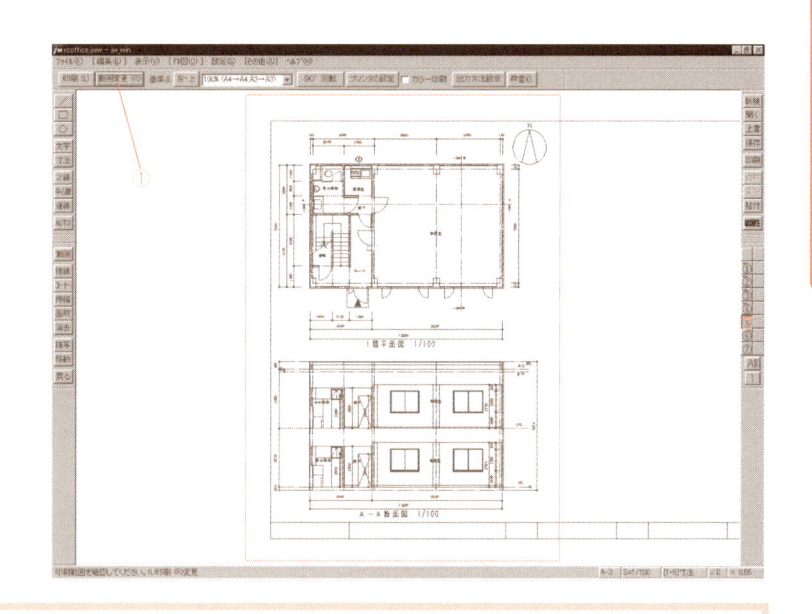

覚えておくと便利　思い通りに伸縮をする方法

　CAD では，線を引いたり，伸縮したりするときに，なかなか思っていた位置に描くことが難しい場合がある．
　次の２つをマスターすれば初級者を卒業すること間違いなし！

1. 線①を線②と同じ長さで引く方法
　・／を🖱
　・コントロールバーの［水平・垂直］の□をチェック
　・始点 a を🖱，終点 b を🖱

2. 線①②と線③の線上まで伸ばす方法

・伸縮を🖱	線③の線上まで伸ばす線が多い場合は，
・線①の先端あたりを🖱	・伸縮を🖱
・線③の端点を🖱	・線③の線の上で🖱🖱
同様に線②を処理する	・線①の先端あたりを🖱
	・続けて線②の先端あたりを🖱

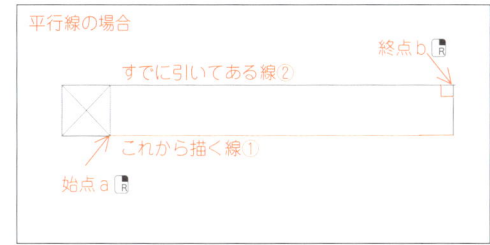

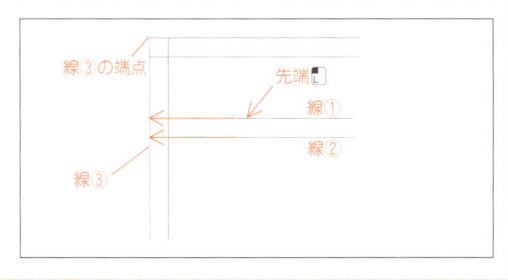

平行線の場合

すでに引いてある線②　終点 b
これから描く線①
始点 a

線③の端点　先端
線①
線②
線③

鉄筋コンクリート構造事務所の描き方

4・3　南立面図

● Are You Ready ?●　描き始める前に

　立面図は，建築物の外観を表すために描かれる図です．描かれる方位によって東立面図・西立面図・南立面図・北立面図といいます．

　作図は，開口部等の水平方向の位置は平面図で，高さ関係の垂直方向の位置は断面図で確認しながら描いていきます．完成図を参考にして，南立面図の作図を始めよう！

（図面は，p.166 に掲載しています）

◎完成図◎

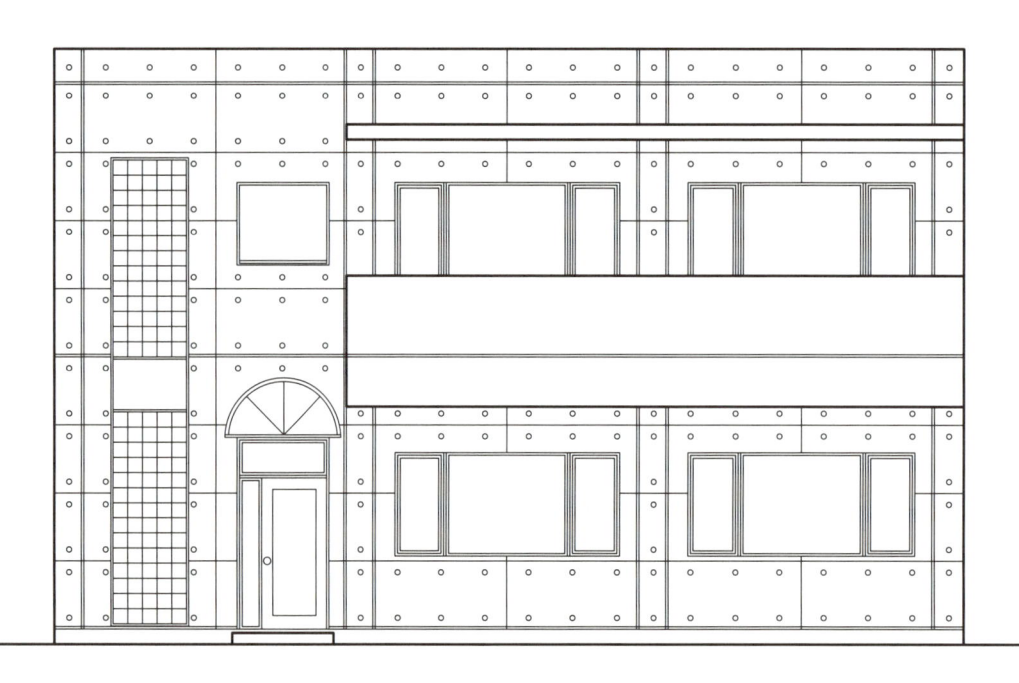

南立面図　　1 / 100

（1）作図準備

1．用紙・縮尺の設定
・用紙サイズ：A3
・縮尺：1/100

2．データファイルの読み込み
・データファイル（rcoffice.jww）を読み込む
・ファイル(F) ⇒ 開く(O) ⇒ [ファイル選択] ⇒ [リスト表示] ⇒ 「rcoffice.jww」 ⇒ 🅛🅛
※グループ【1】を【2】へ変更
・南立面図は，グループ【2】に記入していく
・すでに描いた図面は，必要に応じてグループレイヤの表示・非表示を切り換える（平・断面図は非表示にして立面図を描いていく）

（2）レイヤ名の記入と線種・線色

・レイヤ名を事前に入力しておくことによって，レイヤの確認とともに作業性が容易になる
・ステータスバーの書き込みレイヤ番号①を🅛⇒レイヤ番号🅡⇒レイヤ名を入力
※レイヤ名を入力する他の方法として，書込レイヤを🅡後，「レイヤ一覧」のレイヤ番号（例えば（1））を🅛すれば，[レイヤ名設定]ウィンドウが表われるのでレイヤ名をキーボードから入力して🅛する

各レイヤ名と線種・線色

レイヤ番号	レイヤ名	線種	線色
1	基準線	一点鎖線	黒色
2	外壁	実線	黄色
3	建具	実線	水色
4	仕上	実線	黒色
5	図名	実線	水色
6	その他	実線	水色

（3）データファイルの上書き保存

・ファイル(F) ⇒ 上書き保存(S)

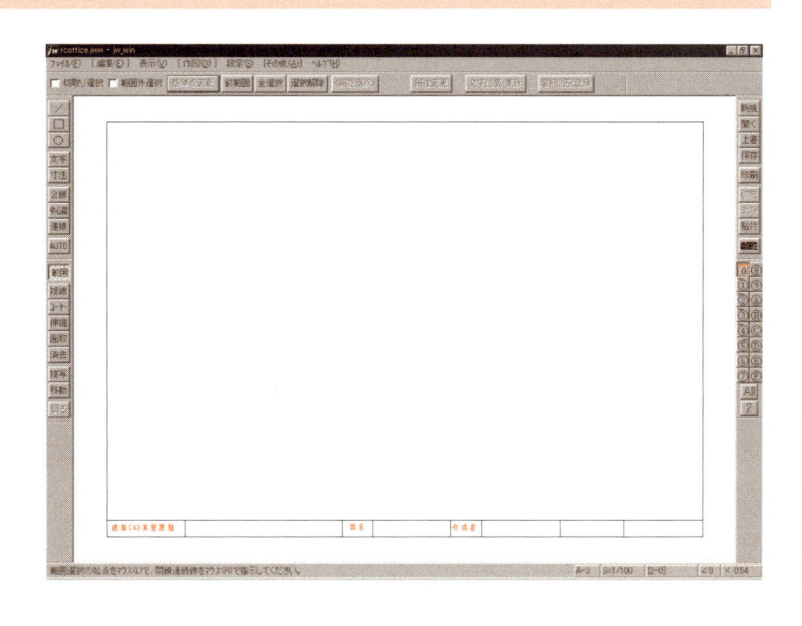

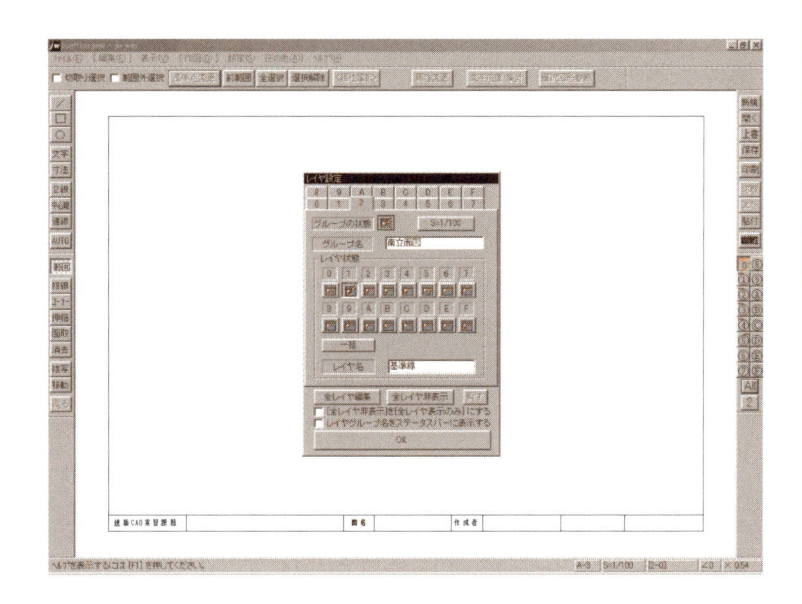

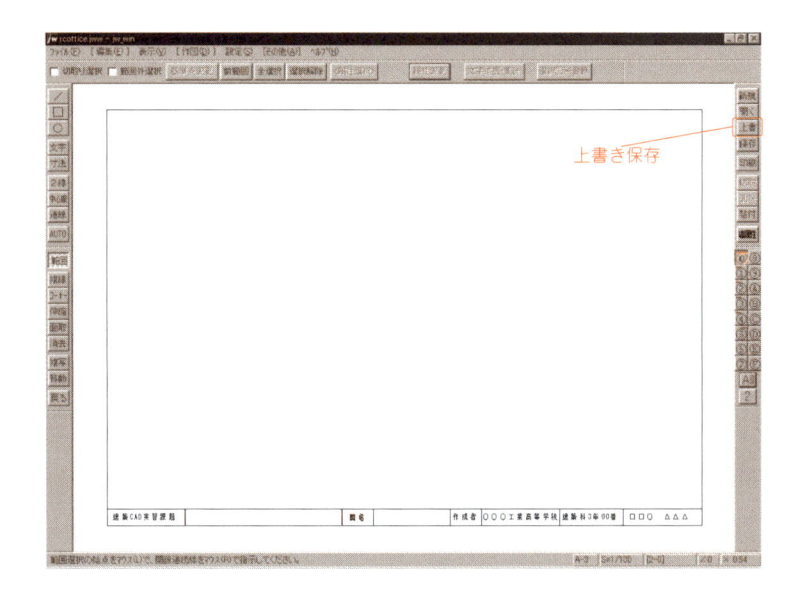

（4）基準線（高さ方向）の入力

- レイヤ【①】（基準線）に変更
- 線属性 ⇒線種（一点鎖2），線色（黒色）確認
- ● G.L 線を引く
  - ／ ⇒［水平・垂直］をチェック⇒適当な位置で始点を🖱⇒終点を🖱によりG.L線①を引く
- ● 各床面を描く
  - 複線 ⇒①を🖱⇒［複線間隔］＝200⇒①より上側で🖱（1F床面②）
- ・同様に 2F床面③・RF.L④・パラペット上端⑤を描く

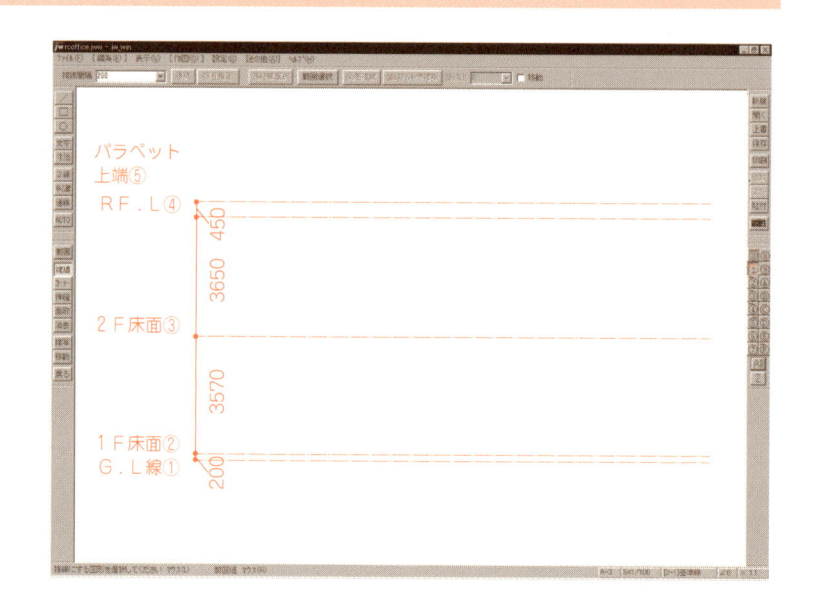

（5）柱心・壁心の入力

- ／ ⇒適当な位置で始点を🖱⇒終点を🖱により西壁心①を引く
- 複線 ⇒①を🖱⇒［複線間隔］＝4000⇒①より右側で🖱（②壁心）
- 複線 ⇒②を🖱⇒［複線間隔］＝4140⇒②より右側で🖱（③柱心）
- ● 前回と同じ値を複線する場合
  - 複線 ⇒③を🅁⇒複線する側で🖱（④東壁心）

（6）外壁・庇・バルコニーの補助線の入力

- レイヤ【②】（外壁）に変更
- 線属性 ⇒線種（補助線）
- ● 外壁の補助線を描く
  - 複線 ⇒①西壁心を🖱⇒［複線間隔］＝60を左側で🖱⇒②〜③は前回値🅁の矢印側🖱で続けて描く
- ● 庇・バルコニー部分を描く
  - 複線 ⇒RF.Lを🖱⇒［複線間隔］＝550を下側で🖱⇒［複線間隔］＝200を下側で🖱
- ・同様に，2F床面より各寸法を複線し，バルコニー部分を描く
- ● 庇・バルコニー部分の補助線を外壁まで縮める
  - 伸縮 ⇒基準線指定⇒バルコニー西外壁を🅁🅁（赤線表示）⇒壁より右側で縮める各線を🖱
- ・同様に，東外壁部分を縮める
- ・コーナー ⇒庇・バルコニー部分を仕上げる

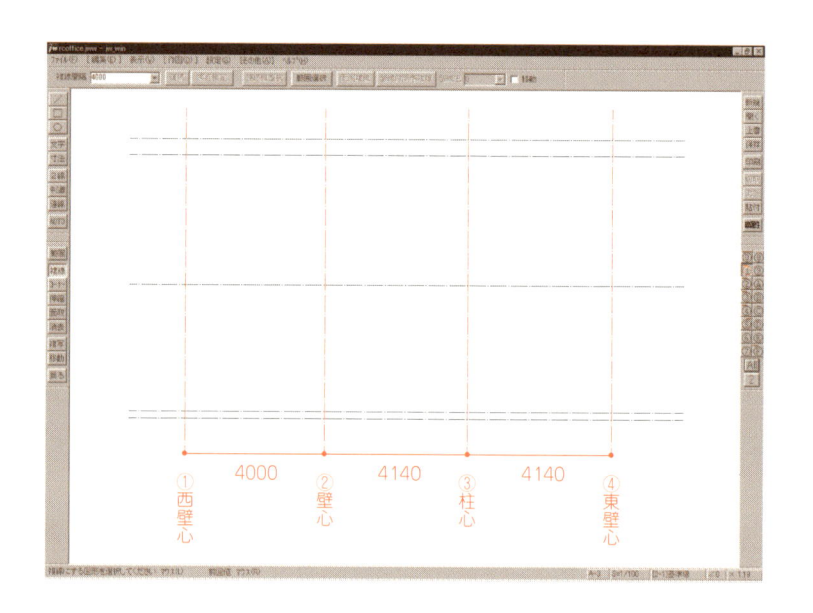

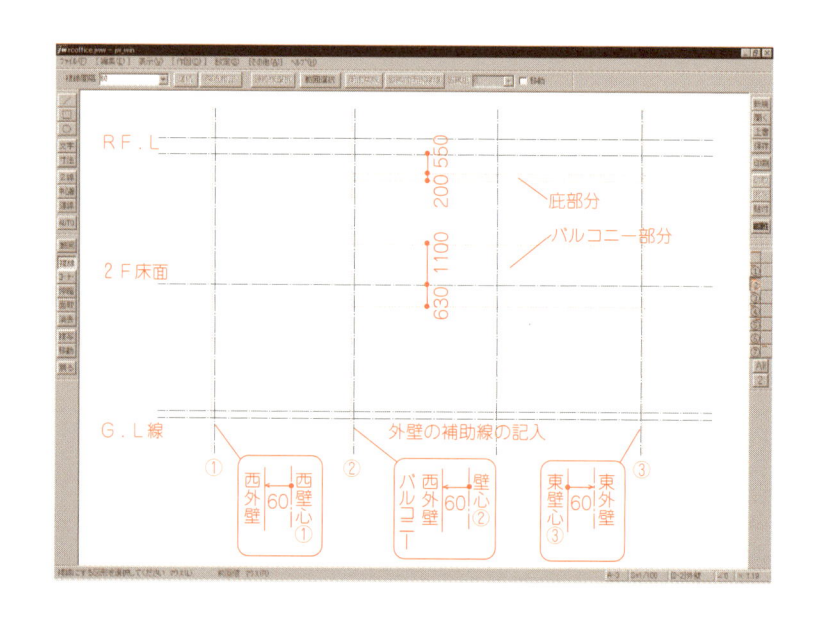

(7) ガラスブロックの入力①（位置）

- レイヤ【③】（建具）に変更
- 線属性 ⇒線種（実線），線色（水色）
- オフセットでガラスブロックの枠を描く
  - □ ⇒［寸法］= 1000, 6130 ⇒ 設定（S）
    ⇒ 軸角・目盛・オフセット（J）⇒［オフセット1回指定］⇒オフセット基準点を(R)⇒ X, Y = 740, 270 ↵ ⇒所定位置（マウスを右上に移動）で(L)
  - 複線 ⇒①を(L)⇒［複線間隔］= 2600 を下側で(L)
  - 複線 ⇒②を(L)⇒［複線間隔］= 730 を下側で(L)

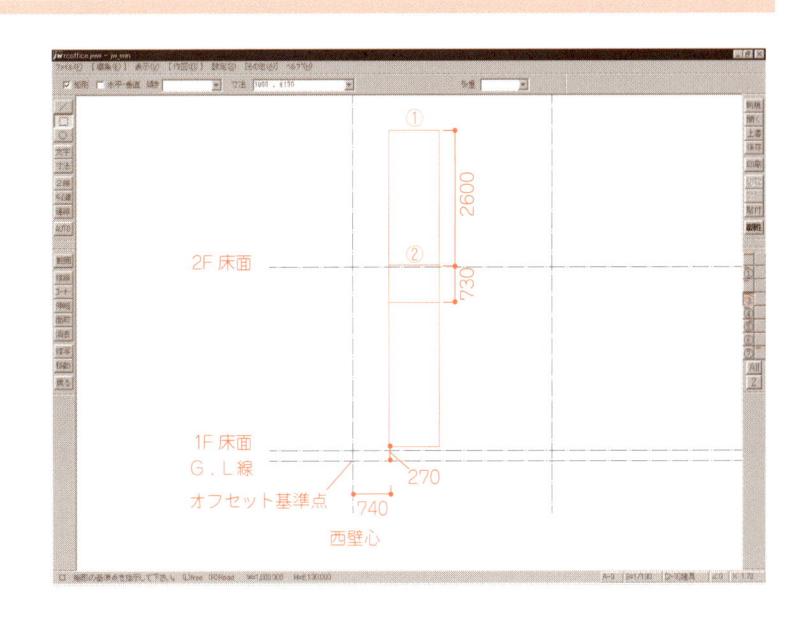

(8) ガラスブロックの入力②（枠）

- ガラスブロックの枠線を複線の連結を利用して描く
  - 複線 ⇒［複線間隔］= 30 ⇒①～④の順で前回値(R)の矢印側(R)で前の複線と連結して描く
- コーナー処理でブロック左下の2線を結ぶ
  - コーナー ⇒線(A)を(L)⇒線(B)を(L)

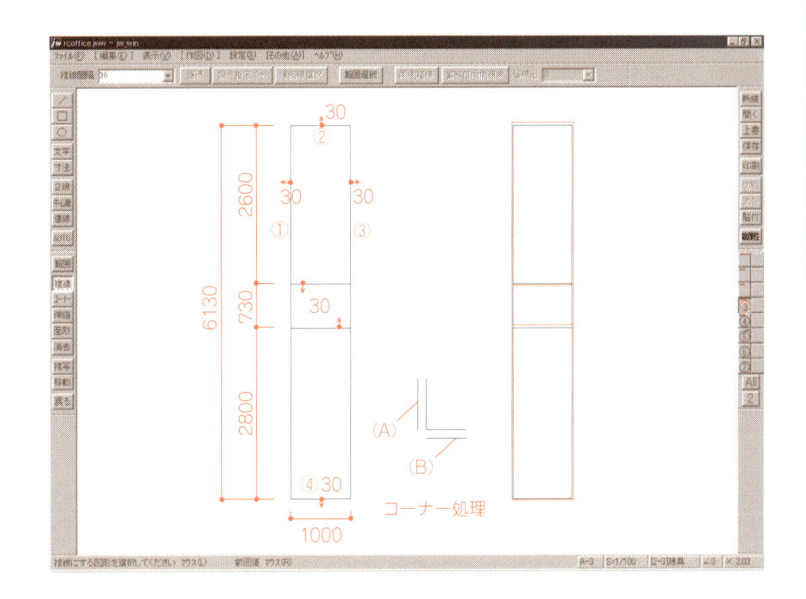

(9) ガラスブロックの入力③（目地）

- 目地線を連続して描く
  - 複線 ⇒［複線間隔］= 200 ⇒［連続］
- 1回クリックごとに同じ寸法が複線される

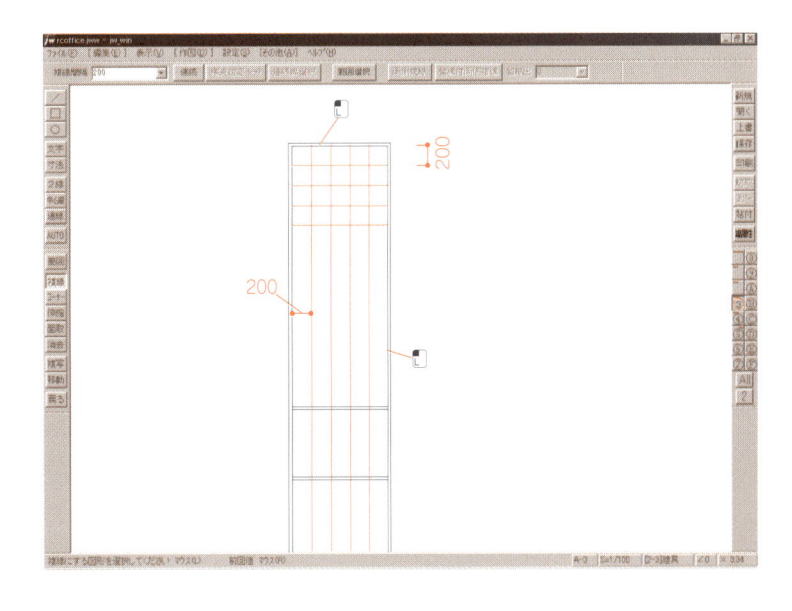

(10) ガラスブロックの入力④（仕上げ）

● 目地線を 消去 で部分消去する
・ズームアップ⇒中央部分を拡大
・ 消去 ⇒部分消しの線①を🖱⇒始点指示②を🖱⇒終点指示③を🖱
・同様に，他の線も部分消去する

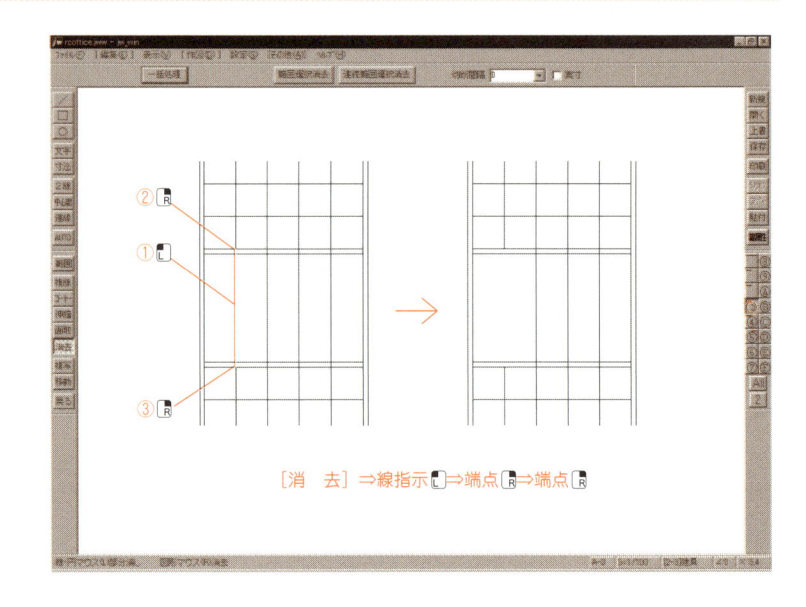

[消　去] ⇒線指示🖱⇒端点🖱⇒端点🖱

(11) 玄関扉の入力①（位置）

● オフセットで玄関扉を描く
・レイヤ【③】（建具）を確認
・ ▭ ⇒［寸法］= 1200, 2500 ⇒ 設定 (S) ⇒ 軸角・目盛・オフセット (J) ⇒［オフセット1回指定］⇒オフセット基準点を🖱⇒X，Y = 2460, 200 ↵ ⇒所定位置（マウスを右上に移動）で🖱
・ 複線 ⇒①を🖱⇒［複線間隔］= 500 を下側で🖱
・ファイルの保存をしておこう
　 ファイル (F) ⇒ 上書き保存 (S)

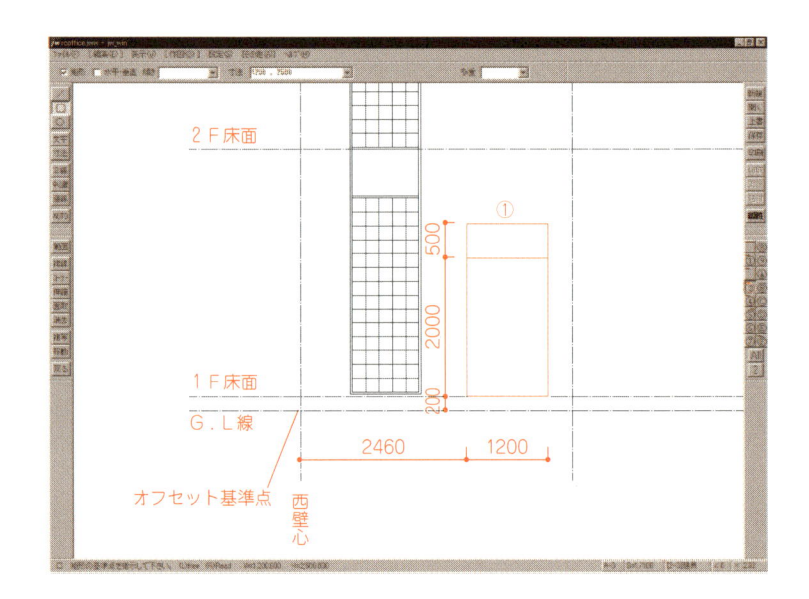

覚えておくと便利

部分消去と伸縮の一括処理

（1）複数の直線を部分消去する場合
・ 消去 ⇒［一括処理］⇒一括部分消しの始線①を🖱⇒一括部分消しの終線②を🖱⇒一括処理する始線③を🖱⇒一括処理する終線④を🖱⇒［処理実行］

（2）複数の直線を伸縮する場合
・ 伸縮 ⇒［一括処理］⇒一括伸縮の基準線①を🖱⇒一括処理する始線②を🖱⇒一括処理する終線③を🖱⇒［処理実行］

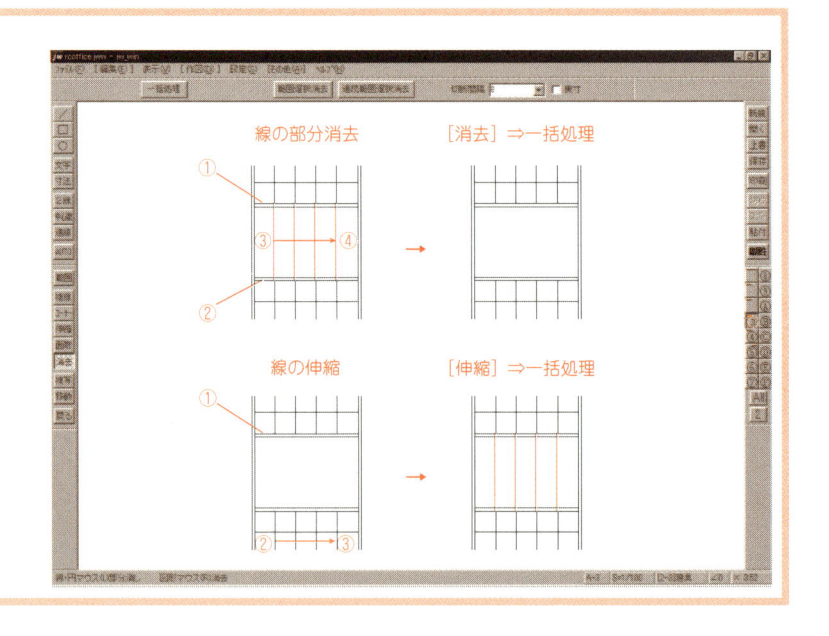

(12) 玄関扉の入力②（枠）

● 複線の連結で扉枠を描く
- 複線 ⇒ ［複線間隔］＝ 35 ⇒ ①～③の順で前回値 R の矢印側 R で前複線と連結して描く
- 複線 ⇒ ④を L ⇒ ［複線間隔］＝ 300 を右側で L
- 伸縮 ⇒ ⑤を基準線 RR として欄間部分を縮める

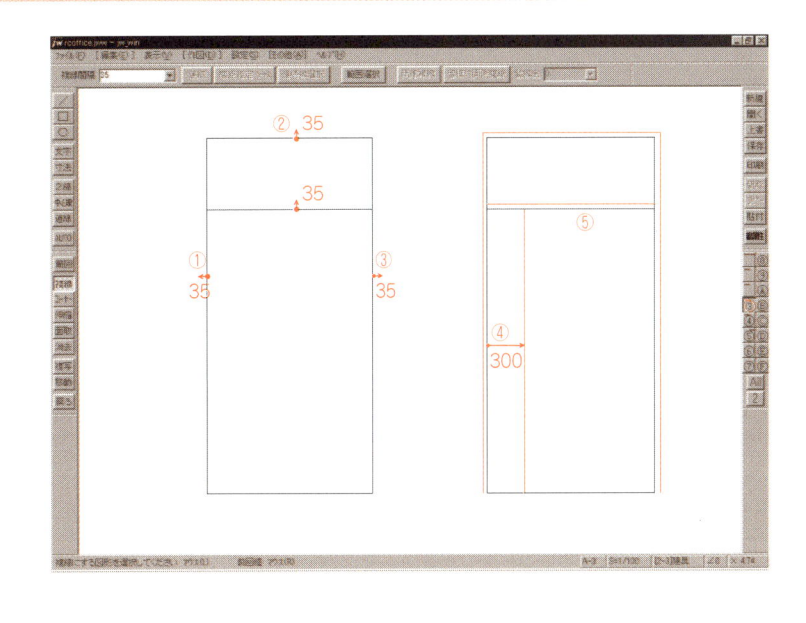

(13) 玄関扉の入力③（仕上）

● 最初に欄間・扉左部分の枠寸法＝ 35 を複線で描く
- 複線 ⇒ ［複線間隔］＝ 35 を前回値 R の矢印側 L で連続して描く
- 1本の線を切断して2ヶ所のコーナー処理をする
- コーナー ⇒ ズームアップ ⇒ ○印付近で R ⇒ コーナー処理で各箇所を仕上げる
- 複線 ⇒ 扉右部分の枠寸法＝ 150 と 180 で描く
- コーナー ⇒ 2線を処理し仕上げる

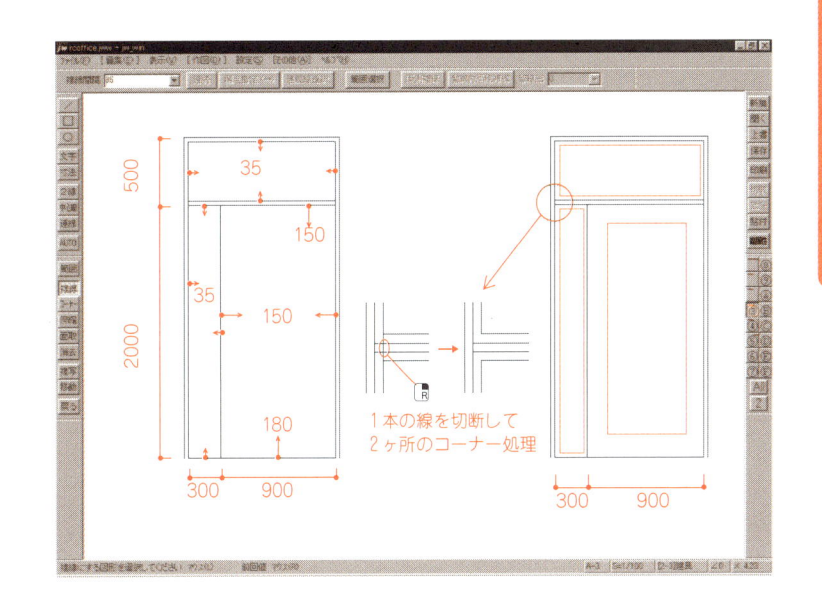

(14) 玄関扉の入力④（ドアノブの入力）

- 線属性 ⇒ 線種（補助線），線色はそのまま
● ドアノブの位置を補助線で描く
- 複線 ⇒ 1F床面の線を L ⇒ ［複線間隔］＝ 900 を上側で L
- 中心線 ⇒ ①を L ⇒ ②を L ⇒ 中央部付近で始点③を指示 L ⇒ 終点④を指示 L
- 線属性 ⇒ 実線（水色）
● ドアノブを描く
- ○ ⇒ ［半径］＝ 50 ⇒ 中心点を指示 R
- 消去 ⇒ 補助線（中心線）を消去する

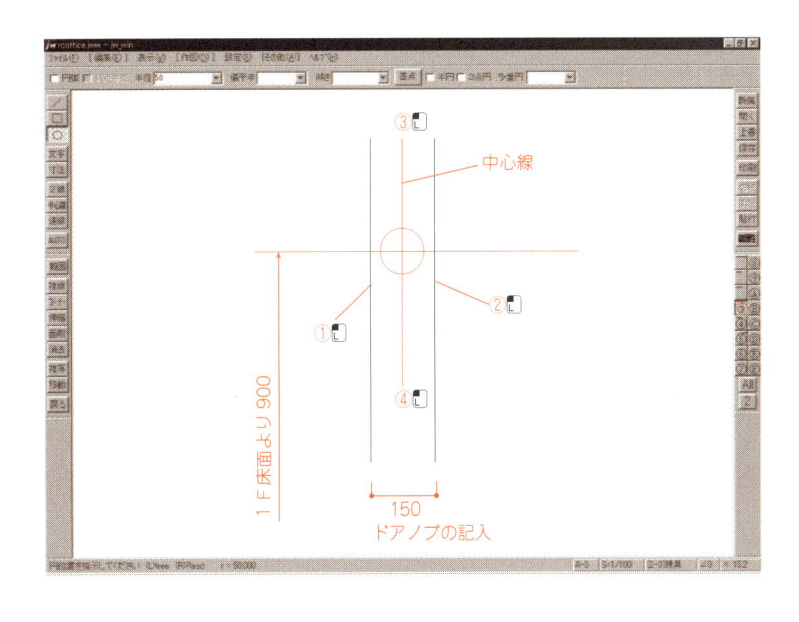

(15) 玄関庇の入力①（位置）

- レイヤ【③】（建具）を確認
- 線属性 ⇒ 線種（補助線）
- 庇の幅を描く
- 中心線 ⇒ ①を[L]⇒②を[L]⇒③中央部付近で[L]⇒④で[L]
- 複線 ⇒ 中心線より［複線間隔］＝ 750 と 50 を振り分ける
- 伸縮で⑤を両端まで伸ばす
- 伸縮 ⇒ 複線で振り分けた両端を[R][R]⇒⑤を[L]
- 庇の高さを描く
- 複線 ⇒ 両端に伸ばした⑤より［複線間隔］＝ 35，700，50 を描く

(16) 玄関庇の入力②（形状）

- 線属性 ⇒ 線種（実線），線色（黄色）
- 斜線を引く
- ／ ⇒ 始点①を[R]⇒［傾き］＝ 45°⇒適当な位置で終点②を[L]
- 同様に左側の斜線（角度＝－45°）を引く
- 円弧を描く
- ○ ⇒ 3点円⇒ 1点目の位置③を指示[R]⇒ 2点目の位置④を指示[R]⇒ 3点目の位置⑤を指示[R] 3点円を入力する場合は，半径に値が入っていないことに留意する（［半径］＝「（無指定）」）
- 同様に，内側の円弧を描く（線属性 ⇒ 線種（実線），線色（水色））
- ⑥の補助線および⑦の実線・水色を実線・黄色に変更する
- 範囲 ⇒⑥・⑦を選択⇒［属性変更］⇒ 線種（実線），線色（黄色）の変更を行う

(17) 玄関庇の入力③（仕上）

- 伸縮で②〜④の各線を仕上げる
- 伸縮 ⇒①を[R][R]⇒②〜④を下側で[L]
- 同様に④の下部分を仕上げる
- 線属性 ⇒ 線種（実線），線色（水色）
- 円弧の始点・終点部分をズームアップ
- ／ ⇒⑤の庇下端の枠線を引く

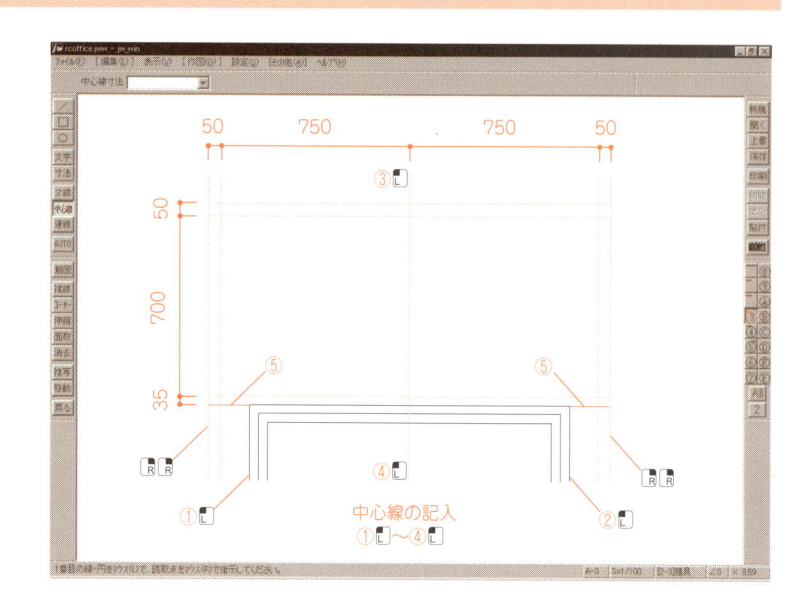

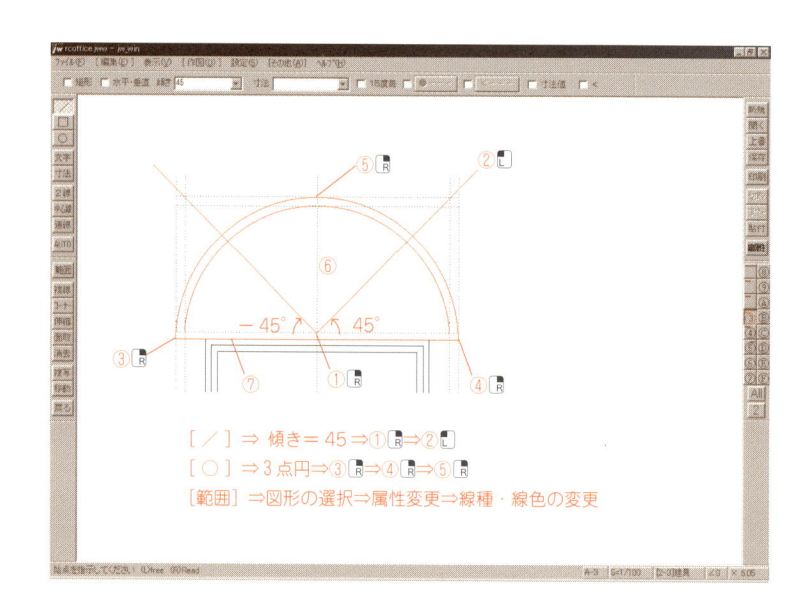

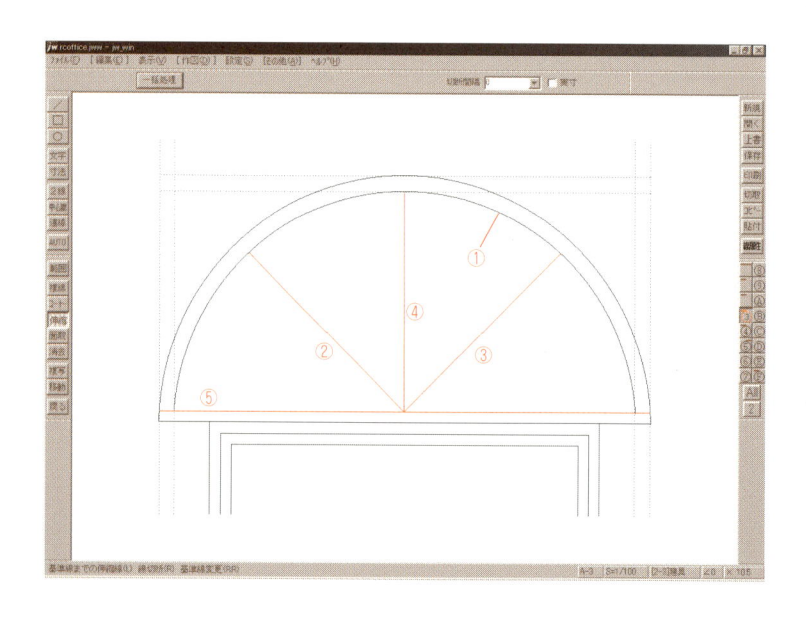

(18) 窓の入力①

- レイヤ【③】(建具) を確認
- 線属性⇒線種 (実線), 線色 (水色)
- 作図の建具立面を読み込みオフセットで描く
- [作図 (D)] ⇒ 建具立面 (F) ⇒「ハメ殺 立面」を🖱🖱⇒[内法] = 1200, 1000 ⇒ 設定 (S) ⇒ 軸角・目盛・オフセット (J) ⇒ [オフセット1回指定] ⇒オフセット基準点を🅁⇒ X, Y = 2460, 5070 ↵

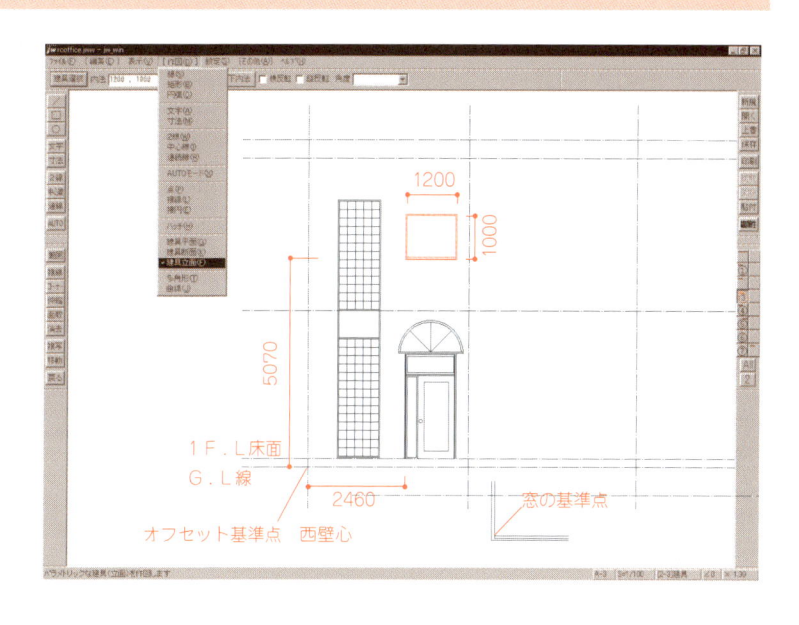

(19) 窓の入力②

- 線属性⇒線種 (補助線)
- 窓挿入の補助線を描く
- 複線 ⇒ G.L線より [複線間隔] = 1200 と 3570 を描く
- 複線 ⇒ 西壁心より [複線間隔] = 4640 と 4000 を描く
- ズームダウンし画面全体を表示し, 立面図の欄外に窓を描く
- 線属性⇒実線 (水色)
- 作図の建具立面を読み込み描く
- [作図 (D)] ⇒ 建具立面 (F) ⇒「回転窓」を 🖱🖱⇒[内法寸法] = 3000, 1300 ⇒適当な位置で🖱

(20) 窓の入力③

- 回転窓をはめ殺し付き片開き窓に変形する
- 複線 ⇒①を🖱⇒[複線間隔] = 600
- 複線 ⇒②を🖱⇒[複線間隔] = 35 ⇒連続 (3本の線を描く)
- コーナー⇒2線を処理し仕上げる (③・④のように上部も)
- 消去⇒窓の中心線を残し, 他の線を消去する

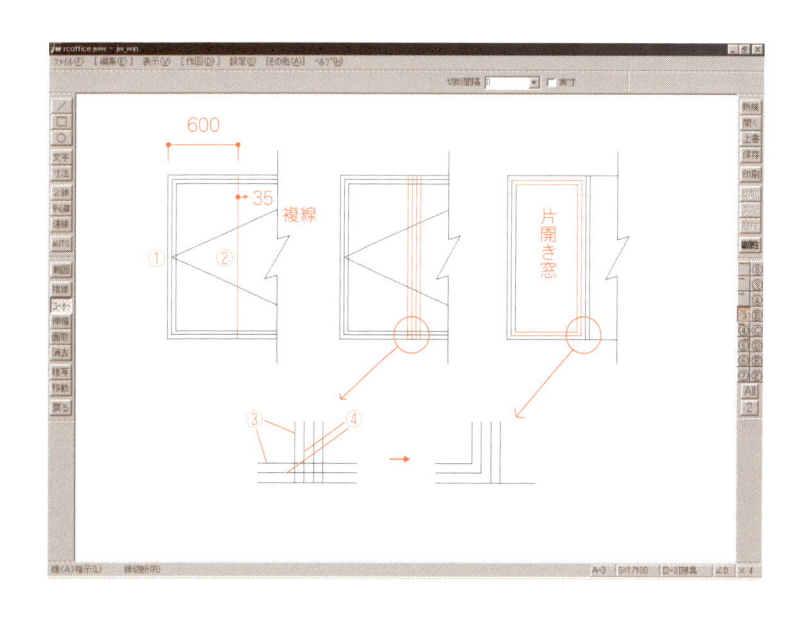

(21) 窓の入力④

- はめ殺し部分の枠線を描く
- ・ 複線 ⇒矢印側へ［複線間隔］＝ 35
- 片開き窓部分を反転複写する
- ・ 複写 ⇒片開き窓部分を範囲選択⇒［選択確定］
  ⇒［反転］⇒基準線を🅛
- はめ殺し部分との取り合い箇所を仕上げる
- ・ コーナー ⇒2線を処理し，仕上げる
- ・ 消去 ⇒中央の基準線を🅡
- ・図のように コーナー で仕上げる

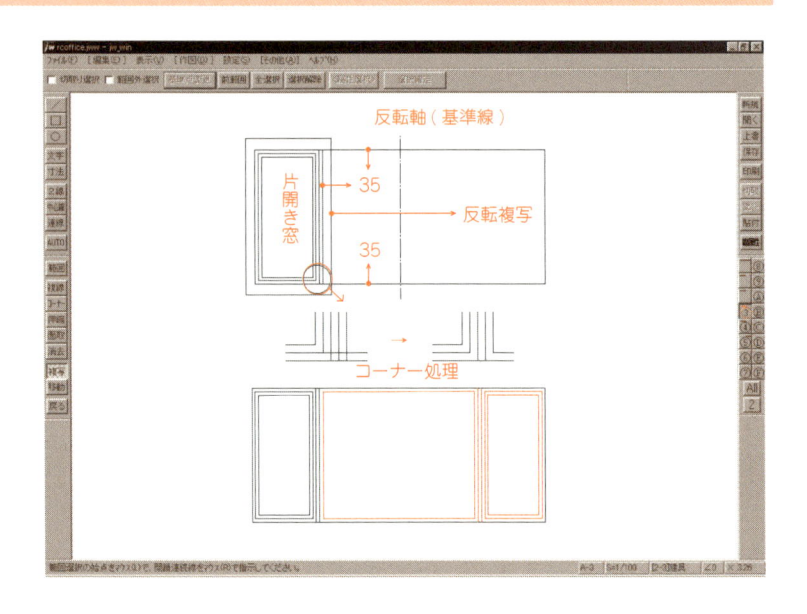

(22) 窓の入力⑤

- ・レイヤ【③】（建具）を確認を確認
- 窓を挿入位置に複写
- ・ 線属性 ⇒線種（実線），線色（水色）を確認
- ・完成したはめ殺し付片開き窓を各箇所に複写
- ・ 複写 ⇒窓完成図を選択⇒基準点変更⇒窓左隅部
  分を拡大⇒窓の挿入基点🅡⇒各窓の複写先で🅡
  複写元の窓は消去
- ファイルの保存をしておこう
- ・ ファイル（F）⇒ 上書き保存（S）

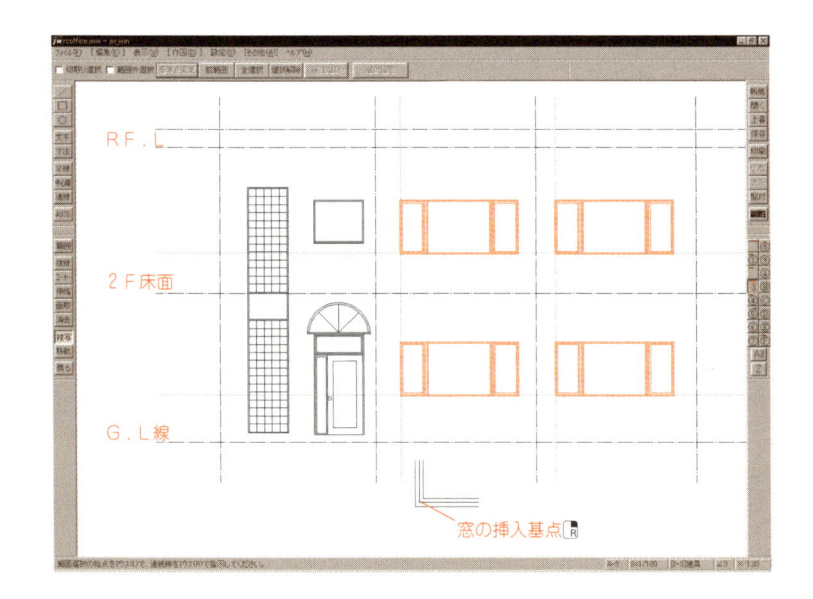

覚えておくと便利

特定のレイヤだけを選択し，別レイヤに
複写する場合
（例・レイヤ【建具】）

- ・ 範囲 ⇒立面図全体を選択する⇒［属性選択］
  ⇒［書込【レイヤ】のみ選択］⇒建具のみ
  赤表示⇒レイヤバーの複写先番号を🅡⇒
  複写 ⇒（基準点変更）⇒［作図属性］⇒書
  込［レイヤ］に作図⇒複写先で🅡または🅛

南立面図　1/100

完成図から仕上レイヤのみを選択して，他のデータに変更する
（線色2・実線⇒線色3・実線に変更）

［範囲］⇒立面図全体を選択する⇒［属性選択］⇒指定［線色］選択
⇒線色2（実線）⇒［指定線種選択］⇒実線（線色2）⇒線色2・実
線のみ赤表示⇒［属性変更］⇒指定［線色］に変更⇒線色3（実線）

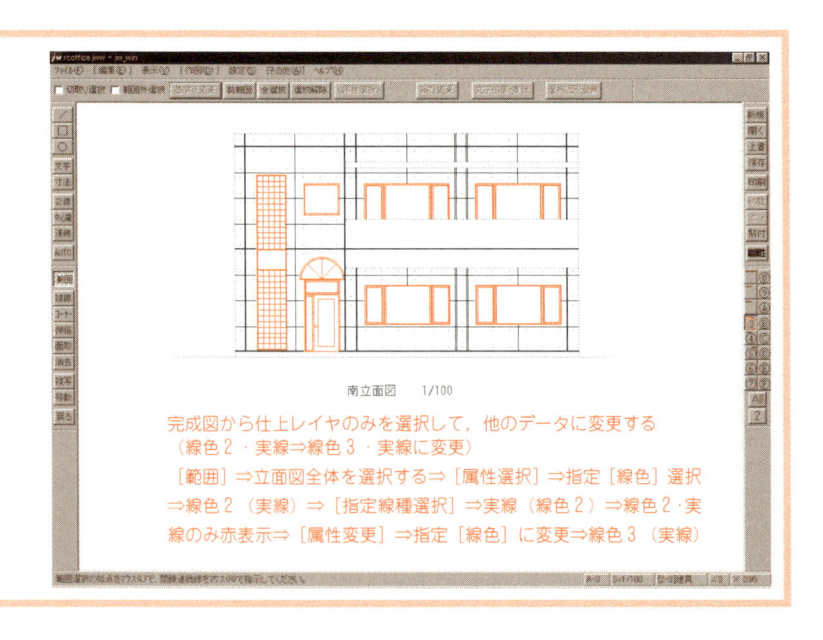

(23) 外壁・庇・バルコニーの入力

- レイヤ【②】（外壁）に変更
- 線属性 ⇒ 線種（実線），線色（黄色）
- 外壁・G.L・庇・バルコニーの各線を描く
- ／ ⇒ 各外壁などの端点を R ⇒ R で描く
- 玄関ポーチをオフセットで描く
- □ ⇒［寸法］= 1400, 150 ⇒ 設定（S）
  ⇒ 軸角・目盛・オフセット（J）⇒［オフセット1回指定］⇒ 基準点を R ⇒ X, Y = 2420, 0
  ⏎ ⇒ 所定位置（マウスを右上に移動）で □

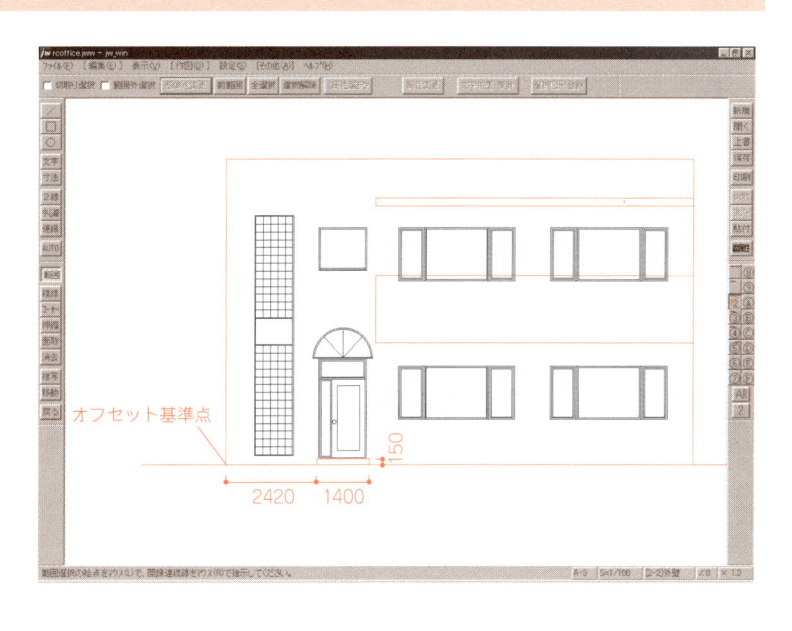

(24) 2F窓の入力

- レイヤ【③】（建具）に変更
- 線を伸縮・消去し，2階窓を完成する
- 伸縮 ⇒ バルコニー上端を R R ⇒ ズームアップ ⇒ 上端より上側で伸縮する各線を □
- 消去 ⇒ 不要な線を消去

※補助線と仕上線が重なっている場合に，伸縮 や 消去 でうまくいかないことがある ⇒ 補助線を消すか，伸縮などの操作を繰り返す

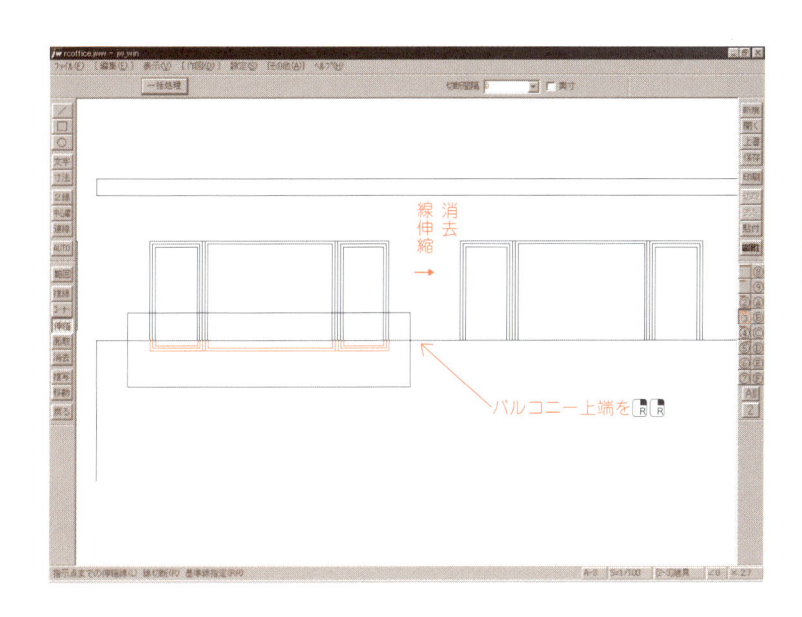

(25) 型枠パネル割付（目地）の入力①

- レイヤ【④】（仕上）に変更
- 線属性 ⇒ 線種（実線），線色（黒色）
- 垂直方向の目地線を描く
- 複線 ⇒ 西側外壁を □ ⇒［複線間隔］= 400
- 伸縮 ⇒ 複線した線を 1F.L より下部分を縮める
- 複線 ⇒ 伸縮した線を □ ⇒［複線間隔］= 1800, 400 で目地線を描く
- 水平方向の目地線を描く
- 複線 ⇒ G.L を □ ⇒［複線間隔］= 200
- 伸縮 ⇒ 複線した線の東・西外壁部分を縮める
- 複線 ⇒ 伸縮した線を □ ⇒［複線間隔］= 900 で目地線を連続して描く

※必要に応じてレイヤ【①】（基準線）を非表示にする

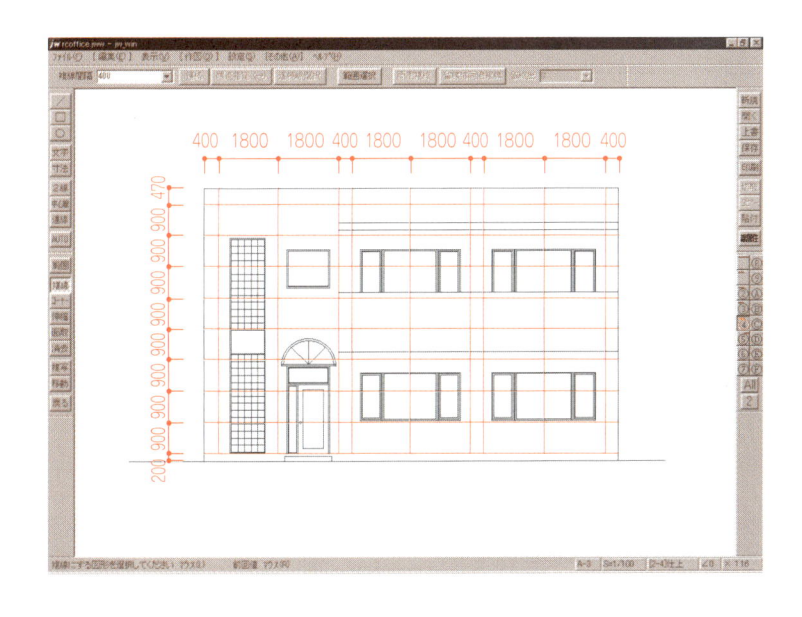

(26) 型枠パネル割付（目地）の入力②

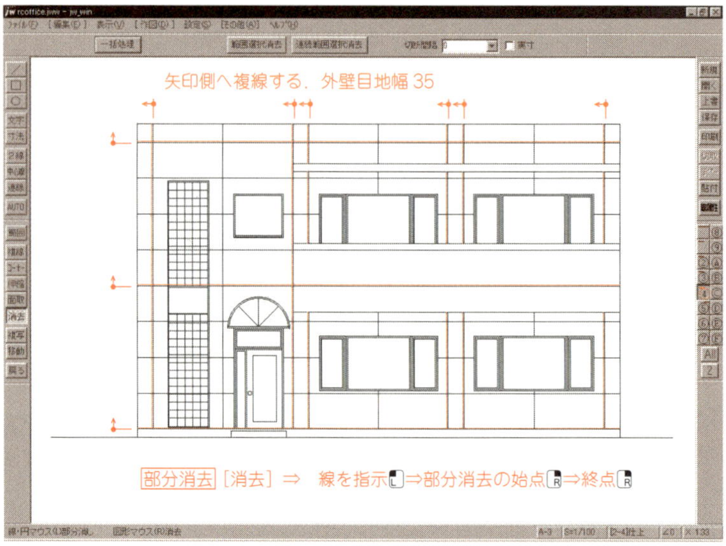

- 庇・窓・ガラスブロック等部分の目地線を部分消去
- 消去 ⇒ 対象線を🖱 ⇒ 部分消去の始点を🖱 ⇒ 終点を🖱
- 同様に繰り返しながら各部分を連続して部分消去する
- 上記で仕上げた目地線に外壁目地幅を描く
- 複線 ⇒ 水平目地は上側，垂直目地は左側へ目地幅＝35を描く

※線が重なっている場合は，重なっていない部分で🖱し，部分消去する

(27) セパレーター穴の補助線の入力

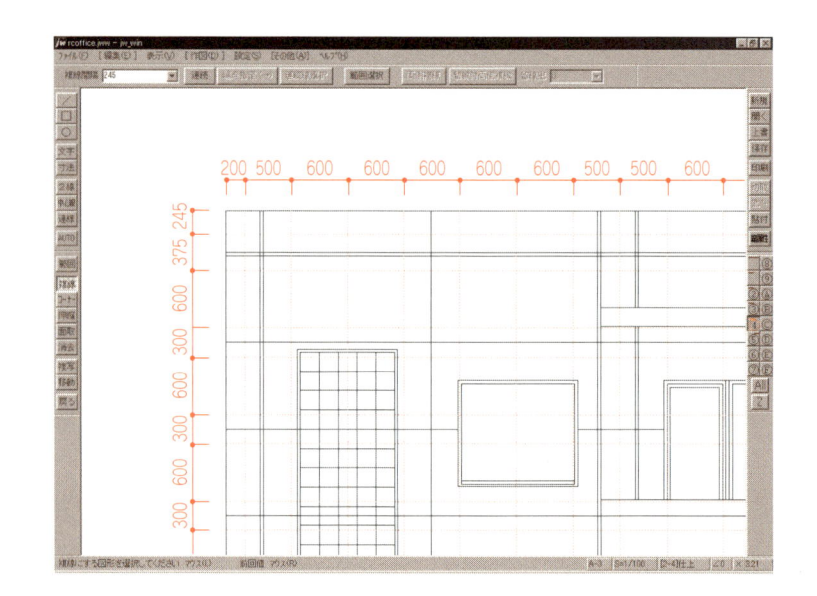

- レイヤ【④】（仕上）を確認
- 線属性 ⇒ 線種（補助線）
- 水平方向の補助線を描く
- 複線 ⇒ パラペット上端より［複線間隔］＝245，375，600と300を繰り返しながら描く
- 垂直方向の補助線を描く
- 複線 ⇒ 西外壁より［複線間隔］＝200，500，600を5回，500を2回，600を5回，500を2回，600を5回，500を描く

(28) セパレーター穴の入力

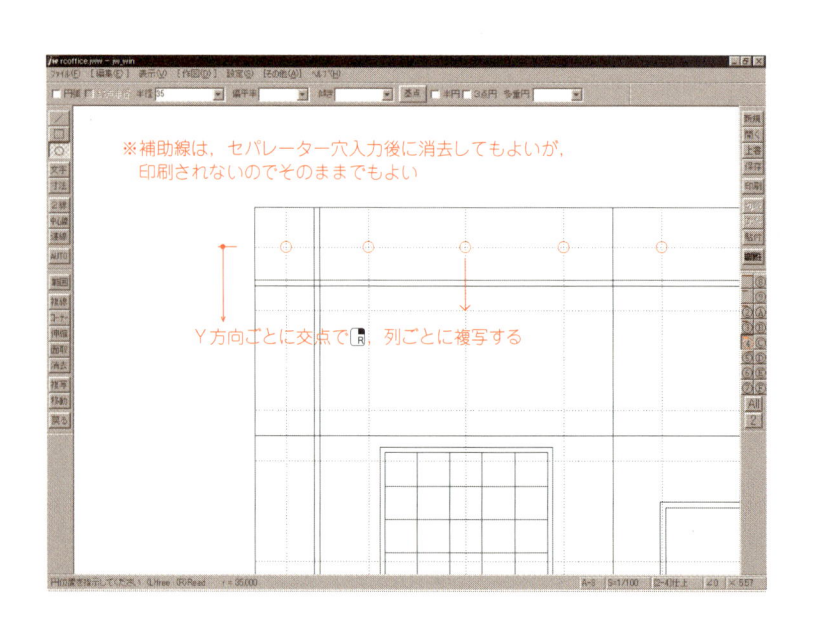

- レイヤ【④】（仕上）を確認
- 線属性 ⇒ 線種（実線），線色（黒色）
- 水平方向に1列完成させ，方向指定の複写で描く．ただしガラスブロックおよび窓部分のセパレーター穴は，🖱で除外図形の指示を行い複写する
- ○ ⇒ ［半径］＝35 ⇒ 中心点を指示🖱で連続して描く
- 複写 ⇒ 始点🖱 ⇒ 終点🖱 ⇒ ［基準点変更］⇒ 円の中心🖱 ⇒ ［任意方向］を［Y方向］⇒ 次の交点で🖱
- 同様に垂直方向も描く

(29) 図名の入力

- レイヤ【⑤】(図名) に変更
- 文字 ⇒ 南立面図 1/100 (文字種 [5])
- ファイルの上書き保存
- テスト印刷 (A4)
- 完成した南立面図だけをテスト印刷する
- レイヤ表示⇒外壁【②】・建具【③】・仕上【④】・図名【⑤】
- 印刷準備
- プリンタの電源の確認
- 用紙のセット⇒ A4
- オンラインの確認

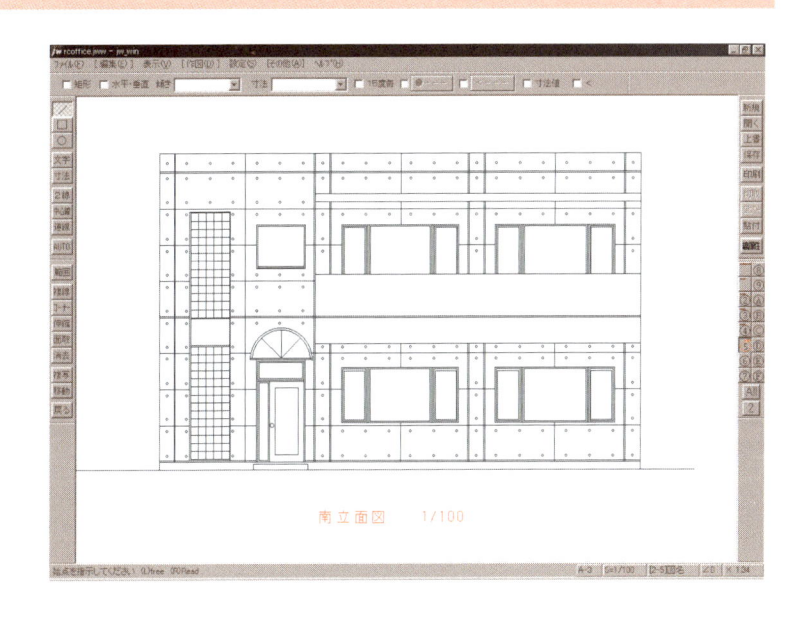

(30) 西立面図, 配置図, 建築概要

- 出力図面を参考にして各図面を図面枠に上手くレイアウトし描いてみよう
- 配置図 (グループ③)・西立面図 (グループ⑥)・建築概要 (グループ⑦)
- 出力図面のレイアウトの確認

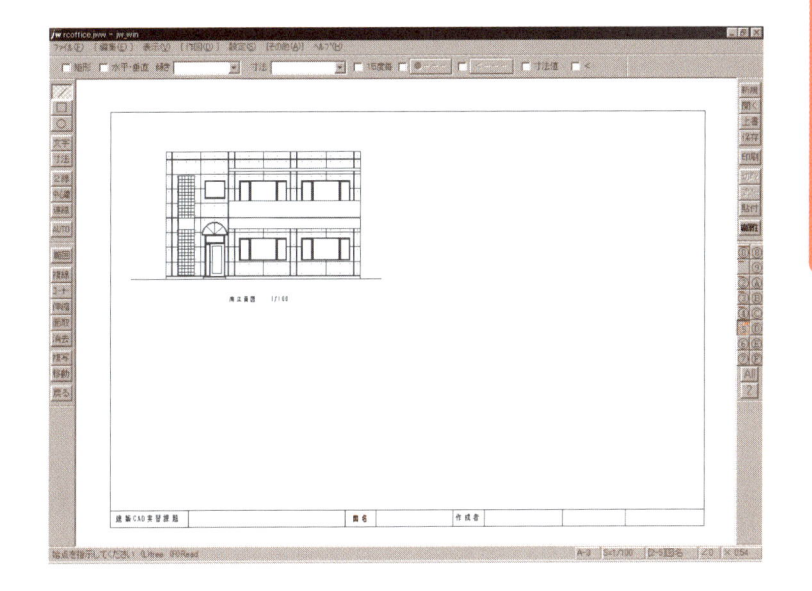

(31) 印刷

- ファイル (F) ⇒ 印刷 (P) ⇒ プロパティ
  ⇒ 用紙を A3 横置き
  ⇒ 赤色の枠線内に入るように範囲変更⇒R
  ⇒ 適当な位置⇒L
  ⇒ 印刷開始
- 出力された図面をみて, 間違いがあれば訂正する

※印刷の方法は, p.61 を参照

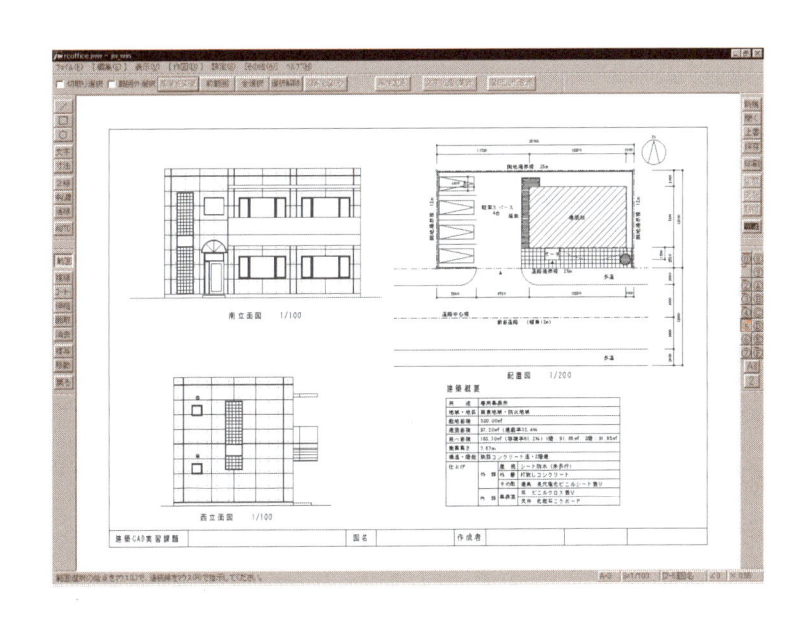

覚えておくと便利　実践で役に立つテクニック集2

（1）TABキー（属性取得）の利用

● 線種・線色・書込レイヤといった属性を簡単に取得することができる

①書込レイヤの取得

　図面がある程度，出来上がった段階で線を訂正するとき，TABキーを1回押し（属性取得の表示），訂正する線をクリックし（レイヤバーのボタンで確認），書込レイヤに変更して線の訂正を行う

②線種・線色の取得

　線種・線色の変更を行う場合に，TABキーを1回押し，取得したい線をクリックし（線属性ツールバーで確認），書込の線種・線色に変更できる

（2）基本設定の［KEY］タブについて

　設定（S）⇒基本設定（S）⇒［KEY］タブに各コマンドがキーに割り当てられている

● 初期設定を変更し，使用頻度の高いコマンドを操作しやすいキーに割り当てる

① ／ の水平・垂直の切り替え⇒ H キー
② 複写 , 移動 等の方向変更⇒ スペース キーでX軸，Y軸の切り替え
③ 各コマンドの操作訂正
　　［戻る］⇒ ESC キー
　　［進む］⇒ SHIFT ＋ ESC キー

（3）ショートカットキーによるコマンドの実行

● 左手でキーボード入力し，右手でマウス操作を行い作業時間の短縮をはかる

① ／ ⇒ H キー⇒□⇒□
② □ ⇒ B キー⇒□⇒□
③ 複写 ⇒ Y キー⇒□⇒□で範囲選択（文字を含む場合は□⇒R）⇒ C キー⇒ スペース キーで方向指定⇒□

※ 複写 ・ 移動 ・ 消去 等は，最初に 範囲 で範囲選択⇒各コマンドキー

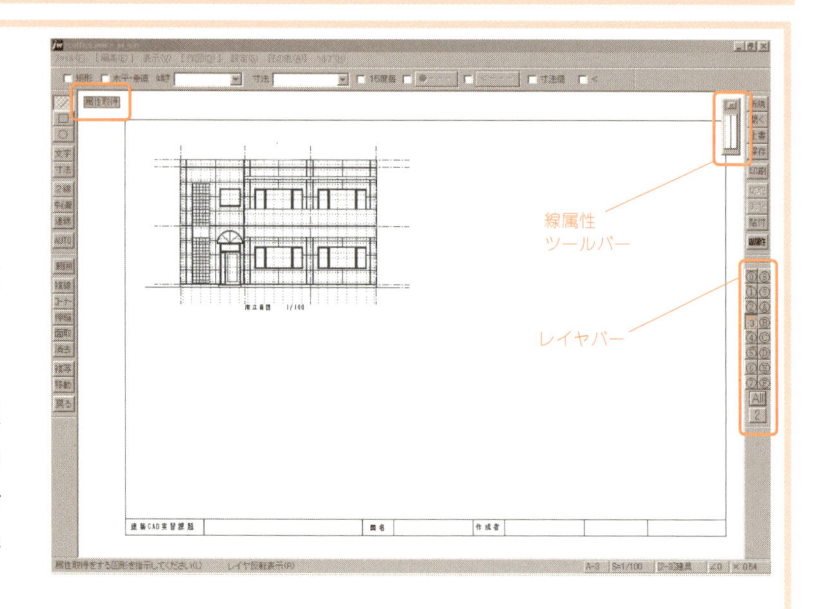

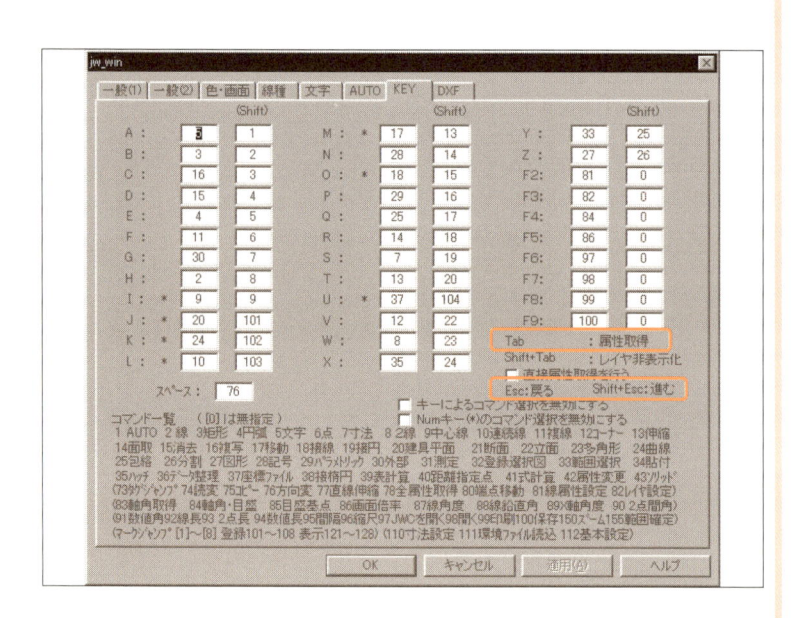

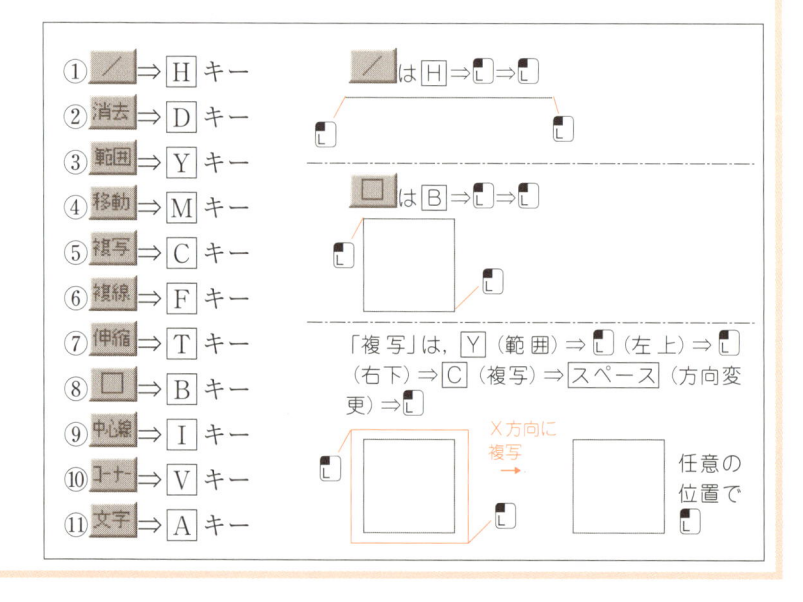

① ／ ⇒ H キー
② 消去 ⇒ D キー
③ 範囲 ⇒ Y キー
④ 移動 ⇒ M キー
⑤ 複写 ⇒ C キー
⑥ 複線 ⇒ F キー
⑦ 伸縮 ⇒ T キー
⑧ □ ⇒ B キー
⑨ 中心線 ⇒ I キー
⑩ コーナー ⇒ V キー
⑪ 文字 ⇒ A キー

／ は H ⇒□⇒□

□ は B ⇒□⇒□

「複写」は，Y（範囲）⇒□（左上）⇒（右下）⇒ C（複写）⇒ スペース（方向変更）⇒□

X方向に複写　　　　任意の位置で

第5章　デザインツールとして CADを活用しよう

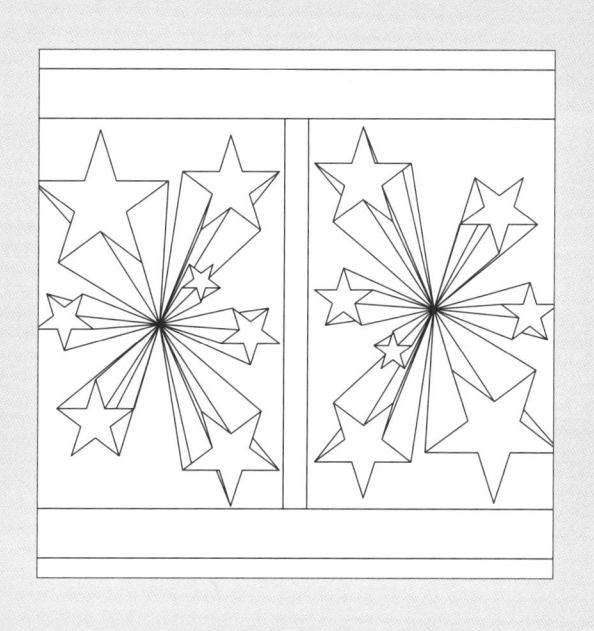

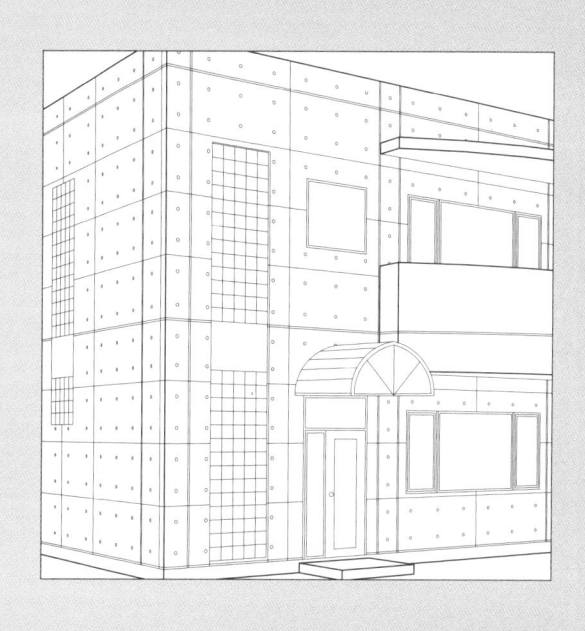

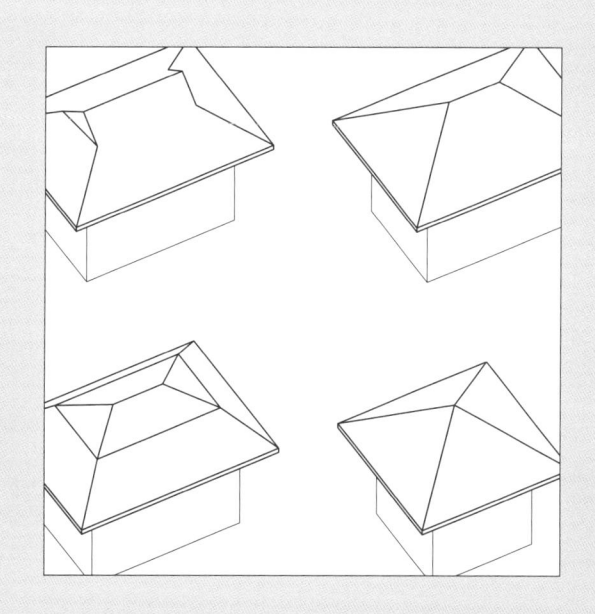

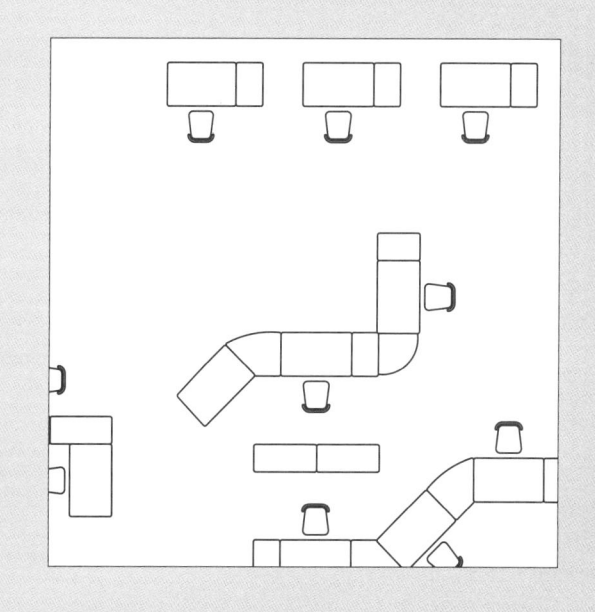

5・1 デザインツールとしての活用

〈ブックカバーを作ろう〉

● Are You Ready？● 描き始める前に

文庫本のオリジナルブックカバーを作ってみよう！
　JWWの操作に慣れるばかりでなく，楽しみながらデザイン力も養うことができます
　あせらず，リラックスして作図しよう！

○ Check It！○　作成の手順

　大まかな流れは，次の通りである
①用紙・縮尺の設定
②下の完成図の寸法に合わせて，作図
③ブックカバーの表紙や背の部分に，各自で自由にデザインする
※主としてデザインするところ（上下の折り込み以外は見える）は，背となる中央の部分とその両脇である
④印刷して，確認

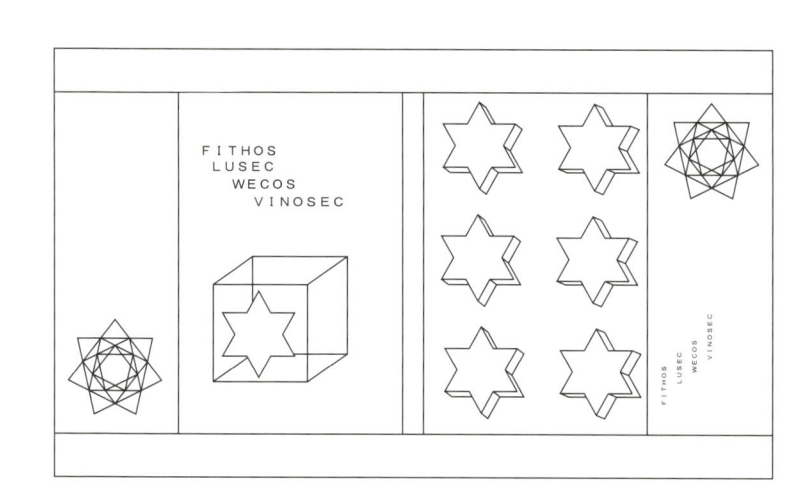

※印刷の方法は，p.61を参照

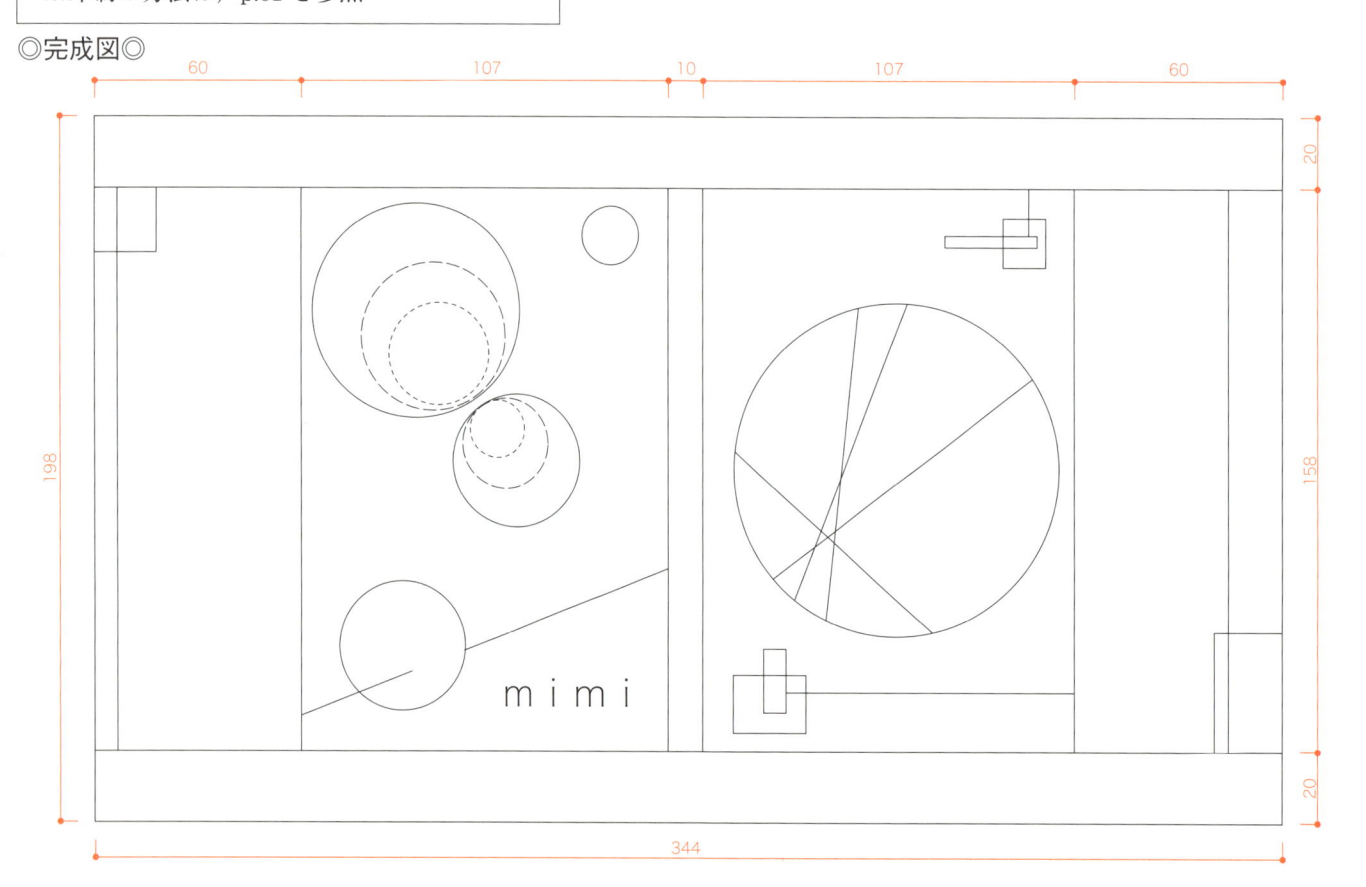

◎完成図◎

（1）作図準備

1. 用紙・縮尺の設定
・用紙サイズ：A3
・縮尺：1/1
　※変更の方法は，第2章 p.47 参照
　※レイヤは特に設定しない
2. 線種・線色は，必要に応じて変更する
※線色は，線の太さと関係する（初期設定では［線色1］から［線色8］へいくにしたがい，印刷時の線幅が太くなる）

（2）データファイルの新規保存

・［ファイル（F）］⇒［名前を付けて保存（A）］⇒🖱
・保存のドライブやフォルダを確認
・［ファイル選択］ウィンドウの［新規］ボタンを🖱後，［名前］に⇒「bookc」とキーボードから入力
・［メモ］の1行目⇒「ブックカバーのデザイン」と入力
・［メモ］の2行目⇒作成日などを入力．確認後［OK］を🖱

（3）外形線の記入

・**線属性**⇒線種（実線），線色（黒色）
・□⇒［寸法］= 344, 198 ⇒画面中央で🖱，確定するために再度同じ位置で🖱
・**複線**⇒①を🖱⇒［複線間隔］= 60 を入力⇒①の右側で🖱（右中図）
　同様に②を🇷⇒②より左側で🖱
・背の部分の線
　複線⇒③を🖱⇒［複線間隔］= 107 ⇒③の右側で🖱⇒④を🇷⇒④より左側で🖱
・上下の線
　複線⇒⑤を🖱⇒［複線間隔］= 20 ⇒⑤の下側で🖱⇒⑥を🇷⇒⑥より上側で🖱
・必要に応じて**伸縮**で右図のように仕上げる
※線の伸縮方法は，第2章 p.35 や第4章 p.133 参照
・表紙や背を各自で自由にデザインしよう
・印刷して，色鉛筆などで着色しよう．また，カラー印刷やソリッド図形（［多角形］→［任意］）にも挑戦してみよう

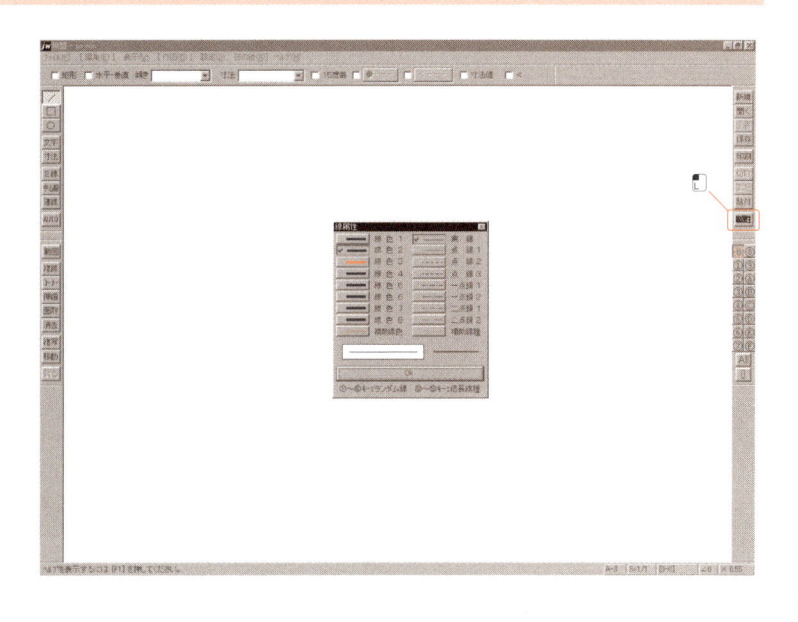

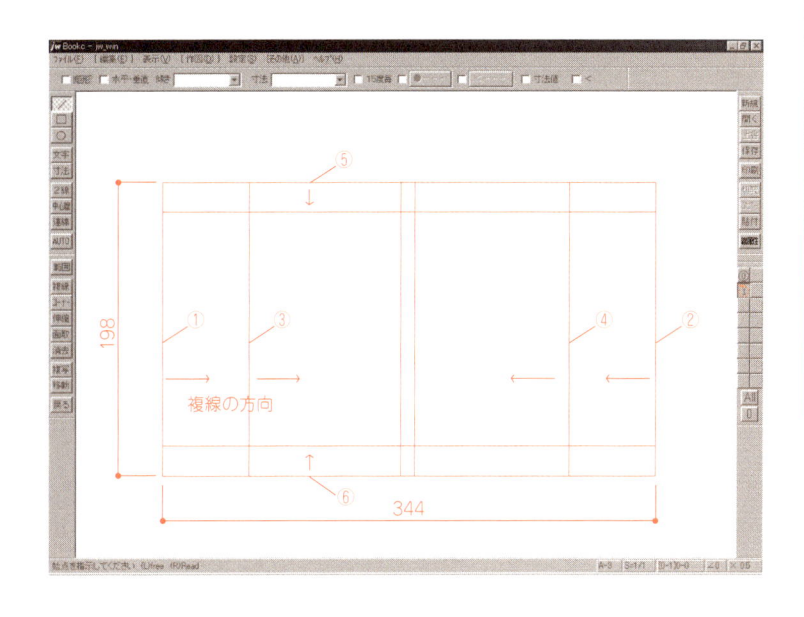

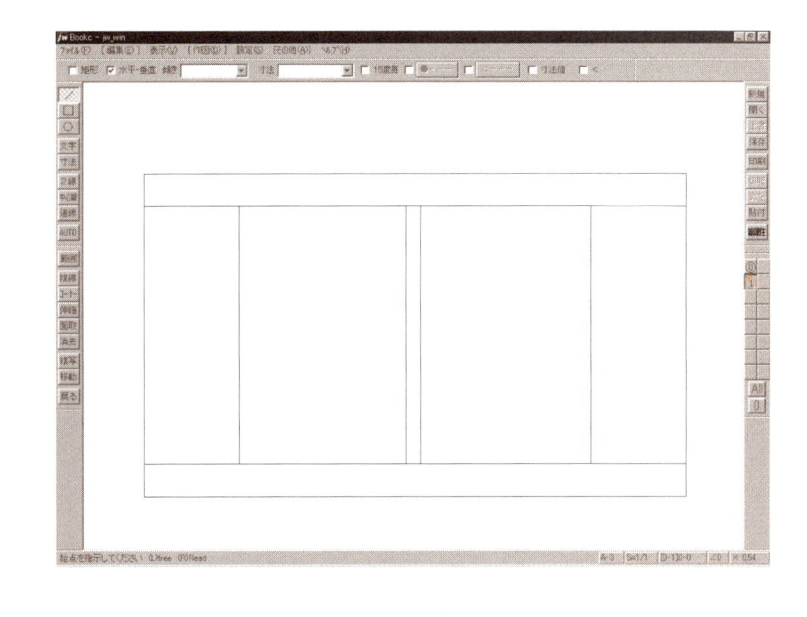

〈封筒・便せんを作ろう〉

●次に，オリジナル封筒と便せんを作ってみよう！
　封筒・便せんの作図
※作図準備は，前項のブックカバーと同じである

（1）外形の記入

　□と 複線 などを使い，封筒の外形を仕上げる

（2）郵便番号欄の記入

　郵便番号（7桁）は，□⇒［寸法］＝ 8, 10 で左側の1つを描き，残りは 複写 で，［数値位置］＝ 10, 0（間隔の2mmと四角の幅の8mmをプラスした数値）を用い，入力する
　連続 を する と，同じ間隔で複写できる

（3）トレードマークの作成と図形登録

　自分のイニシャルなどをデザインしたトレードマークや図形データから読み込んだものを封筒や便せんの一部に記入する
　オリジナルのトレードマークが作成できたら，右の説明を参考にして，図形を登録する

覚えておくと便利　視覚的に複写する方法

　設定（S）⇒ 基本設定（S）⇒［一般（2）］の「オフセット・複写・移動・パラメトリック変形のXY数値入力のときに矢印キーで確定」を してチェックを入れる
　　⇒［OK］を して準備完了
　複写 の数値位置を ，距離（x, y）を入力するとき，複写したい1つの数値をキーボードから入力して，複写したい方向の 矢印 キー（←↑↓→；キーボード）を押せば，上下左右への複写が視覚的に操作できる
　このテクニックは， 移動 やオフセットなどでも利用できる

▶図形登録の方法

①最初に登録する図形を作成する
②［その他（A）］⇒ 図形登録（W）
③作成した図形を範囲指定する⇒左上で ，右下で R
④［選択確定］を
⑤［《図形登録》］を
⑥［新規］を
⑦名前を入力
⑧［OK］を

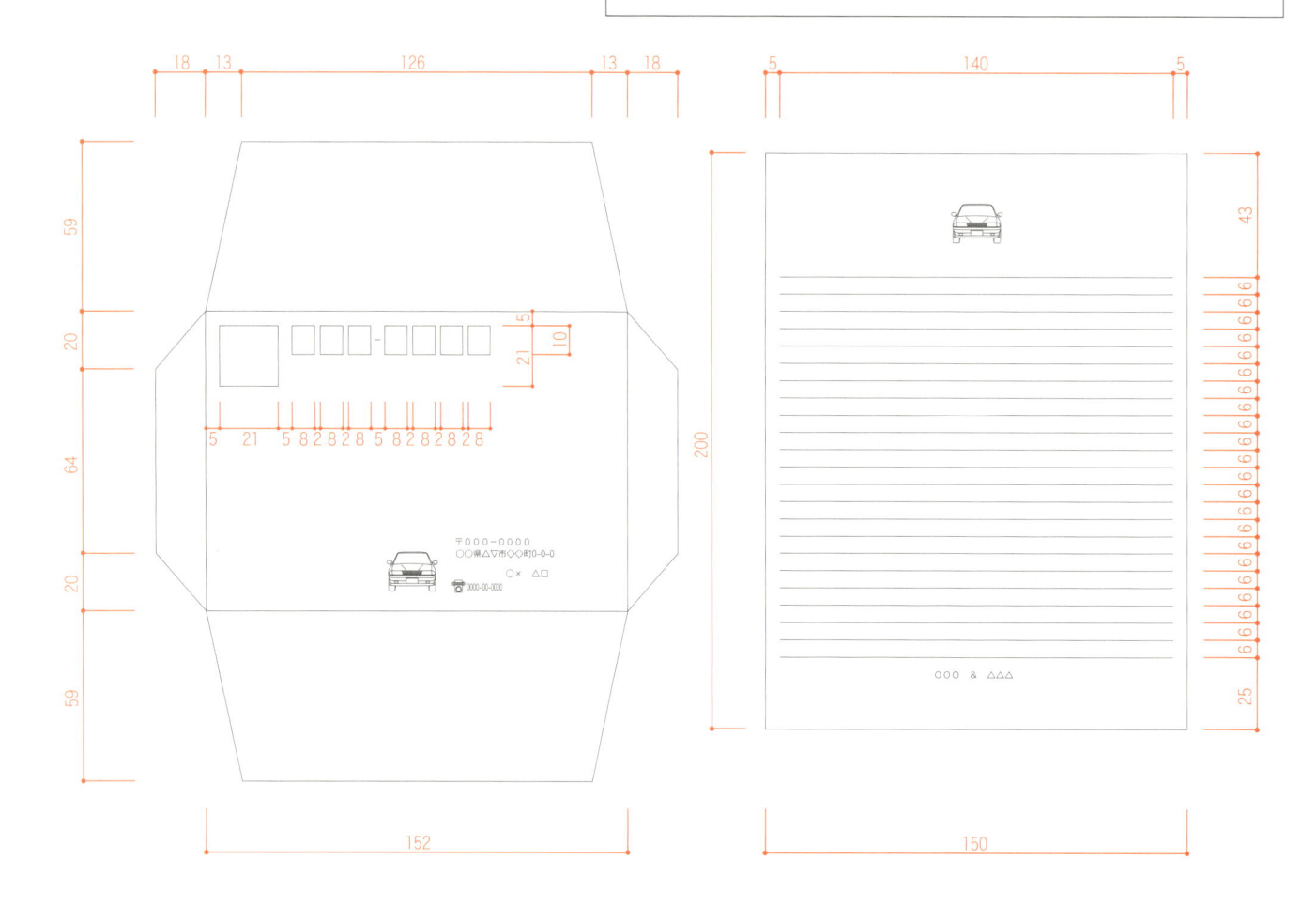

5・2 平面計画

(1) 事務室の机配置計画

●机の配置計画をしよう
・第4章で作図した事務所の平面図を読み込み，書込グループ【E】などに変更
・1階平面図を表示レイヤ（書込みや編集ができないようにする）とする
・図形データから「DESK」を読み込む（[その他（A）]⇒[図形（Z）]⇒[DESK]）
・複写や移動を使い，サブメニューの回転角などを用い，机の配置をする
・机の寸法は，右図のとおりである
・机配置の方法として，対向式・並行式・スタッグ式・ランドスケープ式などがある．最も所要面積が小さいのが対向式である

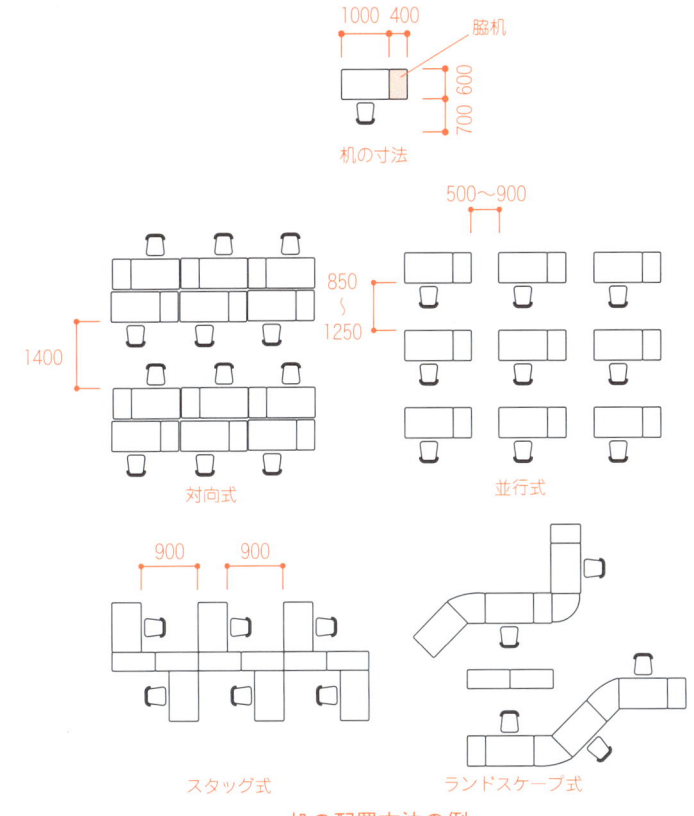

机の寸法

対向式　並行式　スタッグ式　ランドスケープ式

机の配置方法の例

事務室

事務室の机　配置例

5・3 立体図（2.5D）の作成

（1）JWW の立体図（2.5D）について

● Are You Ready ?● 描き始める前に

2.5D とは？

　JWW では，透視図やアイソメなどの立体図を作成することができる

　通常，立体図を 3D（3次元）とよぶが，JWW では陰線処理機能（手前の壁にかくれる後方の壁線などのデータを自動的に消去する機能）を持っていない．このため，奥行きの線をも作図するワイヤーフレーム（線のみの立体表示）で，立体図を作成する．陰線処理はできないが，3D に近い機能ということで 2.5D とネーミングされている

　ワイヤーフレームの陰線処理は，消去 や 伸縮 などを使い，各自が手作業で行う

　JWW では，①屋根の線データに地面よりの高さを数値で入力し，②壁面は各立面図を平面の各位置に（起こし絵）的に立て起こす方法で立体図を作成する（2.5D（p.52）参照）

○ Check It ?○　立体図作成上の手順とルール

1．屋根は，屋根伏図を描き，各線のデータに ［2.5D（D）］の［高さ・奥行］で高さの数値を入力する
2．壁（立面図）は，平面図上（平面のレイヤに入力しないように）で立ち起こしたい位置に，線色 5（紫）の実点と補助線を入力し，さらに，壁面（立面図）の左下角に，線色 6（青）の実点を入力する．このときに，紫の実点と青の実点が一致するので，入力する位置を間違えると，壁の向きが逆になるので気をつけること
3．平面・南立面・西立面・屋根の各データは，1 つのレイヤごとに記入する

（2）立体図の作成

・完成図（右頁〈完成〉図参照）

1．作図の準備

・各図面の入力が終了している状態は，〈データ〉

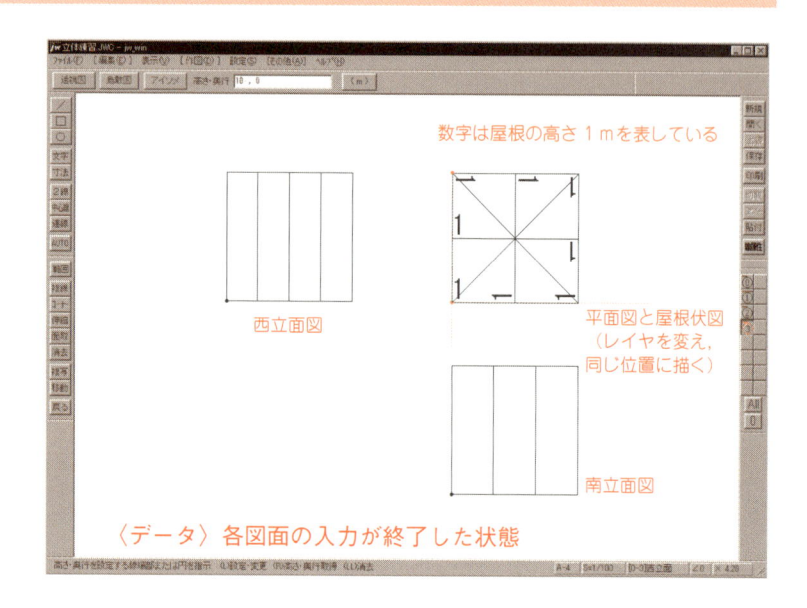

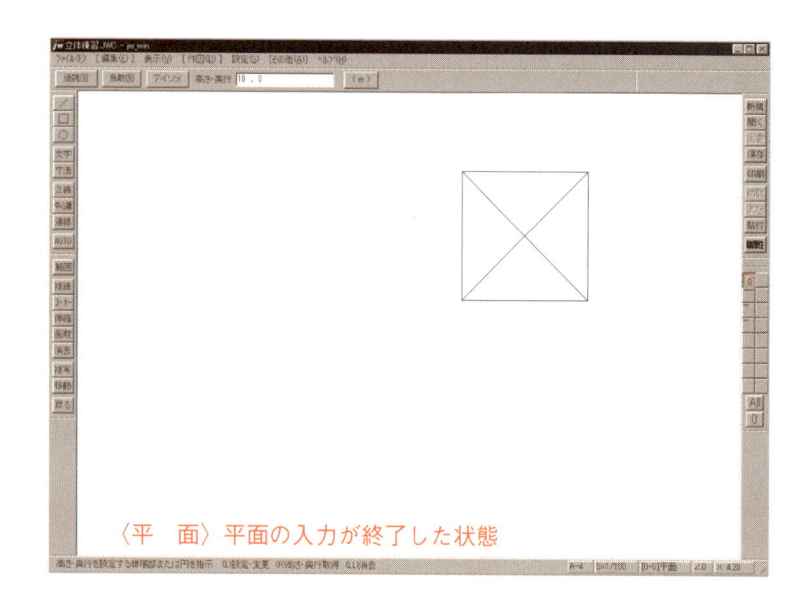

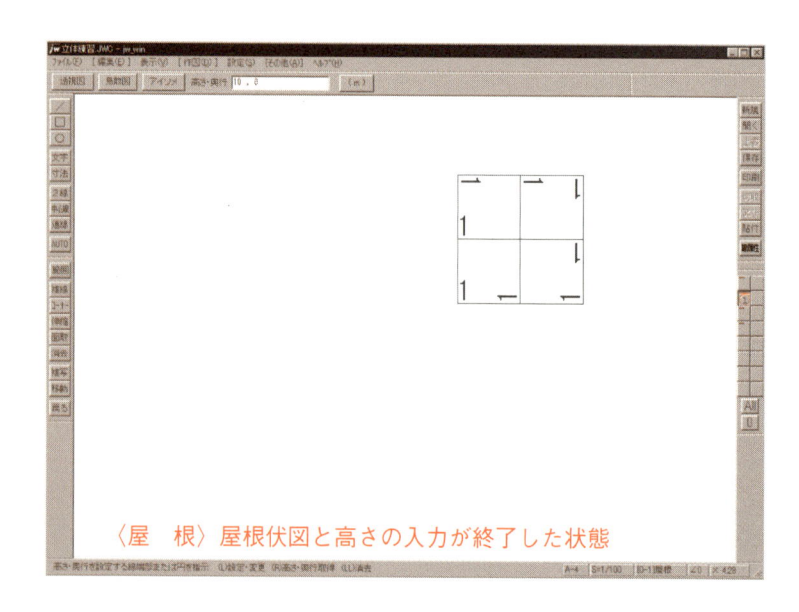

〈データ〉各図面の入力が終了した状態

〈平　面〉平面の入力が終了した状態

〈屋　根〉屋根伏図と高さの入力が終了した状態

図参照)

- 用紙・縮尺の設定とレイヤ名の記入
- 用紙：A4　縮尺：1/100
- レイヤ：【⓪】平　面　【①】屋　根
　　　　　【②】南立面　【③】西立面

2．平面の記入　(左頁〈平面〉図)

- レイヤ【⓪】⇒平面
  平面の大きさ　□　⇒ ［寸法］= 1000, 1000

※立方体としているため，次の屋根・南立面・西立面も同じ大きさである

3．屋根の記入　(左頁〈屋根〉図)

- レイヤ【①】⇒屋根
  平面と同じ位置に同じ大きさで描く

高さの入れ方

- ［その他（A）］⇒ 2.5D（D）⇒ ［高さ・奥行］
  の高さを入力するボックスに高さ(数値)をキーボードから1(m)を入力⇒屋根の線(6本)を
  ⌐ (線に数値が表示される)

4．南立面の記入　(〈南立面〉図)

- レイヤ【②】⇒南立面
  平面の下側に平面と同じ大きさで描く
- ／で平面図の南立面の立つ位置に補助線(線色5(紫))を引く
- 平面図の南西隅に［作図（D）］⇒ 点（P）⇒線属性を線色5(紫)として，⌐して点を入力
- 実点と補助線を平面の位置に入力するまでは，平面を表示しておく(西立面も同様)
- 南立面図の左下に線色6(青)の実点を入力

5．西立面の記入　(〈西立面〉図)

- レイヤ【③】⇒西立面
  平面の左側に描き，実点と補助線を入力

6．2.5D（アイソメ）の作図

- 左頁〈データ〉図が入力した全レイヤを表示
- ［その他（A）］⇒ 2.5D（D）⇒ ［アイソメ］
- 視点などを［上］［下］［左］［右］ボタンで調整し，完成したところで書込レイヤを指定して，［作図］ボタンを⌐して完成(〈完成〉図参照)

※作図した直方体が画面内にない場合は，ズームダウン(縮小)して探してみよう

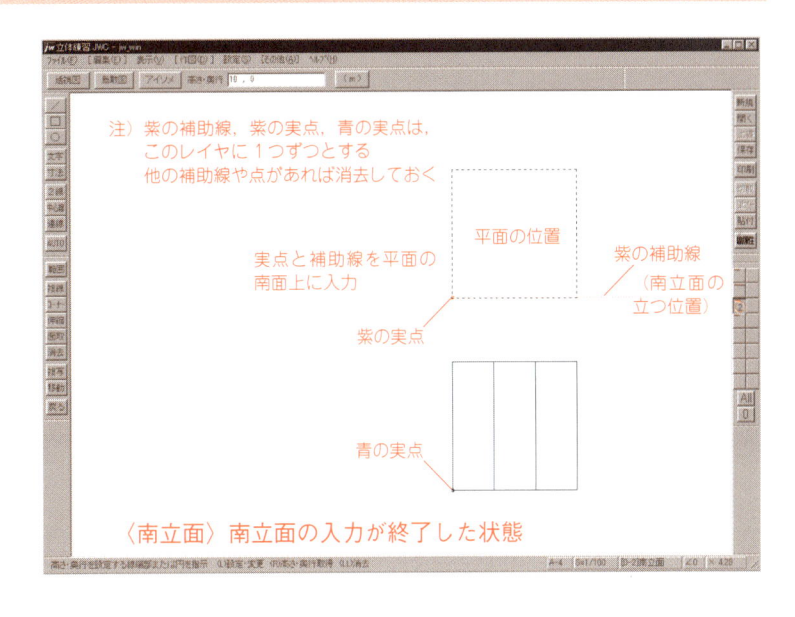

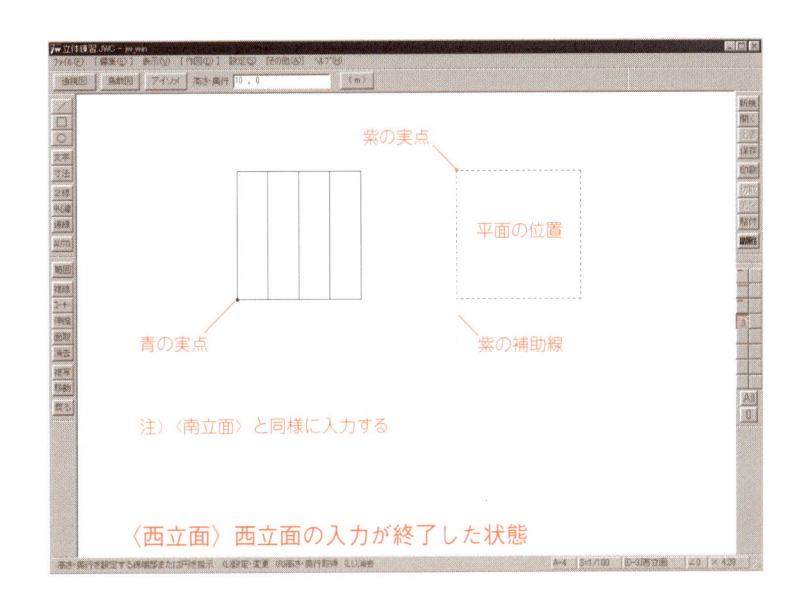

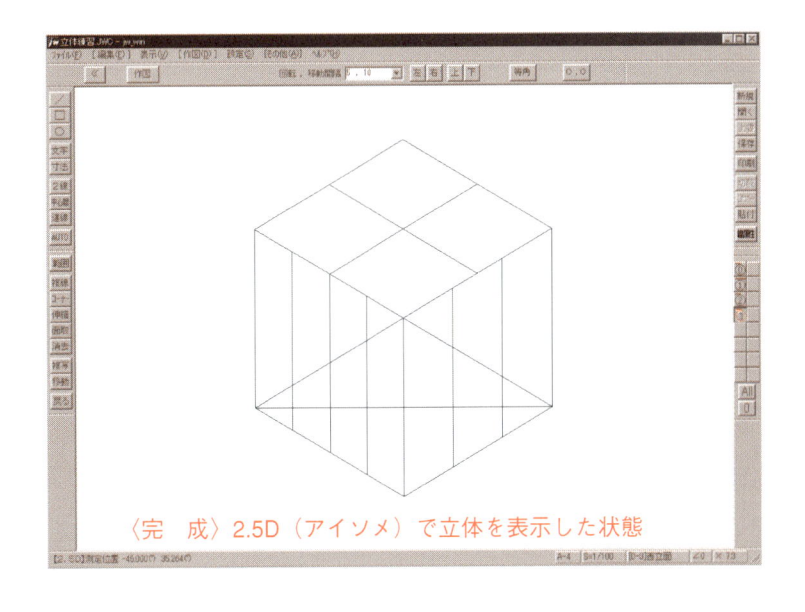

〈南立面〉南立面の入力が終了した状態

〈西立面〉西立面の入力が終了した状態

〈完　成〉2.5D（アイソメ）で立体を表示した状態

5・4　4種類の屋根を作図しよう

● 前項の立方体の作図を応用して，入母屋・寄棟・マンサード・方形の屋根立体図を作図しよう

※ 4つ同時に作図する時間がない場合は，まず，寄棟屋根を1つだけ作図しよう

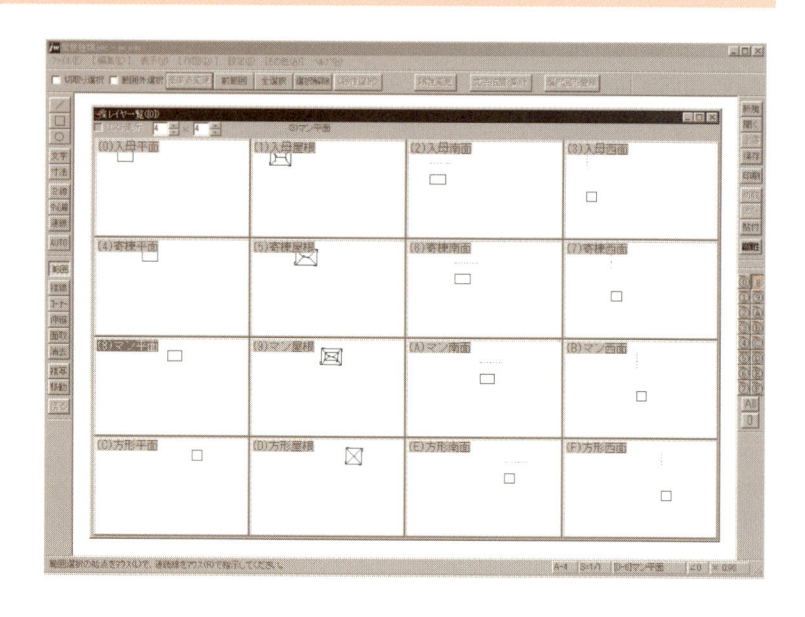

（1）作図準備

・用紙：A4　　縮尺：1/1

（2）レイヤ名の記入　（右頁①参照）

・図の例に習い，レイヤ名を記入

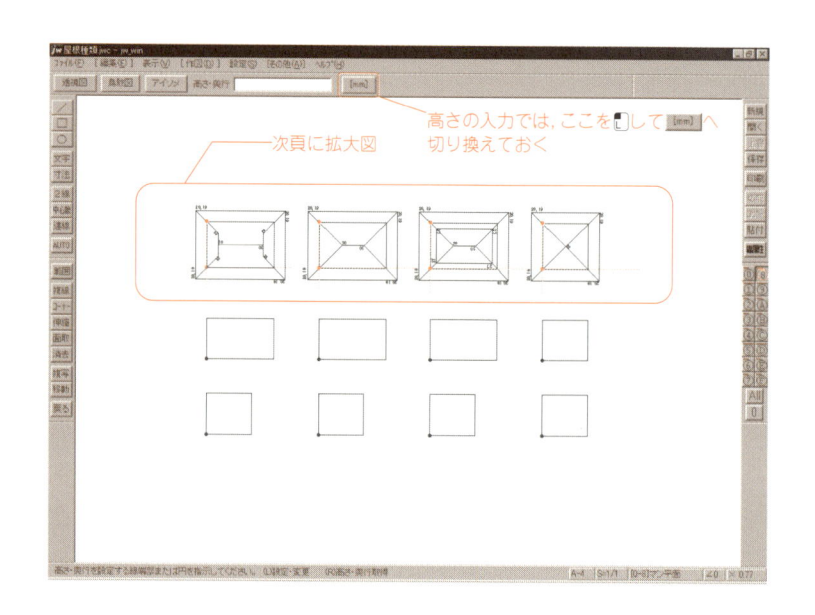

（3）平面図・屋根伏図の記入（右頁②と③参照）

・平面図 = □ ⇒［寸法］= 30, 20 ↵
・書込レイヤを変更
・屋根伏せ = □ ⇒［寸法］= 40, 30 ↵
　平面図と屋根伏図の中心を一致させること

（4）立面図の記入　（右頁②参照）

・南立面図 = □ ⇒［寸法］= 30, 18 ↵
・書込レイヤを変更
・西立面図 = □ ⇒［寸法］= 20, 18 ↵

（5）2.5Dの基準となる線と点の記入

・前頁「5・3（2）立体図の作成」の例に習い，実点と補助線を各立面レイヤへ記入

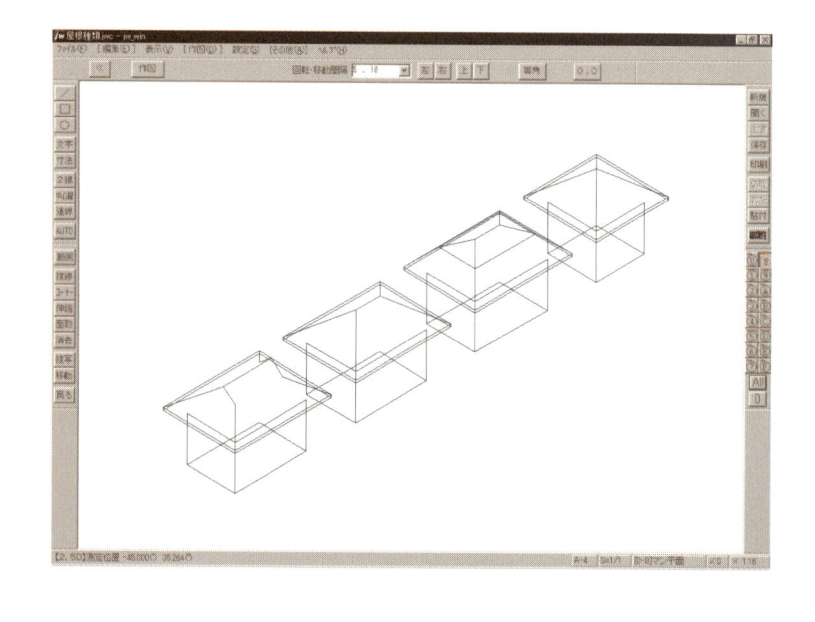

（6）2.5Dの作図　（右頁④参照）

・［その他（A）］⇒ 2.5D（D）⇒［アイソメ］

（7）陰線処理

・陰線処理は，消去 や 押縮 などを使い，不要な線を消去

① レイヤ名の記入
- 【0】入母平面　【1】入母屋根
- 【2】入母南面　【3】入母西面
- 【4】寄棟平面　【5】寄棟屋根
- 【6】寄棟南面　【7】寄棟西面
- 【8】マン平面　【9】マン屋根
- 【A】マン南面　【B】マン西面
- 【C】方形平面　【D】方形屋根
- 【E】方形南面　【F】方形西面

② 各面の大きさ（X，Y）
- 平　面 30，20　　屋根 40，30
- 南立面 30，18　　西立面 20，18
- 高さ：軒先 20，19
- 　　：棟　30

③ 各屋根の高さ

入母屋屋根

寄棟屋根

注）切妻の三角形部分は，26と26を結ぶ線1本と，26と30を結ぶ線2本とする

マンサード屋根

方形屋根

注）四隅の降棟は，1本とせず勾配の変わる位置（27のところ）で2本に分ける

注）棟から四隅への降棟は，4本とする

④ 2.5Dの作図

［その他（A）］⇒ 2.5D（D） ⇒ ［アイソメ］

視点などを調整

任意のレイヤに作図後，陰線を処理する

◎完成図◎

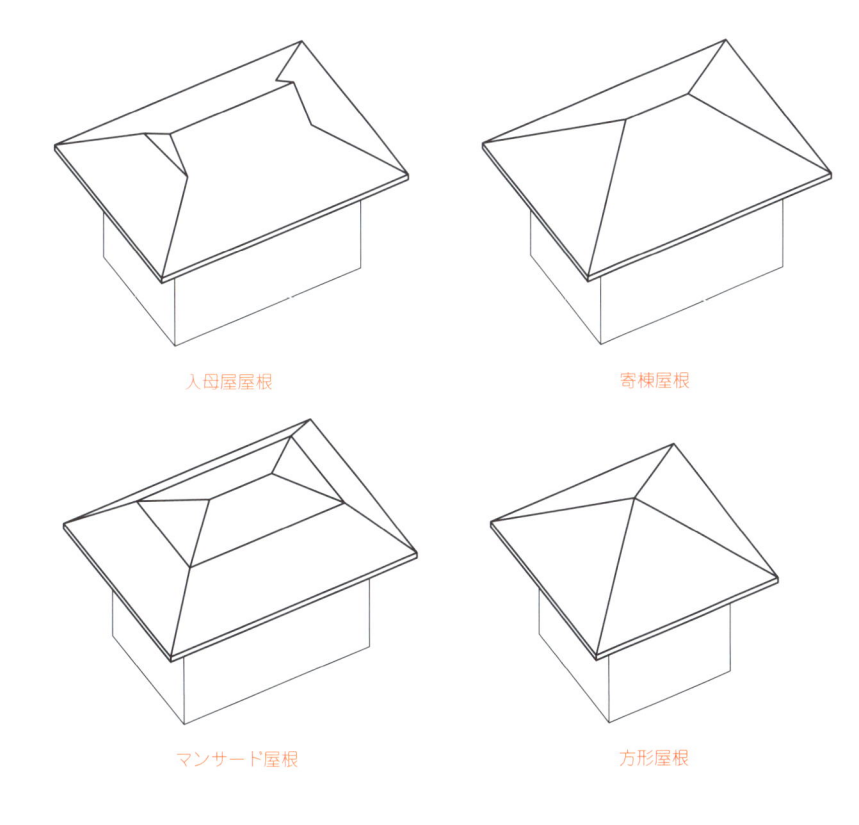

入母屋屋根

寄棟屋根

マンサード屋根

方形屋根

5・5 立体図の作成例

（1）外観パース　　　　　　　　　　　　前項の作図方法に習って，第4章で作図した平面図と南立面図・西立面図で外観パースを描こう

（2）アイソメ　　　　　　　　　　　　　上の外観パースと同じデータを使い，アイソメ図を描こう
バルコニーの曲線は，細かく直線に分けて作図するとよい

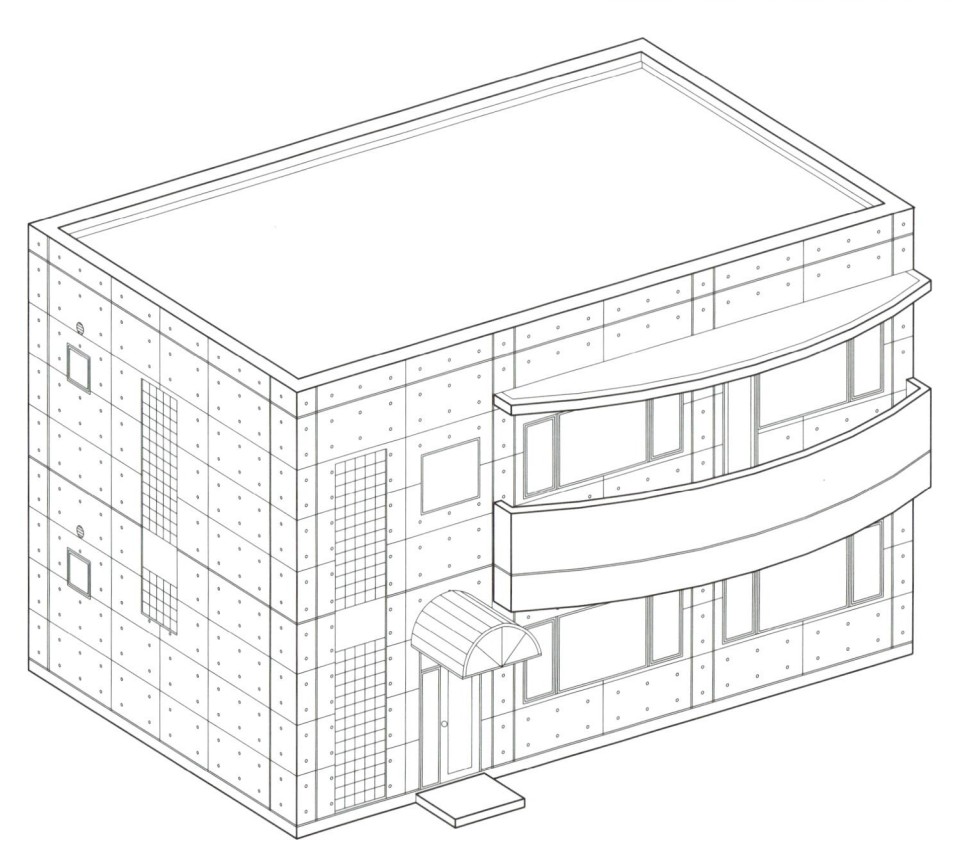

（3）平面図からの内観図　　　　　　　　　平面図の四隅から対角線を引き，その交点へ室内の高さとなる
線を集め，内観図を描こう

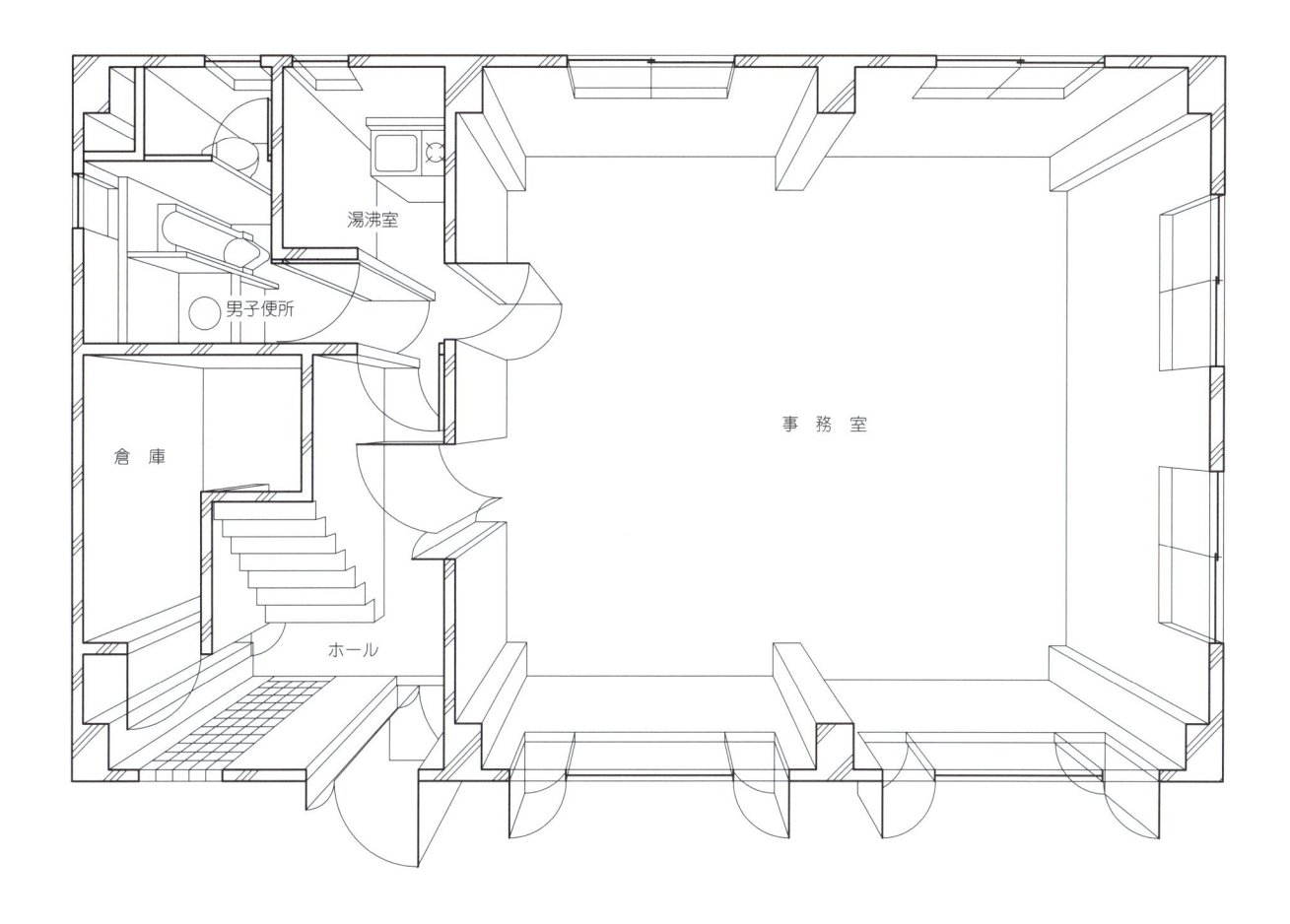

（4）断面パース　　　　　　　　　　　　　内観図と同様に，断面図の四隅から対角線を引き，その交点へ
奥行きとなる線を集め，断面パースを描こう

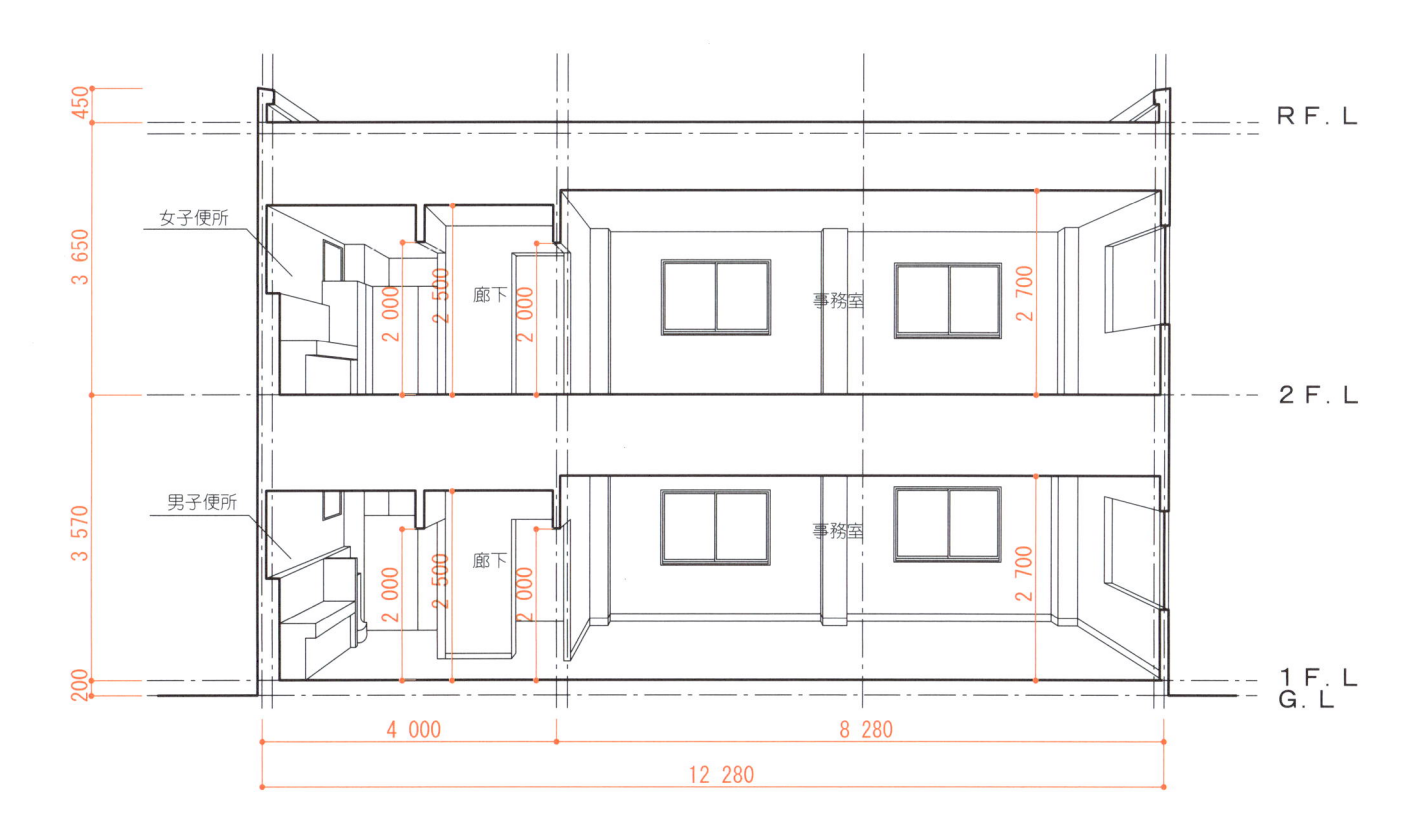

5・6 日影図の作成

立体図

● 立体の等時間日影図（4時間）を作図しよう

（1）立体の作図

- 右の6つの各立体を「5・3（2）立体図の作成」（p.154参照）に習って，作図する
- Cは，円形として作図したいが，日影図の［高さ（m）］の設定は，円や曲線を指示することはできないので，円に内接する六角形の1辺ずつに高さを与えた
- 設定　用紙サイズ：A3　縮尺：1/200

（2）日影図の作成　（日影図 p.55 参照）

1. 高さと真北の設定
- ［その他（A）］⇒ 日影図（H）
  ⇒［高さ（m）］を🖱して
  ⇒キーボードより数値で高さを入力する
  ⇒直線の端部をマウスで指示（🖱）
※ここで右図の日影図を参考にして各高さを入力　他の3辺を🖱して同じ高さを指定
- 真北を🖱⇒垂直（y軸）方向の1辺を🖱して真北を設定する

2. 日影図の作成
- 等時間図（4時間）の作成
  高さと真北の設定が入力できたら，［等時間］⇒ 4.0時間を🖱⇒4時間の等時間日影図ができる
- 日影図（1時間毎）の作成
  日影図（H）⇒［1時間毎］を🖱

等時間日影図（4時間）

高さは6 m

高さは3 m

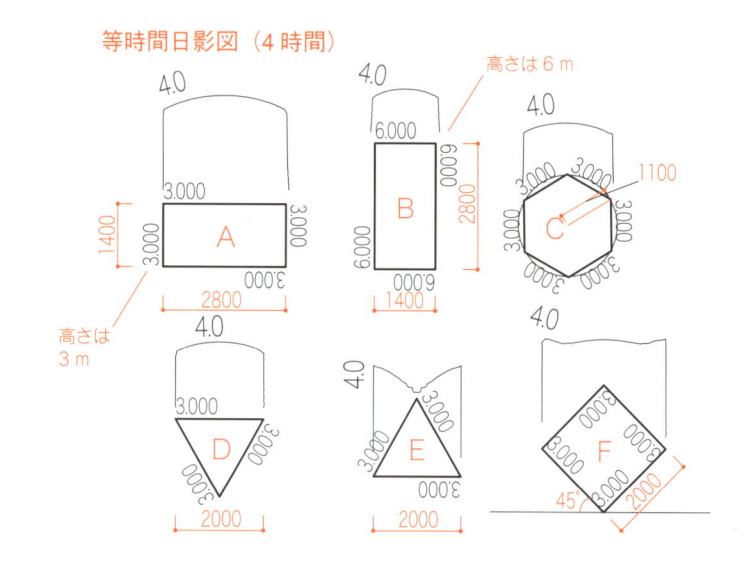

▶ 日影図の説明

① AとB

AとBは同じ規模であるが，BはAを90度回転させたものである

また，Bは高さが，Aの2倍ある．一般に高い建築物のほうが，幅のあるものより日影の影響は大きいように捉えられがちであるが，AとBの日影の面積を比べると，幅の広いAの方が面積が大きく，日影部分が広いことがわかる

② C

建築物の形が円のため，日影も円になると勘違いしそうだが，日影図のように北側は緩い曲線になる

③ DとE

三角形の平面の向きを180度変えたものだが，日影図の形状は大きく変わる例の1つである

④ F

正方形の平面を45度に振った建築物であるが，両端が角張る形状になっている

※このように，建築物の形状や向きにより，日影図はいろいろな形状になるので，自分でいろいろな条件を設定して，作図してみよう

かなばかり図　1/30

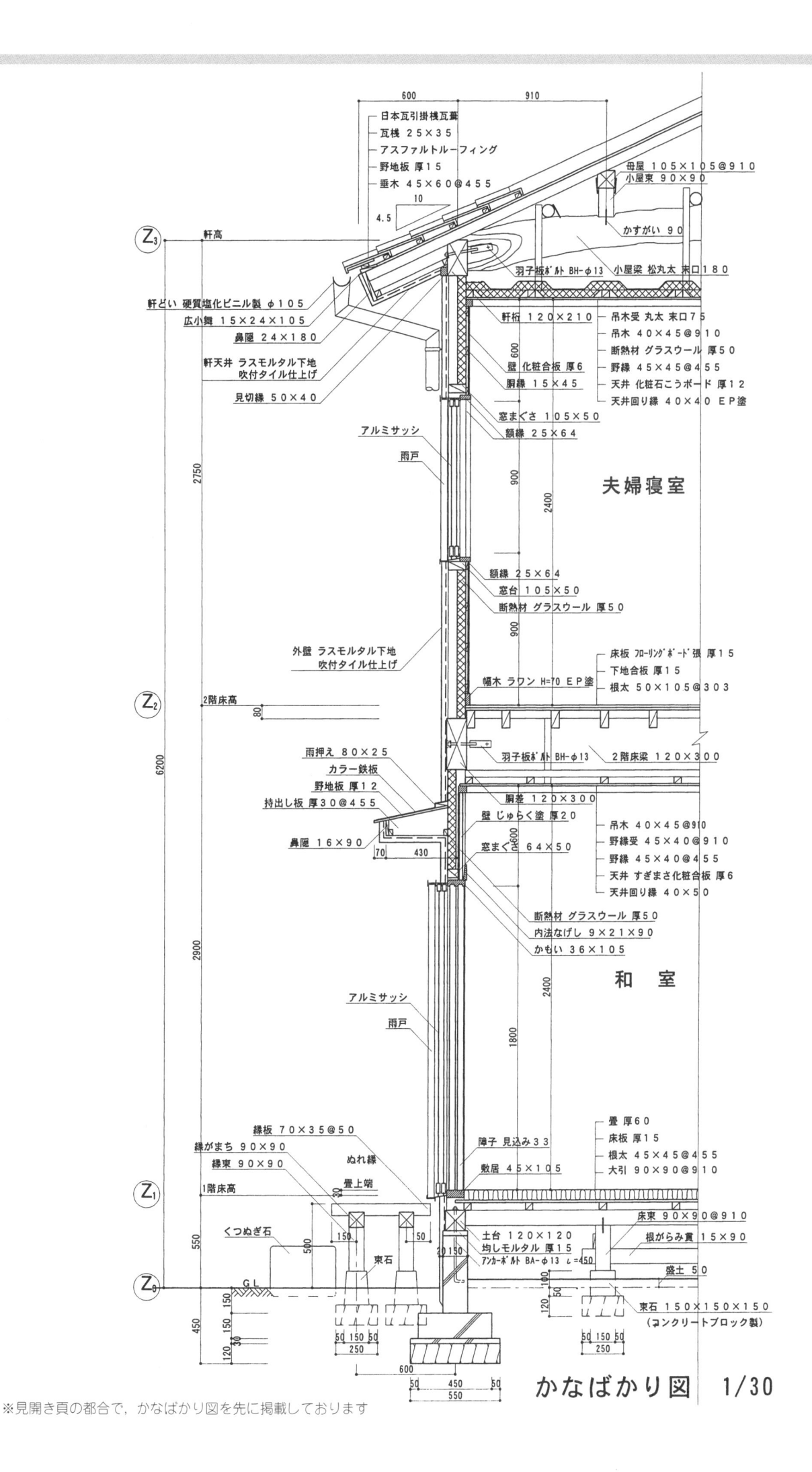

※見開き頁の都合で，かなばかり図を先に掲載しております

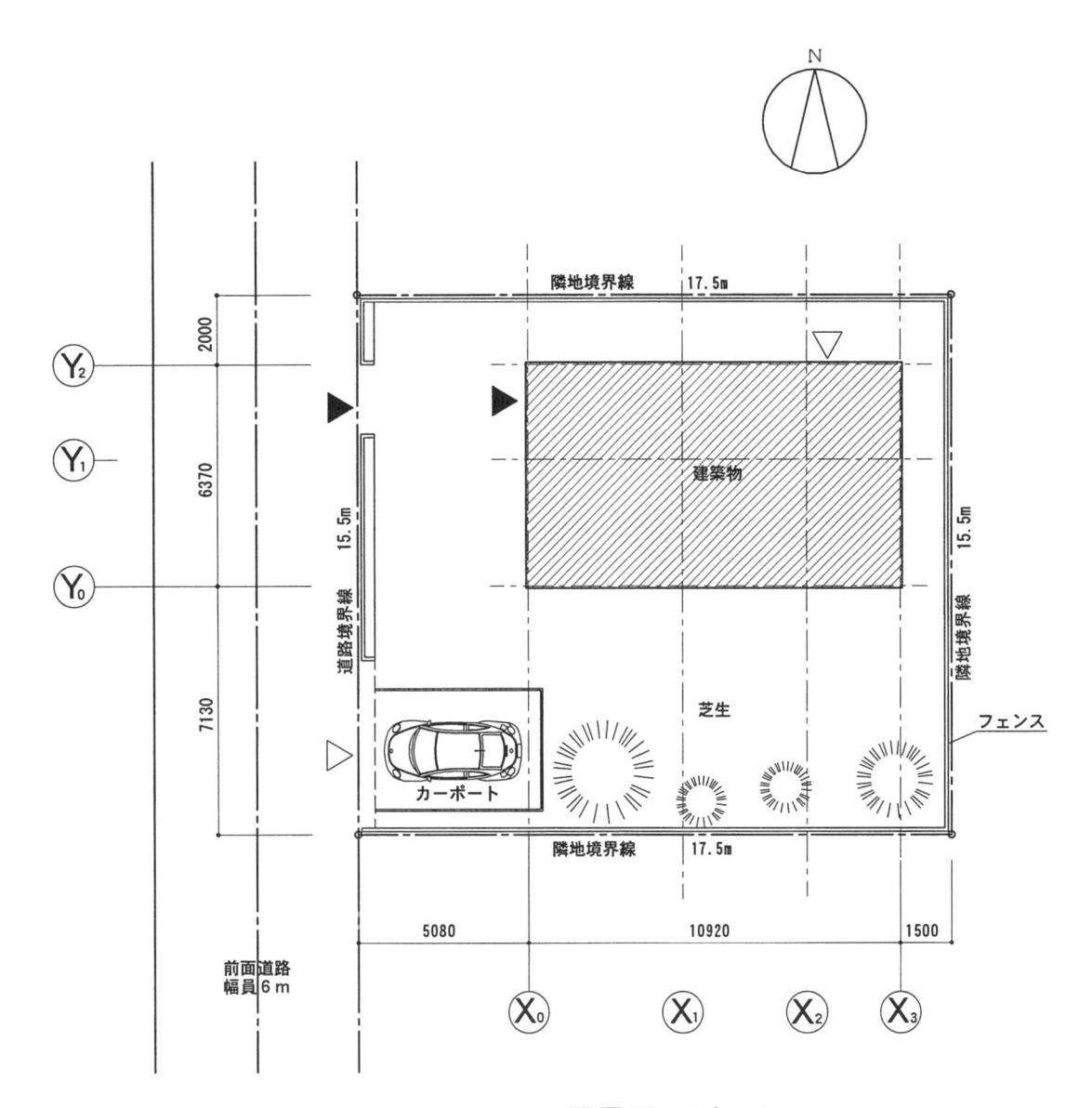

配置図 1/200

建築概要

用　　途	専用住宅	
地域・地区	第1種住居専用地域	
敷地面積	271.2㎡	
建築面積	69.6㎡（建ぺい率25.7％）	
延べ面積	118.4㎡（容積率43.6％）	
構造・階数	木構造2階建	
外部仕上げ	a.屋　根	和風桟瓦葺
	b.外　壁	ラスモルタル下地吹付タイル仕上げ
	c.腰　壁	外壁に同じ
	d.開口部	アルミサッシ

建築CAD実習課題	木構造専用住宅	図名	配置図

2階平面図　1/100

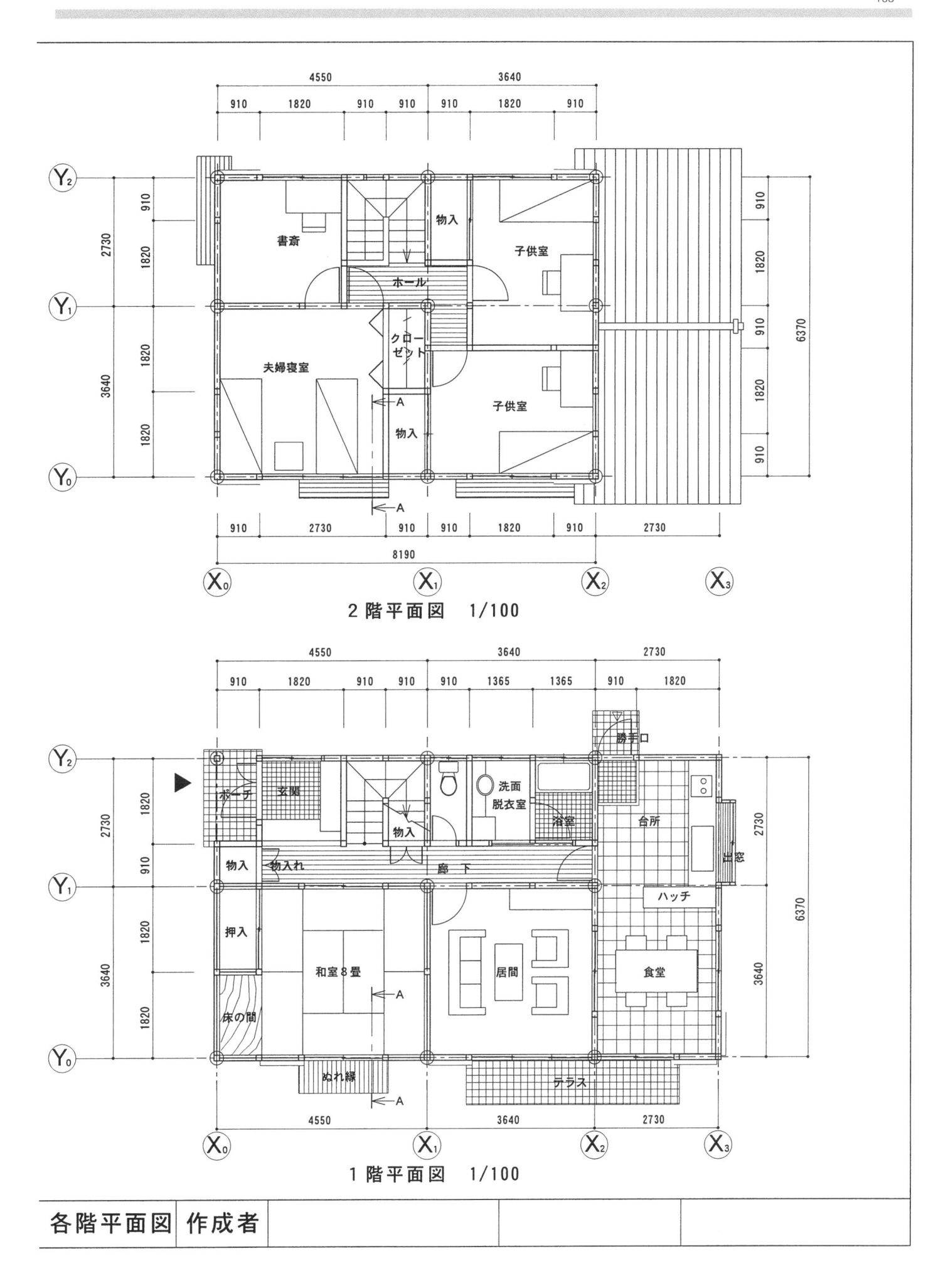

- 書斎
- 物入
- 子供室
- ホール
- クローゼット
- 夫婦寝室
- 物入
- 子供室

寸法: 4550, 3640 / 910, 1820, 910, 910, 910, 1820, 910
縦: 2730 (1820+910), 3640 (1820+1820), 6370
下寸法: 910, 2730, 910, 910, 1820, 910, 2730 / 8190

通り芯: X₀, X₁, X₂, X₃ / Y₀, Y₁, Y₂

1階平面図　1/100

- 勝手口
- ポーチ
- 玄関
- 物入
- 洗面脱衣室
- 浴室
- 台所
- 出窓
- 物入
- 物入れ
- 廊下
- ハッチ
- 押入
- 和室8畳
- 居間
- 食堂
- 床の間
- ぬれ縁
- テラス

寸法: 4550, 3640, 2730 / 910, 1820, 910, 910, 910, 1365, 1365, 910, 1820
縦: 2730, 910, 1820, 1820 / 6370
下寸法: 4550, 3640, 2730

通り芯: X₀, X₁, X₂, X₃ / Y₀, Y₁, Y₂

各階平面図　作成者

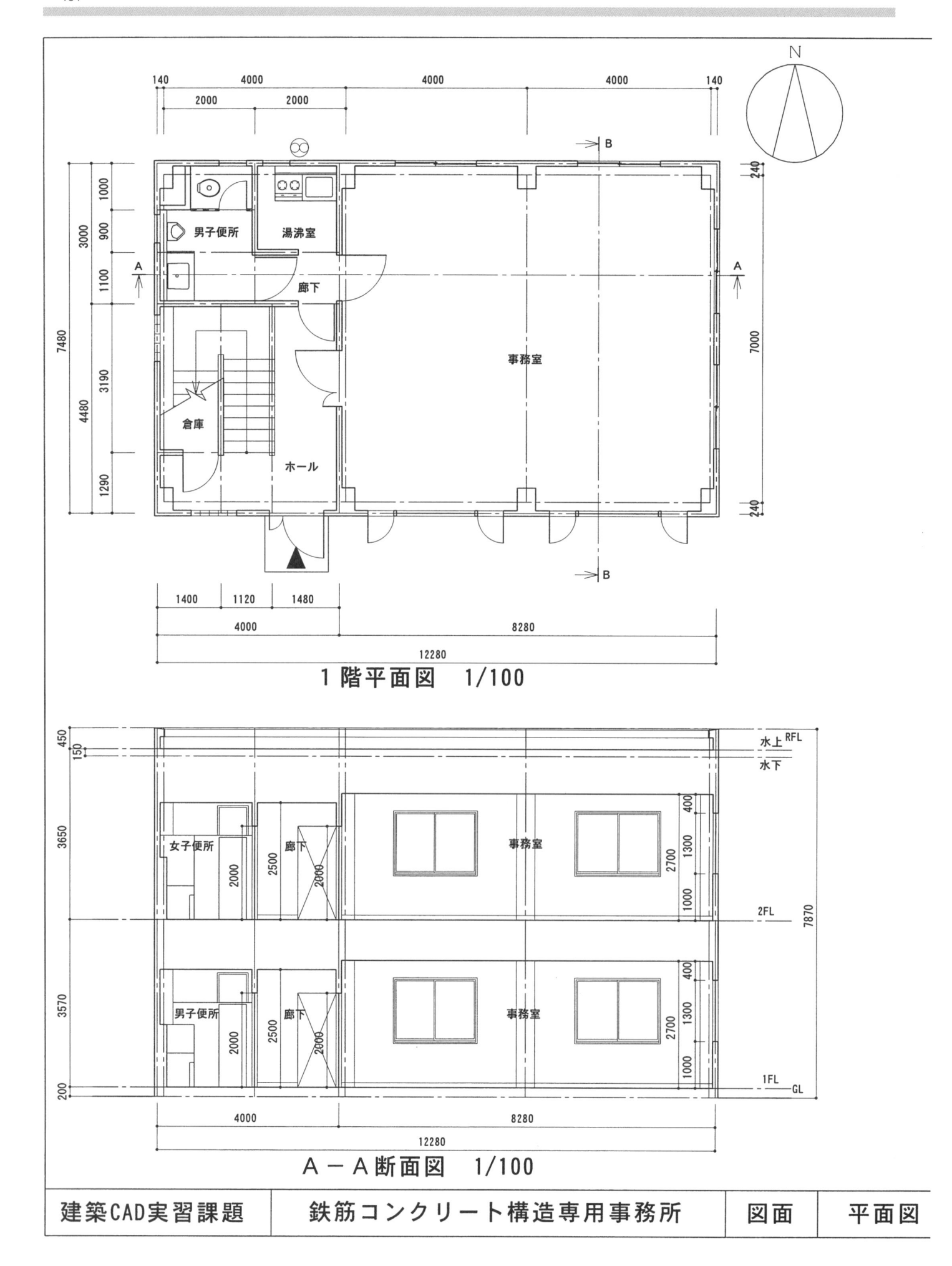

1階平面図　1/100

A－A断面図　1/100

| 建築CAD実習課題 | 鉄筋コンクリート構造専用事務所 | 図面 | 平面図 |

2階平面図　1/100

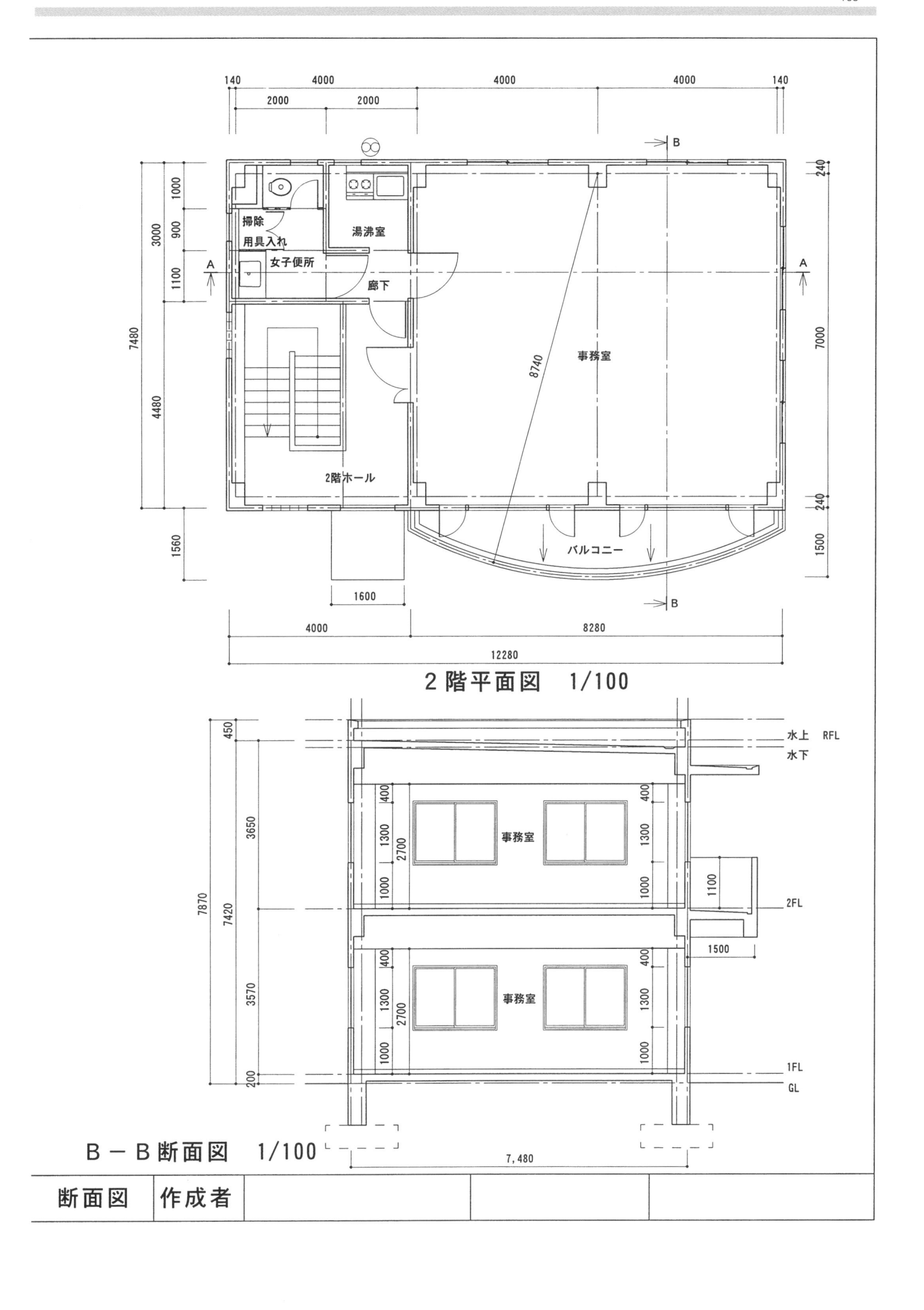

B－B断面図　1/100

| 断面図 | 作成者 | | |

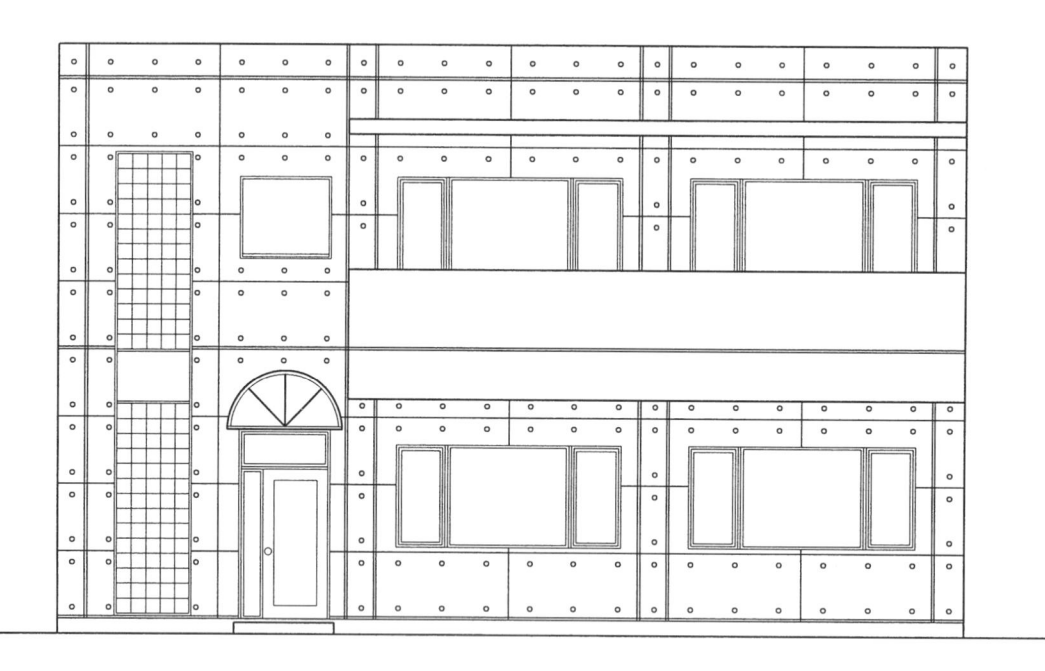

南立面図　　　1/100

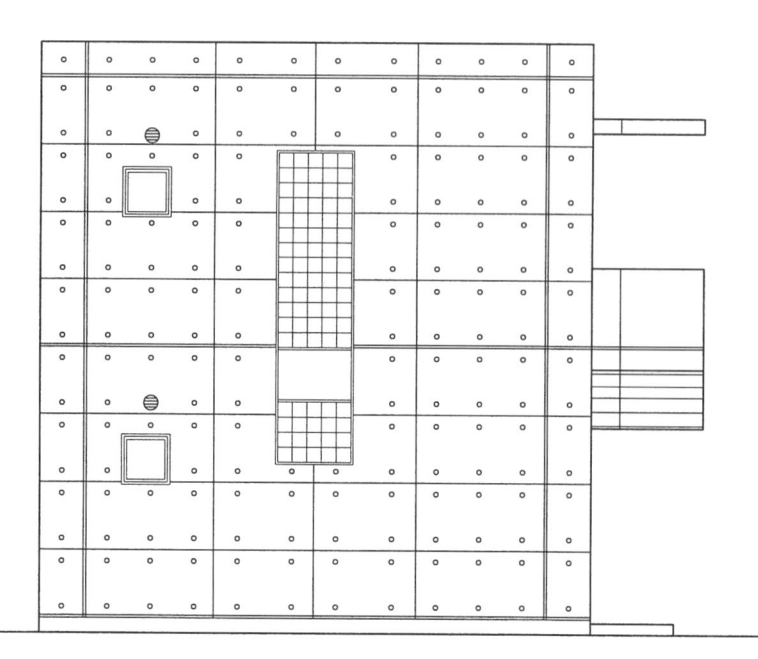

西立面図　　　1/100

| 建築CAD実習課題 | 鉄筋コンクリート構造専用事務所 | 図面 | 配置図 |

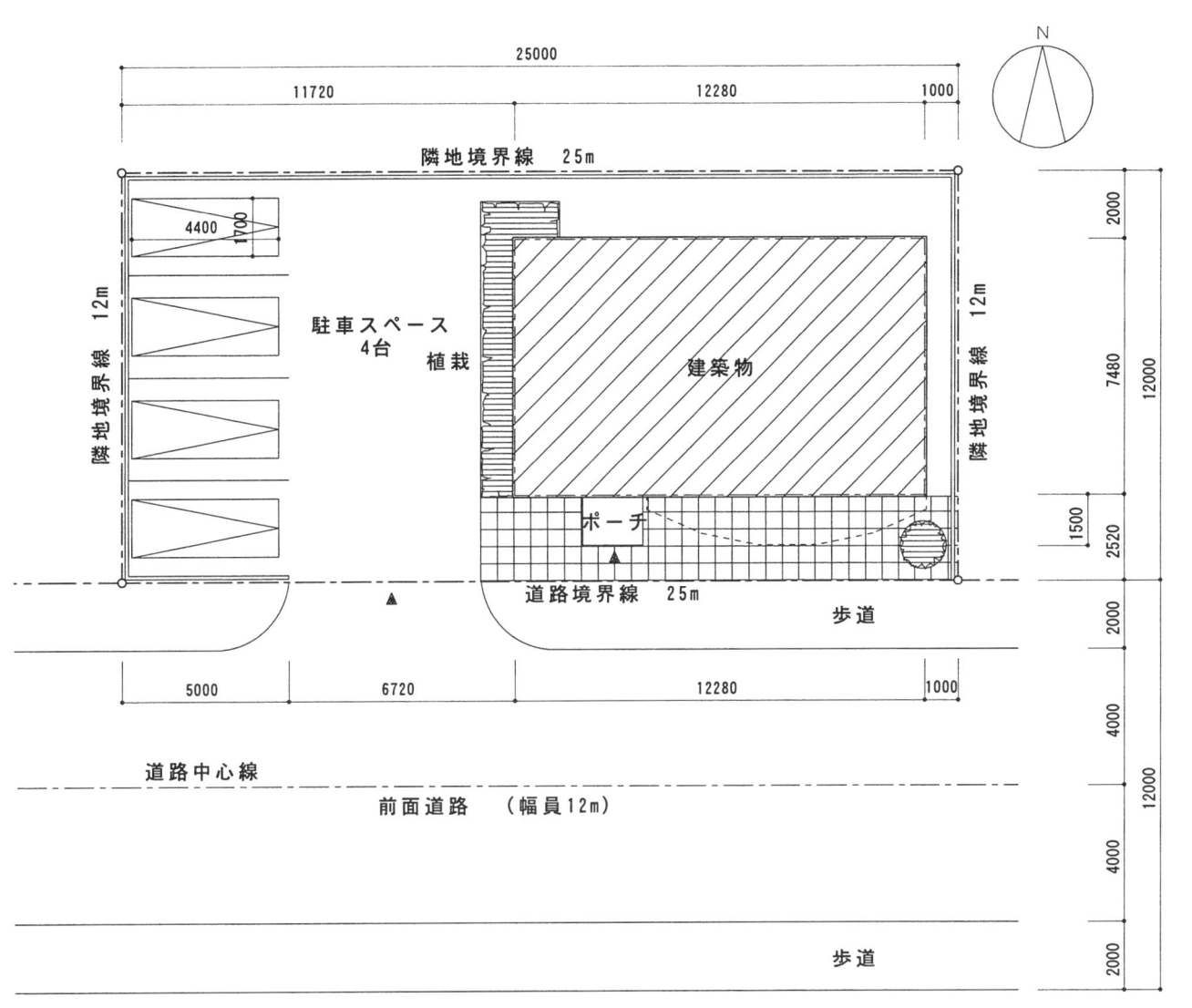

配置図　1/200

建築概要

用　途	専用事務所
地域・地区	商業地域・防火地域
敷地面積	300.00㎡
建築面積	97.20㎡（建蔽率32.4％）
延べ面積	183.70㎡（容積率61.2％）1階：91.85㎡　2階：91.85㎡
最高高さ	7.87m
構造・階数	鉄筋コンクリート造・2階建
仕上げ	外部　屋根　シート防水（非歩行） 外壁　打放しコンクリート その他　建具　長尺塩化ビニルシート張り 内部　事務室　床　ビニルクロス張り 天井　化粧石こうボード

立面図	作成者		

〈建築のテキスト〉編集委員会

● 編集委員長
　前田幸夫（大阪府立西野田工業高等学校）

● 編集委員
　上田正三（大阪府立東住吉工業高等学校）
　大西正宜（大阪府立今宮工業高等学校）
　岡本展好（大阪市立第二工芸高等学校）
　神野　茂（大阪府立西野田工業高等学校）
　辻尾育功（大阪府立今宮工業高等学校）
　内藤康男（兵庫県立東播工業高等学校）
　丸山正己（奈良県立吉野高等学校）
　吉井　淳（岡山県立水島工業高等学校）

● 執筆者
　大津秀夫（大阪府立今宮工業高等学校）
　小梶庄次（滋賀県立彦根工業高等学校）
　小山将史（堺市立工業高等学校）
　塩塚義夫（堺市立工業高等学校）
　辻尾育功（大阪府立今宮工業高等学校）
　三宅育男（大阪府立布施工業高等学校）
　山岡　徹（堺市立工業高等学校）

（上記の所属校は，初版時のものである）

初めての建築CAD　Windows版JW_CADで学ぶ

2001年10月30日　第1版第1刷発行
2004年 2月20日　第2版第1刷発行
2006年 2月20日　第3版第1刷発行
2024年 3月20日　第3版第11刷発行

著　者　〈建築のテキスト〉編集委員会
発行者　井口夏実
発行所　株式会社学芸出版社
　　　　京都市下京区木津屋橋通西洞院東入
　　　　〒600-8216　☎ 075・343・0811
編集担当：知念靖廣
イチダ写真製版／新生製本
装丁：前田俊平／イラスト：石田芳子

© 〈建築のテキスト〉編集委員会　2001
ISBN978-4-7615-3096-9　Printed in Japan